KB202966

한국 교회 건축에는
공공성이 있는가

국립중앙도서관 출판예정도서목록(CIP)

한국 교회 건축에는 공공성이 있는가 / 지은이: 곽호철, 김
수연, 김정두, 박종현, 소요한, 손문, 손호현, 송용섭, 오화
철, 전현식, 정시춘, 정용한, 정혜진. -- 서울 : 동연, 2017
p. ; cm

표제관련정보: 10개의 한국 교회를 대표하는 건축물이 지닌
공공성에 대한 실증적 연구
ISBN 978-89-6447-366-5 93200 : ₩18000

교회 건축[敎會建築]

549.23-KDC6
690.65-DDC23 CIP2017012973

이 저서는 2014년 정부(교육부)의 재원으로 한국연구재단의 지원을 받아 수행된 연구임(NRF-2014S1A5A2A03066149).

한국 교회 건축에는 공공성이 있는가

곽호철 김수연 김정두 박종현 소요한 손문 손호현 송용섭
오화철 전현식 정시춘 정용한 정혜진 함께 씀

동연

책 을 　펴 내 며

"자네 집에 밥 잡수시러 오시는 분들이 자네의 하느님이여. 그런 줄 알고 진짜 하느님이 오신 것처럼 요리를 해서 대접을 해야 혀. 장사 안 되면 어떻게 하나, 그런 생각은 일절 할 필요 없어. 하느님처럼 섬기면 하느님들이 알아서 다 먹여주신다 이 말이야."

무위당 장일순 선생이 알고 지내던 한 식당 주인에게 한 말입니다. 찾아오는 모든 손님을 마치 하나님이 직접 오신 것처럼 정성껏 대접하면 아무 걱정할 일이 없다는 뜻입니다. 똑같은 말을 저는 한국 교회에 하고 싶습니다. 찾아오시는 한 분 한 분을 교회가 마치 하나님처럼 대접할 수 있다면, 저희들은 기독교인으로서의 이 땅에서의 역할을 충실히 감당한 것일 겁니다.

어린 시절에 저는 당시 쓰레기처리장이었던 난지도 인근의 망원동에서 살았습니다. 1980년대의 망원동은 서울의 귀퉁이로 떠밀려 나온 사람들이 옹기종기 모여 살던 따뜻한 동네였습니다. 별로 갈 곳 없던 저는 또래 친구들과 교회 사택의 허름한 구석방에 모여서 거리낌 없이 라면을 끓여먹고, 성탄절이면 첨탑에 크리스마스트리를 달기 위해 올라가곤 했습니다. 저에게 교회는 제 영혼이 자라나는 곳, 영혼의 고향과도 같았습니다. 교회 건물은 따뜻한 곳, 안심되는 곳, 곧 하나님이 계신 곳이었습니다. 어렴풋이 교회의 존재 이유가 공공성에 있다는 것을 어린 마음이 깨달은 시기였던 것 같습니다. 앞으로 한국 교회가 이러한 환대의 공간으로 공공성을 실현하며 남았으면 하는 것이 저의 간절한 소망입니다.

한국의 교회 건축은 공공적일까요? 이런 질문을 저희 연구원들은 마음 깊이 품고 이 연구를 시작하였습니다. 앞서 교육부와 한국연구재단의 지원을 받아 저희 13인의 연구원들은 교회건축의 공공성에 대한 이론적 성찰을 성서학, 교회사, 조직신학, 문화신학, 생태신학, 여성신학, 윤리학, 교육학, 상담학, 건축학이라는 관점에서 『한국 교회 건축과 공공성』(서울: 동연, 2015)이라는 저서로 출판한 일이 있습니다. 이제 저희는 그것을 마감하고 결실을 모으는 후속작업으로서 10개의 한국 교회를 대표하는 건축물이 지닌 공공성에 대한 실증적 연구를 이 저서로서 펴냅니다. 앞으로 천 년 동안 남을 소중하고, 아름답고, 공적인 한국 교회 건축이 되기를 바라는 작은 밀알이기를 조심스럽게 희망합니다.

건물을 짓고 벽돌을 하나하나 쌓는 것은 한 개인의 일이라기보다는 가족 혹은 지역 사회 공동체 전체의 축제와도 같습니다. 이 연구가 가능하도록 도움을 주신 모든 분들을 언급하고 싶지만, 지면을 빌어 그중 극히 일부만이라도 감사의 마음을 표하고 싶습니다. 무엇보다도 함께 지적 여행을 같이 동반해주신 곽호철, 김수연, 김정두, 박종현, 소요한, 손문, 송용섭, 오화철, 전현식, 정시춘, 정용한, 정혜진 교수님들께 감사드립니다. 답사 일정을 꼼꼼하게 살펴준 김인경 연구보조원, 교회 도면의 캐드 분석을 해주신 김상희 선생, 가중치 설문과 분석을 해주신 구서정 선생께도 사의를 표합니다. 현장 방문을 허락해 주신 거룩한빛광성교회, 금란교회, 명성교회, 사랑의교회, 새에덴교회, 신길교회, 신촌성결교회, 예수소망교회, 우리들교회, 한소망교회에 감사드립니다. 특히 신촌성결교회의 박노훈 목사님께서 도면을 주시고 직접 안내도 해주시며 적극적으로 도와주셨습니다. 연동교회의 김기호 장로님께서는 평신도

전문가로서 건축의 공공성에 대한 이론적 고찰이 지닌 여러 측면들을 함께 고민해 주셨습니다. 사랑의교회 답사 때에는 한재영 실장님께서 건축물에 대해 상세하게 설명해 주셨습니다

건축 도면의 입수에 적극적으로 협조해주신 간삼건축(사랑의교회), 규빗건축(신길교회), 서인건축(신촌성결교회, 예수소망교회, 한소망교회), 원도시건축(우리들교회), 우일종합건축사무소(명성교회), 하나플러스건축사무소(거룩한빛광성교회, 금란교회), GNI건축(새에덴교회)에 깊은 감사를 드립니다. 여러 건물 설계의 실무적 일들을 하는 바쁜 일정 가운데서도 이 사무소들의 호의와 협조가 있었기에 본 연구가 가능했습니다. 특히 서인건축의 최유철 본부장님께서 한국 교회 건축 프로젝트에 깊은 관심을 가지고 자료를 제공하며 도와주셨습니다. 더불어 연구에는 포함되지 않았지만 용산 삼일교회, 안산 동산교회, 역삼동 청운교회, 미아동 강북제일교회, 정원종합건축사사무소, 정림건축종합건축사무소 등 여러분들께 사랑의 빚을 지게 되었다는 것을 밝힙니다. 마지막으로 본 연구가 가능하도록 재정적 지원을 해주신 한국연구재단 그리고 점점 악화되는 출판계 사정에도 흔쾌히 한국 교회의 미래를 위해 출판을 결정해주신 김영호 도서출판 동연 대표님께 마음을 모아 진심으로 감사드립니다.

신촌 원두우 신학관에서

손호현

차 례

|역사|

교회 건축의 공공성 지표

손 호 현*

I. 들어가는 말: 영혼의 공간

건축 공간은 일종의 언어로서 우리에게 말을 걸어온다. 공간 자체가 미학적 메시지인 것이다. 소린 밸브스는 각자의 주택이 위로를 주는 공간, 치유하는 공간이 되어야 한다고 본다. 우리는 자신의 집이 심미적으로 아름다운 공간이며 동시에 안식을 주고 위로하는 공간이 되기를 원한다. 이런 의미에서 밸브스는 각자의 집을 신성한 사원과도 같은 "영혼의 공간"(soulplace)이라고 명명한다.[1]

영혼의 공간은 값비싼 물건이나 완벽하게 어울리는 가구로 채운 공간

* 연세대학교 연합신학대학원 교수 / 문화신학

1 소린 밸브스/ 윤서인 옮김, 『공간의 위로』 (서울: 문예출판사, 2014), 18-19.

을 뜻하지 않는다. 그곳은 예산이나 미적 감각과도 상관이 없다. 당신의 공간이 크건 작건 간에 영혼의 공간은 당신이 무엇인지, 무엇을 좋아하는지, 어디에 가고 싶어 하는지, 어떤 모습으로 살고자 하는지를 반영한다. 당신의 집은 당신을 격려하는 가장 훌륭한 지지자로서 당신에게 날마다 영감을 불어넣고 당신의 가장 깊은 열망을 일깨울 수 있다.[2]

영혼의 공간은 우리를 위로하는 동시에 정신적 성장을 격려하는 외적 환경인 것이다. 따라서 영혼의 공간을 가진다는 것은 단지 물리적 공간을 소유한 것에서 끝나는 것이 아니라, 그러한 공간 안에서 이루어지는 인생의 창조적 과정을 통해서만 완성될 수 있는 것이다. 그래서 영혼의 공간은 마치 교회와도 같다. 밸브스는 집이 단지 거처하는 곳만이 아니라, "제단이자 사원이며, 영혼의 공간"과도 같다고 강조한다.[3] 하루의 노동과 상처를 안고 돌아온 우리 모두는 집이라는 영혼의 공간에서 진정한 위로와 화해를 경험할 수 있을 때에, 활기를 되찾고 다시 세상을 향해 나아가 꿈을 추구할 수 있는 것이다.

교회 건축물이 바로 그런 영혼의 공간이 되어야 하지 않을까? 교회는 가장 위로하는 공간, 가장 편안한 공간, 만인의 영혼을 위한 공간이자 만인의 가장 신성한 공간이 되어야 한다. 아무도 비난하지 않고 모두를 위로하는 공간, 계산하지 않고 치유하는 공간, 소유욕에 지친 영혼을 깨우고 그 상처를 벗어나게 하는 예배의 공간이자 공공성의 공간이 교회 건축물의 본질이다. 그렇기에 가장 영적으로 아름다운 교회 건축이란

---

2 앞의 책,, 26.

3 앞의 책, 33.

가장 공공적인 교회 건축이다. 심미적 아름다움에 대한 신학적 이해는 세속적 미학과 다를 수 있기 때문이다. 모든 생명을 자신에게 소환하는 절대미로서의 하나님에게 모두를 이끄는 신성한 아름다움의 공간이 교회인 것이다.

II. 한국 교회 건축물의 공공성 평가 지표

데이빗 트레이시(David Tracy)는 신학이 단순히 학자 개인의 학문적 교양이나 종교적 견해를 전달하는 고립적 과정을 넘어서, 공동체 전체의 공적인 담론이 되어야 한다고 본다. 특히 그는 기독교 신학이 주목해야 하는 세 가지 공중(the public)으로 학계(academy), 교계(church) 그리고 사회(society)를 꼽는다. 기초신학(fundamental theology)이 "학계"의 공중을 주로 대변한다면, 조직신학(systematic theology)은 "교회"의 공중을 주목하고, 실천신학(practical theology)은 "사회"의 공중에 봉사해야 한다는 것이다.[4] 이러한 세 공중을 향한 신학은 각각의 분야에서 전문적인 상황 인식과 문제 해결력을 고양하여야 할 뿐 아니라, 상호간에 유기적으로 협력하고 대화하여야 한다. 신학은 단지 기독교라는 종교적 신앙의 과거, 현재, 미래만을 관심하는 것이 아니라, 보다 넓은 사회와 인류 전체의 운명에 관심을 가질 책임이 있는 것이다. 전문가적 담론의 게토가 아니라, 문명의 진단인 동시에 인류의 지혜가 되고자 신학은 노력해야 하는 것이다.

4 David Tracy, *Analogical Imagination* (New York: Crossroad, 1998), 56-57.

건축의 언어로 쓴 기독교 신학이 바로 교회 건축물이다. 공공성의 신학이 주목하는 세 공중을 교회 건축의 공공성을 위한 신학에 적용해본다면, 다음과 같은 대표적인 세 영역간의 협력과 대화를 우리는 요청할 수 있다: 학계(대학, 건축사무소, 도시계획 전문가), 교계(신학자, 목회자, 기독교인), 사회(시민단체, 정부기관). 본 연구자들은 한국 교회 건축의 공공성 지표 개발이라는 프로젝트를 통해 이러한 신학의 공적인 역할을 감당하고자 하였다. 프로젝트에 참여한 전문가들의 토론 과정을 거쳐 본 연구는 한국 교회를 대표하는 10개의 건축물을 선정하고 공공성의 측면에서 평가할 수 있는 지표를 개발하고 적용하였다.

1. 10개 교회 건축물 선정 기준

교회 건축물 선정의 기준으로는 '시기', '교단', '지역', '규모', '연구자의 독립성'이라는 다섯 가지 요소를 중점적으로 고려하였다. 시기적으로 볼 때, 본 연구는 한국의 대표적 교회 건축물 중에서 2000년 이후에 지어지거나 증축된 최근의 건축물 10개에 집중하였다. 그 이전에 지어진 교회 건축은 공공성을 생각할 만큼 신학적 인식이 충분히 성숙하지 않았고, 사회적 합의와 요구도 현재보다는 미약하였다고 판단하였기 때문이다. 교단적으로 연구자들은 장로교, 감리교, 성결교라는 세 개 교단의 건축물 아홉 곳과 여기에 소속되지 않은 독립교회연합 건축물 한 곳을 분석하고 있다. 물론 한국을 대표하는 개신교 교단들은 더욱 다양하며, 예를 들어 한국의 대표적인 기독교 연합단체인 한국기독교교회협의회(KNCC)는 대한예수교장로회(통합, 합동, 고신 외 43개 이상), 기독교대한감리회, 한국기독교장로회, 구세군대한본영, 대한성공회, 기독교대한복음교회, 한국정교회, 기독교대한하나님의성회, 기독교한국루터회라는 9개의 교단으로 구성되어 있다. 하지만 연구를 위한 분석 건축물 수의 제한 필요성과 교단의 상대적 영향력 그리고 건축물 설계도면 확보 여부 등의 요소들을 다각적으로 고려하여 리스트를 선정하였다. 지역적으로 우리는 수도 서울과 경기도 지역을 포괄하여 이른바 수도권의 교회 건축물을 위주로 사례를 선정하였다. 대상물의 접근을 고려할 때 연구자들 대부분이 수도권에 거주하고 있을 뿐 아니라, 상대적으로 인지도가 높은 교회 건축물들이 거의 수도권에 위치하고 있기 때문이다. 규모의 측면에서 볼 때, 본 연구는 대형 교회(교인 수 5000명 이상 1만 명 이하)와 초대형 교회(1만 명 이상) 건축물들에 집중하였다. 이러한 사례들이 미래의 한국 교회 건축의 방향성과 모델을 주도할 수 있다는 판단에 따른 것이다. 마지막으로 연구자의 독립성의 측면에서 우리는 연구의 공정성을 위해서 자신이 소속하였거나 자신과 학문적 · 목회적 · 건축적 관계가 있는 교회 건축물들은 배제하였다. 이러한 선정 기준이 중요한 건축물을 제외해야 하는 아쉬운 상황을 가져오기도 하였다. 예를 들어, 도성 건축에서 설계한 여의도순복음교회는 한국의 대표적인 초대형 교회 중 하나지만, 1973년에 건축되어진 다소 오래된 건물인 동시에 연구자들 중 일부와 개인적 관계가 존재하기에 연구의 독립성을 위해 선정하지 않았다. 결론적으로, 본 연구가 선정한 10개 교회의 기준은 본 연구자들과 개인적 관계가 없는 한국 개신교의 대표적 교단들의 교회 중 2000년 이후 지어진 건축물로서, 서울과 경기도의 수도권에 소재하고 있는, 대형 교회와 초대형 교회 10개로 요약될 수 있을 것이다. 이러한 선정 기준에 따라 선택된 연구 대상 10개 교회 건축물은 다음과 같다(가나다 순 / 교단, 지역, 건축년도, 건축사무소 순):

① 거룩한빛광성교회(대한예수교장로회, 일산 서구, 2004년, 하나플러스건축사무소)
② 금란교회(기독교대한감리회, 중랑구, 2000년, 하나플러스건축사무소)
③ 명성교회(대한예수교장로회, 강동구, 2011년, 우일종합건축사무소)
④ 사랑의교회(대한예수교장로회, 서초구, 2014년, 간삼건축/Beck Group)
⑤ 새에덴교회(대한예수교장로회, 수지구, 2005년, GNI건축)
⑥ 신길교회(기독교대한성결교회, 영등포구, 2013년, 규빗건축)
⑦ 신촌성결교회(기독교대한성결교회, 마포구, 2011년, 서인건축)
⑧ 예수소망교회(대한예수교장로회, 분당구, 2003년, 서인건축)
⑨ 우리들교회(독립교회연합, 분당구, 2013년, 원도시건축)
⑩ 한소망교회(대한예수교장로회, 파주시, 2010년, 서인건축)

연구자들은 건축사무소들과의 긴밀한 협조를 통해 각 건축물의 설계도면을 확보하고, 현장조사를 통해 건축물의 실제적 현황 파악을 하였다. 단, 외부적 환경의 공공성에 대한 정량적 평가에서 사랑의교회 경우는 건축도면의 입수가 불가능하여 제외되었고, 신학적 공공성 평가에서만 분석되었다.

연구자들은 종교 건축물이 지닌 공공성을 평가하는 척도를 개발하는데 다양한 관점이 공존할 수 있다는 것을 인지한다. 예를 들어, 교회 건축물의 공공성이란 목적하고 있는 '대상 이용자'에 대한 개방성 혹은 배타성의 정도라고 평가될 수도 있을 것이다: 자교회 소속 기독교인, 자교단 소속 기독교인, 기독교인, 타 종교인, 모든 사람들. 혹은 건축물의 '공간 활용 방식'으로 생각될 수도 있다: 기독교의 예배와 기도, 타 종교의 집회, 비종교적 행사(연주회, 결혼식, 장례식 등등). 혹은 '개방 시간'의 총량에 따른 지표가 존재할 수도 있다: 항상 개방, 특정 시간에 개방, 개방하지 않음. 하지만 본 연구자들은 이용자들의 소속집단, 공간 활용 방식, 혹은 지역 프로그램을 위해 사용하는 빈도수와 시간 등에 대한 평가보다는, 설계된 '건축물 공간 자체'의 특성과 현황 자체에 대한 평가에 집중하였다. 예를 들어, 건축물의 규모 적합성을 분석함에 있어서 우리는 실제 예배의 참석자 혹은 교인 수를 기준으로 하기 보다는 설계된 좌석 수를 기준으로 분석하였다.

본 연구는 다음과 같은 절차와 방법에 따라 진행되었다. 우선 잠재적 연구 대상 교회들과 건축사무소들에 협조 요청 공문을 발송하여 연구 참여의 여부를 확인하였다(부록 1: "공동연구자료 협조 요청" 공문 참조). 다음으로 긍정적 답변을 준 대상들 중에서 선정 기준에 따라 10개 연구 대상을 확정하였고, 그중에서 9개 건축물의 도면 자료를 확보하여 개요도, 배치도, 입면도, 단면도 등을 분석하였다. 셋째로, 연구자들 전체는 10개 건축물을 공동으로 현장방문하였으며, 미진한 경우 연구자 개인의 개별적 현장방문을 하였다. 또한 공공성 지표의 가중치 산정을 위해 건축·도시계획 전문가 17명(교수, 건축가)과 기독 전문가 15명(교수, 목사)을 상대로 물리적 지표와 신학적 지표의 가중치를 산정하기 위한 설문조사를 하였다(부록 2 "온라인 설문 조사지"와 부록 3 "교회 건축의 공공성에 영향을 미치는 지표들의 가중치 도출" 결과 분석 참조). 건축물의 외부공간에 집중한 물리적 환경부문 공공성 평가 지표와 내부공간에 집중한 신학적 공공성 평가 지표의 내용과 분석 결과는 아래와 같다.

2. 건축물의 물리적 환경에 대한 공공성 평가 지표

본 연구는 〈교회 건축물의 물리적 환경부문 공공성 지표〉를 층위를 구분하여 다음과 같이 구성하였다.[5]

대분류	중분류	소분류	세부 지표명	평가 방법
실외 공간	개방성 (open views)	대지 내 공지 등	조성 면적(비율)	등급 (1-5)
			건축선 후퇴	Y/N
			개방 시간	등급 (1-3)
		조경 녹지	조성 면적(비율)	등급 (1-5)
		건축물 형태	탑상형(입면차폐도)	등급 (1-5)
		건축물 밀도	용적률/건폐율	등급 (1-5)
	접근성 (accessibility)	대지 내 공지 등	이용 접근 제한	Y/N
			위치(인지성)	Y/N
		주차장	보차 분리	Y/N
	쾌적성 (amenity)	대지 내 공지 등	조성 형태	Y/N
			관리 상태	등급 (1-3)
	관계성 (relationship)	보행(통)로	연계성	Y/N
		주차장	공동주차	Y/N
		용도	권장 용도	Y/N
		높이	스카이라인	Y/N
	장소성(sense of place)	재료	외벽면 처리	Y/N
		역사성	역사적 환경 보호	Y/N

5 사랑의교회를 제외한 9개 분석 대상 교회 건축물에 있어서, 물리적 환경부문 평가 지표의 설정방식과 건축물의 분석결과에 대해서는 본 저서의 정혜진, "도시건축적 접근에 의한 교회 건축물의 공공성 평가: 물리적 환경부문을 중심으로"를 참조하라.

본 연구 참여자들이 설정한 물리적 공공성의 요소들에 대한 용어 정의는 다음과 같다.

(1) 개방성(open views): 개방성은 시각적 다양함에 대한 욕구 및 경험, 폐쇄공간에 대한 탈출과 관계한 공간 지각 요소로 정의되며, 주요한 평가 항목은 자연물, 인공구조물, 활동 등에 의한 개방 장애, 인동 간격 등에 의한 안각에 의한 시각적 위압감 등을 주요한 평가 항목으로 가진다. 따라서 일반적으로는 건물 혹은 담장의 전면 후퇴 정도(전면 공지의 추가 확보)에 따른 시각적 부담감 완화 그리고 입면 차폐도 등이 주요한 평가 대상이 된다. 또한, 특정 공간에 대한 개방 여부가 추가적인 평가 지표가 된다.

(2) 접근성(accessibility): 대상지로의 통행을 위한 동선 체계상의 장애물과 연계성 등에 의해 발생하는 성격으로 보행, 대중교통 등을 포함한 순환 체계와 옥외 공간 등의 인지성과 접근 제한 요소(공개 공지와 보도의 높이 차 등) 그리고 공개 공지의 위치 등이 평가 요소가 된다.

(3) 쾌적성(amenity): 인간의 정신적, 감각적 욕구에 대한 만족스러운 충족으로서 주관적인 속성을 지니고 있기는 하지만 일반적으로 심미성, 편의성 등을 통해 평가되어지고 있으며, 근래에는 공간에 대한 관리 수준을 하나의 평가 요소로 활용하기도 한다. 공공시설에 대한 청결도, 파괴 정도, 주기적인 관리 시기 등의 존재 여부 등이 관리 수준의 평가 대상이 된다.

(4) 관계성(relationship): 대상 지역이 가지는 역할과 다른 지역과의 상호 영향관계에서 발생하는 성격으로 대상 부지의 역할 관계에 의한 지역 차원의 기여를 평가한다. 주요한 평가 항목으로는 공공 보행통로 등의 연계성, 공동 주차, 스카이라인의 조성(층수), 지역 사회와 공유되는 용도 구성(저층부 용도 포함) 등이 해당하며 공동체 회복에의 기여 등이 정성적인 평가 요소로 활용될 수 있다.

(5) 장소성(sense of place): 그 지역의 물리적 특성 및 성격에서 느껴지는 느낌 또는 분위기로서 지역적인 맥락과 역사성 등을 충분히 고려하고 있는지가 평가 대상이 된다. 주요한 평가 항목으로는 건물의 유형과 형태(외벽면 처리 등의 입면 처리, 도시 조직과의 조화), 역사적인 장소와 환경자원의 보존 여부 등이 주요한 평가 대상이 된다.[6]

이러한 개념 정의에 따른 물리적 환경부분의 가중치 결과, 곧 교회 건축물의 외부공간이 지닌 공공성 평가 지표들의 중요도의 순위를 보면, 가) 개방성(0.245), 나) 관계성(0.233), 다) 접근성(0.211), 라) 장소성(0.170), 마) 쾌적성(0.141)의 순으로 나왔다(전체 합계 1.0). 흥미로운 점은 기독 전문가와 건축 전문가 모두 교회 건축물의 물리적 환경부분에 있어서 '개방성'을 가장 중요한 공공성 지표의 요소로 꼽았다는 사실이다.

또한 우리는 가중치가 낮은 항목이 교회 건축의 불필요한 고려 요소가 아니라는 것도 기억해야 한다. 르 코르뷔지에가 라 투레트 수도원을

6 〈부록 2〉 "온라인 설문 조사지" 참조.

설계하기 위해 전망이 탁 트인 리옹 서쪽 외곽의 한 아름다운 언덕에 서서 이렇게 말했다고 한다. "이런 곳에 아무런 목적도, 의의도 없는 수도원을 짓는다면 그건 죄악이다."[7] 장소성이 지닌 메시지를 신학적으로 해석할 의무도 건축가에게 있는 것이다. 이러한 중분류는 아래와 같이 다시 구체적으로 20개의 소분류의 가중치로 분석되었다.

가중치 순위	세부 지표	가중치	지표별 해당부문
1	외부와 보행로의 연계성	0.104	관계성
2	대지 내 공지 등의 인지성(위치)	0.076	접근성
3	대지 내 공지 등의 접근장애요인	0.075	접근성
4	지역적 맥락에 어울리는 건축재료	0.064	장소성
5	대지 내 보행로의 안전성(보차 분리 등)	0.060	접근성
6	역사적 유산에 대한 존중	0.055	장소성
7	대지 내 공지 등의 조성 형태	0.051	쾌적성
8	지역에 필요한 권장 용도 등 조성	0.051	관계성
9	대지 내 보행로의 관리 상태	0.048	쾌적성
10	공동주차장의 조성 여부	0.048	관계성
11	개방형(또는 타워형) 건축 형태	0.046	개방성
12	대지 내 공지 등의 조성 면적(비율)	0.046	개방성
13	보행 공간 등의 친환경성	0.042	장소성
14	녹지 공간의 조성 면적(비율)	0.041	개방성
15	시각적 폐쇄감을 완화하는 건축선 후퇴 여부	0.040	개방성
16	공개 공지 등의 24시간 개방 여부	0.037	개방성

7 니콜라스 판 지음/허유영 옮김, 『르 코르뷔지에: 언덕 위 수도원』 (서울: 컬처북스, 2011), 182.

17	건축물의 밀도(용적률/건폐율 등)	0.035	개방성
18	스카이라인의 조성 여부	0.031	관계성
19	보호 동식물 보존	0.026	장소성
20	에너지 효율성 고려	0.025	장소성

세부 지표 중에서 "외부와 보행로의 연계성"(일반인이 자유롭게 이용할 수 있는 보행통로 설치), "대지 내 공지 등의 인지성"(인지성 확보가 용이한 위치에 쉼터 공원 등을 설치) 그리고 "대지 내 공지 등의 접근 장애 요인"(외부인에 대한 물리적·심리적 장애물이 보행통로와 쉼터 공원 등에 설치되었는지의 유무)이 가중치의 상위 3위를 차지하는 결과가 나왔다. 교회의 외부공간과 시민의 공공적 공간이 자연스럽게 이어지도록, 법적으로 확보하도록 규정된 공개 공지를 보행통로와 쉼터 공원의 역할을 충실히 수행할 수 있도록 설계하는 것이 매우 중요하다는 사실을 알 수 있다.

구체적으로 가중치 순위 1번 세부 지표인 "외부와 보행로의 연계성"에 있어서, 분석 대상 건축물 중 금란교회, 명성교회, 새에덴교회, 신길교회, 신촌성결교회, 우리들교회, 예수소망교회가 이러한 연계적 통로의 기능을 설계에 적극적으로 반영한 반면, 거룩한빛광성교회와 한소망교회는 그렇지 못했다. 순위 2번의 세부 지표인 "대지 내 공지 등의 인지성"에 있어서 금란교회, 명성교회, 사랑의교회, 신길교회, 신촌성결교회, 예수소망교회, 우리들교회가 일반인이 알기 쉬운 위치에 쉼터 공원 등의 공지를 두고 있는 반면, 거룩한빛광성교회, 새에덴교회, 한소망교회는 그렇지 못했다. 순위 3번의 세부 지표인 "대지 내 공지 등의 접근 장애 요인"(담장과 펜스, 자연 경사로와 단차, 외부인 이용 제한 안내문 등등)에 있어서 금란교회, 신길교회, 예수소망교회, 우리들교회가 상당히 높은 수준의 일반인 접근성을 보여주는 반면, 다른 대상 교회들은 그렇지 못했다.

〈명성교회의 경우 일반인이 알기 쉬운 위치에 공개 공지를 두었을 뿐 아니라, "이곳은 모두가 함께 이용하는 공간입니다"는 공개 공지안내 표시판을 두어 심리적 장애를 해소하고 있다. (손호현 사진)〉

3. 건축물의 신학적 가치에 대한 공공성 평가 지표

교회 건축의 공공성에 대한 신학적 평가가 곧 교회 건축의 신학적 평가 일반과 일치하는 것은 아니다. 교회의 공간은 공공성이라는 신학적 가치와 별개로 다른 중요한 종교적 이유들이 존재하기 때문이다. 예를 들어 르 코르뷔지에가 설계한 롱샹 성당은 서양 현대 종교 건축물 가운데 가장 빼어난 예술적 수작임에도 불구하고, 공공성의 가치는 설계의 주요 고려 사항이 아니었다.[8] 본 연구는 한국 교회의 건축물의 공간이 세상의 빛과 소금이라는 공공성의 역할을 얼마나 잘 감당하고 있는가의 단일한 신학적 관점에 집중하고 있다는 것을 거듭 밝힌다.

또한 10개의 건축물에 대한 신학적 공공성의 평가에 있어서 등급별 평가(1-3등급), 혹은 해당 시설의 유무에 따른 평가(Y/N) 방법을 사용하기보다는, 연구자 개인의 질적 평가 방법을 사용하기로 결정하였다. 정량적 평가가 가진 장점에도 불구하고, 지나친 계량적 순위평가가 지닌 역기능도 고려하고자 하였기 때문이다. 따라서 본 소고에서는 신학적 공공성의 평가 지표를 이루고 있는 각 항목들에 대한 설명을 제공하고자 하며, 개별 교회 건축물의 신학적 평가 결과를 위해서는 본 연구서의 다른 논문들을 참조하기 바란다. 본 연구가 구성한 〈교회 건축물의 신학적 공공성 평가 지표〉는 아래와 같다.

〈교회 건축물의 신학적 공공성 평가 지표〉

대분류	중분류	소분류	세부 지표명	평가 방법
실내 공간	포용성 (inclusiveness)	본당, 교육관, 로비, 친교실 등	장애인 램프 엘리베이터 장애인 예배석	질적 평가
	환대성 (hospitality)	본당, 교육관, 로비, 친교실 등	취사 공간 친교 공간 취침 공간 화장실 및 샤워실	질적 평가
	규모 적합성(size appropriateness)	건축물 규모	지역 종교인 인구와 교회 수 주차장 규모	질적 평가

---

8 앞의 책, 103 이하.

			대중교통 접근성 협동 교육자의 수	
	평등성 (gender equality)	본당, 교육관, 로비, 친교실 등	공간의 분위기 주방 공간 수유 공간 여성 화장실 규모	질적 평가
	교육성 (education)	교육관, 도서관, 친교실 등	교육관 도서관, 독서실 방과후 학교	질적 평가
	거룩성(holiness)	본당, 납골당 등	납골당 추모예배 채플	질적 평가

본 연구 참여자들이 설정한 신학적 공공성의 요소들에 대한 용어정의는 다음과 같다.

(1) 포용성(inclusiveness): 종교 공동체의 신자가 건축물을 접근하고 사용함에 있어서 신체적 장애나 사회적 편견 등에 의한 어려움을 최소한으로 경험하는 것이 주요한 평가 대상이 된다.

(2) 환대성(hospitality): 종교 공동체 바깥의 지역 사회 취약계층 시민(노숙자, 노인, 다문화가정, 가출청소년 등)이 건축물을 주기적으로 안정되게 사용할 수 있도록 물리적이고 심리적인 환대를 제공하는 것이 평가 대상이 된다.

(3) 규모 적합성(size appropriateness): 건축물의 규모가 대중교통과 주차장 상황 그리고 지역 사회의 종교인 인구 등의 요소들을 고려할 때 적합한가를 평가 대상으로 한다.

(4) 평등성(gender equality): 남녀의 성별 차이가 건축물의 평등한 접근과 이용에 있어서 장애 요소로 작용하지 않는 것을 평가한다.

(5) 교육성(education): 종교 공동체 신자와 지역 사회의 시민 모두를 위한 교육 공간과 교육 기회를 안정적으로 제공하고 있는지를 평가한다.

(6) 거룩성(holiness): 종교 건축물로서 장례예식과 납골당과 같은 거룩성의 공간을 장기적으로 안정되게 제공하는가를 평가한다.[9]

이러한 개념 정의에 따른 신학적 가치들의 가중치, 곧 교회 건축물의 내부공간이 지닌 공공성 평가 지표들의 중요도의 순위 결과를 보면, 가) 포용성(0.225), 나) 규모 적합성(0.199)과 환대성(0.199), 다) 평등성(0.141), 라) 교육성 (0.130), 마) 거룩성(0.1.5)의 순으로 나왔다(전체 합계 1.0).

포용성은 해당 교회 공동체에 속한 기독교인 모두가 아무런 건축적 장애 없이 내부적 시설을 의미 있게 사용할 수 있어야 함을 가리킨다. 신체적 상태와 같은 요소들 때문에 신앙생활이 방해받는다면, 인류 모두의 구원을 원하는 하나님의 보편적 구원의 의지를 건축물이 신학적으로 드러낼 수 없을 것이다. 대표적인 예가 장애인을 위한 램프와 엘리베이터 설치이다. 최근 2000년 이후의 건축물 모두가 엘리베이터를 설치하고 있다는 점은 고무적이나, 그 이전의 대형 건축물도 증축 등을 통해서 이러한 접근 통로를 확보해야 할 것이다. 예를 들어 1894년 설립된

9 〈부록 2〉 "온라인 설문 조사지" 참조.

연동교회(장로교)는 기존의 건물 외벽에 접근성 확보를 위한 엘리베이터를 추가로 설치하였다.

[그림 1] 연동교회에 증축된 외부형 엘리베이터 (손호현 사진)

환대성이란 해당 교회 소속원들뿐만 아니라 불특정 시민 모두를 내부공간 속으로 환영하고 수용하여야 함을 뜻한다. 예를 들어 미국의 교회 건축물에는 노숙자들을 위한 샤워실과 화장실 그리고 취침 공간이 반영되어 설계된 경우가 많다. 또한 독일에는 28개의 "고속도로 교회"가 존재한다.[10] 중세의 교회가 길을 가는 순례자와 여행자를 위한 영혼의 쉼터가 되었던 것처럼, 심신이 지친 운전자들을 위해 20-50석 규모의 본당을 두어 종파를 초월하여 모든 사람들이 자유롭게 기도하고 예배드릴 수 있도록 하고 있다. 이처럼 교회 건축은 지역 소외계층을 위한 다양한 돌봄 공간을 제공하여야 하며, 돌봄 공간을 위한 안내문 혹은 식별 표지가 입구에 부착되어야 할 것이다.

규모 적합성은 한국 교회 건축의 공공성에 대한 신학적 지표들 중에서 가장 중요한 요소 중 하나로 드러났다. 지역의 인구와 개신교인 수, 지역의 교회 수, 대중교통 접근성, 주차장의 규모, 해당 교회의 출석인원 수와 목회자 수 등을 종합적으로 고려한 적정 크기의 건축물을 설계

---

10 김정신, 『하느님의 집, 하느님 백성의 집』 (서울: 미세움, 2012), 50-52.

하는 것은 교회 건축이 지닌 대 사회 공공성을 위해 매우 중요한 고려 사항이다. 곽호철의 2014년-2015년 전국통계자료 연구에 따르면, 한국 개신교 교회 하나 당 적정한 규모는 전국적으로 174명이다.[11] 필요와 수요에 대한 예측을 하지 않고 자본주의적 경쟁논리에 따른 대형 교회를 앞다투어 건축하는 것은 장기적으로 볼 때 지속가능하지 않은 건축 양태일 뿐 아니라 신앙의 본질을 거스르는 이기적 욕망의 추구가 될 위험성을 가진다. 제주도의 유명한 관광명소 섭지코지에 위치한 한 기념품점 과자집은 원래 종교적 예배 장소로 설계되었던 것이 다른 용도로 전용된 예이다. 규모 적합성과 수요 예측을 빗나간 종교 건축물의 불운한 미래를 단적으로 보여주고 있는 것이다.

[그림 2] 제주도 섭지코지에 위치한 과자집 '코지하우스'로서, 규모 적합성의 중요성을 보여주고 있다(손호현 사진)

11 본 저서의 곽호철, "규모 적합성 공공성 지표로 분석한 대형 교회의 현실" 참조.

평등성은 남성과 여성 모두가 공정하고 평등하게 교회 공간을 사용할 수 있어야 함을 뜻한다. 김수연은 교회 건축의 평등성 지표를 위해서 세 가지 구체적인 질문을 제기하고 있다: "1) 주방 봉사의 공간과 식사 및 교제 장소는 떨어져 있는가 아니면 상호 개방되어 봉사와 교제가 관계적이고 원활하게 이루어지고 있는가?" "2) 수유 공간은 접근 용이한 위치에 있고 청결은 유지되고 있는가?" "3) 여성과 남성의 성적 차이를 고려한 화장실의 규모가 교회 건축에 반영되고 있는가?"[12]

교육성은 교육관, 도서관과 독서실, 방과후교실 등의 공간이 교인들과 지역공동체 구성원들의 필요와 동선을 고려하여 설계되었는가를 고려하는 것이다. 교회의 건축 공간이 주말에만 이용되고 주중에는 전혀 이용되지 않는 텅 빈 건물이 된다는 것은 건축적으로 비효율적일 뿐 아니라, 사회의 영적 쉼터와 양육의 교육 공간이 되어야 하는 교회의 본질에 어긋나는 것이다.

거룩성은 종교의 가장 본질적 역할 중 하나인 인간의 유한성과 죽음

〈그림 3〉 명성교회가 운영하는 도서관과 독서실. 지역민에게 개방될 뿐 아니라, 이용시간을 정확하게 안내하고 있다(손호현 사진)

12 본 저서의 김수연, "환대와 배려의 여성-친화적 공간으로서의 교회" 참조.

을 직면하고 위로하는 공간을 제공해야 함을 가리킨다. 존스(Lindsay Jones)는 교회 공간 자체가 치유의 기능을 감당할 수 있다고 보고 "한편으로 예전적-건축적 공간 구조와 다른 한편으로 치유 사이의 매우 밀접한 연관성"을 주장한다. 교회 건축의 공간 자체가 치유적인 예전의 효과와 기능을 가질 수 있다는 것이다.[13] 교회의 공간은 사도신경에서 고백하듯 "성도들의 교제"(communio sanctorum)의 공간, 산 자와 죽은 자의 영적 교제를 위한 공간이 되어야 하는 것이다.[14] 인간의 궁극적 운명의 종착점이 하나님이라는 신앙의 메시지를 교회는 납골당, 추모채플 등의 건축적 언어를 통해서도 전달해야 하는 것이다.

〈그림 4〉 성공회 서울대성당에 소재한 추모채플과 납골당(손호현 사진)

13 Lindsay Jones, *The Hermeneutics of Sacred Architecture, Volume 2: Hermeneutical Calisthenics* (Cambridge: Harvard University Press, 2000), 260.

14 손호현, 『사도신경: 믿음의 알짬』 (서울: 동연, 2014), 153 이하 참조.

기독교 장례식은 또 다른 기능, 즉 죽은 자를 하나님께 맡기는 기능을 가지고 있다. 마치 살아 있을 때 공동체가 기도 안에서 서로 하나가 되었듯이, 죽음 안에서도 그 살아온 삶에 대해 감사를 드리고 죽은 자를 하나님의 계속되는 돌보심에 의탁한다.[15]

이러한 포용성, 환대성, 규모 적합성, 평등성, 교육성, 거룩성이라는 신학적 가치의 중지표들을 다시 세부 지표로 나누고 가중치의 순위를 내어보면 다음과 같다.

가중치 순위	세부 지표	가중치	지표별 해당 부문
1	지역종교인 인구와 교회 수	0.092	규모적합성
2	엘리베이터	0.086	포용성
3	친교공간	0.081	환대성
4	장애인 램프	0.078	포용성
5	공간의 분위기	0.066	평등성
6	취사공간	0.065	환대성
7	장애인 예배석	0.061	포용성
8	추모예배 채플	0.055	거룩성
9	교육관	0.050	교육성
10	납골당	0.050	거룩성
11	도서관, 독서실	0.042	교육성
12	주차장 규모	0.041	규모적합성
13	방과 후 학교	0.038	교육성

15 제임스 화이트·수잔 화이트 지음/정시춘·안덕원 옮김, 『교회 건축과 예배공간: 신학과 건축의 만남』 (서울: 새물결플러스, 2014), 147.

14	대중교통 접근성	0.038	규모적합성
15	화장실 및 샤워실	0.029	환대성
16	협동 교역자의 수	0.029	규모적합성
17	여성화장실 규모	0.026	평등성
18	수유공간	0.025	평등성
19	취침공간	0.024	환대성
20	주방공간	0.024	평등성

III. 나오는 말

프랑스 타이어 회사가 매년 발행하는 레스토랑 평가서인 미슐랭 가이드(Michelin guide)는 미식가들이 꼭 방문해야 할 여행지에 대해 안내하고 있다. 교육부가 시행하는 대학평가 사업은 한국의 고등교육이 지향하는 거시적 목적들을 보여주고 있다. 한국 교회 건축의 공공성 지표개발이라는 본 연구도 분명 명백한 한계들에도 불구하고 미래의 교회 건축을 위한 중요한 성찰점을 제공하고자 하였다.

교회는 건축의 언어를 통해 주민들과 소통하고 지역 사회에 기여하여야 한다. 어떤 교회는 교회 탐방자 안내 매뉴얼을 준비하고 있을 정도로, 상당히 방문자에 대한 적극적 태도를 보였다. 하지만 또 다른 교회는 외부인을 차단하고 담장을 세우기에 급급한 것이 사실이다. 교회는 공공적일 때 가장 교회답다고 우리는 생각한다. 본 연구는 실외 공간을 위한 〈교회 건축물의 물리적 환경부문 공공성 지표〉, 실내 공간을 위한 〈교회 건축물의 신학적 공공성 평가 지표〉를 정량적 평가와 정성적 평가를 위해 제시하고 있다. 나아가 수도권에 위치한 2000년 이후의 대표적인 교회 건축물 10개에 대한 공공성 평가의 결과를 제시하고 있다. 우리는 이러한 사례 연구가 미래의 교회 건축을 위해 적용되어질 수 있다고 믿는다. 이 글을 마치며 필자는 우리 앞에 놓인 미래의 시급한 과제 두 가지를 생각해 보고자 한다.

먼저, 협업 시스템의 건축 생태계를 구축해야 할 것이다. 교회 건축은 건축가만의 일이 아니며, 신앙인만의 일도 아니다. 교회 건축은 신앙의 언어와 건축의 언어 둘 다를 가장 잘 이해하고 있는 전문가들이 협업할 수 있는 시스템에 기초하여야 한다. 그러나 한국의 현실은 교회 건축을 전문적으로 추구하는 건축사무소가 열 손가락에 꼽을 정도로 부족하다. 장기적으로 한국 교회 건축은 교회 건축을 전문적으로 하는 건축사무소를 위한 생태계 조성, 건축가들과 도시계획 전문가들, 목회자와 신학자 같은 기독 전문가들의 다각적인 협업 시스템 구축을 고민해야만 할 것이다. 현재 운영되고 있는 목회자, 장로, 전문 평신도 등으로 구성된 건축위원회 시스템은 이러한 전문 건축가 집단, 지역민과 시민사회 등도 포괄하는 협업 시스템으로 질적으로 발전되어져야 할 것이다.

또 다른 미래 과제 중 하나가 일종의 인증 시스템 개발이다. 생태계와 환경파괴 문제가 심각하게 악화됨에 따라 다양한 친환경 인증시스템과 에너지 절약형 패스브하우스 인증시스템 등이 운영되고 있다. 향후 교회 건축도 공공성 인증 시스템, 친환경 인증 시스템, 에너지 절약형 인증 시스템 같은 장기적 목표를 성찰해야 할 것이다.

도시건축적 접근에 의한 교회 건축물의 공공성 평가 — 물리적 환경 부문을 중심으로

정 혜 진*

I. 물리적 환경에 대한 공공성 평가 지표 선정 과정과 결과

본 장의 1차적인 목표는 교회 건축의 공공성을 평가하기 위한 지표를 구성하고 세부 지표별 가중치를 선정하여 요소별 평가에 적용할 수 있는 기본적인 평가 틀을 만드는 것이다. 이를 위하여 기존의 선행연구에서 사용한 도시 건축 공공성 평가 요소들을 도출하고 이들의 중복성과 독립성을 검증하여 1차적인 분석의 틀을 설정하였고, 이후 요소들의 위계와 종속성을 검토하여 대분류, 중분류, 소분류를 진행하고 최종 지표들에 대한 정량적, 정성적 평가 방법을 설정하여 지표의 구성을 완료

* 서울대학교 AIEES 연구교수 / 건축 및 도시설계

하였다. 지표는 크게 개방성, 접근성, 쾌적성, 관계성, 장소성으로 구분하고, 연구자 브레인스토밍 등을 통해 세부 지표와 평가 방법을 설정하는 과정을 거쳤다. 다음 단계로 각 요소들에 대한 평가 점수를 부여하기 위하여 요소들이 가지는 중요도, 즉 가중치에 대한 평가를 진행하였는데 가중치 평가의 다양한 방식 중 요소와 요소간의 쌍대비교를 통한 상대적 중요성을 평가하는 AHP 분석 기법을 활용하였다. AHP 분석을 위해서는 요소와 요소간 1대1 비교의 상대적 중요 정도를 정량화하여 합산이 1이 되는 요소별 가중치를 선정하게 되고 본 가중치는 평가를 정량화하는 중요한 기준이 되는데 이 가중치가 지표별 배점의 기본 단위가 된다. 다시 말해, 세부 지표에 대한 평가와 함께 지표별 가중치 선정을 통해서 평가 후 정량적인 결과 도출이 가능하다고 할 수 있다. 따라서 5부문 20개 세부 지표에 관해 전문가 설문 방식의 AHP 분석을 진행하여 각각의 가중치를 선정하고 이를 지표별 배점으로 활용하였다. 본 설문에는 건축 도시 분야 전문가 17명, 신학분야 15명이 참여하였고, 개방성, 관계성, 접근성, 장소성, 쾌적성 순서로 중요도가 결정되었으며, 기독 전문가와 건축/도시 전문가의 응답 모두에서 개방성을 가장 중요하게 생각한다는 점이 공통적인 특징으로 도출되었다.

〈표 1〉 물리적 환경부문 상위 지표(개방성, 접근성, 쾌적성, 관계성, 장소성)의 가중치

구 분	전체	기독 전문가	건축/도시 전문가
개방성	**0.245**	**0.247**	**0.243**
접근성	0.211	0.210	0.211
쾌적성	0.141	0.143	0.139
관계성	**0.233**	**0.246**	**0.222**
장소성	0.170	0.154	0.185
합계	1.000	1.000	1.000

5부문 하위의 세부 지표는 총 20개로 구성되어 있으며 각 지표의 가중치 값에 각 지표들이 포함되는 부문별 가중치 값을 곱하여 세부 지표별 최종적인 가중치 값을 산출하였다. 물리적 환경 부문에서 가장 높은 가중치 값을 가진 세부 지표는 '외부와 보행로의 연계성', '대지 내 공지 등의 인지성', '대지 내 공지 등의 접근 장애 요인' 순이며 이는 도시건축 분야와 신학 부문 전문가가 일치된 견해[1]를 보이고 있어 가장 중요하게 인식되는 세부 지표라고 판단할 수 있으며, 따라서 공공성에 가장 중요한 영향 요인이라고 할 수 있다. 상위 10개 지표 중 관계성과 접근성에 관련된 지표는 3개, 장소성과 쾌적성에 관련된 지표는 2개인 것으로 나타났고, 개방성, 접근성이 상위 지표 중 가장 중요하게 인식되고 있는 견해와 일맥상통하다.

〈표 2〉 물리적 환경부문 하위지표의 가중치 도출 결과

가중치 순위	세부 지표	가중치	지표별 해당부문
1	외부와 보행로의 연계성	0.104	관계성
2	대지 내 공지등의 인지성(위치)	0.076	접근성
3	대지 내 공지등의 접근장애요인	0.075	접근성
4	지역적 맥락에 어울리는 건축재료	0.064	장소성
5	대지내 보행로의 안전성(보차 분리 등)	0.060	접근성
6	역사적 유산에 대한 존중	0.055	장소성
7	대지 내 공지 등의 조성형태	0.051	쾌적성
8	지역에 필요한 권장용도 등 조성	0.051	관계성
9	대지내 보행로의 관리상태	0.048	쾌적성
10	공동주차장의 조성여부	0.048	관계성
11	개방형(또는 타워형)건축형태	0.046	개방성

1 '대지 내 공지 등의 접근장애요인', '대지 내 공지 등의 인지성(위치)' 지표가 도시건축분야 전문가와 기독분야 전문가에서 2, 3순위만 바뀌었을 뿐 상위 3개 지표는 동일하게 선정되었다.

12	대지 내 공지등의 조성면적(비율)	0.046	개방성
13	보행공간등의 친환경성	0.042	장소성
14	녹지공간의 조성면적(비율)	0.041	개방성
15	시각적 폐쇄감을 완화하는 건축선 후퇴 여부	0.040	개방성
16	공개 공지등의 24시간개방 여부	0.037	개방성
17	건축물의밀도(용적률/건폐율 등)	0.035	개방성
18	스카이라인의 조성여부	0.031	관계성
19	보호 동식물 보존	0.026	장소성
20	에너지 효율성 고려	0.025	장소성

II. 부문별 평가 요소 및 평가 기준

교회 건축의 공공성과 관련한 정량적 평가 범주는 개방성, 접근성, 쾌적성, 관계성, 장소성으로 구분되며, 초대형 교회 3곳, 대형 교회 6개소를 대상으로 하여 본 교회들이 가지는 공간적 구성, 환경에의 영향도 등을 기준으로 공공성의 정도를 측정하게 된다.

먼저, 개방성은 시각적 다양함에 대한 욕구 및 경험, 폐쇄공간에 대한 탈출과 관계한 공간지각요소라고 할 수 있으며, 관련된 요소인 대지 내 공지, 소공원, 휴게 공간 등의 구성과 건축물의 형태 및 밀도의 수준을 평가하여 공공성의 수준을 파악한다. 평가를 위한 산식은 전체 대지 면적 중 공개 공지 등이 차지하는 비율, 법적 기준 이상의 건축선 후퇴 여부, 공개공지 등의 실질적인 개방 여부, 대지전면 길이의 합과 건물 길이의 합의 비율, 법적 기준 밀도 대비 실제 밀도 등을 공부상의 면적 기준으로 조사가 이루어진다.

두 번째, 접근성은 대상지로의 통행을 위한 동선 체계 상의 장애물과 연계성 등에 의해 발생하는 성격으로 보행, 대중교통 등을 포함한 순환

체계와 옥외 공간 등의 인지성, 그리고 접근 제한 요소 등과 관련 있으며 개방성과 유사하게 대지 내 공지, 소공원, 휴게시설, 주차장 등이 주요한 평가 대상이 된다. 평가 방법은 물리적/사회적 장애 요인 여부, 주도로에서의 인지 여부, 보차 공간 분리 여부에 대한 도면 분석과 관찰조사로 진행된다.

쾌적성은 인간의 정신적, 감각적 욕구에 대한 만족스러운 충족으로서 주관적인 속성을 지니고 있기는 하지만 일반적으로 심미성, 편의성 등을 통해 평가되어지고 있다. 평가 방법은 공개 공지의 조성 형태가 지나치게 부정형이거나 세장한지 여부, 주기적인 관리가 이루어지고 있는지의 여부, 친환경 투수 포장재의 사용 여부에 대한 도면 분석과 관찰조사로 진행된다.

관계성은 대상지역이 가지는 역할과 다른 지역과의 상호 영향관계에서 발생하는 성격으로서 부지의 연계성과 주변 커뮤니티와의 긍정적인 관계도를 평가하게 된다. 평가 방법은 보행통로의 설치 여부, 공동주차 혹은 주차장 개방 여부, 지역에 요구되는 용도 제공 여부, 스카이라인의 조성 여부 등에 대한 관찰조사로 이루어진다.

마지막으로 장소성은 그 지역의 물리적 특성 및 성격에서 느껴지는 느낌 또는 분위기로서 지역적인 맥락과 역사성 등을 충분히 고려하고 있는지가 평가 대상이 된다, 평가 방법으로는 지역적인 재료를 사용하고 있는지의 여부, 역사적 장소와 건축물을 배려한 건축 여부, 보호 동식물의 관리 등 친환경성의 유지 여부 등에 대하여 관찰조사로 이루어진다.

평가는 가급적 설정 기준에 의한 정량적 평가 방식이 도입되어야 하지만 관찰조사의 경우에는 이행 여부에 따라 배점이 주어지게 되므로 전문가에 의한 지표별 가중치가 중요한 기준으로 활용된다.

III. 부문별 평가 결과

1. 개방성

개방성과 관련한 평가 지표는 모두 6개의 세부 지표로 이루어지며 지표별 가중치 평가 내용, 평가 방법과 그 결과를 요약하면 다음과 같다. 먼저 대지 면적 중 일반인이 사용할 수 있도록 설치된 공공 개방 공간의 비율은 금란교회 12%, 신길교회는 10%로 가장 높은 비율을 보이고 있다. N/A로 표기된 교회는 공개 공지의 면적을 공부상의 기준으로 확인이 불가한 교회이다. 두 번째, 건축선 후퇴 등을 통한 대지 경계로부터의 건축물 이격 거리는 주 도로부터의 시각적 폐쇄감을 완화하는 효과가 있는데 금란교회, 새에덴교회, 명성교회, 광성교회, 우리들교회, 예수소망교회가 이를 준수하고 있다. 하지만, 이같은 건축선 후퇴는 건축물의 규모와도 밀접한 관계가 있으므로 단순히 준수 여부를 따지기보다는 추가적인 건축선 후퇴 여부와 시각적 폐쇄감 완화에 대한 정성적인 판단이 수반될 필요가 있다. 세 번째, 대지 내 공지의 온전한 개방 여부 등을 확인하기 위하여 폐쇄, 진입 장애물 등의 현황과 개방에 대한 안내 사인 등을 파악해야 한다. 현장 조사 결과 대상 교회 중 이 두 가지를 모두 이행하고 있는 교회는 없었으며, 다만 금란교회, 명성교회, 신길교회, 우리들교회에서는 24시간 개방 여부를 간접적으로 확인할 수 있었다.[2] 네 번째, 대지 면적 중 식재 혹은 조경 면적의 비율의 경우에는 신길교회 30%, 신촌성결교회 28%로서 다른 교회보다 높은 수준의 조경 면적을

2 공개 공지의 위치와 조성에 대한 안내, 야간 이용 등에 의하여 파악이 가능하다.

제공하고 있어 가장 높은 등급으로 평가되었다. 다섯 째, 대지의 장변으로부터 수직연장선 상에 건물의 점유 길이 비율, 즉 입면 차폐도를 통한 시각적 폐쇄감을 분석한 결과 한소망교회와 신촌성결교회가 55% 내외의 건물 길이 폭을 보이고 있어 전면 보행 공간으로부터 시각적 개방감을 가장 높게 확보한 것으로 분석되었다. 마지막으로 건축물의 밀도에 관한 지표 평가 부문은 법적인 기준 미만의 밀도 수준을 확보한 건물을 평가한 것인데, 대부분의 건축물은 법적인 상한선에 도달하는 수준의 건축 연상 면적을 확보하고 있었으며 신촌성결교회 만이 유일하게 법적인 최대 밀도의 70% 미만으로 건축되어 있어서 가장 높은 평가를 받았다. 조사 대상 교회는 평균적으로 법적인 한도의 약 90%에 이르는 밀도의 건축 면적을 확보하고 있는 것으로 분석되었다.

개방성과 관련된 6개 세부 지표에 대한 평가 결과를 표로 정리하면 다음과 같다.

지표 평가 설명	가중치	평가방법	대상 교회 평가 결과								
			금란	새에덴	명성	광성	신길	우리들	신촌성결	예수소망	한소망
대지 면적 중 공공개방 공간의 비율	0.187	**등급** (1-5)	**0.187**	0.037	N/A	N/A	0.150	0.075	0.112	N/A	N/A
대지경계로부터 이격거리 확보를 통해 폐쇄감 완화	0.164	Y/N	**0.164**	**0.164**	**0.164**	**0.164**	0.000	**0.164**	0.000	**0.164**	0.000
대지내 공지의 개방 및 폐쇄 현황 또는 개방 안내표지	0.153	**등급** (1-3)	**0.110**	0.055	**0.110**	0.055	**0.110**	**0.110**	0.055	**0.110**	0.055
대지 면적 중 식재 혹은 조경면적 비율	0.167	**등급** (1-5)	0.100	0.100	N/A	0.033	**0.167**	0.134	**0.167**	0.033	0.067
대지의 장변과 건물 장변의 점유길이 비율	0.187	**등급** (1-5)	0.037	0.150	N/A	0.150	0.037	0.075	**0.187**	0.112	**0.187**
법적인 기준 미만의 건축 밀도의 수준	0.142	**등급** (1-5)	0.028	0.114	N/A	0.085	0.028	0.085	**0.142**	0.114	0.114

세부 지표별 평가 내용 중 관찰조사 시 촬영한 현황 사진과 설명 내용을 요약하면 다음과 같다.

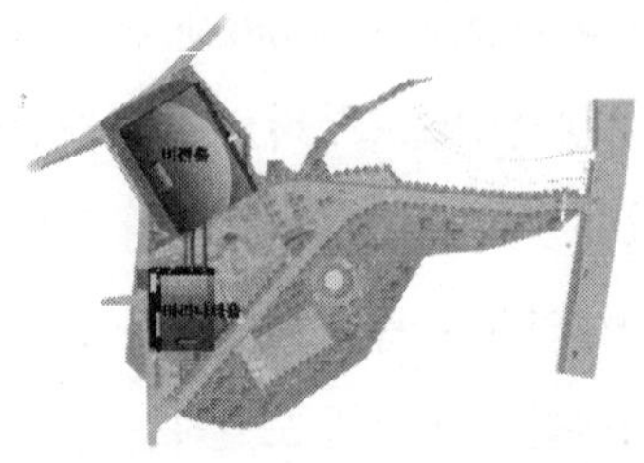

한소망교회 건축물 배치 _ 건물간의 충분한 이격 거리를 통해 개방성을 확보하고 있다.

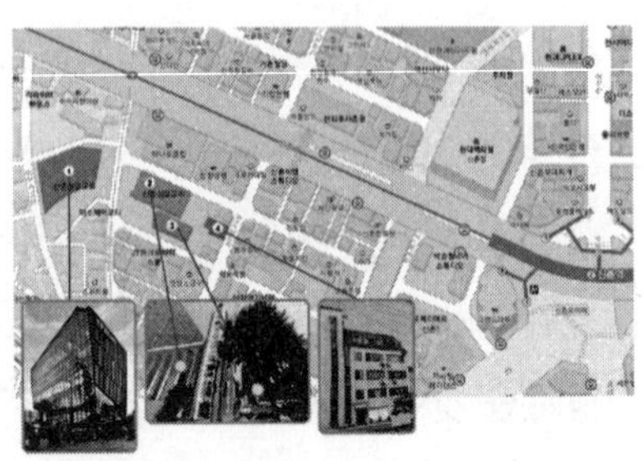

신촌성결교회 건축물 배치 _ 기존 건물과의 이격 거리를 두고 신축 행위가 일어나며 개방성을 확보하고 있다.

명성교회의 공개 공지 안내 표지 _ 공개 공지에 대한 이용자들의 인지를 향상하고 있다.

우리들교회 공개 공지 관리 _ 이용자들이 주로 이용하는 경로 주변에 휴게 공간을 조성하여 질적인 관리가 이루어지고 있다.

신길교회 조경 식재 공간 _ 교회와 맞은 편 건물의 완충 존으로서 풍성한 재식이 이루어져 있다.

광성교회의 건축선 후퇴 현황 _ 전면 도로에서 충분한 이격 거리를 확보하여 건물 자체의 위압감을 해소하고 있다.

금란교회의 건축선 후퇴 현황 _ 지정된 건축선 보다 추가적인 건축선을 확보하여 보행자 도로에서 시각적 폐쇄감을 완화하고 보행공간을 충분하게 확보하고 있다.

새에덴교회의 건축선 후퇴 현황 _ 지정된 건축선 보다 추가적인 건축선을 확보하여 좁은 보행자 동선의 불편함을 극복하고 있다.

2. 접근성

접근성과 관련된 평가 지표는 모두 3개의 세부 지표로 이루어지며 지표별 가중치 평가 내용, 평가 방법과 그 결과를 요약하면 다음과 같다. 먼저 대지 내 공지, 소공원 또는 휴게시설 등에 대한 이용자 제한에 있어서는 일반인이 이용하는데 있어서 물리적 또는 심리적 장애를 일으킬 수 있는 요소가 설치되어 있는지에 관한 현장조사로 이루어지는데 주로 옥외 공간에 설치되어 있는 펜스, 자연 경사 이외의 경사와 단차, 외부인 이용 제한 안내문, 건축주 중심의 이용 프로그램 등이 존재하는지를 검토한다. 현장 조사 결과 금란교회, 신길교회, 우리들교회, 예수소망교회에서는 이용자가 제한을 느끼기 어려울 정도의 접근성을 유지하고 있었다. 두 번째, 조성되어진 옥외 공간의 위치는 공공도로의 눈높이에서 대지 내 공지들의 인지성 확보가 어려운 후면부나 측면부에 시설의 위치가 존재하는지를 검토한다. 조사 대상 대부분의 교회에서는 교회의 전면부에 대지 내 공지들을 개방하여 사용하고 있음을 현장 조사에서 확인하였다. 세 번째, 차량에 의한 접근성의 제한 여부를 확인하기 위하여 대지 내에서 보차 분리 여부를 판단하였는데 보행자 공간과 차량 공간의 명확한 분리 또는 보차 공존 도로 등의 디자인 요소 포함 여부 등을 조사하였다. 현장조사 결과, 인지 여부와 마찬가지로 대부분의 교회에서는 보행자 도로와 차량 도로를 분리하여 계획한 것으로 확인되었다. 따라서 옥외 공간의 인지성, 보차 분리 이행에 따른 안전성 면에서는 대부분의 교회에서 긍정적으로 평가할 수 있으며, 이는 본 연구의 대상이 주로 초대형, 대형 교회를 대상으로 하고 있는 관계로 대지 면적에 대한 제한이 크지 않기 때문인 것으로 추론할 수 있다. 즉 일정 규모 이상의 교회에서는 신도들을 맞이하는 외부공간과 주차 공간의 안전성에 대해서 세심한 배려를 하고 있음을 확인할 수 있다.

접근성과 관련된 3개 세부 지표에 대한 평가 결과를 표로 정리하면 다음과 같다.

지표 평가 설명	가중치	평가방법	대상 교회 평가 결과								
			금란	새에덴	명성	광성	신길	우리들	신촌성결	예수소망	한소망
외부인에 대한 물리적/심리적장애요소 설치	0.354	Y/N	**0.354**	0.000	0.000	0.000	**0.354**	**0.354**	0.000	**0.354**	0.000
인지성 확보가 용이한 위치에 설치	0.360	Y/N	**0.360**	0.000	**0.360**	0.000	**0.360**	**0.360**	**0.360**	**0.360**	0.000
보차 공간의 명확한 분리 또는 보차 공존 디자인	0.285	Y/N	**0.285**	**0.285**	**0.285**	0.000	**0.285**	**0.285**	**0.285**	**0.285**	0.000

세부 지표별 평가 내용 중 관찰조사 시 촬영한 현황 사진과 설명 내용을 요약하면 다음과 같다.

금란교회의 개방된 옥외 공간 _ 비록 계단을 통해 공간의 위계를 설정하고 있기는 하지만 인도에서의 시각적 인지를 확보하여 접근에 대한 심리적 장애를 최소화 하였다.

예수소망교회의 개방된 옥외 공간 _ 인도에서의 시각적 인지가 탁월하고 접근에 대한 물리적 심리적 장애를 최소화하고 있다.

신길교회의 보차 분리 현황 _ 보행자 공간과 차량 이동 공간의 추가적인 분리를 통해 보행 안전성을 높이고 있다.

명성교회의 보차 분리 현황 _ 보행 공간과 차량 이동 공간에 평행 주차 및 차량 진입 구역 조성으로 보행자의 안전을 보호하고 있다.

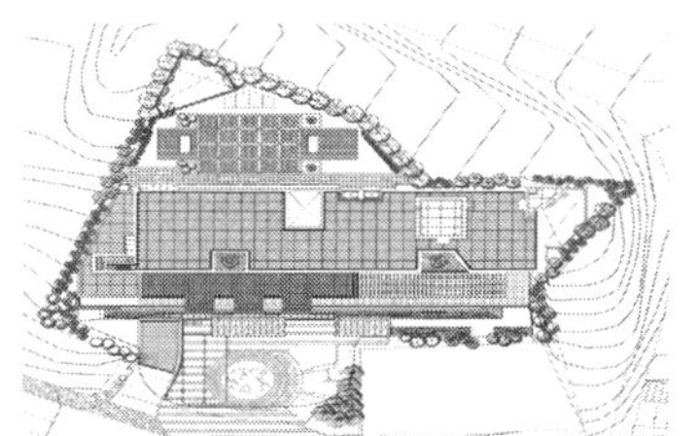

새에덴교회 배치도 _ 전면부의 대형 광장을 통하여 진입을 원활하게 함은 물론 인지성을 강화하고 있다.

신촌성결교회 조감도 _ 전면부의 오픈스페이스와 교회 1층 공간의 자연스러운 연결을 통해 좁은 대지를 극복하며 접근성을 도모하고 있다.

3. 쾌적성

쾌적성의 평가 지표는 모두 3개의 세부 지표로 이루어지며 지표별 가중치 평가 내용, 평가 방법과 그 결과를 요약하면 다음과 같다. 먼저 대지 내 공지, 소공원 또는 휴게시설 등의 조성 형태에 있어서는 지나치게 세장하거나(장변과 단변의 비가 3:1 이상을 이루는 경우를 말한다), 이용이 불편한 부정형 형태, 옥외 공간에 적치물을 쌓아두는 등 본래 이용 목적과 상이한 기능 조성 여부 등을 검토한다. 현장조사 결과 광성교회, 신길교회, 신촌성결교회, 예수소망교회, 한소망교회, 우리들교회가 이용자들의 이용에 불편함이 없는 조성 형태를 지니고 있었다. 두 번째, 대지 내 공지의 관리 상태는 청결 상태와 주기적인 관리 상태를 파악하게 되는데 금란교회, 신길교회, 우리들교회의 공공 공간의 관리 상태가 양호한 것으로 조사되었다. 다만, 주기적인 관리 여부는 교회로부터 직접 확인 받지 않았으며, 이용자들의 이용 상태를 통한 청결 상태로 추정하여 판단하였다. 세 번째 보행통로의 친환경성을 검토하기 위하여 친환경 투수 포장재의 사용 여부를 조사하였지만, 모든 교회에서 자연 대지를 제외하고는 투수성을 고려하지 않은 인공적인 포장재를 사용하고 있는 것으로 파악되었다. 대부분 지하 주차장을 갖추어야 하는 도심지에 위치하고 있는 점이 불포장 재료의 대지를 조성하게 한 것으로 추측된다. 쾌적성과 관련된 3개 세부 지표에 대한 평가 결과를 표로 정리하면 다음과 같다. 쾌적성 부문과 관련된 현황 사진 등은 1, 2 부문과 유사하여 생략하기로 한다.

지표평가 설명	가중치	평가방법	대상 교회 평가 결과								
			금란	새에덴	명성	광성	신길	우리들	신촌성결	예수소망	한소망
활용이 용이한 정형의 공지	0.360	Y/N	0.000	0.000	N/A	**0.360**	**0.360**	0.000	**0.360**	**0.360**	**0.360**
관리 상태 양호 또는 주기적인 관리	0.343	**등급** (1-3)	**0.343**	0.226	0.113	0.113	**0.343**	**0.343**	0.226	0.226	0.113
친환경 투수 포장재 사용	0.297	Y/N	0.000	0.000	0.000	0.000	0.000	0.000	0.000	0.000	0.000

4. 관계성

관계성과 관련된 평가 지표는 모두 4개의 세부 지표로 이루어지며 지표별 가중치 평가 내용, 평가 방법과 그 결과를 요약하면 다음과 같다. 먼저 연계성의 중요한 판단 지표인 공공 보행통로의 경우에는 공공 보행통로 설치 여부와 시종점의 공공 공간 연결 여부를 파악하여 판단한다. 현장 조사 결과 금란교회, 새에덴교회, 명성교회 등의 초대형 교회뿐만 아니라 대형 교회 중에서도 신길교회, 우리들교회, 신촌성결교회, 예수소망교회에서도 보행자들을 위한 보행통로가 조성되어 있으며, 이를 위한 공공 공간과의 연계가 원활하게 이루어지고 있었다. 두 번째, 주변 거주인과의 커뮤니티 회복을 위한 공동주차 및 권장 용도 부문에서는 지역민들 위한 공동주차 혹은 주차장 개방 여부와 지역에서 필요로 하는 저층부 개방 여부가 평가 대상이다. 이 중 저층부의 용도 개방은 교회의 수익과 관계없는 봉사 차원인지 그리고, 지역 사회에 꼭 필요한 용도의 시설인지에 대한 종합적인 판단이 필요하여 물리적인 현황만으로는 판단이 어려운 부분이 존재하지만 현장 조사 결과 파악이 가능한 부분을 반영하였다. 공동주차의 경우에는 많은 교회에서 교인 전용이라는 표지를 공지하고 있으며 이 같은 경우에는 지역 사회 미개방으로 판단하였다. 마지막으로 스카이라인은 주변 지역 건물의 높이와 용도를 고려한 높이 설정 내용을 판단한 것으로 주관적인 판단이 수반되어야 할 우려가 있으므로 교회 건물 높이의 다양함, 주변 (자연)경관과의 어울림 등을 주요한 판단 근거로 삼았다. 관계성과 관련된 4개 세부 지표에 대한 평가 결과를 표로 정리하면 다음과 같다.

지표평가 설명	가중치	평가방법	대상 교회 평가 결과								
			금란	새에덴	명성	광성	신길	우리들	신촌성결	예수소망	한소망
일반인이 자유롭게 이용할 수 있는 보행통로 설치	0.445	Y/N	**0.445**	**0.445**	**0.445**	0.000	**0.445**	**0.445**	**0.445**	**0.445**	0.000
주변과 함께 이용하거나 지역 사회에 개방된 주차장	0.206	Y/N	0.000	0.000	**0.206**	**0.206**	0.000	0.000	**0.206**	0.000	0.000
지역 주민들에게 개방된 저층부 용도	0.217	Y/N	0.000	0.000	0.000	**0.217**	0.000	0.000	**0.217**	**0.217**	0.000
스카이라인을 고려한 건물 높이 설정	0.132	Y/N	0.000	0.000	**0.132**	0.000	**0.132**	**0.132**	0.000	**0.132**	0.000

세부 지표별 평가 내용 중 관찰조사 시 촬영한 현황 사진과 설명 내용을 요약하면 다음과 같다.

우리들교회 공공 보행통로 _ 건물 주변에 보행통로가 전면 광장과 자연스럽게 연결되며 적극적인 관계성을 가진다.

새에덴교회 공공 보행통로 _ 1층 필로티의 보행통로를 통하여 건물의 전후면을 통하는 보행 이동을 자유롭게 하고 있다.

예수소망교회 공공 보행통로 _ 건물 주변의 보행통로와 대지 내 조경이 통합적으로 디자인되어 일반인의 회전 구간 이용이 원활하다.

금란교회 공공 보행통로 _ 인도에서 주 출입구로 통하는 구간이 충분히 후퇴되어 자연스러운 동선의 흐름을 유지한다.

광성교회 지역 사회 공간 운영 _ 지역민이 이용할 수 있는 북카페를 운영하고 있다.

광성교회 지역 사회 공간 운영 _ 지역민이 이용할 수 있는 도서관을 운영하고 있다.

신길교회의 다양한 스카이라인 _ 비록 사선제한에 의한 스카이라인이기는 하지만 배면의 저층부 건물에 적응하는 스카이라인을 조성하고 있다.

예수소망교회의 스카이라인 구성 _ 전면부 도로 이용자들을 배려하여 점진적으로 상승하는 스카이라인을 조성하고 있다.

명성교회의 주차장 개방과 스카이라인 _ 전면부에는 주차장을 외부에 개방하고 아파트 단지에 어울리지 않는 스카이라인을 회피하고 있다.

5. 장소성

장소성은 전술한 것과 같이, 그 지역의 물리적 특성 및 성격에서 느껴지는 느낌 또는 분위기로서 지역적인 맥락과 역사성 등을 충분히 고려하고 있는지가 평가 대상이 된다. 주요한 평가 항목으로는 건물의 유형과 형태(외벽면 처리 등의 입면 처리, 도시 조직과의 조화), 역사적인 장소와 환경자원의 보존 여부 등이 주요한 평가 대상이 된다. 따라서 장소성의 평가를 위해서는 지역적 맥락의 충분한 이해와 건축 과정에서 본 내용이 어떻게 반영되었는지를 파악하는 것이 중요하다고 할 수 있다. 본 장에서는 교회 건축물의 계획 과정에 대한 전반적인 고찰을 수행하지는 않았으며, 건립된 건축물과 외부 환경에 평가 지표가 반영된 현황을 관찰하는 방식으로 진행하였다. 관계성의 평가 지표는 모두 4개의 세부 지표로 이루어지며 지표별 가중치 평가 내용, 평가 방법과 그 결과를 요약하면 다음과 같다. 관계성의 첫 번째 평가 지표는 건축시 친환경재료의 사용 여부이며, 일반적으로는 토속적 재료 또는 재활용 가능한 재료를 의미한다. 다만, 친환경적 재료라는 개념에는 논란의 여지가 있는 상황이며 본 연구에서는 입면의 재료가 재활용이 가능하거나 주변의 맥락에 어울리는 재료의 사용 여부를 평가의 기준을 삼았다. 현장 조사 결과 명성교회, 광성교회, 우리들교회, 신촌성결교회가 친환경적이거나 지역적 맥락에 어울리는 입면 재료를 사용한 것으로 판단되었다. 두 번째 평가 지표는 역사성 보존 노력이며 명성교회와 신촌성결교회가 교회가 역사적인 흔적을 유지하면서 교회를 조성해가고 있는 것으로 판단하였다. 세 번째 평가 지표와 네 번째 평가 지표인 환경적 가치가 있는 동식물의 보호와 에너지 효율화에 관련해서는 대부분 해당사항이 없거나 확인이 어려운 교회 내부 자료들이 대부분인 관계로 직접적인 평가는 어려운 실정이지만 주변 자연 환경이 우수한 광성교회, 우리들교회, 예수소망교회에서 친환경적인 외부 공간을 조성하고 관리하기 위한 노력을 확인할 수 있었다. 장소성과 관련된 4개 세부 지표에 대한 평가 결과를 표로 정리하면 다음과 같다.

지표평가설명	가중치	평가방법	대상 교회 평가 결과								
			금란	새에덴	명성	광성	신길	우리들	신촌성결	예수소망	한소망
친환경 재료 / 재활용 가능재료 사용	0.378	Y/N	0.000	0.000	**0.378**	**0.378**	0.000	**0.378**	**0.378**	0.000	0.000
역사성을 보존하기 위한 특별한 노력	0.325	Y/N	0.000	0.000	**0.325**	N/A	0.000	N/A	**0.325**	N/A	N/A
환경적 가치가 있는 동식물의 보호	0.153	Y/N	N/A	N/A	0.000	**0.153**	N/A	**0.153**	N/A	**0.153**	N/A
에너지 효율화 건축기자재 도입	0.145	Y/N	N/A	N/A	N/A	N/A	N/A	N/A	N/A	N/A	NA

세부 지표별 평가 내용 중 관찰조사 시 촬영한 현황 사진과 설명 내용을 요약하면 다음과 같다.

광성교회의 외벽 재료 현황 _ 다양한 재료를 통한 시각적 지루함을 피하고 상징성을 강화하고 있다.

우리들교회의 외벽 재료 현황 _ 교회의 큰 매스를 재료의 변화로 분절하며 시각적 위압감을 완화하고 있다.

신촌성결교회의 외벽 재료 현황 _ 시간의 변화를 두고 변하는 외피 사용을 통해 교회의 역사성을 반영하고 있다.

예수소망교회의 자연환경보호 _ 주변의 자연환경을 훼손하지 않으며 조화로운 디자인을 채용하고 있다.

명성교회의 역사성 보존 _ 기존 건물의 맥락을 존중하는 신축을 진행하고 있다.

신촌성결교회의 역사성 보존 _ 본당을 잘 보존하면서 주변 환경을 조성하고 있다.

IV. 평가 결과의 고찰

본 장에서는 기존에 설정한 공공성 지표와 평가의 틀을 바탕으로 대분류-중분류-소분류-평가 방법이라는 교회 건축의 공공성 평가 체계를 구축하였다. 교회 건축물 중 대표성을 가지는 건축물을 선정하기 위하여 연구자간 브레인스토밍을 진행하였으며 본 과정을 통해 선정된 교회 건축물의 도면 자료를 재분석하여 공간단위 구성을 이해하고 현장 조사를 통하여 이를 확인하였다. 이같은 일련의 과정을 통해 평가 대상이 되는 지표의 조성 수준을 평가하고 이를 점수화 해가면서 상대적 우위 혹은 열위를 살펴볼 수 있었다. 본 연구에서는 주로 건축물의 외부 공간을 대상으로 한 정량적인 평가를 중심으로 공공성을 평가하였으며, 그 결과 보행통로의 연계성이 가장 중요한 공공성 요인으로 선정되었으며 다음으로 대지 내 공지의 위치와 대지 내 공지로의 접근 장애 요인이 가장 중요한 지표인 것으로 선정되었다. 각 지표의 가중치를 바탕으로 하여 세부 지표의 현장 조사 결과를 대입해가며 부분적이긴 하지만 사례대상 교회 건축물들의 공공성 관련된 요소의 도입 현황을 확인할 수 있었다.

다만, 본 연구에서는 세부 지표별 환경 인자의 1차적인 파악을 통해 상대적 우위를 진단하고자 하였을 뿐 이같은 결과를 종합하여 특정 교회의 우위를 평가하고자 하지는 않았다. 왜냐하면, 세부적인 지표별 평가 결과를 점수화하는 과정은 대상인의 참여와 협조에 의하여 진행되어야 공정성을 유지할 수 있으며, 또한 모집단을 대표하는 샘플링의 유의성이 확보될 수 있을 때 보다 유의미한 평가 결과라고 말할 수 있기 때문이다. 즉, 이번 연구에서는 최근에 지어진 대표적인 대형 교회 중 자료에 대한 접근성이 수월한 교회의 도면 자료를 우선적으로 취득하여 분석을 수행하였으므로 종합적인 분석 결과라기보다는 우리나라 교회 건축의 한 단면을 이해하는데 활용하기를 기대한다.

분석 결과를 소개한 3장에서는 비교적 모범적인 사례를 바탕으로 한

소개 내용이 주를 이루었다. 하지만, 아래 표와 같이 사례 교회들의 현장 조사 및 도면 조사 결과 열위에 있는 지표들도 동시에 발견할 수 있는데, 표의 음영 부문은 사례 교회별로 상대적으로 취약한 공공성 항목을 나타내고 있다. 일부는 상대 평가를 통해 비교 열위인 부분을 표현하고 있기도 하지만 평가 방식이 Y/N인 지표들의 경우에는 현재 조성이 되어 있지 않거나 미미한 현황을 보이고 있는 항목이라고 할 수 있다. 그 지표는 '관계성-용도-권장 용도', '관계성-주차장-공동주차', '관계성-높이-스카이라인', '장소성-재료-외벽면 처리', '접근성-대지 내 공지-이용 접근 제한' 등의 순으로 취약한 것으로 나타났으며, 특히 관계성 관련된 공공성 지표들이 매우 취약한 특징을 보이고 있다. 즉, 관계성이라는 지표가 공공성 평가 시 2순위에 오를 만큼 중요한 부문임에도 불구하고 우리나라 교회 건축 시 비중 있게 고려되고 있지 않음을 확인할 수 있었다. 본 부문의 해당 세부 지표인 지역 사회와 함께 하는 용도, 공동주차 등의 배려, 지나치게 높은 건축물의 높이 또는 지나치게 상업적인 외벽면 등은 우리가 교회 건축의 공공성에 대한 문제 인식의 출발과 매우 유사한 결과를 보이고 있으며 교회 건축의 공공성을 개선하기 위한 주요한 영역이라고 할 수 있다.

〈표 3〉 사례대상 교회의 부문별 비교 열위 항목에 대한 분포 현황

중분류	소분류	세부 지표명	평가 방법	대상 교회 평가 결과								
				금란	새에덴	명성	광성	신길	우리들	신촌성결	예수소망	한소망
개방성	대지 내 공지 등	조성면적(비율)	등급(1-5)		■							
		건축선 후퇴	Y/N					■		■		■
		개방시간	등급(1-3)				■			■		■
	조경 녹지	조성면적(비율)	등급(1-5)				■				■	
	건축물 형태	탑상형(입면 차폐도)	등급(1-5)					■			■	
	건축물 밀도	용적률/건폐율	등급(1-5)	■				■				
접근성	대지 내 공지 등	이용접근제한	Y/N		■	■	■			■		■
		위치(인지성)	Y/N		■		■					■
	주차장	보차 분리	Y/N				■					■
쾌적성	대지 내 공지 등	조성형태	Y/N	■	■				■			
		관리상태	등급(1-3)			■	■					■
관계성	보행(통)로	연계성	Y/N				■					■
	주차장	공동주차	Y/N	■	■			■	■		■	■
	용도	권장 용도	Y/N	■	■	■		■	■			■
	높이	스카이라인	Y/N	■	■		■			■		■
장소성	재료	외벽면 처리	Y/N	■	■			■			■	■
	역사성	역사적 환경 보호	Y/N	■	■	■		■				

공 공 성 지 표

건축 디자인의 관점에서 본 한국 교회 건축의 공공성

정 시 춘*

Ⅰ. 서론

한국개신교 교회는 지난 선교 130년 동안에 전 세계에 유래 없는 성장, 발전을 지속해왔다. 따라서 전국에 걸쳐 수많은 교회당들이 건축되었고 그들 대부분은 주거지역 안에 자리 잡고 있다. 특히, 폭발적인 성장을 이룬 상당수의 도시 교회들은 지역 사회의 다른 건물들에 비해 대규모 건물을 건축했고, 그중 일부는 교인 수가 수만 명에 이르는 초대형 교회를 이루면서 주변 지역의 건물들을 압도하는 초대형 건물들을 지었다. 이들은 지역의 물리적, 공간적 그리고 시각적 환경의 지배적인 요소가 되어 지역 사회에 막대한 영향을 미치고 있다. 교회들 특히 대형 교회

* 정주건축연구소 대표 / 건축가

들이 이처럼 그 지역 사회에 대해 중요한 영향을 준다면, 교회들은 자신들의 목적만이 아닌, 지역 사회의 공적 기관으로서의 역할 또한 감당해야 하며, 마찬가지로 그들의 교회 건축도 이제 교회만의 건물이 아닌, 지역의 공공재라는 인식을 가져야할 것이다. 여기서 교회 건축의 공공성 문제가 제기된다.

한편, 교회 건축의 공공성은 지역 사회를 위해 교회의 부지와 공간을 얼마나 제공할 수 있느냐하는 양적 문제와 함께, 그것들을 어디에 어떤 방식으로 제공하여 지역 주민들이 쉽게 접근하고 편리하고 안전하고 쾌적하게 사용할 수 있게 하는가와 그것들이 지역의 중요한 시 환경 요소로서 그 자체로 아름다울 뿐만 아니라, 지역 환경의 시각적 맥락 속에서 이웃과 조화를 이룰 것인가의 문제이기도 하다. 여기서 교회 건축의 내, 외부공간 및 그 형태 디자인의 질의 문제가 제기된다. 따라서 본 연구는, 이러한 문제의식을 바탕으로 교회 건축의 공공성을 위한 건축 요소별 디자인의 질적 기준을 제시하고, 2000년 이후에 서울 및 수도권 지역에 건축된 초대형 교회들 중 임의로 선정한 8개의 교회를 대상으로 그들이 과연 어느 정도 공공성을 고려하고 있는지를 디자인의 관점에서 평가해 봄으로써, 이후 교회들이 교회 건축의 공공성에 깊은 관심을 가지도록 촉구하고, 그 디자인에서 다루어야할 문제들을 제시하고자 한다.

II. 교회 건축의 공공성을 위한 건축요소별 디자인 기준

건축은 기능적 목적을 위해 만들어지는 공간과 그것을 둘러싸는 외피가 이루는 형태로 구성되며, 공간은 다시 그 외피 안에 포함된 내부공간과 그 주위에 형성되는 외부공간으로 나누어 생각할 수 있다. 외부공간은 그 건물이 속한 지역(자연 또는 도시) 공간과 직접 관계를 맺으며 그 일부로 통합되거나 또는 지역공간과 분리된 보다 넓은 의미에서 내부적 공간이 될 수 있다. 교회 건축의 공공성은 이러한 교회당의 내부·외부 공간과 그 형태가 어떻게 공공에 기여하느냐의 문제이다.

1. 외부공간의 공공성

현대 도시와 주거 지역의 가로 변에는 사람들이 때때로 편히 머물며 시간을 보낼만한 장소가 많지 않다.[1]

교회 건축을 포함한 모든 건축물의 대지는 기본적으로 건폐율, 대지 안의 공지, 건축선 후퇴, 공개 공지설치 등 관련 법령에 의해 확보하도록 되어 있는 최소한의 공지를 포함하고 있고, 대지 면적이 여유 있는 교회는 상당한 넓이의 공지를 가지고 있다. 이러한 공지는 건물 주위에 마당이나 쉼터 그리고 화단을 포함한 조경 공간 또는 통로, 주차장, 간이 체육장 같은 공간으로 활용된다. 교회 건축의 공공성은 바로 이 외부공간으로부터 시작된다.

1) 개방성과 친밀성

인간은 기본적으로 자신의 영역을 한정하고 그 안에서 보호 받기를 원한다. 이는 교회 또한 마찬가지이다. 교회는 우리 지역 사회에서 상당

1 Christopher Alexander, *A Pattern Language: Towns, Buildings, Construction* (New York: Oxford University Press, 1977), 349

부분 세상과 구별되는 영역 즉 '성역'으로 인식되어왔고, 더욱이 평일에 닫혀 있어, 세상 사람들이 쉽게 들어갈 수 없는 공간이었다. 교회가 이러한 지역 주민들의 인식을 불식시키고, 지역 사회와 소통하고 그들을 섬기며 복음을 전하기 위해서는, 먼저 교회당을 지역 주민들이 부담 없이 자유롭게 드나들 수 있는 '열린 공간'으로 만들어야하며, 나아가 지역 사회의 커뮤니티 센터로서 공공의 장소가 되는 것이 바람직하다. 교회 건축의 개방성은 먼저 그 외부공간에서 나타난다. 공공 공간인 도로와 교회건물 사이에 대지 또는 건물의 규모에 비해 적절한 크기의 잘 가꾸어진 공지가 있고, 담장 같은 물리적 경계가 없이 열려있어, 그곳이 사유재산이라는 느낌을 받지 않고 누구나 자유롭게 이용할 수 있는 개방된 공간이 있다면 사람들은 그 교회에 대해 친밀감을 가질 것이다.

2) 인지성, 환영성 그리고 접근성

건물의 공개 공지나 공개된 녹지 그리고 그 입구는 쉽게 알아보고 접근할 수 있어야 하고, 특히 교회 건축은 찾아오는 사람들을 환영하는 느낌을 주어야 한다. 자주, 건물의 정면 1층에 후퇴시켜 비운 적절한 크기의 공간이나 포켓 같은 공간 또는 ㄱ자로 꺾여 포근하게 감싸인 듯한 안모서리 공간은 입구로서의 인지성이 높여주고 심리적으로 사람들을 유인한다. 너무 높고 크거나 고전적인 디자인의 입구와 입구 앞에 설치된 높은 계단은 들어오는 사람들에게 교회가 권위적이라는 인상을 받게 한다. 진입로부터 입구 사이 공간은 공적 공간과 사적 공간 사이의 일종의 전이공간이다. 이 공간에서의 경험은 건물 안에 대한 느낌에 영향을 미친다.[2] 통행이 빈번한 가로에 포켓 모양으로 연결된 교회의 작은 마당은 사람들이 멈추고 잠시 쉬어가거나 거기서 일어나는 활동에 관심을 가지고 참여할 수 있게 해 준다.[3] 따라서 교회 건축의 공공성을 보다 더 강화하기 위해서는, 공개 공지는 사람들의 통행이 빈번한 가로변에 그리고 교회당의 입구와 가까운 곳에 두는 것이 좋고, 도로와의 사이에 담장과 대문은 물론 화단 같은 경계를 표시하는 물리적 장치들조차 제거하는 것이 바람직하다. 인간적인 스케일의 공간들은 우리를 안으로 들어오도록 부른다.[4] 그곳이 거대한 건물 옆이라면, 건물이 사람들을 압도해서 거부감을 줄 수 있으므로 수목이나 파고라 같은 조경 요소들로 그 크기를 덜 인식할 수 있게 해주는 것이 좋다.

3) 유용성과 쾌적성

교회의 외부공간이 개방되었다고 공공 장소가 되는 것은 아니다. 지역 주민들의 공공의 장소가 되기 위해서는 적극적으로 그들의 필요에 합당한 유용한 공간이어야 한다. 그것은 녹지가 있는 쉼터나 만남의 장소, 야외 체육장, 다양한 야외 이벤트를 위한 공간, 심지어는 야간에 지역 주민들에게 제공하는 주차장일 수도 있다. 또한 이러한 시설들은 지역 주민들의 신체적, 정신적 욕구가 충족될 수 있는 수준의 쾌적한 공간(시설)이어야 한다. 그것은 겨울에는 햇빛이 잘 들고 바람을 막아주며, 여름에는 그늘을 제공하는 적절한 수목이 있고, 앉아 쉴 수 있는 의자

2 Christopher Alexander, *A Pattern Language: Towns, Buildings, Construction*, 549.

3 Christopher Alexander, *A Pattern Language: Towns, Buildings, Construction*, 601.

4 제임스 화이트, 수잔 화이트/정시춘, 안덕원 역, 『교회 건축과 예배공간』 (서울: 새물결플러스, 2014), 38

같은 편의시설(amenity)들이 준비되어 있어야 한다. 그런 점에서 최근에 유행하는 교회 내의 카페들을 지역의 가로변에 설치된 노변 카페로 만들어 지역 주민들의 만남의 장으로 제공하는 것도 교회 건축의 공공성만이 아니라 지역 주민들 사이의 교제를 위해서도 도움이 될 것이다.

4) 관계성

일반적으로, 교회 건축은 도로에 면하여 이웃 건물들과 공존하며, 그 사이에 상당한 넓이의 공지들을 가지고 있다. 그러나 그동안 많은 교회들은 소유권의 보존 또는 관리상의 문제로 그 경계에 담장을 설치해왔다. 그러나 이러한 담장들을 제거하고 공지들을 공동으로 개발하면 서로 좋은 환경을 만들어 낼 수 있다. 그중에서도 특히 가로 측의 공지(외부공간)를, 그 가로 공간의 확장된 일부로 개방하고 공공 영역으로 디자인함으로써 누구나 쉽게 인지할 수 있고 아무 부담 없이 자유롭게 접근하여 이용할 수 있게 한다면, 지역 주민의 공동체적 삶을 보다 더 풍성하게 할 수 있는, 공공성을 위해 매우 중요한 공간이다.

5) 장소성

교회의 자리를 지역의 문화적 또는 생태적, 시각적 맥락 속에서 이해하고 건축하는 것이 필요하다. 특히, 교회의 대지가 특별한 역사적 사건과 관련되거나 그 안에 가치 있는 유산이 남아 있는 장소인 경우, 그 장소가 가진 특성과 가치를 지역 사회 나아가 인류의 문화유산으로 존중하고 보존하는 것은 공공성이라는 관점에서 매우 중요하다.

6) 안전성

교회의 마당에 설치되어 있는 옥외 주차장이나 지하 주차장으로 드나드는 차로는 흔히 보행자와 자동차의 통로가 분리되어 있지 않아 특히, 어린아이들에게는 안전상 위험 요소이다. 따라서 교인들만을 위해서가 아니라 지역 주민들을 위해서도 가능한 한 보차 분리를 통해 차량 출입 시 보행자 및 어린이 보호를 위한 충분한 고려가 필요하다. 또 경사진 대지에 건축하는 교회당의 외부공간에 상당한 레벨 차이가 있다면, 어린이를 위해 안전 난간이나 안전한 경사로를 설치해야 한다.

2. 내부공간의 공공성

교회 건축의 공공성은, 단지 외부공간만이 아니라, 그 내부공간까지도 지역 사회에 개방함을 의미한다. 웬만한 규모의 교회들은 전교인의 집회를 위한 예배실로부터 다양한 크기의 집회실들과 분반공부를 위한 소그룹실들 그리고 넓은 홀들과 식당, 휴게실까지 집회, 교육, 교제 등을 위한 다양한 종류와 크기의 공간을 가지고 있으며, 이 공간들은 그 사용자에 따라 영·유아로부터 청소년, 장년 그리고 노인에 이르기까지 모든 연령층을 위한 설비를 갖추고 있다. 따라서 교회 건축의 내부공간들은 문화, 집회, 세미나, 소그룹모임, 체육, 오락 활동으로부터 결혼식, 장례식에 이르기까지, 지역 주민들의 다양한 활동들을 담기에 매우 적합하다. 이러한 공간들을 지역 사회에 개방한다면, 지역 주민들을 섬기는 사역은 물론 선교에도 매우 유익할 것이며, 교회 안에 늘 사람들이 무언가 하고 있다면, 교회의 모습은 살아 움직이는 생동력을 보여줄 것이다. 이처럼 교회 건축의 내부공간을 개방하기 위해서는 교회의 공간들을 지역 사회 활동을 위해 무리 없이 사용할 수 있도록 하는 건축설계가 필요하다. 그것은 입구의 인지성과 입구홀 또는 로비공간의 환영성 및 접근성, 공간 분위기의 환대성과 친밀성, 포용성 및 공간 환경의 쾌적성과 체류성 등과, 기능 공간들의 사회적 기능에의 적합성 및 다목적성과 융통성, 가변성 그리고 내부 동선의 명료성 같은 건축 디자인의 개념들이다.

1) 환대성(hospitality)과 친밀성, 쾌적성 그리고 체류성

교회의 입구를 통해 안으로 들어가서 처음 만나는 홀 또는 로비는 교인은 물론 외부인에 대한 교회의 태도를 보여주는 공간이며, 교회의 공공성을 확인시켜주는 공간이다. 따라서 그곳을 지역 주민들이 쉽게 들어와 환대받는 분위기 속에서 편안한 마음으로 머무를 수 있도록 디자인하는 것은 교회 건축의 공공성을 위해 매우 중요하다. 제임스 화이트는 친밀성, 편안함, 비형식성, 교제 등이 공간의 환대적 분위기와 관련 있다고 말한다.[5]

홀/로비 디자인의 일차적인 문제는 그 넓이와 높이이다. 홀의 넓이와 높이가 너무 넓고 높으면 위압적이고 썰렁한 느낌을 주어 사람들을 불안정하게 만들고, 너무 좁고 낮으면 폐쇄적인 느낌을 주며 집회 후에 혼잡을 일으킨다. 또, 홀의 넓이만큼 중요한 것이 홀의 형상인데, 폭과 길이가 크게 차이가 나지 않는 것이 좋다. 같은 면적이라도 폭에 비해

---

5 화이트, 정시춘, 안덕원 역, 『교회 건축과 예배공간』, 41

길이가 너무 길면 복도 같은 느낌을 주어 사람들이 머무르기에 불안한 느낌을 준다. 홀 전체의 크기는 교회 건축의 규모 또는 이용자 수에 따라 적정하게 정해져야 하겠지만, 그 한 쪽에 주 동선에 방해되지 않도록 사람들이 머물 수 있는 장소를 만들고, 천장 높이를 홀보다 낮추는 등 그 영역을 구분하고 인간적인 스케일의 공간으로 디자인하는 것이 바람직하다. 또한 그곳은 어느 정도 분리된 느낌을 주는 영역으로 만들되 개방적이어서 누구나 잠시 앉아 쉴 수 있도록 하고, 셀프서비스로라도 차 한 잔 마실 수 있도록 준비해 두면 좋을 것이다.[6] 최근 많은 교회들이 홀과 연접하여 카페를 두는데, 흔히 홀과는 분리되고 상업적인 느낌이 있어, 교인들은 괜찮겠지만 방문객들은 자유롭게 드나들기가 조금은 신경 쓰인다. 홀/로비의 인테리어 디자인은 편안하고 친밀한 분위기가 오히려 바람직하다. 값비싼 재료와 장식으로 화려하고 고급스럽게 디자인된 장소는 오히려 방문객들을 주눅 들게 할 수 있다. 그곳은 소박한 재료, 따뜻한 색깔, 부드러운 질감, 적절한 밝기의 공간으로 디자인하고 가구와 소품들을 조화롭게 배열하여 사람들에게 친밀감을 주고, 햇빛이 잘 들고, 환기가 잘되며, 조명기구의 눈부심이 없고, 적절한 실내 온도를 유지하도록 하여 사람들에게 쾌적한 느낌을 주어야 한다. 친밀하고 쾌적한 공간은 사람들을 편하고 안락하게 해주고, 그 장소에 대해 친근감을 가지게 해서, 자주 찾아와 머물게 해준다.

---

6 정시춘, "지역 사회 복지에 유용한 교회 건축과 공간 활용."「목회와 신학」35th(2015.7): 55.

2) 기능의 적합성

교회의 공간을 지역 사회활동을 위해 사용하기 위해서는 교회의 본연의 목적을 위해 지은 교회 건축 공간이 그러한 사회적 기능에 적합한가의 문제가 제기된다. 교회 기능과 지역 사회 기능 사이에는 그 본질적인 차이에도 불구하고 내용과 형식에 많은 유사성이 있다. 그래서 예배실을 지역 사회가 수시로 개최하는 다양한 목적의 크고 작은 집회나 이벤트를 위해 제공하거나, 평일에 체육관으로 활용할 수 있게 하여 지역 사회로부터 좋은 평을 받고 있는 교회들도 있다. 이미 여러 교회들이 교인들의 교제를 위해 마련한 휴게실이나 식당 등을 평일에 지역 주민들의 만남과 교제의 장소로 개방하고 있다. 영, 유아교실을 가지고 있다면 탁아시설로, 유치부실은 어린이집으로 활용할 수도 있고, 권사실이나 노년부실은 동네 사랑방으로 전용할 수 있다. 크고 작은 교육실이나 소그룹실들은 지역 주민들의 교양강좌나, 각종 세미나, 반상회 등 다양한 목적과 규모의 교제 또는 모임을 위한 공간으로 활용될 수 있으며, 주변에 학교가 있다면 학생들을 위한 공부방이나 세미나실로 제공할 수도 있을 것이다. 성가대 연습실을 전용하여 음악 감상실로 사용한다든가, 소집회실들을 소극장이나 문화 공간으로 활용할 수도 있다.[7]

3) 공간의 다목적성 — 융통성과 가변성

이처럼 하나의 공간을 교회와 사회의 서로 다른 활동을 위해 사용하

---

7 정시춘, "건축학적 입장에서 본 종교시설의 이용."「한국기독교사회문제연구원, 지역 사회 주민을 위한 종교시설 이용에 관한 심포지엄 자료 2005-2,」(2005. 12. 19), 12

려면, 각각의 활동들의 공간에 대한 기능적 요구들 사이의 최대공약수를 찾아 어느 경우에도 치명적인 결함이 생기지 않고 전용이 가능하도록 건축 당시부터 공간에 융통성을 부여한 설계가 필요하다.

한편, 공간 안에서 이루어지는 각종 활동들은 그 공간의 형상, 크기, 높이, 심지어는 재료와 색깔 그리고 조명, 가구 배치 등 공간 환경에 크게 영향을 받는다. 따라서 공간의 유용성을 높이기 위해서는 공간의 융통성을 넘어, 필요에 따라 공간의 크기나 환경을 조절할 수 있는 공간의 가변성까지 고려해야한다. 공간의 융통성과 가변성은 공사비를 증가시키는 요인이 될 수도 있지만, 공간의 활용률을 높인다면 그만큼 가치 있는 일일 것이다.

4) 동선 체계와 이동성

규모가 큰 교회일수록 다양한 종류의 수많은 기능 공간들을 포함하고 있는데, 이들 중 대부분은 출입구로부터 멀리 떨어져 있고 그것도 층을 달리해서 배치되어 있기 때문에, 교인들이 아닌 외부인이 방문하여 가고자하는 공간을 찾아가는 것은 쉽지 않고, 더욱이 장애인일 경우는 더욱 그러하다. 따라서 교회 내부 동선 체계가 단순, 명료, 안전하여야 하고 수직 이동시설(계단, 램프, 엘리베이터 등)의 위치가 출입구로부터 가깝고 쉽게 눈에 띄도록 배치하는 것이 내부공간 디자인에서 매우 중요한 문제이다. 나아가 방문자들의 편리한 이동을 위해서는 그들이 건물 전체의 공간 배치를 파악하고 목적지를 찾아갈 수 있도록 도와주는 사인의 디자인과 이의 적절한 배치가 필요하다.

3. 형태의 공공성

자연 속이나 이웃 건물들과 상당한 거리를 두고 위치하는 건물은 3차원적인 오브제로 지각되지만, 가로에 면하여 연이어 배치된 도시의 건물들은 주로 2차원적인 정면으로 지각된다.

형태로서의 건축의 공공성은 그 건물의 외부의 모습 즉, 형태가 주위의 자연 또는 이웃건물들과 조화되느냐와 그 자체로서 아름다워서 지역주민들과 행인들에게 기쁨과 즐거움을 주느냐의 문제이다. 교회 건축의 형태는 그 교회가 세상을 향해 의도하는 바를 표현하는 언어이고 동시에, 세상 사람들이 교회에 대해 생각하고 판단하는 첫 번째 시각적 단서이기도 하다. 또한 대부분의 교회 건축은 지역 사회의 물리적, 시각적 환경을 이루는 매우 중요한 요소로서, 한번 건축되면 그 자리에 반영구적으로 서 있으면서 불특정 다수의 사람들에게 지속적으로 그리고 강제적으로 시각적 영향을 준다는 점에서 그 형태의 공공성은 매우 중요하다. 교회 건축의 공공성은 그 형태 자체의 심미성은 물론, 친밀성과 개방성을 가지는 지 그리고 이웃 또는 지역 환경과 조화를 이루며 공존하고 있는지에 크게 좌우된다. 또한 교회 건축의 공공성은 단지 형태 또는 공간 디자인의 문제를 넘어 그것이 건축되는 곳의 지역, 장소, 또는 역사성을 반영하고 있는지, 친환경적이며 지속가능한 건축인지와도 관련된다.

1) 심미성

모든 건물의 계획과 디자인은 효율적이고 행복한 삶을 위한 환경을 만들어 내는 것이다.[8] 교회 건축은 다른 모든 세상 건물들과 마찬가지로

한 장소에 지어지면 반영구적으로 그곳에 존재하며 사람들의 시 환경이 되어 그들의 정서에 영향을 미친다. 아름다운 건축은 사람들의 마음을 순화시키고 즐겁게 하며 감동을 주어, 친밀감을 느끼게 하는 반면에, 추한 건물은 사람들에게 불쾌감을 주어 거부감을 가지게 한다. 그런 점에서 특히 지역의 중요한 물리적, 시각적 환경 요소이며, 특히 해당 가로의 중요한 경관 요소인 교회 건축은 그 자체로 아름다운 건축 작품이어야 하고 나아가 지역의 물리적, 시각적 질서와 조화로워야 한다. 그러므로 심미성은 교회 건축의 공공성의 매우 중요한 주제이다. 한편, 교회 건축을 포함한 모든 건축의 아름다움은 구성, 비례, 척도 그리고 리듬, 대비, 강조, 빛과 그림자, 색채와 질감 등을 통해 단순성, 통일성, 균형 그리고 질서와 조화를 이루어 냄으로써 창조된다. 그리고 그것은 특별한 사람들의 특별한 목적을 위하여, 특별한 장소와 주위 환경 속에, 구조, 재료, 설비 기타 모든 건축적 요소들을 통합하고, 건축가의 창조적 의도를 담아 그의 특별한 아이디어를 통하여 독창적인 형태와 공간으로 표현되어야 한다.

2) 친밀성

교회가 지역 사회와 친밀한 관계를 맺기 위해서는 먼저 그 건축 형태가 지역 주민들에게 편안하고 친근한 느낌을 주어야 한다. 한 건물의 친밀성은 그 크기와 스케일, 형태 구성, 재료의 색깔과 질감, 지역 환경과

8 Fraser Reekie, *Design in the Built Environment* (London: Edward Arnold Publisher Ltd.) 11.

의 연속성과 개방성 그리고 심미성 등에 관련된다. 주변 건물들보다 지나치게 크거나 높아서 위압적인 형태, 대칭적이고 고전적인 형상을 이루어 권위적인 형태, 지나치게 강력한 힘을 느끼게 하는 기념비적인 형태 그리고 창이 거의 없어 내부와 외부가 단절된 폐쇄적인 느낌의 건물들은 지역 주민들에게 경원의 대상이 되거나 배척받을 수 있다.

3) 개방성

교회 건축이 지역 사회에 대해 공공성을 가지려면 그 내, 외부공간만이 아니라 형태에서도 개방성이 필요하다. 형태의 개방성은 공간의 기능적 개방성과는 달리 외부에서 보는 그 건물을 보는 느낌의 문제이며 또한 건물의 내부 세계와 외부 세계 즉 지역 공공 공간과의 소통의 문제이다. 즉, 가로를 향해 넓게 뚫린 창이나 문 같은 개구부 또는 발코니나 테라스 등을 통해 안과 밖에 있는 사람들이 서로 보고, 소통할 수 있다면, 그것은 사적인 내부공간이 공적인 가로공간과 통합되어짐을 의미하며 따라서 지역 주민들이 그 교회에 대해 더욱 친근하게 느끼고 쉽게 다가갈 수 있게 해준다.

4) 입구성

교회당의 **입구**는 접근로에서 즉시 눈에 띄는 곳에 설치해야 하고 건물의 정면에서 두드러지게 디자인되어야 하고,[9] 접근하기 쉽고 내부가

---

9 Christopher Alexander, *A Pattern Language: Towns, Buildings, Construction*, 544.

들여다보여, 환영(welcome)하는 듯한 느낌을 주고 지역 주민들이 안으로 들어가 보고 싶은 마음이 생기도록 해야 한다. 입구의 모습은 마치 '당신을 환영합니다'라고 말하는 하나의 사인이 될 수 있다.[10] 건물의 정면이 대칭적이고 그 중앙에 높은 기둥들과 함께 돌출된 입구나 입구 앞에 높은 계단을 설치하는 것은 매우 권위적이어서 함부로 들어가면 안 될 것 같은 느낌을 준다. 그러나 비대칭적이라도 균형을 유지하며 가로에서 동일한 레벨로 포켓처럼 약간 들어가 있는 입구는 그 앞을 통행하는 사람들의 흐름을 자연스럽게 끌어들이는 심리적 효과가 있고, 인간적인 스케일과 따뜻하고 부드러운 색채 및 질감을 가진 입구의 형상은 사람들로 하여금 문을 열고 쉽게 들어올 수 있게 해준다. 정면 디자인과 조화로우면서도 식별성을 가진 아름다운 입구는 사람들에게 친근감을 준다.

5) 주변환경과의 조화

교회 건축은 홀로 존재하는 것이 아니라, 자연 또는 지역 사회의 건축 환경 속에 그 중요한 일부로 존재하면서, 지역 전체의 물리적, 시 환경에 영향을 준다. 또한 사람들은 건물들을 각각 독립된 개체로 보기도 하지만, 지역 전체의 질서 중의 한 요소로 인식하기도 한다. 특히 지역 도로의 관점에서 보면, 그 가로변의 모든 건물은 가로의 벽을 형성하여 그 개방감을 제한하는데, 지역의 다른 건물들에 비해 일반적으로 훨씬 큰 교회 건축은 그 영향의 그만큼 더 크다. 따라서 교회 건축은 그가 속

10 정시춘, "지역 사회 복지에 유용한 교회 건축과 공간 활용." 55.

한 지역의 환경과 조화를 이루는 것이 매우 중요하다. 많은 교회가 그러하듯이, 교회당이 주변건물에 비해 지나치게 크고 압도적이거나, 너무 호화롭거나, 배타적이어서 주변의 건물들과 부조화를 일으킬 때, 또는 너무 특별해서 이질감을 줄 때 지역 주민들에게 위화감을 준다.[11] 또 지나치게 자기중심적이고 독특한 형태의 건물은 비록 그 자체로는 매우 아름다운 디자인이라 하더라도 주변 환경과 조화를 이루지 못하여 그 아름다움이 반감되거나 오히려 거부감을 줄 수도 있다. 진정 아름다운 교회 건축은 주변 환경과도 조화를 이루는 교회당이며, 그런 건물이 지역 주민들에게 친밀감과 일체감을 준다. 또한 교회 건축이 그 공공성을 강조하는 한, 이웃 건물의 용도에 따라(특히 주거건축물일 경우), 그 조망권, 일조권 등 이웃건물의 환경 조건도 배려하는 것이 필요하다.

6) 시대성, 지역성, 장소성, 역사성

건축은 당시의 개인 또는 집단의 목적과 활동을 위해 그리고 당시의 건축 재료와 건축 기술에 의해 이루어진다. 따라서 건축은 당시의 정치, 사회, 경제, 문화, 기술의 산물이다. 또한 건축은 그것이 위치하는 지역의 자연과 풍토를 반영하고, 그 장소의 역사와 대지의 물리적 특징을 반영하는 것이 바람직하다. 이처럼 교회 건축이 시대성, 지역성, 장소성 또는 역사성을 표현하는 것도 그 공공성의 중요한 과제이다. 그런 점에서 과거의 건축—중세 고딕양식이든, 한국 전통 양식이든—을 현대에 그대로 재현하려고 시도하는 교회 건축은 매우 바람직하지 못하다.

---

11 정시춘, "지역 사회 복지에 유용한 교회 건축과 공간 활용." 56.

7) 지속가능성, 친환경성

오늘날 건축은 환경 문제의 중요한 이슈가 되어 있다. 먼저, 건축 자체가 하나의 자연 파괴 행위로 볼 수 있다. 산업사회는 수많은 도시와 건물을 요구하게 되었고, 따라서 도시는 본래의 자연 대신 인공 건조물들로 대치되었다. 이러한 도시화 현상과 그에 따른 건설은 계속될 것이고, 그에 따라 자연은 더욱 파괴될 것이고 따라서 인간의 생활환경은 점점 더 황폐화 되어갈 것이다. 최근에 친환경 건축 또는 생태 건축이라는 이름으로 자연의 훼손을 최소화하기 위해, 필요한 공간을 지하에 건설하거나, 건물의 벽이나 지붕에 녹지를 조성하고, 건축의 내부공간 속으로 자연을 끌어들이는 등, 여러 가지 방법으로 자연을 보존 또는 회복하려는 노력들이 건축가들에 의해 이루어지고 있다.[12] 이는 하나님의 창조사역에 동참하는 기독교의 중요한 과제이며, 교회 건축이 지향해야할 목표이기도하다.

III. 사례분석과 평가

1. 금란교회

— 대지 위치: 서울시 중랑구

— 대지 면적: 5,246.30㎡

— 준공연도: 2,000년

12 정시춘, 『교회 건축의 이해』 (서울, 도서출판 발언, 2,000), 42

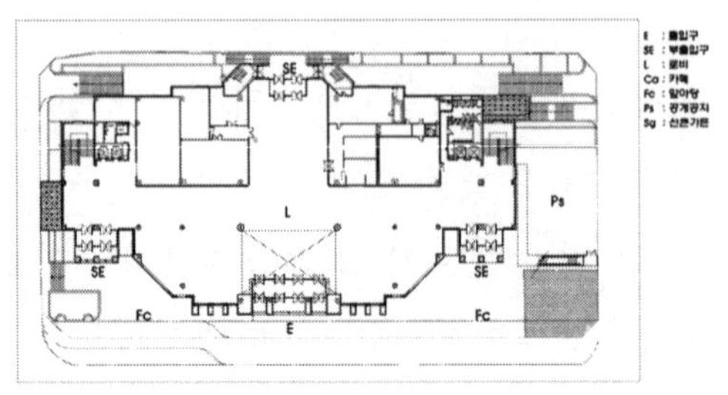

교회는 저층 주거지역 안에 위치하며, 그 교회당은 전면에 35m, 좌측면과 배면에 12m, 우측면에 6m의 도로로 둘러싸여있는 부지 위에 건축된, 지하 6층, 지상 9층, 연면적 41,236.45㎡의 대규모 건물로서, 전면도로 측을 제외한 3면이 지역 사회와 물리적으로 매우 근접해 있어, 그 외부공간이나 건물의 규모, 형태의 구성 등은 지역 사회의 물리적, 시각적 환경에 지대한 영향을 미친다.

외부공간

지상층 면적만 20,605.56㎡(약 6,230평)에 이르는 거대한 매스에 비해, 전면 도로 측의 양측 부출입구 앞에 비어있는 작은 공지 외에는 여유 공지가 거의 없다. 동측 6m 소로에 연접하여 공개 공지를 설치하기는 했으나, 주 진입로인 전, 후면도로로부터는 인지되지 않고 또 접근도 어려우며, 편의시설이 전혀 없고 삭막하여, 지역 주민들의 활용을 위한 공개 공지로서의 역할은 하지 못하고 있다. 따라서 외부공간에서 공공성은 거의 고려되지 않았다고 볼 수 있다.

내부공간

1층의 입구 홀/로비는 1층 면적의 절반 이상을 할애한 매우 넓은 크기로서, 주일예배를 포함한 집회 시를 대비한 것으로 보이며, 또한 절기 행사를 포함하는 다양한 행사를 위해 다목적으로 활용될 수 있을 것이다. 그러나 거대한 스케일로 인해 교회의 로비로서의 환대성이나 친밀감은 결여되어 있다.

한편, 거대한 규모의 내부공간 면적에 비해, 5층까지는 예배와 목회 행정공간들이 차지하고 있고, 지역 사회가 사용하기 적절한 시설인 교육공간들은 6-9층에 걸쳐 배치되어 있으며, 이 영역으로 접근할 수 있는 계단과 엘리베이터들이 로비의 양측 끝에 배치되어 있어, 늘 사용하는 교인들은 어려움이 없겠으나 처음 방문한 사람들은 목적하는 공간을 찾아가기 매우 어렵게 되어 있다. 따라서 내부공간 디자인에서도 역시 공공성을 고려하지는 않은 것으로 보인다.

형태

전면 도로 측에서는 이 교회 건물이 동일 가로변의 인근 건물들에 비해 압도적으로 큰 건물이어서 지역의 랜드마크를 이루고 있지만, 전체적으로 고립된 성 같은 이미지를 가지고 있어 사람들에게 친근감이나 개방감을 주지는 않는다. 더욱이 정면 중앙부 매

스가 도로 가까이로 돌출되어 있어 입구로서의 흡인력과 환영성도 보이지 않는다. 배후의 저층 주거지역과 그 사이 골목길들에서 바라보는 교회의 모습은 그 압도적인 크기와 높이 그리고 폐쇄적인 모습으로 거대한 절벽 같은 느낌으로 지역의 경관을 압도하여 오히려 거부감이 강하게 느껴진다.

2. 새에덴교회

— 대지 위치: 경기도 용인시 수지읍

— 대지 면적: 6,513.00㎡

— 건축 연도: 2005년

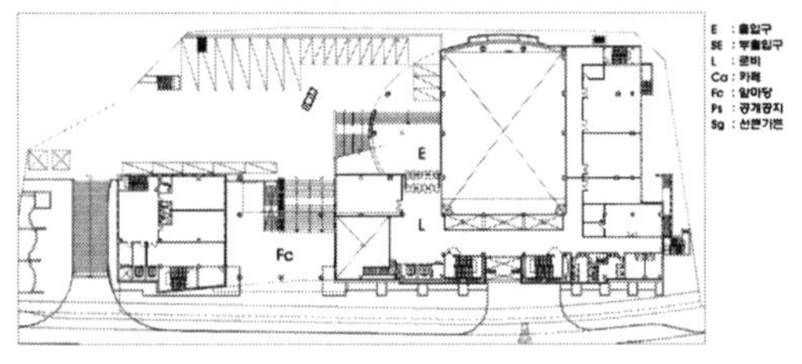

교회는 전면 24m 도로에 면하여 숲이 우거진 낮은 산을 배경으로, 도로 건너편의 고층아파트 단지와 마주하고 있는 지하 6층, 지상 6층, 일부 지상 9층, 연면적41,236.45㎡의 대규모 건물이다. 그러나 지역 건물들에 대해 상당한 거리를 두고 비교적 독립적으로 서 있어 지역 사회의 물리적, 시각적 환경에 미치는 영향은 비교적 제한적이다.

외부공간

지상층 만 13,087.12m²(약 4,000평)에 이르는 건물 전체가 부지 북쪽을 지나가는 전면 도로에 길게 면하여 회단으로 조성된 최소한의 이격 거리만을 두고 있어, 사실상 공공의 외부공간은 거의 없다. 다만, 건물의 전면 좌측에 치우쳐, 2개 층 높이로 틔운, 폭과 깊이가 각각 20m 정도 되는 피로티가 있어 교회의 주 출입구로 사용된다. 이곳이 전면 도로 측에 열려있으며, 건물을 관통하여 건물 배후의 마당과 이어지고 시각적으로는 배후의 숲으로 연결되는데다가, 동남향의 햇빛이 들어오는 장소로서, 한켠에 작은 휴게공간까지 설치한 것으로 보아, 아마도 건축가는 이곳을 공공의 장소로 의도했을 것으로 보인다. 그러나 이 피로티가 건물 전체의 공공성을 대변하기에는 건물의 규모와 정면의 크기에 비해 너무 작고, 그 분위기가 그리 매력적이지는 못하다.

내부공간

이 교회의 주 출입구 개념은 모호하다. 피로티에서 우측의 출입문을 통해 들어간 홀은 기능공간들을 연결하는 단지 폭이 좀 넓은 통로일 뿐 머무르고 쉬거나 안내받을 수 있는 장소는 아니다. 2층에 있는 주 예배실은 피로티를 거쳐 뒷마당으로 돌아 거기서 넓은 외부 계단으로 접근하는데, 여기서 출입구를 통해 들어간 홀은 전적으로 예배 전실의 개념이지 공공의 공간은 아니다. 그런 점에서 사실 이 교회의 내부공간에는 지역 주민들을 배려한 공공성을 가진 개방된 장소는 없다고 보아야할 것이다.

형태

주변 건물들과 상당한 거리만큼 떨어져 있어 지역의 시 환경으로서의 건물의 규모에 대한 거부감이나 이웃 건물과의 형태적 충돌도 거의 없는 독립성을 가진 교회 건축이다. 그럼에도 불구하고 가로에 면한 길이 110m, 높이 40m에 이르는 정면의 모습은, 이를 분절과 변화를 통해 시각적 흥미를 유발시키려는 건축가의 디자인 의지와 노력에도 불구하고, 맞은편의 고층 아파트들과 함께 도시의 절벽을 이루어, 전면도로를 지나는 사람들에게는 인공 절벽사이로 난 협곡을 지나는 느낌을 준다. 더구나 정면이 북향이어서 건물에 빛에 의한 생기가 없어 교회에 대한 이미지에 부정적인 영향을 미친다.

3. 한소망교회

— 대지 위치: 경기도 파주시 교하읍

— 대지 면적: 29,000㎡

— 준공 연도: 2010년

교회의 부지는 아직 개발이 완성되지 않고 남아 있는 숲이 우거진 낮은 언덕과 경작지로 둘러싸인 대비 면적 29,000㎡에 이르는 매우 넓은 부지로, 약 30m 폭의 지역 간선도로로부터 막다른 도로에 의해 약

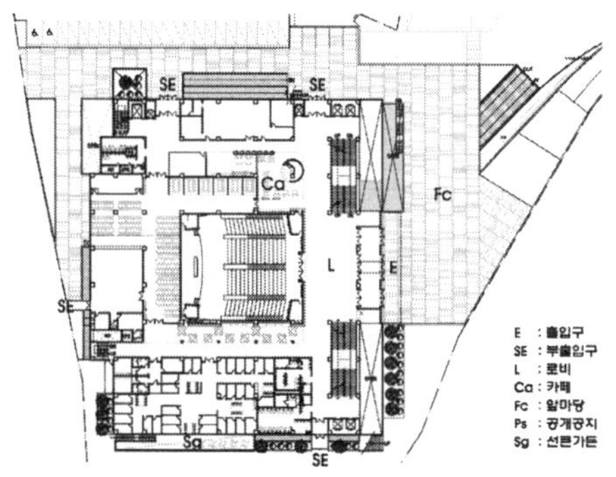

150m 정도 이격되어 있다. 이로 인해 분석 대상 교회 건축들 중 유일하게 도로로부터 교회당까지 긴 진입통로를 가지며, 건물의 규모는 지하 2층, 지상 5층으로 연면적 36,366.39㎡에 달하며, 인근에 몇 동의 저층 주거와 고층 아파트 단지가 있다.

외부공간

상승하는 긴 진입통로를 따라 교회 영역으로 들어가면 1층 주 출입구 앞에 데크 형태로 비교적 넓은 앞마당을 두었고 진입로 옆에 길을 따라 녹지를 조성하였으나, 지역 간선도로로부터 깊숙이 들어가 있어, 사실상 지역 주민들이 쉽게 접근하고 이용할 수 있는 공공성을 가진 외부공간은 없다.

내부공간

1층 주 출입구 안에 비교적 넓은 홀을 두고는 있으나, 주로 통과 동선일 뿐 머무를 수 있는 공간은 아니다.

형태

전면이 투명한 유리 커튼월로 처리되어 시각적 개방성이 높고 독창적인 형태를 가지고 있으나 주변건물들과는 상당한 거리를 가지고 있어 형태적 충돌은 없고, 지역 간선도로에서는 거의 보이지 않아 시각적으로는 존재감이 별로 없다. 따라서 이 교회는 적어도 건축적 관점에서 공공성을 논하기는 어렵다.

4. 예수소망교회

— 대지 위치: 경기도 성남시 분당구

— 대지 면적: 3912.60㎡

— 준공 연도: 2001년

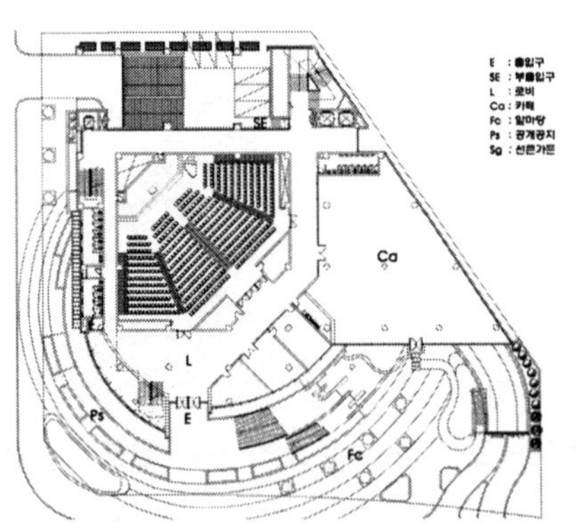

교회는 대단위 고층 아파트 지역 안에 각각 폭 35m인 두 개의 간선 도로 교차점의 모퉁이에 대규모 숲을 배후로 하여 위치하며, 규모는 지하 1층, 지상 8층, 연면적 17,561.27㎡의 건물이다.

외부공간

전면 주 출입구 앞에 개방된 마당이 있고 여기서 2층 데크로 올라가는 넓은 외부계단이 있어 외부공간의 개방성은 매우 높다. 그럼에도 불구하고 주변의 아파트 단지와 간선도로에 의해 분리되어 인근 지역 주민들이 이 개방된 공간을 활용하기는 쉽지 않다.

내부공간

1층 주 출입구 홀은 교회의 규모에 비해 협소하고 여기서 조금 넓은 복도를 통해 1층 각 실은 물론 2, 3층의 예배실로 올라가는 수직 이동시설(계단과 엘리베이터)로 이동하게 되어 동선이 매우 길고 인지성이 낮다. 이 통로에 연하여 매우 넓은 카페가 설치되어 있으나, 주 출입구와 연계된 공공 공간의 성격이 약해 공공성을 설명하기는 매우 부족하다.

형태

부지의 입지가 주변 건물들로부터 상당한 거리를 두고 있고, 그 건물들이 대부분 고층 아파트이어서 주거와 종교라는 전혀 다른 성격의 용도이므로, 상호 형태적 문제는 없어 보인다. 또한 지역 간선도로의 모퉁이 대지임을 감안하여 전면 교차로 방향과 북측방향으로 곡면을 사용하여 독창성과 식별성을 부여함으로써 지역의 좋은 랜드마크가 되고 있다. 그럼에도 불구하고, 동측 도로면은 박스 형태로 구성되어 두 도로에서의 교회의 이미지는 전혀 달라 자체의 건축 형태적 통일성과 조화의 문제는 남아 있다.

5. 거룩한빛광성교회

— 대지 위치: 경기도 고양시 일산구

— 대지 면적: 6,627.00㎡

— 건축 연도: 2005년

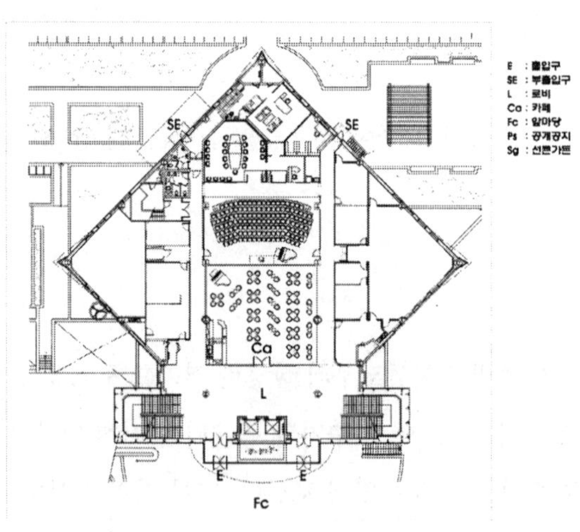

교회 부지는 폭 30m정도의 지역간선도로인 경의로와 경의선 철도 사이에 위치한 지하 2층, 지상 4층, 연면적 11,503.46㎡의 본당과 부속동을 포함하고 있다. 부지 주변에는 아직 개발되지 않은 공지들이 많고, 그 동측에 대단위 아파트 단지가 있으나 철도로 단절되어 직접 연결되지 못하고, 서측에 있는 아파트 단지와는 최소한 500m 이상 떨어져 있다. 따라서 인접 주거 지역에서의 접근성도 매우 떨어지며, 지역 사회와의 물리적, 시각적 관련성도 매우 낮은 편으로, 전체적으로 도시 안에 고립된 건물 같은 느낌을 준다. 그럼에도 불구하고 이 교회 건물은 전면 도로와 후면 철도로부터 시각적으로 매우 중요한 랜드마크가 된다.

외부공간

부지가 도로와 철도 사이에 끼어있는데다가, 전면 도로에서의 진입로가 보행자와 자동차 주 진입로를 겸하고 있어, 보행자의 접근성은 매우 좋지 않다. 또한, 주차장이 교회당의 좌우에 나누어져 있고, 차로가 부지 입구에서 양측으로 갈라지면서 교회 전면의 대부분을 차지하고 있다. 따라서 주 출입구 앞에 설치된, 건물 규모에 비해 매우 작은 앞마당은 집회 전후의 이용자 수에 비해 매우 협소할 뿐만 아니라, 전면도로로부터 차로에 의해 격리되어 있어 인지성과 환대성은 매우 약하다. 한편, 교회 부지 안에는 1층 레벨의 건물 측면과 후면 그리고 지하 1층 옆의 선큰가든이 있는데 모두 교회 밖에서의 인지성과 접근성이 매우 떨어진다. 따라서 이들 외부공간은 내부 교인들을 위한 것일 뿐, 그 공공성을 말할 수는 없다.

내부공간

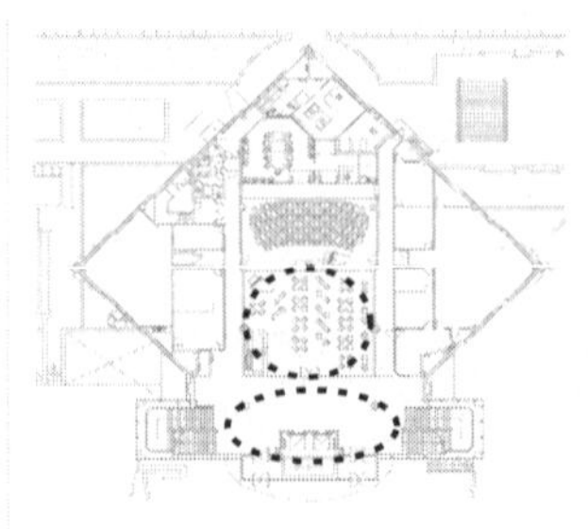

1층 주 출입구 홀은 단지 동선을 위한 공간이다. 그 안쪽으로 넓은 휴게실이 다목적 홀 형태로 설치되어 있는데 인지성과 개방성, 접근성은 매우 좋으나, 1층 중앙부에 홀과 양측 복도로부터 세 방향으로 노출되어, 환대성, 안정성/체류성, 쾌적성이라는 측면에서는 그다지 좋은 장소는 아니다. 각층으로의 수직 이동시설인 2개의 계단과 엘리베이터가 홀 양측과 중앙에 오픈되어 있어 동선이 명확하고 전면 외벽이 유리 커튼월로 처리되어 많은 양의 햇빛이 내부를 쾌적하게 밝혀준다. 접근성이 좋은 지하 1층의 북카페(도서실)과 소예배실은 교회의 개방성을 높여준다.

형태

형태는 정사각형 평면을 기반으로 형성된 몸체 위에 별 모양의 지붕을 씌운 매우 독창적이고 역동적인 모습이다. 더욱이 벽체 전체를 붉은 색 외장 타일로 통일함으로써 매우 강렬한 느낌을 주는데다가 주변에 인접한 건물이 거의 없어 모든 방향에서 건물 전체가 드러나, 지역과 전면도로 그리고 후면의 철

도에서 강력한 랜드마크를 이룬다. 그럼에도 불구하고 건물은 전면 도로와 후면 철도 축에 대해 대각선 방향으로 배치되고 네 모서리를 약간 더 뾰죽하게 내밀어, 별모양의 사방으로 뾰죽한 지붕과 함께 도전적 내지는 공격적인 느낌을 주며, 자기중심적이고 심지어는 독선적인 형태로 읽힐 수도 있다. 건물의 전면 도로 측 모서리에 투명한 유리를 사용하여 덧붙인 계단 박스가 모서리의 거부감을 완화시켜주고 햇빛을 내부 깊숙한 곳까지 끌어들이고 있지만, 여기에 낸 주 출입구는 입구성과 접근성 그리고 환영성이 매우 약하다. 하지만 투명한 유리속의 주 계단실은 외부에서 교회건물 내부의 계단과 오르내리는 사람들을 볼 수 있게 해주어 외부인들에게 개방성을 보여준다.

6. 신촌성결교회

— 대지 위치: 서울시 마포구

— 대지 면적 2,646.84㎡

— 준공연도: 2011년

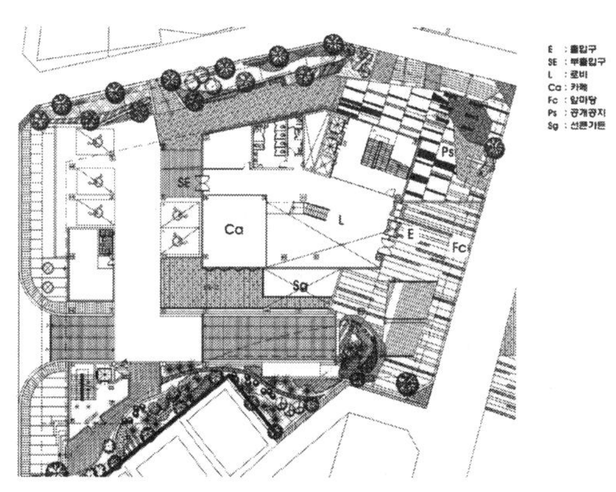

신촌성결교회는 3층 내외의 다가구 주택들로 밀집된 저층 주거지역 내에 위치하고 있어, 지역 사회, 지역 주민들과의 관계가 더욱 긴밀해야 할 입지이다. 대지는 3면이 골목길들로 둘러싸여 있고 매우 부정형이다. 신축 본당과 기존 본당 및 교육관이 폭 6m의 골목길을 사이에 두고 마주보고 있고, 신축 본당은 지하 4층, 지상 6층, 연면적 11,997.12㎡의 대규모 건물이다.

외부공간

전면의 6m 도로로부터 약 10m정도 후퇴하여 건물을 배치하고 그 부분을 입구 마당으로 활용하고 있으며, 기존 본당 앞에도 10여m의 앞마당이 있고 양측 대지에 담장이 없으므로 사이 도로와 함께 광장을 이루어, 양측 건물의 높이에도 불구하고 사이 도로에서의 개방감을 상당한 정도로 확보하고 있고, 시각적으로는 일종의 광장 역할도 한다. 그러나 측면과 배면의 도로 측에는 최소한의 거리만 확보하고 화단과 경계물을 설치하여 사람들의 접근을 불허한다.

내부공간

출입구는 1층 주 출입구 외에도 넓은 옥외 계단을 통해 3층 예배실로 직접 연결되는 집회 전용 출입구가 별도로 설치되어있다. 앞마당에서 주 출입구를 통해 들어가면, 2층까지 오픈된 넓고 천장고가 높은 홀이 있고 이 홀 주위에 친교실, 교회 사무실, 화장실과 전 층으로 연결되는 주계단과 엘리베이터가 배치되어 있어 건물 전체의 주 동선은 명확하다. 그럼에도 불구하고 사무실의 위치와 친교실을 구획하는 유리벽은 지역 주민들과 외부인 방문객들로 하여금 이 건물을 편안하고 자유롭게 이용하도록 해주지는 못한다.

형태

우선 2, 3층 정도의 저층 주택들이 밀집된 주거지역 안에 건축되기에는 건물의 크기가 너무 크고, 형태 구성이나 외벽에 사용된 재료들도 지역의 건물들과는 전혀 다르다. 따라서 교회를 세상 건물들로부터 뚜렷이 구별하는 데는 매우 성공적이나 주거지역의 환경과 어울리지는 않는다. 다행히 측면과 배면 도로 측의 건물 높이가 맞은편 건물들의 높이와 비슷하여 크게 부담스럽지는 않다. 또한 건물의 전면이 투명한 유리 커튼월로 처리되어 있어 교회의 개방감을 높여주고 있고 전면의 기존건물과의 형태적 충돌을 완화시켜준다.

7. 신길교회

— 대지 위치: 서울특별시 영등포구

— 대지 면적: 4,455.29㎡

— 준공연도: 2013년

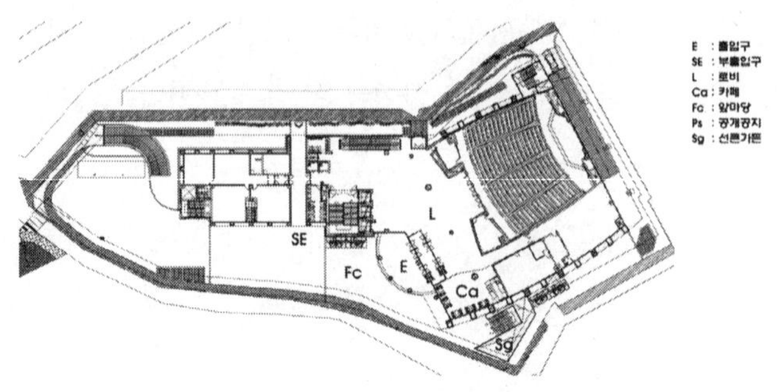

교회는 저층 주거지역 안의 밀집된 주택가 골목길로 둘러싸여 있는 폭에 비해 길이가 길고 부정형인 부지에 건축한 지하 6층, 지상 7층, 연면적 28,989.74㎡에 달하는 대규모 건물이다.

외부공간

교회의 외부공간은 대규모 집회 인원을 위해 부지의 동측에 골목길에 연하여 비워둔 넓은 입구 마당과 이와 연결되어 남측 모서리에 설치된 공개 공지로 구분된다. 이들은 도로와 바닥 재료 및 패턴에 의해 그 영역이 구분되어 있으나 공간적으로는 하나로 통합되어 주거지 내 골목길인 전면 도로에 개방감을 주고 접근성이 매우 높다. 특히, 남측의 공개 공지는, 비록 작지만, 원통형 쉘터가 있는 녹지와 결합하여, 지역 간선 도로로부터 교회로의 접근성과 개방성을 크게 높여주고, 지역 주민들에게 쉼터를 제공한다. 그럼에도 불구하고 그 대부분은 비어 있고 편의시설들이 없어 공공성은 그다지 높지 않다. 또한 나머지 도로와의 경계에는 투시형 담장이 설치되어 있어 외부인의 접근을 차단함으로써, 전면 도로의 개방성을 상쇄시키고 있다. 이는 아마도 관리상의 문제 때문일 것으로 보인다.

내부공간

1층 주 출입구 홀은 대규모 집회 인원을 고려하여 매우 넓은 면적을 할애했고, 또한 출입구 우측 모서리에 설치된 카페는 전면 도로에 면해 있어 접근성과 개방성이 매우 좋은 편이다. 다만 도로 측에서 직접 접근할 수 있는 출입구가 없고 교회의 주 출입구와 홀을 거쳐서만 접근이 가능하여 디자인 단계에서 공공성을 의식하여 배치한 것은 아니라고 판단된다. 한편, 공공을 위해 활용하기에 유리한 식당과 다양한 크기의 교육 관련 시설들이 주로 지하 1층에 배치되어 있고, 도로측으로 선큰가든과 옥외계단이 설치되어 있어 외부인의 접근성이 매우 좋고 지하공간의 자연채광과 환기가 가능한 쾌적한 공간이어서 지역 사회를 위한 공공공간으로 활용하기에 매우 유리하게 디자인되어있다. 그럼에도 불구하고 이 통로의 접근이 차단되어 사용하고 있지 않다. 이는 아마도 관리상의 이유일 것으로 보이며, 따라서 교회 건축의 개방성과 공공성 문제와 시설 관리의 문제를 함께 고려한 새로운 디자인 해법이 요구된다. 내부 동선은, 주계단과 엘리베이터 및 에스컬레이터 등 주요 수직 이동 시설이 주 출입구 홀에 인접해 있어, 복잡한 평면구성에도 불구하고 명확하다.

형태

주변 지역의 저층 주택들과는 어울리지 않는 거대한 자기중심적 건물이고, 그 형태 또는 각 도로 측의 입면도 골목길과 주택들에 비해 너무 지나치게 길고 높은 면을 노출하고 있어 가로경관을 시각적으로 압도하고 있는데, 그나마 단조롭고 개방적인 느낌이 들지 않아, 그 디자인 과정에서 이웃과 지역 환경을 고려한 흔적이 보이지 않아 디자인 단계에서 교회 건축의 공공성을 깊이 있게 생각한 것은 아니라고 판단된다. 한편 입구를 강조하며 건물의 중앙부 안 모서리에 씌운 돔은 이웃 건물들과는 물론, 자체 건물의 다른 부분들과도 어울리지 않고 어색하여 건축의 심미성이라는 관점에서도 그 공공성을 인정하기 어렵다.

8. 우리들교회

— 대지 위치: 경기도 성남시 분당구

— 대지 면적: 3,835.00㎡

— 준공 연도: 2013년

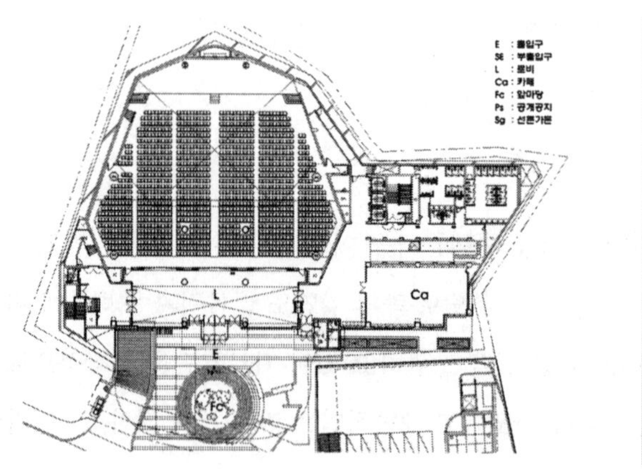

교회는 폭이 각각 35m와 50m인 두 도로의 교차점의 서북측 모서리에 야산을 배경으로 위치하며, 지하 6층, 지상 6층에 연면적 22,514.50㎡에 달하는 대규모 교회 건축물로서, 가장 가까운 주거단지까지 보행거리가 1.5km이상 떨어져 있어 지역 사회에 속하지 않는 곳에 위치하고 있다.

외부공간

따라서 전면 도로측으로 난 주 출입구 앞에 빈 마당이 있으나, 교회의 위치가 주거지역으로부터 멀리 떨어져 있어 교인이든 방문객이든 보행자는 거의 없고 대부분 차로 접근하여 사실상 이 마당을 평일에 지역주민들이 사용할 가능성은 거의 없다. 따라서 이 교회의 외부공간은 공공성과는 무관하다.

내부공간

주 출입구 안의 로비는 대예배실 전실과 겸하며, 입구 오른쪽 깊숙이 카페가 있어, 이 또한 외부인의 접근과 이용을 고려하여 디자인한 것은 아니라고 보여진다.

형태

부지 앞 도로에는 평일에 지나다니는 보행자가 드물기 때문에, 형태

디자인은 주로 전면의 교차하는 두 도로나 조금 더 떨어진 경부고속도로를 통과하는 차량 안에서 보는 것을 의식했을 것으로 보인다. 따라서 이 교회의 형태와 관련된 공공성의 문제는 이 지역을

차로 지나는 사람들에게 비교적 원거리 조망으로 보이는 모습이 주는 시각적 심미성의 문제일 것이다. 그런 점에서 건물의 디자인은 주변 건물들을 고려할 필요 없이 매우 단순하고 절제된 형태를 이루고 있으며, 원거리 조망과 근거리 조망을 고려하여 건물의 상부와 하부의 디자인 기법과 재료를 달리하고 있는 것으로 보인다. 그럼에도 불구하고 이 교회당은 건축디자인의 아름다움 보다는 기독교 교회를 상징하는 십자가 탑의 디자인을 통한 식별성으로 그들에게 랜드마크로 작용하고 있다.

IV. 종합평가

이상과 같이 한국의 대형 교회들의 내, 외부공간 및 형태를 중심으로 디자인의 질적 평가를 통해 그 공공성을 분석해 보았다. 이들을 종합해 보면 다음과 같은 공통점을 발견할 수 있다.

첫째, 교회 건축의 디자인의 관점에서의 공공성은 그 교회가 위치한 지역의 성격과 밀접한 관계를 맺고 있다. 본 연구 대상의 대형 교회들이

위치한 지역은 저층 주거지역 안에 교회들(금란교회, 신길교회, 신촌성결교회 등)과 고층 아파트 지역에 위치한 교회(예수소망교회, 새에덴교회 등) 그리고 주거지역으로부터 멀리 떨어져 고립되어 있는 교회들(거룩한빛광성교회, 한소망교회, 우리들교회 등)로 나누어볼 수 있다. 그중에서, 저층 주거지역 안에 있는 대형 교회들은 기본적으로 그 스케일(크기와 높이)의 현격한 차이로 인해 부조화를 일으키고 이는 지역의 물리적, 시각적 환경에 부정적인 영향을 미치고 있다. 반면에, 조사한 교회들 중 고층 아파트 지역에 위치한 교회들은 그 크기가 주변 건물들과 비슷한데다가, 아파트들로부터 상당한 거리를 유지하고 있어 교회 건물의 크기에 대한 시각적 거부감은 별로 느껴지지 않는다. 마찬가지로 고립되어 있는 교회들도 건물 자체에 대한 거부감은 거의 느껴지지 않는다.

둘째, 교회가 속한 지역의 특성에 관계없이 대형 교회 건축들은 그 압도적인 크기로 인해 가까이 접근하는 사람들에게 위압감을 느끼게 하며, 더욱이 대부분의 교회 건축의 주 출입구는 대규모 건물의 정면에 비해 상대적으로 왜소해 보여 그 입구성이 매우 약하다. 따라서 교회에 대한 친밀성이나 그 입구에서 환영성을 느끼기는 매우 어렵고, 사람들이 특별한 용무 없이 교회 안으로 들어가기를 주저하게 된다.

셋째, 일부 교회를 제외하고는 대부분의 교회들이 도로측 경계와의 사이에 담장을 철거했거나 처음부터 두고 있지 않다는 점에서 지역 사회에 대해 개방성과 친근성을 보여주려 노력하고 있는 것으로 보인다. 다만 경계 안쪽 건물 외벽과의 사이 공지를 지역 주민들이 활용할 수 있도록 적극적으로 가로 공간의 일부로 디자인하려는 노력은 부족해 보인다.

넷째, 교회 건축의 외부공간에 관해서도 대부분의 교회 건축이 그 위치나 구성만이 아니라 디자인에서도 지역 주민들의 이용을 고려하고 있지 않은 것으로 보인다. 건축법상 대형 교회 건축은 지역 주민들이 자유롭게 이용할 수 있는 공개 공지를 두도록 하고 있으나, 대상 교회 건축 중에서 외부에 공개 공지라고 인식할 만한 외부공간을 조성 관리하고 있는 교회는 거의 눈에 띠지 않는다.

다섯째, 내부공간의 입구 홀은 대부분의 교회가 집회 인원의 출입 동선을 고려하여 적지 않은 면적을 할애하고 있으나, 자유롭게 그리고 편안히 머무를 수 있도록 디자인된 공간이 거의 없어 환대성, 체류성이라는 측면에서 그 공공성을 인정하기는 어렵다. 또한 대부분의 교회들이 입구 홀 가까이에 카페나 휴게실을 마련하고 있기는 하나, 외부에서는 그 존재를 알기 어렵고 접근성이 좋지 않아 교인들을 위한 장소일 뿐 공공의 장소는 아니라고 보아야할 것이다. 따라서 대형 교회 건축들은 그 디자인에서 지역 주민들이나 방문자들을 환대하기 위한 내부공간 디자인을 고려한 것으로 보이지는 않는다.

여섯째, 대부분의 교회 건축들은 그 형태의 디자인에서 심미성을 높이기 위해 애쓴 건축가들의 노력을 읽을 수 있다. 그러나 그 건물들의 볼륨이 워낙 커서 주변건물들과 조화를 이루지 못하며, 특히 교회가 주거지역 안의 골목길에 연하여 있는 경우 이를 감상할 수 있는 시야와 거리에 제한이 있어, 그들의 디자인 의지와 노력에도 불구하고 사람들에게 아름다운 예술작품으로 감동을 주지 못한다.

Ⅴ. 결론

앞에서 분석한 대형 교회 사례들에서와 같이, 건축 디자인의 관점에서 한국 대형 교회들의 건축의 공공성을 찾아보기는 힘들다. 최근에 교회의 성장이 멈추거나 오히려 출석 교인수의 감소 추세와 함께, 한국 교회들은 그동안 지역 사회에 대한 섬김과 선교에 대해 관심을 가지고 열린 교회를 표방하면서 지역 주민들을 위한 다양한 프로그램을 운영해 왔으나, 아직은 평일에 교회의 유휴시설을 이용하여 지역 주민들을 위한 프로그램을 소극적으로 운영하는 정도에 머물고 있으며, 건축적으로는 담장을 제거하고, 내부에 다목적 문화시설이나 카페 등을 설치하는 정도에 머무르고 있을 뿐, 진정 지역 사회를 깊이 생각하고 섬기는 공공기관으로서의 교회 내지는 공공시설로서의 교회 건축에는 이르지 못한 것 같다. 이는 한국 교회가 그동안 지역 사회에 별로 관심을 가지지 못했을 뿐만 아니라, 오히려 그들로부터 교회를 거룩하게 구별하고 분리해야한다고 생각해온 데서 기인하는 것으로 보인다.

대형 교회 건축은 엄청난 크기의 형태와 다양한 용도의 공간들을 가지고 있어, 지역의 물리적, 시각적 환경의 지배적인 존재이며, 일요일에는 집회를 위해 일시에 모이고 흩어지는 수많은 교인들로 인해 주변에 큰 혼잡을 일으키는 반면에, 평일에는 텅 비어있는 공간으로 인해 지역의 공동화를 일으킨다. 이처럼 대형 교회가 그 지역 사회에 미치는 영향은 매우 크며, 그만큼 지역 사회에서 책임 있는 역할을 하여야 할 것이다. 따라서 그 건축은 교회만의 건물을 넘어 지역의 공공 건물로 개방되어 지역 사회를 위해서도 유용하게 활용되어야할 것이다. 이는 섬김과 선교를 그 주요 사명으로 하는 교회의 특성과도 일치한다.

교회가 지역 사회에 열린 마음을 가지고, 교회 건축이 이를 뒷받침한다면, 지역 사회로 하여금 교회에 대해 열린 마음을 갖고 서로 소통할 수 있도록 하는 데 상당한 역할을 할 수 있을 것이다. 이를 위해 교회 건축은 그 설계 단계에서부터 교회와 건축가들이 합심하여 공공적 디자인을 위해 노력해야할 것이다.

참고문헌

이정구,『교회 건축의 이해』, 서울: 한국학술정보, 2012.

정시춘,『교회 건축의 이해』, 서울: 도서출판 발언, 2,000.

정시춘, "지역 사회 복지에 유용한 교회 건축과 공간 활용."「목회와 신학 35th」, 2015. 7.

정시춘, "건축학적 입장에서 본 종교시설의 이용."「한국기독교사회문제연구원, 지역 사회 주민을 위한 종교시설 이용에 관한 심포지엄 자료집 2005-2」, 2005. 12. 9.

김수현, 정영철 편역,『건축설계. 의장론』, 서울:도서출판국제, 1990.

제임스 화이트, 수잔 화이트/ 정시춘, 안덕원역,『교회 건축과 예배공간』,서울: 새물결플러스, 2014.

파커, 알프레드 부라우닝/ 신현익, 안성호역,『건축의 이해와 평가』, 서울: 태림문화사, 1985.

캔터, 데이비드/ 허동국역,『건축심리』, 서울: 기문당, 1981.

Alexander, Christopher. *A Pattern Language: Towns, Buildings, Construction*, New York: Oxford University Press, 1977.

Gauldie, Sinclair. *architecture: The Appreciation of the Arts/1*, London: Oxford University Press, 1969.

Reekie, Fraser. *Design in the Built Environment*, London: Edward Arnold Publisher Ltd., 1972.

역 사

현대 한국 교회 건축과 공공성 담론
— 공공성 지표 대상 10개 교회를 중심으로

박 종 현*

I. 서론

2015년부터 연세대학교 신과대학 한국기독교문화연구소에서 추진하는 "한국 교회 건축 연구와 공공성 지표개발"의 제2차 년도 2016년의 연구 과제의 핵심은 공공성 지표의 개발이다. 이를 위해 연구진들은 수도권의 초대형 교회 건축물 10개소를 선정하여 답사를 진행하고 건축도면을 확보하여 교회 건축에 반영된 공공성의 물리적 척도를 지표화하였다. 그리고 건축과 신학 전문가들이 보는 공공성 지표 항목의 건축학적 신학적 가중치를 인덱스로 구축하였다.

이 글은 교회 건축의 공공성 지표 표본으로 선정된 10개 교회의 역

* 한국교회사학연구원 상임연구원 / 교회사

사적 개요이다. 이 글에는 선정 교회의 교단, 역사, 그리고 건축 시기와 건축의 특성에 나타난 종교성과 공공성의 기본적 성격을 기술하는 것을 목표로 한다.

한국 사회에 건축의 공공성 담론이 시작된 것이 1990년대부터 이기 때문에 일괄적으로 공공성을 1990년대 이전에 지어진 건축물에 소급하여 적용할 수는 없을 것이다. 다만 2016년 현재 사용되는 교회 건축에 공공성의 정도를 건축 당시나 건축 이후 어떻게 확장하여 왔는가를 살펴보는 것도 의미 있는 작업이라 여겨진다. 그럼으로써 표본으로 선정된 교회 건축의 공공성 담론의 확장 배경과 향후 한국에서 건축될 교회 건축의 공공성 확장에 기여할 수 있을 것이다.

II. 한국 건축의 공공성 담론

현대 한국 사회의 발전 과정에서 엄청난 건축이 이루어진 것은 건축 전문가가 아니더라도 생활환경에서 다양하고 많은 건축 현장을 목격하게 된다. 그러나 현재까지도 한국의 건축은 거대한 도시 개발 과정에서 지역 개발 및 개별 건축 과정까지 공공성의 부재에 대한 비판의 여론이 거세다.[1] 이는 도시계획 과정 지역 개발 및 개별 건축 공정에 있어 공공성의 확대에 대한 요구가 증가하고 있다는 반증으로 이해할 수 있다.

한국 사회에서 건축과 공공성의 담론은 1999년 대한민국 건축대전

1 "난개발 우려하며 난개발", 「대전뉴스」, 2017년 3월 2일; "지자체별 '따로국밥식' 온천천 관리 난개발 우려", 「부산일보」, 2017년 3월 2일.

의 주제로 선택되면서 시작되었고 건축학계에서 장기간 토론의 주제로 집중적 관심을 받아 왔다.[2] 공공성의 기본 개념은 사적인 영역에 대칭되는 시민적인 것 다수의 이익이라는 것에 기초된다. 그러나 공공성의 개념은 서구의 역사에서 시대에 따라 다르게 나타났다. 고대와 중세의 귀족적인 것에 대해 시민적인 것이라는 개념에서 근대에는 특히 자본주의의 출현과 함께 사적 이익의 추구에 반하는 대중의 이익이라는 개념으로 압축된다.

한국 사회에서 건축의 공공성이라는 개념도 이러한 서구의 공공성 개념의 연장선에서 이해될 수 있다. 종교 건축인 교회 건축은 종교행위의 특정한 목표를 위해 설계되고 건축된다. 아울러 교회 건축은 특정 지역 사회에 건축됨으로써 지역 사회와 공간적으로 인적 유대와 교환 관계로 기타 지역 경제나 지역 문화를 통해 교류하게 된다. 그러므로 교회 건축은 지역 사회와 어느 정도의 필연적 공공성의 관계를 수립하게 된다.

현대 건축에서 공공성이란 다양한 주체들의 역할의 결합을 통해 생성된다. 건축주, 건축가 그리고 도시 설계를 가능하게 하는 공무원들이다.[3] 교회 건축의 공공성 담론은 건축주인 교회 측면만의 문제가 아닌 도시 개발이라는 거대한 계획과 과정의 일부이기 때문이다.

또 현대 한국의 개신교회들은 선교와 목회 그리고 여러 종교 행위를 위한 공간으로 지어지지만 건축이 이루어지는 과정은 신도시 개발, 주

2 이종건,"건축과 공공성", 「건축과 사회」, 2014년 6월 26호. 16.

3 이상헌, "건축의 공공성과 건축사의 역할", 「건축」 제47권 제4호, 2003. 4, 9; 이광현, "건축제도와 건축의 공공성", 「대한건축학회지」 2005년 3월. 주정준, "보스톤의 도시재개발 과정에서 도시건축의 공공성을 확립하는 4가지 요소에 대하여", 「건축」 제47권 제4호. 2003.4, 10-13.

거지와 상업 지역의 배후 존재와 지역의 인구 증가 즉 신도 수의 증가 가능성을 염두에 두고 이루어진다. 한국의 신도시 개발이 계획적으로 이루어지는 경우도 있지만 지방자치단체에 따라 난개발로 얼룩지는 경우도 많다는 점에서 교회 건축의 성격도 이러한 요소들에 영향을 받게 된다. 특히 개신교회의 국내 선교는 도시와 확장 또는 신도시 개발과 깊이 연관되어 있어 역설적으로 공공성의 빈곤과 공공성의 더 많은 요구라는 상황 가운데 놓이는 경우가 많다.

여기에 선정된 교회들은 서울과 신도시에서 지난 2000년 이후에 건축된 대형 또는 초대형 교회들이다. 이들 교회들의 성립 과정과 건축 시기와 방법들은 현대 한국 교회의 건축 과정의 사회사적 요소와 건축 동기들의 맥락을 이해하는 단초를 마련할 것이다. 그래서 이 글에서는 공공서 지표 개발의 대상이 된 10개 교회 건축과 사회적 맥락의 역사적 궤적을 추적하여 교회의 공공성 담론이 어떤 경로를 통해 구성되는지 그리고 사회의 공공서 요구에 어떻게 반응하게 되는지 기술하려 한다. 이 글은 다른 공동 연구자들이 논의할 지표의 가중치나 객관적 표지들이 아닌 각 교회들의 사회적 맥락을 역사적 회고의 형식으로 살펴보려는 것이다.

III. 표본 교회의 건축과 공공성

1. 공공성 지표 개발 모델 교회

본 연구의 교회 건축의 공공성 지표 개발의 모델로 선정된 교회는 서울과 경기도 일원에 소대한 예배당 건축물 10개 처이다. 그 교회들은 다음의 교회들로서 1) 기독교대한성결교회 신길교회, 2) 대한예수교장로회 거룩한빛광성교회, 3) 기독교대한감리회 금란교회, 4) 우리들교회, 5) 대한예수교장로회 명성교회, 6) 대한예수교장로회 예수소망교회, 7) 대한예수교장로회 새에덴교회, 8) 대한예수교장로회 일산 한소망교회, 9) 기독교대한성결교회 신촌성결교회 10) 대한예수교장로회 사랑의교회이다.

이 교회들의 선정 기준은 다음의 조건들로 구성되었다. 한국의 중요 개신교회 교단을 대표한다. 서울과 경기 수도권 지역의 대표적 대형 또는 초대형 교회들로서 대형 교회는 교인 수 5,000명 이상 1만 명 이하, 초대형 교회들은 교인 수 1만 명 교회로 출석 교인 수를 기준으로 설정하였다. 이들 교회들은 한국의 수도권 지역 개발과 연계되어 각 지역의 사회적 계층과 문화적 특성을 반영하는 교회들로서 대규모 건축을 시도하여 건축된 지역에 대사회적 역할 뿐 아니라 건축의 사회적 역할도 동시에 요구받고 있다. 그러나 이들 교회들이 유일한 대표성을 갖거나 대표성의 객관적 근거가 확립된 것은 아니다. 오히려 이 연구에 참여한 이들, 주로 교회 건축 전문가들과 신학 전문가들의 토론의 결과로 선정되었다. 그래서 여기에 선정된 교회들은 한국 교회의 교단의 분포, 지역, 규모, 건축 시기 등을 고려하여 선정되었다.

2. 신길교회

신길교회는 기독교대한성결교회 소속의 교회로서 서울시 영등포구에 소재하고 있다. 영등포와 도심을 잇는 대로변에 위치하고 있다. 도심지와 부도심 사이를 연결하는 지점에 위치하고 있고 대로변이 아닌 한 블록 안쪽에 위치하고 있어 교회의 외관이 시선에 직접적으로 노출되지 않는다.

교회의 설립은 해방 직후인 1946년에 시작하였다. 1947년 단층의 적색 벽돌조 건축으로 예배당을 건축하여 사용하여 왔다. 1970년 현대화된 고딕양식의 벽돌조 건축으로 새 예배당을 건축하였다. 1984년 고딕양식의 예배당을 다시 신축하였고 2013년 현재의 교회를 신축하였다.[4] 건축은 규빗건축에서 시공하였다. 신길교회의 위치는 서울의 전통적 부도심 지역에 위치하고 있고 인구의 유입과 변동이 상대적으로 크지 않은 지역에 위치하고 있다.

현재의 건물은 로마네스크형 첨탑이 설치되어 있으나 건물의 전체적 특징은 모더니즘 계열이다. 교회 선축 설계사는 규빗건축이라는 교회 건축 전문 회사에서 실시하였다. 신길교회 건축은 지하의 다용도 공간들과 지상 2층 이상의 예배 공간 그리고 4층 이상의 다용도 교육 공간들로 구성되어 있다. 예배당은 장방형으로 부채꼴 모양의 극장식 구조를 하고 있다. 2000년도 이후의 개신교회 건축이 보여주는 공통적 특징으로 설교와 공연에 최적화된 방식을 취하고 있다.

교회 건축 공간이 제공하는 공적시설로는 교회 진입로의 공개 공지와 이를 활용한 소규모 휴식 공간이 있다. 그러나 교회 건축의 위치가 대로변에 노출되지 않아 일반인들의 이용이 많지 않을 것으로 추측된다. 내부공간에는 장애인을 위한 에스컬레이터를 운영하고 있으나 일요일 예배 시간에 한정되어 사용되는 것으로 보인다. 고층에 일부 공간은

4 신길교회 홈페이지 참고. http://www.shingil.kr/.

외부에 공개되는 체육시설로 지정되어 있으나 대로변에서 진입이 어렵고 교회 내에서도 고층에 위치할 뿐 아니라 진입로에 해당 시설에 대한 안내문이 게시되지 않아 일반인들의 사용에 어려움이 있을 것으로 예상된다. 지하에 위치한 소규모 도서관의 경우도 개방 시간이 일정하지 않고 외부에서 접근이 용이하지 않아 그 또한 일반인들의 이용에 어려움이 있을 것으로 여겨진다.

신길교회는 도로에서 노출이 되지 않아 교인들 외에 접근이 어렵고 따라서 교회의 일부 공간을 공공성을 위한 공간으로 배정하고 있음에도 불구하고 현실적으로 접근이 어려워 원래의 목적을 달성하기 어려운 환경이다. 교회에서는 지역 사회와 소통을 강화하고 교회가 시도하는 교회 공간의 나눔을 통한 공공성 확장의 시도의 성과를 거두기 위한 효율적 방안이 보완되어야 할 필요가 있다.

3. 거룩한빛광성교회

거룩한빛광성교회는 대한예수교장로회 소속 교회로서 경기도 일산시 서구에 위치하고 있다. 광성교회는 1997년 현 위치에 교회를 설립하였다. 서울 강동구 대형 교회인 광성교회의 협력으로 교회가 설립되었고 광성교회는 지역 사회와 소통하는 다양한 문화 활동 교회 운영에 교인들의 참여를 확대하고 지역 사회와 소통하는 교회를 지향하여 왔다. 교회를 운영하는 방식은 전통적인 장로교회의 예배와 성서 연구를 기초로 하여 여러 형태의 문화 활동과 지역 사회의 다양한 사회활동을 교회에서 수용하는 방식을 취하였다. 광성교회는 복지와 문화 활동에 특히 중점을 두어 다양한 조직을 운영하고 있다. 해피월드복지재단, 노아스

쿨, 천사가게, 광성해비타트, 광성평생교육원, 문화예술공연, 장터사회적협동조합[5] 등 대단히 건실한 사회활동으로 교회의 공공적 역할과 지역 사회와 연계에 많은 성과를 거두고 있다.

1997년 교회를 신축하고 준공하였고 2003년 3,500평 규모의 교회를 새로이 건축하기 시작하여 2004년 교회 건축을 완성하였다. 건축은 하나플러스에서 시공하였다. 그간 광성교회라는 이름을 사용하던 것을 거룩한빛광성교회로 개명하여 교회의 정체성을 새롭게 정립하였다. 일산 지역이라는 신거주 지역의 확대 속에 교회의 지역 사회 내에서의 역할이 중요하게 강조될 만한 사회적 맥락을 고려할 때 광성교회는 수도권 외곽의 비교적 저렴한 토지 비용과 일산 신도시의 확장 속에 지역 사회의 공동체 구성에 최적화된 교회로 자리매김하였다고 평가된다.

교회의 특성이 다양한 평신도들의 활동과 교육활동에 주축을 둠으로써 다양한 교육과 다용도 공간을 확보하여 활동을 용이하게 하고 있다. 예배와 종교 활동 중심의 공간과 그 외 교회의 사회 문화 활동을 위한 공간들을 적절하게 확장하여 나간 공간의 구성을 보이고 있다. 특히 교회 공간 밖의 여러 교육관의 다양한 목적의 활용과 사회복지관 운영은 기독교회의 공공성 기여도의 중요한 모범이 되리라고 여겨진다.

4. 기독교대한감리회 금란교회

금란교회는 기독교대한감리회 소속의 교회로서 서울시 중랑구 망우동에 소재하고 있다. 등록 교인이 13만 명으로 알려져 있는 교인 규모로

5 거룩한빛광성교회 홈페이지 참조. http://kwangsung.org

는 세계제일의 감리교회라고 알려져 있는 초대형 교회이다.

금란교회는 한국전쟁 후인 1957년에 설립되었다. 교회의 이름인 금란은 이화여자대학교 총장인 김활란의 이름에서 김과 란을 차용하여 금란이라는 이름이 붙여졌다.[6] 1961년 첫 번째 예배당이 건축되었다. 1970년대에 들어서 교회가 성장하기 시작하면서 교회를 증축하게 되었고 1984년에 2,500평 규모의 대규모 예배당 건물이 들어서게 되었다. 1990년대에 들어서도 교회의 교인 수가 급증하게 되었다. 경제의 급격한 성장과 서울시의 팽창으로 서울의 기존의 변두리로 여겨지던 지역이 서부 지역의 부도심지의 확장으로 새로운 예배당을 신축하게 된다.

1996년 기존의 2,500평 규모의 예배당을 헐고 그 대지 위에 새로운 예배당을 시공하였다. 1997년 경제 위기가 시작되면서 일시적으로 예배당 건축이 중지되었다. 새로운 시공사로 오구건설이 선정되었고 새 예배당 건축은 1999년 2월 6일부터 2000년 1월 31일까지 약 1년간에 걸쳐서 문제가 발생된 부분의 시정과 내장 처리, 의자, 음향시설, IBS System(중앙통제 시설)을 설치하여 12,400평 10,000석의 감리교 세계 최대의 새 예배당 건축을 완공하게 되었다.[7] 시공사는 하나플러스였다.

금란교회는 그 규모 면에서 한국 개신교회 예배당 중에서 수위를 다투는 건축물이다. 예배당의 구조는 교육관과 주차장 등 부속 건물을 제외하면 한 단위로 구성되어 있다. 장방형 내부 구조에 설교와 공연 중심의 부채꼴 모양의 객석 배치를 하고 있다. 1층에 장애인 예배실을 별도로 두어 스크린 예배를 가능하게 하고 있으나 예배 활동에 장애인과 비

6 금란교회 홈페이지 참조. https://www.kumnan.org/.

7 홈페이지 교회 연혁 참조.

장애인을 구분하는 것이 편의성과 효율성은 높겠으나 공동체성과 사회성 측면에서는 의문점을 가지게 된다. 특히 화장실 입구에 장애인 예배실을 배치한 것은 재고할 필요가 있다.

예배실 위쪽으로는 각종 교육 공간과 업무 공간들이 배치되어 있다. 특히 결혼 예식을 위한 예식 공간이 마련되어 있어 이 공간 활용을 통해 지역 사회와 소통을 모색해 볼 수 있겠으나 교회 내부 인원이 많아서 외부에게 공개 될 기회가 많이 않을 것으로 추측된다. 공개 공지는 도로 연변의 공간을 잘라 냄으로써 교회가 제공한 공간임에도 불구하고 소통의 공간이라기보다는 교회 현관이나 도로의 연장으로 인식될 가능성이 높아 보인다.

금란교회의 전체적 공간 구성은 현대 한국의 초대형 개신교회의 종교 활동에 최적화된 공간의 모습을 보이고 있다. 공간의 구성은 교회의 종교 활동과 선교 활동 등에 중점을 두고 있어 본 연구가 목표로 하는 공공성의 측면은 건축 설계와 활용의 측면에서 높다고 보이지 않는다.

금란교회는 대로변에 위치하고 있어 지역 사회와 소통하기 좋은 공간적 위치를 갖고 있다. 따라서 기존에 할당된 공개 공지 및 건물의 지상층에 지역 사회와 소통 가능한 공간 활동도 충분히 가능하다고 보인다. 교회 로비는 각종 전시회로 사용될 만큼 충분한 공간과 접근성이 허용되어 있어 지상층 공간을 활용하는 것도 충분히 권장할 만하다고 보인다. 또한 예식 공간도 소속 교인들이 주말에 사용하도록 하고 주중에 개방한다면 이 역시 소통과 봉사의 공간으로 폭넓게 사용될 여지가 있다고 보인다.

5. 우리들교회

우리들교회는 서울 강남의 대치동에 휘문고등학교 교정을 임대하여 사용하고 있고 교인들의 수가 늘어남에 따라 판교 고속도로 변에 신축된 새로운 예배 전용 공간을 사용하여 두 장소에서 예배 및 종교 활동을 수행하고 있다. 교단은 기존 교파가 아닌 독립교파로서 독립교회연합이라는 개신교 독립교회연합체에 소속되어 있다. 교회는 2002년 설립되었다. 휘문고등학교 강당을 빌어 채플 형식의 예배를 시작하였다. 원래 교회의 운영을 전용 공간 없이 하려고 시도한 것은 아닌 것으로 보이나 교회 예배 전용 공간 없이 기존 시설을 이용하였던 처음의 시도는 신선한 것으로 평가할 수 있다. 2010년 분당 지역에서도 예배를 시작하였다. 그리고 같은 해 판교에 새 예배당을 건축하기 시작하였다.[8]

새 예배당은 2013년에 완공되어 서울 강남과 판교 두 지역에서 선교 활동을 시작하게 되었다. 판교의 예배당은 외형은 모더니즘 계열의 건축이고 고속도로 변에 인접하고 있다. 주거 단지로부터 분리된 지역에 위치하여 도보나 대중교통을 이용하기는 쉽지 않고 승용차를 이용해야 하는 접근의 어려움이 있다. 서울 강남이나 판교 모두 신도시의 성격을 지니고 있고 새 주거지로서 인구 변동과 출입이 빈번한 지역으로 합리적 선교 전략이 가능한 지역이라고 할 수 있을 것이다. 우리들교회의 급속한 성장은 신설 주거지와 신도시에 유입되는 인구를 포용하는 종교 공동체 구성의 전략이 주효한 지역이라 할 수 있을 것이다.

건축 내부 구조는 예배당의 경우 장방형으로 넓은 부채꼴 모양으로

8 우리들교회 홈페이지 참고. http://home.woori.cc/.

서 설교와 공연에 최적화된 형태를 하고 있다. 완전한 형태의 독립교회로서 소속 교단의 영향이 부재하기 때문에 교회 목회자의 개인 철학이 건축에도 지대한 영향을 끼치는 것으로 보인다. 교회 건물이 독립된 공간에 위치하기 때문에 공개 공지라는 것이 의미가 없으며 건축물 내부에도 교회의 종교적 목적 외에 다른 용도를 위한 공간은 부재하는 편이다. 지하는 거의 주차장 용도이고 지상의 공간은 예배 시설과 교회 교육시설 및 사무시설들로 구성되어 있다.

서울 강남의 예배 공간이 지역 사회의 공공시설을 임대하는 형식인 반면 판교의 예배당은 공공성의 요소를 거의 고려하지 않고 설계하고 시공하였다. 판교 예배당의 경우 주변 시설이나 지역 사회와 공간적으로 분리되어 있고 접근이 용이하지 않아 건축의 공공적 측면은 담보될 여지가 없다. 우리들교회 판교 예배당은 최근에 건축된 건물임에도 불구하고 교회의 독특한 성격으로 인해 건축의 공공성의 측면은 특별히 고려된 측면은 없어 보인다. 향후 지역의 개발이 지속되어 인구 밀도가 높아지고 도보 접근이 가능해진다면 건축의 공공성의 요구가 증대될 것으로 보이나 그 시기는 단기간에 다가 오지는 않을 것으로 예측된다.

6. 명성교회

명성교회는 대한민국 최대 규모의 장로교회이다. 대한예수교장로회 소속의 교회로서 소재지는 서울 강동구 명일동에 위치하고 있다. 명성교회는 1980년 대한민국의 역사에서 경제 성장의 속도가 가장 가파르게 상승하던 시기에 신도시로 개발되기 시작한 강동구에서 시작하였다. 인구 유입이 빠르고 도심지 확장 역시 빠르게 진행되었던 지역으로서 지역 공동체의 요구가 절실하였던 지역에서 가파르게 성장한 초대형 교회 중 하나가 명성교회이다. 명성교회는 교회 설립 불과 1년여 만에 500여 명이 넘는 교인들이 출석하는 교회로 성장하였다.

1983년 현재의 교회 위치에 예배당 공사를 시작하였다. 1988년 가파른 교인 수의 증가로 기존의 예배당의 수용이 어려워지면서 새로운 예배당 건축일 시작하였다. 이듬해인 1989년 새 예배당이 준공되어 입당하여 새로운 전기를 마련하게 되었다. 교회의 교인 수의 증가에 따라 교육관 식당 등 부속 시설들을 주변 지역의 대지를 계속 매입하고 신축하였다.

2009년 기존 예배당의 수용 능력에 한계가 도달하여 새 예배당을 신축하게 되었다. 2011년에 새 예배당이 완공되어 입당하여 교회 예배의 새로운 중심지가 되었다.[9] 건축은 우일종합건축사무소에서 시행하였다.

명성교회는 두 개의 대형 예배당 건물과 사무시설 건물이 지상과 지하로 연결되어 중심 역할을 하고 그 외에 주변의 부지에 여러 용도의 건축을 시공하여 교회 복합 단지를 구성하고 있다. 구 예배당은 외형은 고딕형식을 취하고 있고 두 개의 십자가 첨탑을 갖고 있다. 예배당은 장방형 건축으로 사각형의 예배당 모양을 하고 있다. 반면 신축 예배당은 모더니즘 계열의 건축물로서 외면은 반투명 유리창으로 장식하였고 내부는 장방형의 극장식 부채꼴 모양의 예배당 형식을 취하고 있다. 이 역시 설교와 공연에 최적화된 공간으로 신선의 집중도를 최대한 살리는 형태를 취하고 있다.

---

9 명성교회 홈페이지 참고. http://www.msch.or.kr/.

명성교회는 예배당과 사무시설 외에 지역 사회와 소통하는 공간을 갖추고 있다. 두 개의 독립된 건축물인 도서관은 교회 소속 교인들뿐 아니라 지역 사회에 개방하여 공공성의 높이고 있다. 공개 공지의 개념이 불필요할 정도로 교회의 통로를 개방하여 공간적 소통 능력을 극대화하였다. 명성교회는 대로변에 위치하고 있지는 않고 주거 지역에 위치하고 있다. 이를 감안하여 지역 주민들이 교회의 공간을 통과하는데 어려움이 없도록 공간을 개방적으로 배치하였다.

명성교회는 예배당 건물과 사무 공간을 교회 전용으로 종교 활동에 사용하고 있다. 반면 시대의 흐름에 따라 지역 사회와 소통하고 공공성의 확장을 위한 교회 시설의 활용과 개방도를 끌어 올렸다. 명성교회의 건축물의 공공성은 시간의 흐름에 따라 공공성 전용 공간의 확대 및 시설의 개방성 강화를 통해 구현함으로써 교회의 건축적 공공성의 바람직한 모델이 되었다고 할 수 있다. 처음에는 종교적 공간으로 디자인되고 사용되었으나 시간이 지남에 따라 건축의 개방 정도를 높이고 지역 사회를 위한 도서관 등 부속 시설을 신축하는 등 공공성 요구에 대응하는 전환 능력을 보여 주었다.

명성교회는 교회 건축 공공성의 새로운 모델의 가능성을 보여 주었다. 교회설립이나 시공 단계에서 한국 사회에 종교 건축의 공공성이라는 개념이 도입되지 않았기 때문에 기존의 교회와 같은 종교 활동 전용 공간으로 건축되었으나 시간이 지남에 따라 지역 사회와 소통하고 그것에 부응하는 교회의 공공적 역할을 인식하고 목표 지향적 집중도를 보여주는 소통의 형식을 확립하였다는 점에서 기존 한국 교회 건축의 공공성의 인식과 대응의 중요한 모델이 될 수 있다고 평가된다.

7. 분당 예수소망교회

예수소망교회는 대한예수교장로회 소속의 교회이다. 소재지는 경기도 성남시 분당구 정자동에 위치하고 있다. 예수소망교회는 서울의 압구정동 소망교회에서 분당 신도시에 설립한 교회이다. 압구정동 소망교회에서 은퇴한 곽선희 목사가 소망교회와 협력하여 설립하였다. 서울 강남의 개발이 진행되던 1977년 설립된 소망교회는 2001년 분당에 교회를 설립하게 되었다. 서울 강남에서 신도시의 개발과 더불어 고속 성장을 경험하였던 소망교회는 서울 남부의 신도시로 급성장하는 분당에 동일한 형식의 성장 모델인 예수소망교회를 설립하게 되었던 것이다.

예배당 건축은 2001년에 서인건축이 설계하여 2003년에 준공되었다. 지상 8층 지하 2층의 건축물로 외관은 모더니즘 형식이며 곡선의 외관에 유리창을 전면에 배열하여 현대성을 강화하였다. 2-3층에 위치한 예배실은 부채꼴 모양의 설교와 공연 중심의 공간으로 설계되었고 교회 여러 곳에 사무 시설과 교육 공간 및 다용도 공간들을 배치하였다.

지하 두 층의 주차 공간이 협소하여 차량 수용이 불가하여 이웃의 대형마트의 주차장을 임대하고 주변 학교의 운동장 시설을 주차장으로 임대하여 사용한다. 예수소망교회의 내부에는 교인과 지역 주민을 대상으로 책을 대여해주는 예수소망도서관을 운영하여 지역 사회와 소통을 강조하고 있다. 기독교신학 전문 서점인 라비블(La Bible)이라는 서점이 입점하여 운영되고 있으며 만남과 친교의 공간인 카페를 운영하고 있다.[10]

10 http://blog.naver.com/PostView.nhn?blogId=yyduk&logNo=60197180534 참고.

예수소망교회의 공간 활용의 공공성은 독립 복합 건축물로 구성되어 주된 용도는 예배 공간이다. 그럼에도 시대의 요구에 부응하여 도서관을 운영하고 이를 지역 사회에 개방하여 교회 공간의 공공성을 구현하려 시도하고 있다. 그러나 교회 건축의 공공성의 개념과 지역적 특성에 맞는 확장의 필요해 보인다.

8. 새에덴교회

새에덴교회는 대한예수교장로회 소속의 교회이다. 소재지는 경기도 용인시 수지구 죽전로에 위치하고 있다. 새에덴교회는 1988년에 서울 가락동에서 시작한 교회였다. 가락동은 서울의 새로운 확장 지역으로 신흥 중산층의 거주지로 떠오르는 지역이었다. 교회 설립 4년 만에 교인 수가 300명의 중형 교회로 성장하였다. 이 무렵에 새에덴교회는 분당으로 이전하여 정자동에 예배당을 건축하고 대형 교회의 기틀을 닦는 성장을 이룩한다.

2005년에 이르러 교인의 수가 팽창함에 따라 용인시 죽전에 새 예배당을 건축하여 프라미스 콤플렉스라는 이름의 복합 교회 건축을 완성하였다. 건축은 GNI 건축에서 수행하였다. 새에덴교회의 외관은 역사선으로 아래보다 위쪽이 넓어 보이는 모양으로 유리창을 전면에 노출시킨 모더니즘 계열의 디자인이다. 얼핏 보면 크루즈선박의 모양처럼 보이기도 한다. 내부는 최근의 전형적인 개신교회 예배당 형식으로 원형에 가까운 부채꼴 모양의 객석에 설교와 공연에 최적화된 모양을 하고 있다.

용인시 죽전이 전체적으로 신도시이나 한 동안 분당의 계획된 모델과 달리 용인 수지 지역은 일부 난개발로 우려가 되었다.[11] 그러나 유동

인구 유입이 많고 수도권에 진입하기 위한 대기 인구가 밀집한 지역으로 개발이 진행되는 지역이다. 새에덴교회가 이미 서울 가락동에서 시작하여 분당구 정자동을 거쳐 용인시로 이전하는 과정을 단기간에 거쳤기 때문에 지역 사회와 소통보다는 교회 교인들의 결집과 안정적 성장을 목표로 움직였다고 할 수 있다. 따라서 교회의 지역 사회와 소통 보다는 교회 성장에 주력하였다고 보인다.[12] 새에덴교회의 현재 공간 사용 전략도 교회의 성장을 목표로 전용되고 있다고 할 수 있다.

새에덴교회의 대사회 활동은 한국전쟁 참전용사 초청 및 위로활동 등 지역 사회보다는 교회의 선교 이벤트 행사를 따라 기획되고 있다. 그러나 새에덴교회가 현재 위치 죽전에 장기적으로 위치하게 되면서 지역 교회로 이미지가 강화되기 시작하고 한국의 인구 증가 문제에 맞물려 성장이 둔화되기 시작한다면 지역 사회와 소통하기 위한 전략을 구성해야 할 것이다. 이 무렵부터 요구되는 공공성의 과제에 더 직면하게 되면 건축의 공공성의 관점에서 지역 사회에 더 개방적이고 소통해야 하는 과제를 수행하여야 할 것이다.

9. 일산 한소망교회

일산 한소망교회는 대한예수교장로회 소속 교회이다. 위치는 경기도 파주시 경의로에 위치하고 있다. 같은 교단 소속의 거룩한빛광성교

---

11 "깎여나갈 용인 광교산자락 … 용인시민들, 첨단산업단지 '난개발' 우려", 「아시아투데이」, 2017년 4월 11일. 인터넷판 참고.

12 이는 교회 홈페이지에도 교회의 성장이 주 목표였음을 알 수 있다. 새에덴교회 홈페이지 교회소개 참고. http://saeeden.kr/.

회를 대로를 중심으로 대각선으로 마주보고 있다.

한소망교회는 1997년 서울 은평구에서 교회를 설립하였다. 계속 같은 지역에서 선교활동을 하다가 2002년 경기도 파주의 현 부지 1만여 평을 새로운 예배당 부지로 매입하고 서인건축을 시행사로 선정하였다. 2008년 신축 예배당 공사를 시작하여 2010년에 현재의 건축을 완공하였고 현재에도 부속 시설 공사가 진행 중이다.

한소망교회는 대로에서 안쪽으로 들어서 있는 부지에 지어졌으나 주변 지역이 대부분 아직 미개발 지역으로서 건축물 자체는 시인성이 크고 지역의 랜드마크의 역할을 하고 있다. 전면은 초대형 유리벽으로 지어져 있고 디자인은 현대의 공항을 연상하게 하는 모더니즘 디자인을 하고 있다.

3층과 4층의 예배 공간은 긴 부채꼴 모양의 설교와 공연 중심의 공간으로 최적화 되어 있고 여러 개의 소규모 예배실을 갖추고 있다. 그 외 다수의 공간이 교육용 및 사무 공간으로 구성되어 있다. 예배당 진입로의 주차장과 건물 하층부의 주차장은 서울 외곽 신도시의 비교적 낮은 토지가격으로 가능하게 된 공간이라고 할 수 있다.

한소망교회는 서울 북부 지역에서 시작하여 성장 주도의 교회로 파주로 이전하는 과정을 겪었고 현 위치의 지리적 특성은 교회의 공공적 개방의 필요성이 거의 반영되어 있지 않다. 교회 주변 지역이 상당 부분이 미개발 지역으로 지가가 높지 않고 인구밀도도 낮은 편이다. 도보로 교회에 오는 이들보다 일산 파주 서울 북부 등 원거리 출석자들이 다수로 보이며 이런 구성원들의 특성과 접근 요소들로 교회의 공공적 용도의 개발과 개방성이 낮게 나타나게 된다. 교회의 건축미가 주변 지역에 주는 요소가 커 보이며 공간의 실질적 사용 측면에서 공공성의 요구도

적고, 제공도 적어 보인다.

한 소망교회의 공공성은 장기적으로 주변의 개발이 이루어지고 인구밀도가 높아져 지가 상승으로 공적 공간의 수요가 증가될 무렵에 제기될 것으로 보인다. 현재 한소망교회 지역의 개발 밀도는 아직 교회에 공간의 공공적 개방이나 전용을 크게 요구하고 있지 않다고 보인다.

10. 신촌성결교회

신촌성결교회는 기독교대한성결교회 소속의 교회이다. 소재지는 서울 서대문구 노고산동으로 신촌로터리 대로변에서 100미터 정도 안쪽에 위치하고 있다. 신촌성결교회는 해방 후인 1955년 설립되었다. 2015년 창립 60주년을 맞이하였고 현재는 1만여 명의 교인들이 출석하고 있다.[13] 성결교회를 대표하는 교회로서 교육과 상업의 중심지인 신촌에 위치하고 있다.

신촌은 이름 그대로는 새마을이지만 그것은 해방 후 서대문 밖에 형성된 부도심의 의미를 띠고 있다. 그러나 현재의 신촌은 구시가지에 해당한다. 주변에 세 개의 대학이 있고 신촌 지역은 유동 인구가 많은 상업 중심지의 성격을 갖는 지역이다. 따라서 인구가 급증하는 지역이 아니나 시간대에 따른 인구의 유동성이 크게 나타나는 지역이라 할 수 있다. 신촌교회의 구성원은 이러한 지역의 특성과 교회의 역사에 맞게 오래된 교인 층과 새로 유입되는 교인 층으로 구분되지만 새로 유입되는 교인들은 상업 지역인 신촌 지역이 아닌 원거리의 주거 지역에 거주하는 이

13 신촌성결교회 홈페이지 참고. http://www.eshinchon.org/.

들로 구성된다.

교회 건축은 1970년 교회 부지를 매입하고, 1974년에 예배당을 지어 봉헌하였다. 그때 지어진 건축은 아직도 교육관과 사무 공간으로 사용되고 있다. 1970년대 스타일인 변형 고딕 양식으로 전면에 뾰족 아치가 있고 오른쪽 측면에 아치형 첨탑이 있는 건축물이다. 내부는 장방형으로 긴 방향으로 객석이 이루어진 형태를 띠고 있다.

교회의 성장에 따라 새로운 예배당 건축이 추진되어 서인건축이 시공하고, 2009년에 착공하여 2011년에 준공하였다. 2011 한국건축문화대상 준공건축물부문 우수상과 2012년 교회 건축문화대상을 수상하였다. 전면은 아래쪽이 좁고 지붕 쪽으로 넓어지는 사선 효과를 넣었으며 전면의 유리 시공은 모더니즘 디자인의 미학을 강조하고 있다.[14] 3-5층의 예배실은 부채꼴 모양의 타원형 객석으로 시선을 집중시키는 효과를 극대화하고 있다. 6층의 사무 공간과 2층 이하의 사무 교육 공간, 지하의 주차장으로 구분된다. 사무 공간이 많지 않는 이유는 맞은편에 구 예배당이 있어 그것과 인접한 교육관이 동시에 활용되어 공간의 분산이 가능하다.

신촌교회는 여러 형태의 사회활동과 지역 사회와 소통을 강조하고 있다. 방과 후 학교 운영, 어린이 놀이 공간, 도서실 운영, 주중과 주말 예식장으로 예배당 대여 및 사회적 기업 운영 등 다양한 사회 활동과 이에 맞는 공간 운영을 실시하고 있다. 지역의 특성에 맞는 사회적 프로그램을 개발하여 다양하게 운영하고 있다. 도심지 교회로서 공간의 개방성도 높은 편이고 지역 사회와 소통하는 기획과 실천에 강점을 보이고 있다.

14 http://blog.naver.com/PostView.nhn?blogId=laquint&logNo=110124720563.

신촌교회는 지역의 특성과 교인들의 구성을 면밀하게 연구하여 지역 사회와 긴밀하게 소통하고 그에 다른 공간 활용도 적절하게 이루어지고 있다. 향후 신촌 지역 사회의 변동이 어떤 형식으로 이루어지든 현재의 역량과 실천의지로 미루어 볼 때 적절한 대응과 공공성의 결과를 도출할 것으로 보인다.

11. 사랑의교회

사랑의교회는 대한예수교장로회 소속의 교회이다. 서울 서초구 서초동 서초역 인근에 위치하고 있다. 최근 건축된 단일 교회 건물 중 최대의 크기를 기록하고 있다. 사랑의교회는 강남 은평교회라는 이름으로 1978년 설립되었다. 이 시기는 서울의 강남구 서초구 일대가 최초로 개발을 시작하던 시기였다. 1981년 강남 은평교회에서 사랑의교회로 개칭하였다. 이후 사랑의교회는 강남 지역에서 급속하게 성장하는 교회로 소망교회, 광림교회와 더불어 초대형 교회로 조직을 키워나가게 되었다.

대부분의 한국의 초대형 교회들이 그렇듯이 사랑의교회도 급속한 한국의 경제성장기에 서울시의 확장 또는 위성도시들의 확장으로 인한 도시 개발과 그 궤를 같이 한다. 또한 같은 시기에 이루어진 농촌에서 도시로의 급속한 인구 이동과 그로 인한 지역 공동체의 요구에 부응하는 지역 공동체의 역할에 충실함으로써 초대형 교회로 성장하게 되었다. 초대형 교회들은 부수적으로 도시 교회에 부합하는 중산층 종교 문화와 사회적 접촉의 규칙을 제공함으로써 자기의 독자적 종교 문화를 만들고 계층을 유지하는 역할을 수행하였다.

사랑의교회는 처음 소규모 상가 임대 교회로 출발하였다. 1983년 서초동에 새 예배당을 기공하고 1985년 완공하고 이전하였다.[15] 이후 교인들의 증가에 대응하는 방식은 교회 전체를 신축하는 방식이 아닌 필요에 따른 안성 수양관 신축, 교육관 신축, 선교관 신축 등 부속 건물을 신축하여 교외 및 사랑의교회 일대에 종교 복합 시설을 구성하였다.

2009년부터 교회 공간의 부족의 문제로 새로운 예배당 건축을 기획하였다. 2014년 서초구청의 예배당 사용 승인 허가를 받고 준공 완료하여 서초역 예배당으로 교회가 이전하였다. 교회가 건축되는 과정에 서초역에서 교회로 진입하는 통로 설치의 시비 문제로 구청의 특혜를 받은 것이 아니냐는 시비에서 거대한 예배당 신축이 애초의 사랑의교회의 정신 계승과 일치하는가의 논란 등 최근 개신교회 건축에서 많은 논란을 야기한 경우가 되었다.[16]

사랑의교회의 건축 외관은 설계자의 개성이 강하게 드러난 형태라고 할 수 있다. 정크선 형태의 곡선을 유지하며 외관은 거의 모든 면을 유리벽으로 구성하여 최근 개신교회 예배당 건축에 부분적으로 차용되는 유리벽을 전면적으로 도입하였다. 공개 공지는 공식 요청보다 많이 할애하여 예배당 외부 지상 층 공간 거의를 공개 공지와 연결시켜 보행자의 통행을 원활하게 만들었다. 지하에는 1층에 지하철 2호선 서초역에서 교회로 직접 진입하는 통로가 만들어져 공공기관이 아닌 건물 중 지하철과 직접 연결 통로를 확보하고 있다.

예배 공간은 전부 지하에 위치하고 교육과 사무 공간들 그리고 외국어 채플을 위한 공간들이 지상층에 위치한다. 지하의 예배실은 부채꼴

15 사랑의교회 홈페이지 참고. http://www.sarang.org/.

16 http://ym21.tistory.com/39 참고.

모양의 객석 배치로 설교와 공연에 최적화된 형태로 구성되었다. 장애인들의 진입을 원활하게 하려고 엘리베이터와 에스컬레이터를 운행하며 장애인석을 따로 구비하였다. 각종 예식을 위한 예식홀이 따로 마련되어 있어 외부에게 개방되기도 하지만 교인 수 1만 명을 넘는 교회이기에 소속 교인들에게 사용의 우선권이 부여되어 외부 사용은 실질적으로 불가능해 보인다.

사랑의교회는 사회활동은 교회 밖에서 진행하고, 종교 활동과 선교와 교육 및 훈련 활동은 교회 내에서 진행하는 것으로 보이며 교회 내부의 대부분의 공간 사용은 후자에 초점이 맞추어져 있다.

구 서초동 예배당이 예배당과 선교훈련원 교육관들이 독립된 건물이었던 것과 달리 새 예배당에는 모든 시설이 한 건물 안에 입주해 있다. 교회 내부 활동에 최적화된 건물이라고 할 수 있다. 이러한 이유로 교회 1층 확장된 공개 공지 외에 소속 교인들이 아닌 경우 교회의 진입이 어렵고 지역 사회와 긴밀하게 소통하려는 공간도 타교회에 비해 부족해 보인다. 사랑의교회의 건축은 본질적으로 공간의 구성도, 그 사용 방식도 내부지향적으로 보인다.

사랑의교회의 건축은 성장을 지향하는 보수적 복음주의 교회의 철학을 깊이 반영한다. 건축 전체는 예배, 교육 그리고 신자들의 활동 등 교회 내의 필요성을 깊이 반영하고 있다. 반면 외부에 공개되고 지역 사회와 긴밀하게 소통하기 위한 공간은 상대적으로 적다고 느껴진다. 그 이유는 이 지역의 특성이 서울의 고소득층 주거지역으로 사회적 유대관계보다는 사적이고 개별적 관계망을 선호하는 지역민들의 사회적 특성을 반영하고 있다는 추측도 가능케 한다.

지역의 특징 때문에 사랑의교회에 사회 관계망의 강화나 지역과의 문화적 소통의 요구가 증대되지는 않을 것으로 보인다. 따라서 사랑의 교회에 공간을 통한 사회적 소통과 공공성의 요구가 근시일 내에 증대될 것으로 전망되지도 않는다. 그런 지역적 특성에 최적화된 형식으로 건축이 디자인되고 건축되었다는 점에서 향후 사랑의교회의 공간적 공공성의 담론 또한 확장 여지가 적다고 보인다.

IV. 지표 교회들의 공공성 평가

본 연구의 공공성 지표 개발의 대상으로 선정된 교회들은 모두 2000년 이후에 건축된 것이다. 신길교회 2013년도, 거룩한빛광성교회 2004년도, 금란교회 2000년도, 우리들교회 2013년도, 명성교회 2011년도, 예수소망교회 2003년도, 새에덴교회 2005년도, 일산 한소망교회 2010년도, 신촌성결교회 2011년도, 사랑의교회 2014년도이다.

한국 사회에 건축의 공공성 담론이 등장한 것은 1990년대 이후부터이다. 공공기관들은 디자인, 공개 공지, 접근성, 주변과 조화 및 건축 미학 등 다면적으로 고려하기 시작하였다. 이러한 건축의 공공성 확대는 건축 자체의 물리적 특성뿐 아니라 건축물의 사용 방식과 용도의 개방성과 사회성 등 운용 방식의 변화로도 나타나고 있다.

지표 교회들의 상당수는 이러한 시대적 요구와 공공성의 척도에 반응하고 있다. 일단 공개 공지의 경우는 도시계획법에 근거해 있기 때문에 전체 교회들이 수용하고 있다. 그러나 교회의 입지가 주택가에 있는 경우 또 토지 가격이 상대적으로 높은 지역의 경우는 공개 공지를 확장하기보다 법적 기준을 충족시키는 정도에 머물고 있다. 반면 토지 가격이 상대적으로 낮은 신도시 지역의 경우는 공개 공지뿐 아니라 다양한 형태로 교회 공간을 공개하고 사용 방식을 사회화하여 공간을 통한 사회와 소통을 강화하고 있다.

지표 대상 교회들이 공공성의 척도가 다르게 나타나는 다른 요인은 교회가 지향하는 목회와 운영 철학에서도 차이가 난다고 할 수 있다. 교회 공간의 공공적 사용이 설계 단계에서 강도 높게 이루어진 경우는 거의 없다고 할 수 있다. 다만 교회가 성장하는 과정에 교회의 운영 목표에 사회적 목적을 가진 사업이 비중이 커지거나 지역 사회와 소통의 필요성을 자각하고 그것이 교회의 운영에 반영되는 경우 부속 건물을 신축하거나 기존 공간을 전용하는 경우로 나타났다. 특히 거룩한빛광성교회, 명성교회, 신촌성결교회가 이러한 사회적 관계망 형성을 위한 공간 사용을 점진적으로 증대시켜온 경우라고 할 수 있다.

반면 기존의 성장 지향의 교회들은 교회의 사회적 관계망을 확대하는 것보다 교회의 내부적 요구를 우선적으로 반영하기 때문에 공간의 개방성, 사회적 소통 공간으로 전용하는 비율이 낮게 나타난다고 보인다. 이러한 경우는 근대 복음주의의 영향을 받은 한국 교회가 기독교를 개인적 선택과 시장 논리에 의한 구매 형식을 띠고 교회와 상호 관계를 맺기 때문에 빚어진 요인도 함께 작용하고 있다. 교회도 구원의 교리를 개인의 선택에 맞게 최적화하여 상품화하고 있고 교인들도 다양한 교파와 신학 중에서 자신의 기호(?)에 맞는 것을 취사선택하는 것이 현재의 현상이라 할 수 있다.

성서의 가치체계가 본질적으로 개인 구원의 내면적 특성과 하나님 나라의 공적 영역의 일치점을 찾는다고 할 때 현대 한국 개신교회의 신학 사상은 공적 영역에 대한 최소한의 접근을 허용하거나 제공함으로써 기독교 신앙의 공적 측면을 약화시켰고, 이러한 요소들이 건축의 공공성 또는 공적 사용의 측면을 더불어 약화시켜 왔다고 진단할 수 있다.

한국의 대부분 개신교회 교단은 교회들의 연합체에서 목회자들의 협의체로 전환하고 있다고 보인다. 그럼으로써 한국의 개신교회의 현실적 교회론은 지역 교회 또는 개체 교회를 교회의 중요한 실체로 이해하고 있다. 그렇기 때문에 교단 차원에서 공공성의 담론이나 교회 건축 설계의 가이드라인이나 지침을 제공하는 것은 거의 불가능하다. 교회 정치제도가 감독제이든 대의제이든 회중제이든 현재 한국의 교회제도는 개체 교회의 범위를 넘어설 수 없다. 따라서 전국을 단위로 하는 교단 차원에서 개별 교회들에 대한 건축의 공공성의 담론과 기준을 제시하는 것은 현실적으로 불가능하다. 결국 교회의 공공성의 담론은 개체 교회 또는 지역 교회의 목회자나 당회나 기획위원회로 대표되는 지도부의 인식 태도에 달려있다고 보인다. 물론 교인 전체가 참여하는 교인 총회가 존재하지만 연중 한 번 열리는 이 회의의 대부분은 지도부가 작성한 교회 운영 방안을 추인하는 역할에 머물고 있다. 이는 한국 사회의 정치의식과 동시적으로 진화하기 때문에 교회의 지도력이나 교인 총회의 의결 방식이 급진적으로 진화할 가능성은 적어 보인다. 결국 교회 건축의 공공성은 각 지역 사회의 특성에 그 지역의 교회의 지도부가 어떤 사회인식을 갖느냐에 의존한다고 할 수 있다. 실질적 계몽의 초점은 이 지점이 될 것이다.

현대 한국 교회 건축의 공공성은 전술한 바와 같이 설계 단계에 형성된 바가 거의 없다. 공적 기여도가 높아진 교회들도 교회의 목회 철학과 지역 사회의 특성의 변화가 통시적으로 진화한 결과라고 할 수 있다. 이러한 교회의 목회와 선교의 사회화 과정이 교단 차원에서 해소하기 어려운 것이라면 기독교 언론에서 공통적 주제로 선정하는 것도 지역 교회들이 공적 신앙의 기여와 건축의 공공성 확대를 가능하게 할 현실적 대안의 하나가 될 수 있다고 보인다.

V. 결론

이 글은 본 공동 연구 진행자들이 선정한 교회 건축의 공공성 지표 대상 10개 교회의 소속 교단을 통한 교회의 선교와 활동 방향의 간접적 이해를 시도하였다. 또한 교회 소재지의 사회적 성격을 기술하여 신도시 또는 구도심의 개발 과정과 교회 성장의 관련성을 기술하였다. 교회 건축의 공공성의 요소는 현재까지 교회의 지역 사회 인식과 사회적 관계망 형성 의지와 목회 방향의 설정에 의존하는 경향이 있음을 기술하였다.

이 연구의 대상인 10개 교회의 건축의 공공성의 특성은 첫째, 대형, 초대형 교회는 서울의 개발로 인한 인구 확장 시기 또는 신도시 개발로 인한 인구 집중 시기에 해당 지역에서 이루어졌다는 것이다. 둘째, 교회 건축이 일차적 목표는 성장하는 교인을 수용하고 지속적 성장의 물리적 토대를 구축하기 위한 노력의 일환이었다는 것이다.

교회들의 공공성은 법률에 의한 공개 공지의 확보에 공통적으로 머물고 있으며 일부 교회들은 지역 선교의 맥락에서 사회적 소통과 교회의 사회봉사의 측면에서 지역 사회와 소통하는 공간을 마련하고 있다. 가장 많은 것이 도서관 시설로 4개 교회가 도서관을 운영하고 있었다.

명성교회, 거룩한빛광성교회, 신촌성결교회는 연구 대상 교회들 중에서 교회 공간의 사회적 전용을 가장 많이 실행하고 있었다. 이들 교회들은 교회 건축설계 과정부터 개방형 공간을 배려한 것은 아니었다. 이들은 교회의 사회적 활동이 증대되고 그에 맞는 프로그램이 개발되고 확대 되면서 거기에 맞는 공간을 건축하거나 기존 공간을 전용하여 사용하였다.

그런 의미에서 한국 교회의 건축의 공공성의 현재 단계는 도시 개발의 전체적 과정에서 이루어진 것이 아니며 임의적 성격을 갖는다고 판단된다. 한국의 도시개발 과정이 정부나 지방자치단체, 건축가 및 건축주의 공동 작업이라는 전체적 요소를 고려할 때 교회 건축의 공공성 역시 건축주로서의 교회의 역할뿐 아니라 지역 사회 개발에 대한 사회적 합의 기초 위에 각 주체들의 상호 이해 과정을 거쳐 확립될 것이다. 한국의 사회적 합의 방법과 모델이 확립되기까지 건축의 공공성 담보는 기대보다 느리게 발전할 것으로 예측된다.

참고 문헌

1. 논문

김광현, "건축제도와 건축의 공공성", 『대한건축학회지』 2005년 3월. 25-27.
이상헌, "건축의 공공성과 건축사의 역할"『건축』 제47권 제4호, 2003. 4월. 9.
이종건,"건축과 공공성", 『건축과 사회』, 2014년 6월 26호. 16-25
주정준, "보스톤의 도시재개발과정에서 도시건축의 공공성을 확립하는 4가지 요소에 대하여", 『건축』 제47권 제4호. 2003년 4월. 10-13.

2. 언론 보도
"난개발 우려하며 난개발",『대전뉴스』, 2017년 3월 2일
"지자체별 '따로국밥식' 온천천 관리 난개발 우려", 『부산일보』, 2017년 3월 2일
"깎여나갈 용인 광교산자락"---용인시민들, 첨단산업단지 '난개발' 우려", 『아시아 투데이』, 인터센판. 2017년 4월 11일

3. 블로그
http://blog.naver.com/PostView.nhn?blogId=yyduk&logNo=60197180534 2017년 4월 20일
http://blog.naver.com/PostView.nhn?blogId=laquint&logNo=110124720563 2017년 4월 20일.
http://ym21.tistory.com/39 2017년 4월 20일.

역 사

한국 근대 교회 공간의 형성 과정과 의미

소 요 한*

I. 들어가는 말

한국 교회의 교세가 성장하는 기간 동안 교회 건축의 규모는 그 크기가 비례해왔다. 하지만 교회 건축의 본질 및 목적은 도외시되고 개 교회의 이익이 크게 반영되면서 교회 건축의 세속화에 대한 비판은 안팎으로 지속되고 있다. 교회 건축에 있어 모범적으로 제시할 수 있는 객관적인 기준 또한 존재하지 않고 상황에 따라 달리되고 있는 것이 현 교회 건축 연구의 주소이다. 따라서 이러한 기준과 어떤 척도를 개발하기 위한 하나의 전초 과정으로서 각 교회의 목회와 특징들이 교회 공간 형성에 어떻게 반영되었는지 그 상관관계를 살펴보고자 했다. 각 교회 공간은 수치 및 디자인, 기능 및 활용에 따라 구분될 수 있지만, 여기서는

* 명지대학교 객원교수 겸 교목 / 교회사

이번 공동연구에서 다루었던 8개 교회들(우리들교회, 금란교회, 새에덴교회, 한소망 교회, 예수소망교회, 명성교회, 거룩한빛광성교회, 신길교회)의 역사를 중심으로 공간 형성에 담긴 의미를 찾아보았다.

II. 공간 형성에 담긴 의미들

1. 우리들교회: 교회 공간을 만든 교회 목회

"우리들교회"의 담임목사인 김양재 목사는 교회 공동체의 특징에 대하여 다음과 같이 말한다. "사람들은 대개 '인격'이란 가면을 쓰고 상대를 만난다. 인격보다 중요한 게 나의 본 모습이다. 이제는 벗고 만나야 한다. "우리들교회"는 일종의 "목욕탕"이다. 자신의 치부를 드러내며 발가벗고서, 서로 때를 밀어주는 거다. 그럴 때 시원해지는 거다. 가출 직전, 부도 직전, 이혼 직전, 자살 직전의 사람들이 그렇게 치유가 되는 것이다. 그래서 찾아오는 거다."[1] 이와 같이 김양재 목사는 교회 공동체가 추구하는 방향은 "공동체 구성원의 본 모습이 드러나는 것이며, 이는 곧 목회의 중요한 목표"라고 했다. 이 명확한 목표는 교회가 추구하는 방향성이 드러난다고 할 수 있다. 이를 근간으로 하는 교회 프로그램은 큐티, 설교, 양육, 목장, 간증을 중심으로 목회를 하고 있다. 그렇다면 목회가 추구하는 목적과 방향이 교회 공간에서 어떻게 묻어나는지 그 의미를 파악해보자.

---

1 「중앙일보」, 2009.9.10.; 「국민일보」, 2010.10.20.

우리들교회를 직접 방문하며 설계도면을 살펴보았다. 우리들교회의 두드러지는 특징은 친교시설이 큰 비중을 차지했다는 점이며 층마다 친교공간이 눈에 띄었다는 점이다. 이 공간은 큐티 및 소그룹 모임을 위해서 최적화된 것 같다. 교회 공간은 지하 6층부터 지상 6층의 규모로 총 면적은 22,514.50㎡이다. 친교 시설은 지상 3층부터 6층에 위치하여 면적 합계는 4,044.14㎡이다. 이는 총면적 대비 17%에 해당되는 것으로 주차장을 제외하면 교회 공간에 많은 비중을 할애했다고 볼 수 있다. 이 친교 시설에서 소그룹으로 공동체 모임이 이루어진다.

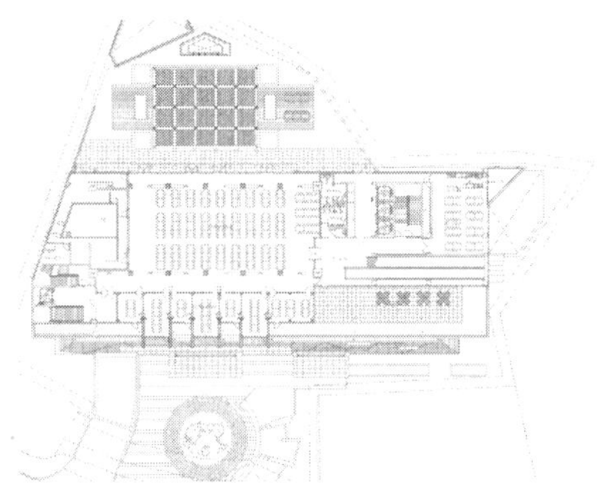

우리들교회의 지상 3층 평면도이다. 평면도를 보면 소그룹을 할 수 있는 공간이 마련되었음을 알 수 있다.

우리들교회의 연혁은 교회 시작을 1986년 남서울교회 구역 큐티 모임이라고 말하고 있다.[2] 이들 모임은 매해 규모가 커지고, 그 횟수도 빈번해 짐에 따라 공간이 필요하게 되었다고 한다. 또한 교회 공동체의 모임을 세분화시킬수록 많은 공간이 필요해졌다. 2002년 예배 처소를 휘문고등학교로 옮기면서 교회 개척 준비를 하였는데 교회가 필요로 하는 공간은 교회 구성원 서로의 본모습을 보여줄 수 있고, 이를 목회적으로 치유할 수 있는 공간이었음을 살펴볼 수 있다. 따라서 이러한 모임과 활

2 우리들교회 홈페이지, 2017. 1. 20. 최종접속,
http://woori.cc/_qtm/?qtm_section=intro&contents=intro_history.

동이 활발한 이 교회는 공동체 모임의 시설이 많아야 했고, 모임의 목적에 따라 공간의 다양한 활용성이 보장 되어야 했다. 우리들교회 1, 2층은 본당과 행정 공간이 주를 차지한 것에 비해 3, 4, 5, 6층은 친교 공간으로 구성되어 있으며, 소규모 세미나실의 숫자가 많아졌다. 교회의 목회 방침은 서로의 본모습을 볼 수 있는 공간이 필요하기에 공간의 개방성과는 많이 상충되고 있다. 더욱 흥미로운 점은 이들 공간의 구분은 교회의 위치적 특징에서도 드러난다. 교회를 4차로 이상의 도로들이 둘러싸고 있어 인구 이동, 접근성이 떨어져 교회의 영역이 섬처럼 구분되고 있다는 점이다. 이들 교회의 설립 취지와 과정을 살펴볼 때 지역 주민에게 공간을 제공하는 당위성은 점점 작아지는 것 같다. 우리들교회의 공간이 교회 공동체가 추구하는 목회 방침과 부합되지만 교회의 성숙한 성장과 함께 지역 주민들과 연계하고 소통하는 공간 및 프로그램도 보다 적극적으로 마련되었으면 한다.

2. 금란교회: 본당의 크기를 결정했던 교회 성장

"금란교회"의 명칭은 김활란 박사가 1957년 이화여대 교직원, 학생과 함께 조직한 "금란전도대"에서 비롯되었다고 한다. 그 명칭은 김활란의 성 "김"과 이름 끝자인 "란"에서 비롯된 것이다. 이 교회는 이화여대가 기증한 부지 1,037평 위에 24평의 성전을 건축하면서 시작되었다. 이후 4대 담임자로 김홍도 목사가 부임하게 되었다. 그가 부임할 당시, 교회는 작은 교회였으나 "오직 영혼 구원"이라는 목회 철학을 바탕으로 교인들의 통성기도 및 예배, 성경강해를 강조했다.[3] 이러한 모습은 한국교회 전통적인 성장 방식과 같다. 김홍도 목사 부임 이후 3번에 걸친 성전 건축의 규모도 그의 목회 방침인 "오직 영혼 구원", "교회 성장"과 맥을 같이 했다. 특히 전도에 더욱 할애했던 목회는 교인들의 갑작스러운 증가와 함께 더 넓은 본당 공간을 필요로 하게 되었다. 이렇게 갑자기 증가된 교인 숫자는 예배의 인원 증가로 이어졌고, 이는 본당 크기를 결정했던 근거가 되었다. 그렇다면 현재 금란교회에서 가장 큰 비중을 차지하는 본당의 기능은 무엇인가? 홈페이지의 "금란주보", "금란다움", "주보", "금란포토뉴스" 등을 참고하여 최근의 본당 사용을 간접적으로 살펴보았다. 이들 게시판에 의하면 교회 자체 행사, 지역 교회의 지방회 등을 위해서 공간을 제공하는 경우가 많았다.[4] 이는 거대한 본당의 기능이 매우 제한적으로 활용되었다는 것을 알 수 있다. 아울러 현대 사회는 교인수를 유지하거나 증가하는 것이 더욱 힘든 시기가 되었다는 것은 금란교회 공동체가 풀어갈 큰 과제라고 생각된다. 바꾸어 말하면 본당의 크기는 때에 따라서 얼마든지 유동적일 수 있는 교인 숫자에 따라

금란교회 본당으로 본당 면적은 7,009.86㎡ 이다.

---

3 금란교회 홈페이지, 2017. 1. 20. 최종접속, http://www.kumnan.org/intro.asp?pid=A222.

4 금란교회 홈페이지, 2017. 1. 23. 최종접속, http://www.kumnan.org/community.asp?act=bbs&bid=E510&order_index=no&order_type=desc&list_style=list&page=4.

마음대로 비례할 수 없다는 점을 고려하여 교회 본당의 공간을 앞으로 어떻게 활용해야하는지 그 대책이 마련되어야 할 것이다. 금란교회 건축 공간의 총면적은 41,236.45㎡이며 이는 지하 6층부터 9층까지 합계한 면적이다. 이 중에서 본당은 3층 본당, 4층 본당 발코니석, 5층 본당 발코니석을 합하여 7,009.86㎡ 이다. 이는 주차장이 차지하는 비중을 고려할 때 약 17%를 차지하여 전체면적에 상당부분을 차지하는 수치라고 볼 수 있다. 금란교회의 주차 공간은 지하 6층부터 지하 3층까지 구성되어 있다. 주차장 면적은 12,821.47㎡로 총면적 대비 약 31%를 차지한다. 지역 지구가 일반 주거 지역에 속해 있어 주차장에 대한 무료개방도 시도할 수 있는 부분이라고 생각된다. 주차장과 관련해서는 교회의 사정상 무조건적인 개방이 힘든 경우도 있다. 금란교회는 "주차장에 접촉하고 차량 파손에 따른 손해배상을 강요당하고 정작 필요한 시간에 차량을 이동하지 않는 등의 고충을 겪어 주차장 개방에 어려움이 있음"을 토로하기도 했다.[5] 하지만 조금만 신경 쓰면 이러한 문제는 해결될 수도 있다. 서울시와 구청은 주택 밀집 지역의 주차난을 해소하기 위해 주변 종교시설의 주차공간을 필요로 한다. 예를 들어, 종로구청은 주차하는 차량의 관리를 위해 차량을 사전 등록하여 보다 관리가 쉽도록 한다. 또한 차량 거주자를 중심으로 "거주자우선주차"의 형태로 오후 7시부터 익일 8시까지 무료개방을 통해 "나눔주차" 운동을 하고 있다.[6] 종로구 시설관리공단 홈페이지를 보면 주차장의 전면 개방은 아니더라도 일부

---

5 「기독교 타임즈」, 2008. 2. 14.
https://newsnjoy.us/news/articleView.html?idxno=25948.

6 「서울 로컬뉴스」, 2017. 01. 03.
http://www.slnews.co.kr/news/articleView.html?idxno=1872.

를 활용하도록 제공하면 그 공간에 한해서 구청에서 시설관리를 해주며 주차장 이용으로 인한 단속 및 견인 조치를 해주기 때문에 이를 활용하는 것도 하나의 대안이 될 수 있을 것이다.[7]

3. 새에덴교회: 본당 공간과 교육 공간의 상관관계

"새에덴교회"는 가락동 지역에서 교회 개척을 시작하여 분당으로 옮겨 성장한 교회이다. 교회의 연혁에서도 드러나듯 소강석 목사의 개척교회는 교회 성장을 위해 지역 사회 분석 및 지역 여론에 초점을 두었던 교회였다. 교회 연혁은 새에덴교회의 역사를 3시기로 구분하는데, 1시기는 가락동 시절, 2시기는 분당, 3시기는 용인 죽전을 중심으로 기술하고 있다. 그 시기마다 강조한 내용들은 "총동원 전도"였다. 새에덴교회는 "3단계 전도전략"(준비 전도, 간접 전도, 직접 전도) 등, "총동원 전도"로 많은 사람들을 교회로 데리고 올 수 있었다. 하지만 가락동에 위치했던 새에덴교회는 교인 숫자가 300여 명 이상으로 늘어나지가 않았다. 이를 고민하면서 소강석 목사는 교회 성장을 위해 가락동에서 신도시 분당으로 자리를 옮겼다. 가락동에서 상가 교회로 머물러있기보다는 분당에 종교 부지를 구입하여 교회 건축에 집중하게 된다. 당시 강남 지역에서 분당으로 주거를 옮겼던 이들이 많았던 터라 곧이어 많은 이들이 교회로 몰려들었다. 분당에서도 교회 목회는 교회 전도가 그 특징으로 드러난다. 성인 교육 프로그램 등을 살펴보아도 새신자 정착과 전도와 관련된 교육이 대부분을 차지했다.[8] 새에덴교회의 성인교육을 살펴보면 세 가지

---

7 종로구시설관리공단 홈페이지, 2017. 1. 25. 최종접속, https://jongno.park119.co.kr/user/guide/divide_park.aspx?MENU=F

가 있다. 첫째가 "제자사역"(성경공부, 세례교육, 새가족교육)이며, 둘째가 "훈련사역"(전도훈련, 기도훈련, 서비스 교육), 셋째가 "가정사역"(부부세미나, 부부 송년회, 부부 구역)이다. 여기서 새에덴교회의 목회적 특징을 살펴볼 수

새에덴교회의 본당이다. 본당은 지상2, 3, 4층의 구조로 되어있다.

있다. 그것은 예배시간에 본당에 참석하는 교인 숫자를 유지하고 뒷받침하기 위해 전도와 정착, 양육에 대한 교육 프로그램을 실시하는 교육 공간이 함께 공존해야 됨을 살펴볼 수 있는 것이다.[9] 교회 공간의 형성도 본당의 비중만큼이나 교육 공간에 많은 비중을 할애하고 있음을 알 수 있다. 현재 새에덴교회의 본당은 지상 2, 3층, 4층으로 되어 있다.

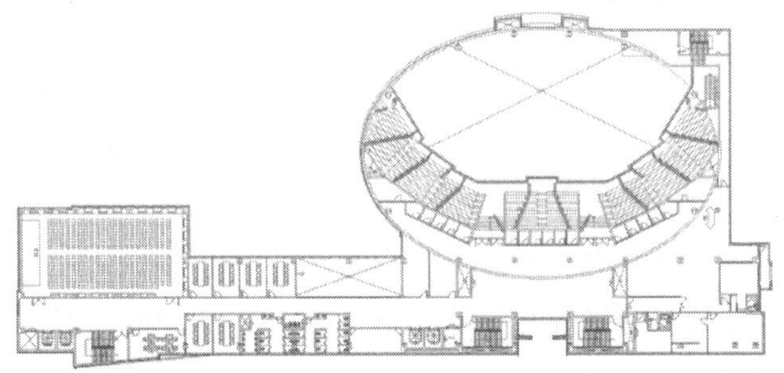

새에덴교회의 지상 3층 평면도이다. 여기서 본당 면적과 교육 면적의 상관관계를 살펴볼 수 있다.

---

8 홍윤기, "새에덴교회의 기독교 성인 교육에 대한 분석적 연구," (아세아 연합신학대학원 석사논문, 2003), 92-97.

9 김용신, "급격한 사회 문화 변화속의 수용자 지향적 소통의 예배를 통한 도시 교회 성장이

지상 2층은 1,401.12㎡이고 3층은 418.89㎡, 4층은 679.84㎡ 새에덴 교회 건축 공간의 총면적은 31,041.54 ㎡으로 본당의 비중은 8%를 차지한다. 교육 공간은 지하 1층에서 지상 6층까지 매우 광범위한 곳에서 공간을 형성하고 있다. 교육 공간의 합산 면적은 3,096.87㎡로 총면적 대비 약 9.97%, 약 10%에 육박한다고 볼 수 있다. 이는 본당의 면적과 비슷한 수준으로 본당 공간과 교육 공간의 상관관계를 살펴볼 수 있는 구조라고 생각한다.

4. 한소망교회: 셀그룹이 만든 교회 공간

일산에 위치한 "한소망교회"는 홈페이지에 교회의 연혁이나 역사가 따로 제시되어있지 않았다. 하지만 신앙세계 등 일부 언론에 인터뷰한 기록 등을 찾아볼 수 있어 류영모 목사의 목회 방향과 목적을 대략적으로 살펴볼 수 있었다. 한소망교회는 1991년 고양시 능곡의 40평 지하 예배실에서 시작되었다. 2010년에는 1만평 대지 위에 연건평 1만 1천 평 성전으로 입당했다. 이 교회가 급성장했던 이유는 "셀목회"에 있다고 주장한다.[10] 셀목회는 구체적으로 알파코스라는 프로그램을 통해서 나타난

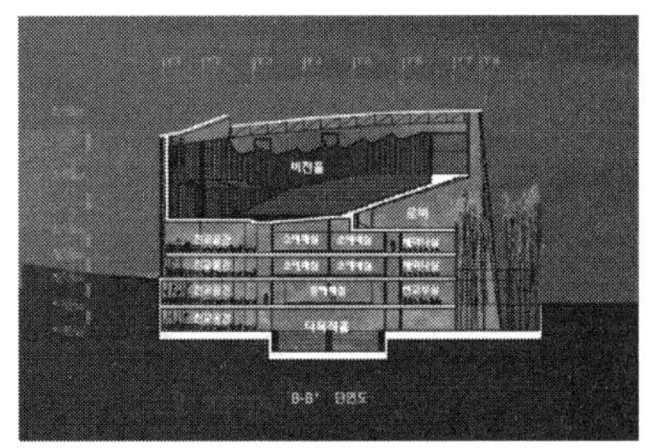

한소망교회의 단면도를 살펴보면 본당을 제외하고 층마다 친교 공간이 포함되어 있다.

해: 새에덴교회를 중심으로," (총신대학교 선교대학원 석사논문, 2014), 66.

10 "'한국의 소망' 교회가 꿈꾼다 한소망교회 류영모 목사,"「신앙세계」 통권568호(2008).

다. 알파코스는 교회의 전도와 부흥에 초점을 두고 있는 프로그램으로서 1976년 영국의 성공회 교회인 HTB(Holy Trinity Brompton)교회에서 시작되었다.[11] 비기독교인을 초청해서 식사와 함께 토크와 토론을 하는 전도 프로그램으로 비기독교인이 교회에서 친숙함을 느낄 수 있도록 4주 정도 프로그램이 진행된다.[12] 현재 한소망교회의 홈페이지에서는 알파코스라는 프로그램을 명시하지는 않았지만 셀그룹으로 모이는 목장 교회가 이 교회의 목회를 표방하고 있다. 목장 교회의 핵심은 "소그룹 방식으로 각 가정에 모여 불신자들을 향한 전도, 성도들 간의 사랑의 교제와 양육 그리고 상호 돌봄의 사역을 시행하는 작은 교회"를 말한다.[13] 이 목장 교회는 두 그룹으로 나누어지는데 하나는 나이 성별에 따른 구분이고 다른 하나는 취미나 기호, 관심 사역에 따른 구분이다. 이는 목회 방침이 친교 및 관계를 중시하고 있다는 것을 말해준다. 교회의 목회 지침은 교회 공간에도 잘 반영되어 있다. 특이하게도 교육 공간 면적보다는 친교 시설 면적에 높은 비중을 부여했다. 물론 예

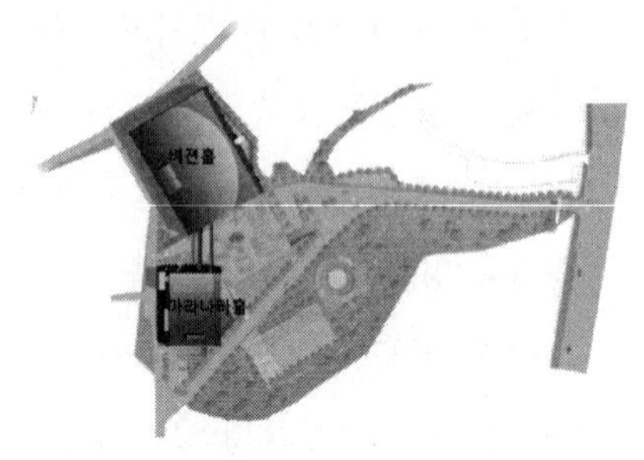
한소망교회의 건축 구상도, 현재는 비전홀(36,366㎡)이 완공되었고 마라나타홀은 아직 완공되지 못했다.

---

11 「크리스천 투데이」, 2009. 2. 20.
http://www.christiantoday.co.kr/articles/200976/20090220/알파코스-중요한-건-현상-아닌-성령의-열매.htm

12 「기독교 포털뉴스」, 2007. 07. 26.
http://www.kportalnews.co.kr/news/articleView.html?idxno=8016.

13 한소망교회 홈페이지, 2017 1. 24. 최종접속,
http://www.hansomang.or.kr/sub-ranch/ranch1.asp.

배 시설 중에서 본당과 주차장이 차지하는 비율이 월등히 높지만 지하 1층 친교 시설 1,783.09㎡, 지상 1층 224.00㎡, 지상 2층 70.50㎡, 지상 4층 254.80㎡이 공간을 차지하고 있어 층마다 친교 시설이 있다는 것은 눈에 띄는 특징이다. 필자가 일요일 예배시간에 참석하여 공간 활용에 대해서 살펴보았는데 친교실 외에 지상 1층의 중예배실 536.11㎡에서도 원형 테이블을 이용하여 친교 활동을 하는 모습이 보였다. 이는 예배 공간도 친교 활동으로 이용되는 모습을 살펴볼 수 있어 교회 공동체의 교제와 양육이 교회 목회에 큰 비중을 차지하고 있음을 짐작케 했다.

5. 예수소망교회: 지역 주민의 의견을 반영한 교회 공간

예수소망교회 전경

분당 "예수소망교회"는 신도시 교회가 가지고 있는 전형적인 교회 성장 과정을 거치지 않았다. 용도는 교육 연구 및 복지 시설로 되어있다. 홈페이지에도 교회 연혁이나 목회 철학 등은 자세히 나와 있지 않아 교회의 역사를 구체적으로 확인할 수는 없다. 교회 건물은 지하 3층부터 지상 8층까지로 총면적은 17,561.27㎡이다. 한 가지 흥미로운 사실은 주변 마을 사람들의 구체적인 요구로 공간이 형성되었다는 점이다. 서인종합건축사사무소 최동규 대표는 예수소망교회가 건축할 때의 상황을 전했다. "당시 교회 건너편 아파트 단지에서 결성된 대책위원회가 '종탑을 세우지 말 것, 교육관은 뒤로 가게 할 것, 교회 모습은 최대한 배제할 것' 등을 요구해 당시 설계사의 재량이 요구되었던 공간 건축이었다"라고 한다.[14] 이러한 의도를 반영하듯 교회 외형은 나무 데크가 눈에 띈다. 이 데크가 상징하는 바는 "처음으로 믿음을 갖게 된 신자들과 그들이 가려하는 예배당으로 직접적인 연결을 의미하며, 3, 4층까지 직접 외부 계단으로 갈 수 있도록 한다"라고 한다. 당시 교회의 의도는 경건을 표방하는 고딕양식을 요구했지만 마을 주민의 의도를 반영하여 전혀 다른 교회 공간이 형성이 된 사례라고 할 수 있다. 교회의 개방성을 위해 나무 데크를 설치했지만 주일 교회 방문을 통해 느낀 점은 본당으로 이동함에 있어 나무 데크를 이용한 교인이 많지 않았고, 대다수가 내부 엘리베이터와 계단을 이용해 이동하는 모습을 살펴볼 수 있었다. 주변의 의견이 반영되었지만 정작 교회 공동체가 이용하는 공간 활용에 있어서는 매우 제한되어 있는 것 같아 다소 아쉬운 점이 남았다. 지상 1층에는 근린생활 시설인 서점, 카페테리아 등이 위치하고 있지만 주일이라서 그런지 교인들의 친교 공간으로 활용되고 있었다.

14 「크리스천 투데이」, 2013. 1. 21. http://www.christiantoday.co.kr/articles/260770/20130121/불변하는-아름다움 -고민했던-첫사랑-같은-교회는....htm.

6. 명성교회: 새벽집회의 공간

명성교회 예루살렘성전 본당 전경

"명성교회"는 1980년 7월 6일 명일동의 34평된 상가 교회에서 20여 명의 교인들이 모여 창립예배를 드린다. 이후 9월부터 특별새벽집회를 시작하여 현재까지 지속하고 있다. 명성교회는 4년만에 급성장하여 현재 명일동 부지에 교회를 건축하여 현재까지 이르고 있다. 홈페이지에 교회 연혁을 살펴보면 매년 3월, 9월에 있는 특별새벽집회를 강조하고 도움을 주는 선교지 교회 숫자를 기입하여 매년 늘고 있음을 알 수 있다.[15] 명성교회의 성장의 요소 중 주요 원인은 특별새벽집회에 있다.[16] 특별새벽집회의 기도신학연구는 사실 본격적으로 이루어지지는 않고 그 특징만을 기술하는 경우가 많다.[17] 교회 연혁에는 당시 특별새벽집회 주제가 남아있다. 주제를 살펴보면 "축복의 경주"(1981. 9.), "하늘에서 상 받을 자"(1989. 9.), "열두광주리" (1991. 3.), "애굽에서 가나안으로"(1999. 9.), "오! 믿음"(2004. 9.) 등이 있다. 새벽집회의 주제를

15 명성교회 홈페이지, 2017. 1. 17. 최종접속, http://www.msch.or.kr.

16 김명혁, "한국 교회에 있어서의 기도와 교회성장-명성교회를 중심으로,"「신학정론」16(1998), 147.

17 최윤배, "김삼환의 특별새벽기도신학에 관한 연구,"「한국조직신학연구」 24(2016), 119.

살펴보면 한국인의 기복신앙적인 성향이 새벽집회를 통해 접목되었던 느낌을 가질 수 있으나, 교회 연혁에서도 드러나듯 새벽집회의 응집력이 대 사회적 기능을 수행하기도 했다. 2002년 연혁을 살펴보면 "9월 특별새벽집회 일일 참석 27,000명 참석하다. 현금일체 684,380,360원을 선교비로 드리고 수재의연금 및 물품 102,722,190원을 수재 지역인 김천시 5개면 지역과 강릉 등 여러 곳에 보내다." 이러한 대 사회적 기능이 이루어진 새벽집회의 기능도 눈에 띈다. 명성교회의 새벽집회는 모이는 수가 제법 많기 때문에 주로 교회 본당에서 이루어진다. 교회 행사와 주일에 예배를 드리는 본당보다는 그 이용 시간과 횟수에 있어 다른 양상을 가진다. 따라서 2011년에 새로 지은 예루살렘 성전의 주요 기능은 새벽집회 등 대형 집회가 가능하도록 본당이 중심이 되는 공간을 구성했다. 하지만 명성교회는 본당 외에 다른 건물들이 그 주변에 많이 존재한다. 구성전인 베들레헴 성전, 부속 건물인 은혜교육관, 엔젤하우스, 명성도서관, 월드글로리아센터, 명성선교복지관(가나안의 집) 등이 있다. 필자가 이 공간들을 방문하여 안내를 받았는데 실제로 지역 주민을 위해 공간을 개방하는 사례가 많다고 한다. 2002년 4월 19일자「국민일보」에 의하면 김삼환 목사는 교회 도서관, 주차장을 지역 주민들을 위해 교회시설을 개방하기로 했다고 말해 교회 공간의 개방성이 목회와 공간 활용에 드러났다.[18] 또한 은퇴 목회자와 미자립 목회자를 위한 숙소를 명성선교복지관에 마련하여 이들을 수용한 사례들도 대형 교회 공간이 가진 순기능이라고 하겠다. 단 교회 공간과 부속 건물은 함께 지어지지 않고 각각 따로 지어져서 통일감은 없지만 이것이 오히려 지역 사

18「국민일보」2002. 4. 19.

회에 이질감이 느껴지지 않아 위화감이 느껴지지 않았다. 교회와 부속 건물의 위치를 보면 강동구 명일동의 주택단지 한가운데 있어 타운(town)의 느낌이 든다. 이러한 느낌이 교회 공간의 기능 가운데 하나인 세상을 치유하고 품는 기능으로 발전되기를 바란다.

7. 거룩한빛광성교회: 평신도가 중심이 되는 교회 공간

거룩한빛광성교회의 교회 건물 전면 모습

일산 "거룩한빛광성교회"는 1997년 1월에 광성교회의 지원으로 땅을 매입하여 건물을 짓고 교회를 시작했다. 거룩한빛광성교회는 정성진 목사의 목회철학을 분명히 명시하고 있다. 1) "성령의 인도하심을 받는 교회", 2) "평신도들이 주인이 되는 교회", 3) "개인구원과 사회구원의 조화를 꾀하는 교회", 4) "수도사적인 영성을 강조하는 교회", 5) "민주시민을 양성하는 교회"이다. 이중에서 다른 교회와 눈에 띄는 점은 3), 5)번이다. 3) "개인구원과 사회구원의 조화를 꾀하는 교회"는 "교회 안에서의 잔치로 끝나는 폐쇄적인 한국 교회 문제를 개선하고 도전적으로 세상을 향해 교회의 문을 열고 힘차게 나아가 사회 구원의 기치를 높이 든다"고 한다. 그리고 5) "민주시민을 양성하는 교회"는 "교회 운영함에 있어 신의 뜻을 빙자한 독재적 요소를 잘라내고 합리적인 민주적인 절차와 방법으로 회의나 예산결산의 집행하고, 토의를 통해 결과에 겸허히 승복하는 민주시민을 양성한다"고 말한다. 이는 광성교회의 "Rule, 규약"에도 나타난다. "목사의 권한 제한 – 65세 정년", "장로의 권한 제한 – 6년 담임, 시무장로 정년 65세, 원로장로 폐지", "교인의 권한 제한 – 열린제직회, 당회를 통한 권한 행사" 등이 있다. 이를 기반으로 교회가 추구하는 핵심 가치는 "성경 중심의 교회", "선교 중심의 교회", "지역사회 중심의 교회"이다.[19] 필자는 주일에 광성교회를 방문하여 공간의 느낌을 살펴보았다. 실제로 광성교회는 교회 건물인 본당에 집중한다는 인상을 주기보다는 주변 부속 건물의 활발한 기능에 강한 인상을 받았다. 교회 건물은 지하 2층, 지상 4층으로 교회 본당은 지상 2층, 3층에 위치하며 본당 면적 1,592.68㎡은 총면적 11,503.46㎡으로 13%를 차지한다. 주변 부속 건물은 면적 세부사항이 없어 정확한 면적을 계산할 수 없지만 교회 건물보다 비중을 두어 광성교회의 복지문화 프로그램이 운영되고 있었다. 마치 교인들이 본당으로 집합되어 주변 건물로 해쳐 모이는 이동경로를 보인다. 주변 건물 공간은 크게 7개의 조직으로 구성이 되어 운영된다. 1) 해피월드복지재단(해피뱅크, 해피천사운동본부, 새꿈터, 광성노인복지센터, 파주시노인복지관, 파주문산종합사회복지관, 덕양노인종합복지관, 일산다문화교육센터, 누리다문화학교, 필리핀지부) 2) 노아

19 광성교회 홈페이지, 2017. 1. 8. 최종접속, http://kwangsung.org/page_CBwP06.

스쿨(노년시기 교육), 3) 천사가게(기증물품 판매), 4) 광성해비타트(열악한 주택 집수리), 5) 광성평생교육원(자격증 및 전문가 과정), 6) 문화예술공연, 7) 장터사회적협동조합(장애인, 새터민 일자리 제공) 등을 부속 건물을 통해 운영하고 있다.[20] 광성교회의 공간 구성과 활용을 보면서 느낀 점은 목회 철학에서 표방하듯 종교지도자의 권한 제한으로 평신도의 권한과 권리가 올라가 그들의 신앙생활이 지역 사회에 연계되는 느낌을 받았다.

8. 신길교회: 지역 주민과 함께하는 교회 공간

"신길교회"는 1946년에 체부동교회로 시작된 교회이다. 여기서 살펴본 나머지 교회와는 달리 많은 시간동안 지역 주민과 함께 했던 교회이다. 이를 느끼듯 신길교회는 교회 공간을 지역 교회와 연관하고 있음을 강조한다.[21] 지금 교회터에 새로 지을 교회가 들어가 4m의 좁은 도로를 6m이상 넓히고 큰 마당을 두어 앞으로 접근이 쉽게 하여 지역 주민을 위한 배려가 돋보인다. 비록 주택이

---

20 앞의 홈페이지

21 현대기독교역사연구소, "성결과 목회: 지역 사회와 소통하는 꿈의 성전 신길교회,"「성결교회와 신학」 31(2014), 239.

밀집된 단지에 신길교회 건물의 면적이 워낙 커서 조망권 및 일조권이 걱정되지만 주택 밀집 지역의 주차난 해소를 위해 교회는 지하 6층부터 지하 1층까지 1,000여대를 주차할 수 있는 주차 공간을 마련했다. 면적으로 보면 주차 공간은 17,223.5㎡로 전체면적 33,233.13㎡ 대비 51%를 차지한다. 이중 3개 층(400여 대 주차 가능)을 무료로 개방했다.[22] 이뿐 아니라 체육관, 다목적으로 사용하는 공간, 청소년을 위한 열린도서관을 무료로 개방했다고 한다.[23] 필자가 직접 방문한 바 주변에 워낙 주택이 밀집되었기 때문에 주차장 무료 개방으로 지역 주민들의 불편을 크게 해소할 것으로 보인다. 하지만 교회가 처음 입당할 당시에는 지역 주민에 대한 혜택을 말하고 있으나 최근 교회 홈페이지와 직접 방문 후에 느낀 점은 무료 개방의 취지를 무색하게 한 점도 눈에 띄었다. 교회 홈페이지에서 명시하듯이 결혼예식을 위한 공간을 상당 부분(2층 대예배실, 2층 신부대기실, 지하1층 좌식실, 2층 로비, 지하 1층 식당 등)을 개방했지만 피로연의 음식은 지정업체를 이용해야 되며 별도의 공간 사용비가 있다는 점은 애초의 취지와는 차이가 있다.[24] 또한 지역 주민들이 지상 5층에 있는 체육관에 용이한 접근을 할 수 있도록 안내가 잘 되었으면 하는 아쉬움이 들었다. 지역 주민을 위한 도서관은 지하에 위치하여 있고 개방 시간이 주일을 포함하여 극히 제한된 시간만 운영되

22 「영등포신문」, 2013. 6. 17. http://www.ybstv.net/news/article.html?no=14599

23 "신길교회는 건축 과정에서 하루 100톤 가량 생산되는 지하암반수를 발견하고, 인근 지역 주민들이 자유롭게 사용할 수 있도록 식수대를 만들었다. 교회는 또 예배실과 집회 공간 등 100여개의 공간을 체육관과 무료 예식홀 등 다목적으로 사용할 수 있도록 했고, 지역 청소년을 위한 열린도서관을 무료로 개방했다." 「노컷뉴스」, 2013. 6. 17. http://christian.nocutnews.co.kr/news/1052326 2017. 1.19 접속.

24 신길교회 홈페이지, 2017. 2. 25. 최종접속, http://www.shingil.kr/board/bbs/board.php?bo_table=wedding&wr_id=2.

고 있다. 이러한 점은 공간의 사용 목적과 취지가 실재 활용에 있어 차이가 나는 점이다. 물론 주택 밀집 지역이라는 제한된 면적에서 지역 주민을 위해 체육관을 마련하기는 힘든 과정이라고 할 수 있다. 하지만 주택 밀집 지역이기에 이 지역에서는 교회 공간만이 지역 주민에게 혜택을 줄 수 있다. 원래 취지에 맞도록 교회 공간을 지역 주민에게 더욱 적극적으로 알리고 무료 개방을 해야 되는 당위성도 느껴진다.

III. 나가는 말

이 장에서는 만들어진 교회 공간을 수치적 개념이라는 관점에서 살펴보기 보다는 교회 공간이 형성되는 과정을 목회 철학 등, 각 교회의 역사적 배경과 함께 살펴보았다. 그 과정에서 교회 공간에서 드러나는 특징을 살펴 볼 수 있었다. 여기서는 공동연구에서 함께 다루고 있는 교회 중에서 8개의 교회 공간인 "우리들교회, 금란교회, 새에덴교회, 한소망 교회, 예수소망교회, 명성교회, 거룩한빛광성교회, 신길교회"를 중심으로 살펴보았다. "우리들교회" 김양재 목사의 목회가 교회 공간에 반영되는 바가 컸음을 알 수 있다. 교회 공동체의 큐티, 설교, 양육, 목장, 간증이 운영되는 공간이 우선시되었기 때문에 교회 공동체의 소그룹 모임이 가능한 공간이 형성되었다. "금란교회"는 교회 공간 전체 중에서 본당이 중심이 되는 교회였다. 본당의 거대한 크기를 결정했던 근거는 교회 성장과 성도의 숫자가 반영되었음을 살펴볼 수 있었다. "새에덴교회"는 교회 공간 가운데 본당의 비중과 교육 공간의 비중이 비슷했던 교회였다. 교회 목회 가운데 교회 성장을 위한 교육과 양육이 공간 형성에 반영되어 예배 공간인 본당에 참여하는 숫자를 교육 공간에서 양육한다는 인상을 받았다. "한소망교회"는 교육 공간보다는 친교 공간의 비중이 두드러졌다. 이유는 목회 방향이 셀그룹에 초점을 맞추었기 때문이다. 친교와 관계가 중시되는 한소망교회의 목회철학이 공간 형성에 반영되어 친교 공간에 활용됨을 살펴 볼 수 있다. "예수소망교회"는 교회가 세워질 당시 지역 주민들의 구체적인 요구가 반영되었다. '교회 모습을 가지지 않는 교회'가 그 요구 내용이었다. 이를 반영하여 교회 공간이 형성되었지만 정작 교회 공동체의 공간 활용도는 떨어지는 인상을 받았다. "명성교회"는 새벽집회가 교회 성장의 원동력이 되어 교회 공간이 형성된 교회이다. 새벽집회가 기복적인 성격을 가지고 있음에도 불구하고 사회 기여 및 지역 기여도로 이어지면서 교회 공간 또한 본당 중심이 아닌 주변 건물의 사회복지 기능도 포함하고 있어 일종의 타운 교회 공간을 형성했음을 살펴보았다. "거룩한빛광성교회"는 목회자의 권한을 평신도에게 나누었던 교회이다. 이를 반영하듯 본당 중심의 교회 공간이 아니라 교회 주변 건물을 통한 평신도의 신앙생활이 두드러진 교회로서 교회 공간이 평신도의 사회복지를 위해 형성되었음을 살펴 볼 수 있었다. "신길교회"는 오래된 역사를 가진 지역 교회로서 교회 공간을 형성할 때 지역 주민을 배려했던 교회이다. 특히 주차장, 교회 공간을 무료로 개방하는 것을 강조했던 만큼 지역 교회의 역할을 감당할 수 있는 공간이 갖추어졌다고 볼 수 있다.

참고문헌

논문

김명혁. "한국 교회에 있어서의 기도와 교회성장-명성교회를 중심으로." 「신학정론」 16 (1998).

김용신. "급격한 사회 문화 변화속의 수용자 지향적 소통의 예배를 통한 도시 교회 성장이 해: 새에덴교회를 중심으로." 총신대학교 선교대학원 석사논문, 2014.

홍윤기. "새에덴교회의 기독교 성인 교육에 대한 분석적 연구." 아세아 연합신학대학원 석사논문, 2003.

최윤배. "김삼환의 특별새벽기도신학에 관한 연구." 「한국조직신학연구」 24(2016).

현대기독교역사연구소. "성결과 목회: 지역 사회와 소통하는 꿈의 성전 신길교회." 「성결 교회와 신학」 31(2014).

신문, 잡지

「국민일보」. 2010.10. 20.

_______. 2002. 4. 19.

「기독교 타임즈」. 2008. 2. 14.

「기독교 포털뉴스」. 2007. 07. 26.

「노컷뉴스」. 2013. 6. 17.

「서울 로컬뉴스」. 2017. 01. 03.

「신앙세계」 통권568호(2008).

「영등포신문」. 2013. 6. 17.

「중앙일보」. 2009. 9. 10.

「크리스천 투데이」. 2013. 1. 21.

_______. 2009. 2. 20.

인터넷 자료

광성교회 홈페이지. 2017. 1. 8. 최종접속. http://kwangsung.org/page_CBwP06.

금란교회 홈페이지. 2017. 1. 20. 최종접속. http://www.kumnan.org/intro.asp?pid=A222.

_______________. 2017. 1. 23. 최종접속.

http://www.kumnan.org/community.asp?act=bbs&bid=E510&order_index=n o&order_type=desc&list_style=list&page=4.

명성교회 홈페이지. 2017. 1. 17. 최종접속. http://www.msch.or.kr.
신길교회 홈페이지. 2017. 2. 25. 최종접속.
http://www.shingil.kr/board/bbs/board.php?bo_table=wedding&wr_id=2.
우리들교회 홈페이지. 2017. 1. 20. 최종접속.
http://woori.cc/_qtm/?qtm_section=intro&contents=intro_history.
종로구시설관리공단 홈페이지. 2017. 1. 25. 최종접속.
https://jongno.park119.co.kr/user/guide/divide_park.aspx?MENU=F
한소망교회 홈페이지. 2017 1. 24. 최종접속.
http://www.hansomang.or.kr/sub-ranch/ranch1.asp.

규모 적합성 공공성 지표로 분석한 대형 교회의 현실

곽 호 철*

I. 들어가는 글

인간이 만든 공간은 욕망의 투영이다. 공간의 모양, 형식, 크기는 그 공간 기획자, 소유자 그리고 이용자들의 욕망을 고스란히 드러낸다. 교회 공간도 다르지 않다. 공공성과 관련해서 교회 공간은 그 교회 공동체가 갖고 있는 구성원들과 외부인들에 대한 시선과 태도를 가감 없이 드러낸다. 다시 말해서, 그 공간은 수용자를 박탈감 없이 받아들이는 포용의 자리가 될 수 있고, 욕망에 이끌리는 사람들을 포집하는 자리가 될 수도 있다. 교회 주변과 관련해서 교회 공간은 다른 교회 공동체에 속한 신자들과 주변 비신자들을 배려하는 공간이 될 수 있고, 그들을 철저하

* 계명대학교 교수 / 기독교윤리학

게 배제하는 공간이 될 수도 있다.

공간에 수용되는 사람들을 대상으로 한 공공성을 내적 공공성이라고 한다면 그 공간 밖에 위치한 사람들을 대상으로 한 공공성은 외적 공공성이라고 할 수 있다. 내적 공공성의 시각에서 보면 교회는 참여자들을 차별 없이 포용하는 자리가 되어야 한다. 그러나 이 포용성이 모든 사람들을 무작정 수용하는 것만을 의미하지는 않는다. 한국의 상황은 아니지만, 차를 몰고 와서 거대한 주차장에 차를 세우고 그 안에서 오디오를 들으며 예배를 드리는 드라이브스루(drive-through) 교회도 있다. 드라이브스루 교회는 주차장 공간에서 차별 없이 함께 모여 예배 예식을 진행한다. 그러나 그곳에서 예배 참여자들이 의미 있는 상호교류를 하며 공동체를 이루기에는 어려움이 많다. 상호교류와 공동체 체험이 불가능한 예배 공간은 모두를 수용할 수 있지만, 누구도 포용하지 않는 공간이 될 위험성이 있다.

예배 공간은 모두를 수용하면서도 누구든 포용할 수 있는 공간이 되어야 한다. 제임스 화이트와 수잔 화이트는 예배 공동체로서의 교회 건물이 가져야 할 우선적인 특징으로 환대성과 친밀감을 꼽는다.[1] 환대성은 예배 공간에 참여하는 사람들을 배척하지 않고 받아들이는 것을 말하며, "환대의 본질은 사람들이 모여서, 만나고, 서로를 알고, 공동의 목적을 가지고 함께 행동하는 것"을 의미한다.[2] 환대의 본질을 구현하기 위해서는 참여가 이뤄져야 한다. 예배 공간이 설교와 음악을 듣는 공간에 그치지 않고 함께 예배하는 사람들과의 깊은 교류가 이뤄지기 위해

---

1 제임스 화이트 · 수잔 화이트/정시춘 · 안덕원 옮김, 『교회 건축과 예배 공간: 신학과 건축의 만남』 (서울: 새물결플러스, 2014), 27-28.

2 제임스 화이트 · 수잔 화이트, 같은 책, 27.

서는 친밀감이 배어나와야 한다. 친밀감을 통해서 예배 공간에 자리한 사람들이 고립되지 않고 소외당하지 않고 관중으로 남지 않으며 예배에 참여할 수 있다. 예배 공간은 참여의 공간이 될 때 내적 공공성을 확보하게 된다.

공간적인 차원에서 환대성과 친밀감은 깊이 연관되어 있다. 공간이 환대성을 드러낼수록 참여자 간에 친밀감을 높일 수 있기 때문이다. 한 공간이 환대성을 드러내기 위해서는 피난처를 연상시키는 거대하지 않은 공간, 높이가 낮은 천장, 위압적이지 않은 가구와 장식의 배치 등이 필요하다.[3] 거대한 공간, 높이가 높은 천장, 위압적인 가구와 장식의 배치는 그 공간 사용자들을 소외시키고, 상호간의 활발한 교류보다는 방관적 자세를 유도하고, 수동적인 자세로 머물게 만든다.

이번 연구에 포함된 대형 교회의 건물들은 환대성과 친밀감을 높이는데 초점을 두지 않았다. 포용의 공간이기보다는 욕망을 매개로 사람들을 포집하는 공간의 느낌이 강하다. 우선 연구된 교회들은 모두 높은 천장을 갖고 있다. 적어도 3-4층 규모의 높이를 드러낸다. 대부분의 교회가 중앙홀(concourse)부터 시작해서 예배당까지 모두 위압감을 주는 높이를 갖고 있다. 많은 사람들을 수용해야 하는 한계 때문이기도 하지만, 바로 그 점에서 환대성과 친밀감은 약화될 수밖에 없는 구조이다. 이런 측면에서 대형 교회들은 공간적인 차원에서 구성원 간의 의미 있는 관계를 맺기 어려운 한계가 있기 때문에, 교회 내적인 차원에서 공공성을 발현하기에 근원적인 어려움을 갖는다.

이전 논문에서 필자는 생활 공공성을 실현하기 위해 적합한 교회의 규모로 성인 150명과 미성년 150명으로 이뤄진 교회를 제시했다.[4] 총

3 제임스 화이트 · 수잔 화이트, 같은 책, 38-39.

원 300명 정도가 구성원 간의 의미 있는 관계를 맺으며 공동체를 형성할 수 있는 최대한의 규모라고 보았다. 그러나 그 300명 규모의 잣대로 한국 교회의 대형 교회를 분석하는 것은 불가능하다. 연구 대상 교회들은 적어도 수천 명에서 수만 명의 신도를 갖고 있기 때문이다. 다시 말해서 교회 대내적인 차원에서의 공공성을 대형 교회에서 측정하기란 어려움이 있다.

이 논문에서는 공공성을 교회 대외적인 차원 중심으로 측정하고 분석할 것이다. 교회 내의 공공성도 다뤄지겠지만, 교회 간의 공공성 혹은 교회의 대 사회 공공성 또한 중대한 문제이기 때문이다. 이 교회 간 공공성의 문제를 살펴보기 위해서 교회 공공성 지표에 제시된 항목을 따라서 분석하며 살펴볼 것이다. 교회 공공성 지표에서 가장 중요한 항목은 지역 개신교인 수와 교회 수에 비추어 본 대형 교회의 규모이다. 두 번째 지표는 대중교통 접근성이다. 세 번째는 주차장의 규모이다. 마지막으로는 교인 수에 비춰본 목회자의 수이다.

II. 지표에 대한 설명

1. 지역 개신교인 수, 지역 교회 수, 대형 교회의 규모

지역 개신교인 수와 교회 수에 비춰본 대형 교회의 규모는 지역 교회

4 곽호철, "공공성에 적합한 교회의 규모," 『한국 교회 건축과 공공성: 신학이 있는 교회 건축』 (서울: 동연, 2015), 281-305.

와의 관계 속에서 대형 교회의 좌표를 파악하는 일이다. 통계에 사용된 수치는 통계청 발표 자료이다. 교회 수는 통계청에서 2015년에 발표한 2014년 조사 자료로, 마이크로데이터를 통한 산업분류 통계와 전국 동과 읍 단위까지 조사된 사업체 세세항목 통계이다. 대한민국 인구통계 자료와 개신교 신자 자료는 2015년 인구총조사 통계이다.[5]

2014년 산업체 조사 발표에 의하면 전국 개신교 사업장 수(교회 수)는 55,767개이고, 2015년 통계에 의한 개신교 신자 수는 9,675,761명이다.[6] 개신교 교회 하나 당 개신교 신자 수는 174명이 된다. 전체 기독교인 중 성인 비율이 78%임을 고려하면, 교회 당 성인 신자 수는 136명으로 추정된다. 건강한 공동체를 성인 150명으로 보았을 때, 136명은 약간 못 미치는 수치로, 이상적인 상황이기는 하지만, 대한민국 개신교인을 전체 교회 수로 나누었을 때, 모든 교회가 건강한 공동체 교회를 꾸려갈 수 있는 가능성을 엿볼 수 있다.

본 연구 프로젝트의 10개 분석 대상 교회는 서울과 경기도 지역에

---

5 2015년 사업체 통계자료를 사용해서 2015년 인구통계자료를 활용하면 최선의 방법이지만, 현재 가용한 자료가 2014년 사업체 자료이고, 종교인 자료는 2015년 인구총조사자료이기 때문에, 부득이하게 인구 자료는 2015년 자료를, 사업체 자료는 2014년 자료를 사용했다. 통계청, 「2015년 인구총조사: 연령 및 성별인구—읍면동」, 2017. 01. 26., http://kosis.kr/statHtml/statHtml.do?orgId=101&tblId=DT_1IN1503&vw_cd=MT_ZTITLE&list_id=A11_2015_10&seqNo=&lang_mode=ko&language=kor&obj_var_id=&itm_id=&conn_path=E1; 통계청, 「2015 인구총조사: 성, 연령 및 종교별 인구-시군구」, 2017. 01. 26. http://kosis.kr/statHtml/statHtml.do?orgId=101&tblId=DT_1PM1502&vw_cd=MT_ZTITLE&list_id=A11_2015_50&seqNo=&lang_mode=ko&language=kor&obj_var_id=&itm_id=&conn_path=E1.

6 통계청, 「2014 전국사업체조사 산업 세세분류 경기」, 마이크로데이터 추출 결과물, 2016.08.31. https://mdis.kostat.go.kr; 통계청, 「2014 전국사업체조사 산업 세세분류 서울」, 마이크로데이터 추출 결과물, 2016.08.31. URL: https://mdis.kostat.go.kr.

위치해 있다. 서울의 경우 총 개신교 신자 수는 2,286,305명이고, 개신교 교회 수는 8,655개이다. 경기도의 경우는 총 개신교 신자 수가 2,729,767명이고, 교회 수는 13,360개이다. 서울의 경우 교회 당 평균 교인 수는 264명이고, 경기도는 204명이다. 전국 평균에 비해서, 서울은 90명, 경기도는 30명이 더 많다. 이전 연구에 비추어 볼 때, 300명 정도를 공동체적 교회를 구성할 최적의 수라고 하면, 서울의 경우는 267명으로 이상적인 공동체적 교회를 8655개나 구성할 수 있다.

1993-1998년 통계에 따르면 개신교 교회 수는 39,061개였고, 2005년에는 50,783로 증가했으며, 2014년에는 55,767개로 파악되었다. 인구총조사에 의한 개신교 신자 수는 1985년 6,489,282명, 1995년 8,760,336명, 2005년 8,616,438명, 2015년에는 9,675,761명이다. 1995년에서 2005년 사이에 약간의 감소세가 있었지만, 전체적으로는 증가 추세에 있는 것을 통계를 통해 확인할 수 있다. 1990년대 통계에 의하면 개신교 교회 당 신자 수는 224명, 2005년 통계로는 170명, 2015년 통계로는 174명이다. 1990년대 통계에 비춰볼 때, 2015년 통계에서 개신교 신자 수는 늘어난 반면, 교회당 신자 수는 줄어든 것을 볼 수 있다. 총 교회 수가 늘어난 상황을 고려하고, 한국 사회에서 대형 교회의 약진을 염두에 둔다면, 건강한 중형 교회들이 줄어들고, 소형 교회가 늘어나는 현상을 유추할 수 있다.

전체적으로 소형 교회가 늘고 있는 현상을 이전 연구를 통해 확인했지만, 실제로 대형 교회가 주변 교회에 어떤 위압감으로 다가오는지 전체 개신교인 대비 교회 수 통계를 통해서 확인 가능하다. 2015 인구총조사에서는 동별, 구별 개신교 신자 수를 밝히지 않고, 각 도와 시 단위로 개신교 신자 수를 밝히고 있기 때문에 실제 동과 구의 신자 수를 알 수는 없고 시와 도의 평균 개신교인 비율을 가지고 대형 교회가 위치한 동과 구의 개신교인 수를 유추할 수밖에 없다. 그러나 개신교회 등록교인 수와 출석교인 수가 과장되거나 축소되는 경향성을 볼 때, 인구총조사의 개신교 인구 통계를 사용하는 것이 자의적 왜곡을 방지할 최선의 방법으로 간주했다. 이 통계 인구와 교회 교인수를 바탕으로 공공성을 평가할 계획이다.

2. 대중교통 접근성

대중교통 접근성은 대형 교회 근처에 얼마나 많은 대중교통 노선이 존재하고 있는지, 혹은 셔틀버스를 교회에서 운영하고 있는지를 통해서 평가한다. 연구 대상인 대형 교회들은 그 교회가 위치한 동의 총개신교인 수를 이미 넘어서고 있기 때문에, 교회 신도들 중 많은 이들이 개인교통이나 대중교통을 이용해야 한다. 예배자들이 그 교회에 대중교통으로 접근이 용이한지 아니면 어려운 지에 따라 모두에게 열려 있는 교회인지 아니면 특정 계층에만 열려있는 교회인지를 파악할 수 있다. 극단적인 예로 대중교통 접근성이 거의 차단되어 있고, 승용차로만 접근 가능한 교회가 있다면 그 교회는 특정한 사회경제적 계층에 국한된 교회로, 공공성의 결여를 지적할 수 있다. 교회 자체 셔틀버스를 운영하는 경우, 셔틀버스 운영이 한편으로 이동에 제한이 있는 사람들에게 이동권을 부여하기 때문에 긍정적으로 평가될 수 있는 반면, 다른 한편으로 저인망 어선을 통해 싹쓸이 하듯 다른 교회에 갈 수 있는 사람들까지도 포집하는 수단이 되기 때문에 부정적인 평가를 내릴 수 있다. 대중교통의 접근성과 셔틀버스의 운영 여부를 통해서 대형 교회의 공공성 여부를 평가할 것이다.

3. 주차장의 규모, 배치 및 활용도

주차장의 규모는 본당의 예배 최대 수용 가능 인원에 비추어 평가했다. 그리고 이 주차장이 평일에 외부에 개방되는지 여부도 조사했다. 또한 교회 구성원들이 주차장에서 예배 장소로 진입하는 통로도 상호작용의 가능성이 높은지 여부도 조사했다.

주차장의 규모가 본당 예배 최대 수용 가능 인원에 못 미친다면 교회 구성원뿐만 아니라 주변 교통량 및 교통 환경에 악영향을 끼치게 된다. 주변 교통 환경을 고려하지 않은 주차장 건설은 주변과의 관계에 있어서 심각한 문제를 야기한다. 주차장의 외부 공개와 관련해서, 평일 주차장이 외부에 개방되는지 여부는 주변 지역 사회의 다양한 활동에 교회가 개방적인지 여부를 가늠할 수 있다. 교회 건물이 주변 사람들에게 공개되지 않는다면 공간에 대한 독점적 소유로 공공성과는 거리가 먼 폐쇄적 단체로 전락하게 된다. 내적 공공성, 즉 교회 구성원들의 공동체성을 생각할 때, 주차장은 단순히 집과 예배 장소 사이에 운영되는 이동수단을 배치해 놓는 곳이 아니다. 주차장에서 나와서 예배 장소로 들어가는 입구로 함께 들어가도록 연결이 되어 있는지, 아니면 예배 장소로 접근하는 길이 많이 있어서 서로 상호작용할 공간이 없이 예배 장소에 들어가게 되어 있는지가 공공성 차원에서 중요하다. 주차장의 규모, 주차장의 개방 여부 그리고 주차장에서 교회로 진입 방법 등을 통해 공공성을 평가할 것이다.

4. 교회 교인 수와 목회자의 수

현재 대한민국에서 신학대학원을 졸업하고 목회할 교회를 찾지 못해 취업하지 못하는 졸업생들이 많다. 이미 신학대학원들이 정원을 감축해왔고 입학 지원자들도 꾸준히 감소하고 있는 형편이다. 대형 교회가 다수의 목회자들이 함께 일할 수 있는 자리를 마련한다면 이 문제를 해결할 수 있지만, 출석 신자 수에 비해 적은 목회자를 고용한다면 개신교계 전체의 목회자 수급을 해결하는데 큰 문제가 된다. 예를 들어, 성인 30,000명 이상이 출석하는 한 교회는 전임교역자가 10명에 불과하다. 목회자 1명당 3,000명이 할당되어 있는 셈이다. 앞선 연구에서 성인 150명을 기준으로 1명의 목회자가 있을 경우를 공동체성을 확보하는 교인 대 목회자 비로 산정했다. 이 기준에 따라 30,000명 신도의 교회를 150명 교회 200개로 분할한다면 전임교역자 200명의 자리를 마련할 수 있다. 한국 교회 전체적으로 190명의 사역자를 더 고용할 기회를 30,000명 대형 교회를 운영하면서 잃게 되는 것이다. 개신교 생태학 측면에서 대형 교회의 목회자당 교인 수의 비율로 공공성을 평가할 것이다.

III. 지표에 따른 대형 교회 분석

이 단락에서는 앞서 언급된 공공성 지표를 기준으로 대형 교회를 실제로 분석하고 평가했다. 지역 개신교인 수와 교회 수에 비추어 본 대형 교회의 규모, 대중교통 접근성, 주차장의 규모 그리고 교회 교인 수에 비춰본 목회자의 수 순서로 분석된 내용을 다룰 것이다.

1. 지역 개신교인 수, 교회 수, 대형 교회의 규모

지역 개신교 신자의 정확한 수치를 파악하는 데는 어려움이 많다. 그 이유는 2015년 인구총조사에서 전수조사를 하지 않았을 뿐만 아니라, 구나 동별로는 통계를 제시하지 않기 때문이다. 지역별 개신교 신자 수는 전체 개신교 신자 수를 바탕으로 추정을 통해 근사치를 구할 수밖에 없다. 구나 동의 개신교 신자 수는 시 전체의 개신교 신자 수 통계 백분율을 구와 동의 주민 수에 적용해서 통계상으로 추정치를 계산했다. 서울시 동별, 구별 개신교인 수는 서울시 전체 개신교인 수(2,286,305명)의 전체 시민 수(9,804,312명)의 비율인 23.08%를 동별, 구별 인구수를 적용해서 산출했다. 경기도의 구별, 동별 개신교인 수는 경기도 개신교 비율인 21.87%를 적용해서 산출했다. 10개 대형 교회가 위치한 구와 동의 추정 개신교인 수는 다음과 같다.

〈표 1〉 연구 대상교회 시, 구, 동별 주민 수와 개신교인 수(추정)

교회명	위치	주민 수			개신교인 수		
		시, 도	구	동	시, 도	구 (추정)	동 (추정)
명성교회 (예장통합)	서울 강동구 명일1동	9,904,312	444,385	22,392	2,286,305	102,564	5,168
금란교회 (감리교)	서울 중랑구 망우본동	9,904,312	403,237	32,161	2,286,305	93,067	7,423
새에덴교회 (예장합동)	경기 용인시 수지구 죽전1동	12,479,061	332,197	60,787	2,729,767	72,651	13,294
일산 한소망 교회 (예장통합)	경기 파주시 교하동	12,479,061	415,345	40,943	2,729,767	90,836	8,954

사랑의교회 (예장합동)	서울 서초구 서초3동	9,904,312	420,804	28,438	2,286,305	97,122	6,563
분당예수 소망교회 (예장통합)	경기 성남시 분당구 정자1동	12,479,061	478,339	27,937	2,729,767	104,613	6,110
거룩한빛 광성교회 (예장통합)	경기 고양시 일산서구 송산동	12,479,061	287,048	42,676	2,729,767	62,777	9,333
신촌성결교회(성결교)	서울 마포구 연남동	9,904,312	381,330	18,364	2,286,305	88,011	4,238
신길교회 (성결교)	서울 영등포구 신길1동	9,904,312	406,528	22,295	2,286,305	93,827	5,146
우리들교회 (예장합동 백석)	경기 성남시 분당구 판교동	12,479,061	478,339	23,197	2,729,767	104,613	5,073

〈표 1〉에서 보는 바와 같이 각 대형 교회가 위치하고 있는 동의 개신교인 수는 4,000여 명에서 13,000여 명에 달한다. 각 대형 교회가 속한 구의 경우는 개신교인 수가 62,000 여명에서 104,000여 명의 분포를 보인다. 각 동별 개신교인 수는 조사한 각 대형 교회의 예배 참여자 수에 비해 훨씬 적다. 보다 구체적인 실태를 비교하기 위해서 각 교회별 예배 참여자 수(추정)와 비교해 보도록 하자.

〈표 2〉 연구 대상 교회 추정 예배자 수

교회명	주일예배 수	본당 좌석 수	미성년 예배자 수(추정)	성년 예배자 수(추정)	총예배자 수(추정)
명성교회	5	7,500	9,026	37,500	46,526
금란교회	3	10,000	7,221	30,000	37,221
새에덴교회	4	4,500	5,503	18,000	23,503
일산 한소망교회	3	4,500	4,127	13,500	17,627
사랑의교회	4	6,500	6,258	26,000	32,258

분당예수소망교회	4	2,000	2,446	8,000	10,446
거룩한빛광성교회	4	1,700	2,079	6,800	8,879
신촌성결교회	4	1,700	1,637	6,800	8,437
신길교회	3	3,500	2,527	10,500	13,027
우리들교회	3	2,500	2,293	7,500	9,793

〈표 2〉에 표시된 각 교회별 예배 참여자 수는 교회 본당 좌석 수와 일요일 정규 예배 횟수를 바탕으로 산출했다. 본당 좌석 수에 기초한 것은 객관적인 지표로 제시하기 위해서이다. 각 교회는 등록교인 수와 출석 교인 수에 대해 정확한 정보를 제공하지 않는 경향이 있다. 교인 수를 축소하기도 하고 확대하기도 하기 때문에 정확한 정보를 추출해내기가 어렵다. 객관적인 수치로 제시할 수 있는 것은 본당 좌석 수와 정규 예배 수를 토대로 예배자 수를 파악하는 것이다. 본당 좌석 수에 정규 예배 수를 곱해서 성년 예배자 수를 산출했고, 개신교 인구 통계에서 미성년 신자의 비율을 파악해서 미성년 예배자 수를 계산했고, 그 두 결과물을 합해서 총예배자 수로 제시했다. 물론 이 수치는 정확한 예배자 수는 아니다. 그러나 본당 좌석 수와 예배 수는 한 교회의 예배 인원에 대한 욕망과 목표를 드러낸다. 적어도 그 예배 공동체가 목표로 삼고 있는 예배 인원이 본당의 좌석 수와 예배 수를 통해 분명하게 노출된다. 실현 가능하든 실현 불가능하든 목표로서의 예배 인원이 본당 좌석 수와 예배 수의 조합에서 나타나기 때문에, 적어도 목표로서의 예배자 수를 평가할 수 있을 것으로 생각된다.

〈표 3〉에서는 연구 대상 교회들의 총 예배자 수를 각 교회가 위치한 동과 구 그리고 시의 개신교 신자 수와 비교해서 파악해 보았다.

〈표 3〉 연구 대상교회 지역 개신교인 대비 예배참가자 비율

교회명	개 교회 총 예배자 수 (추정)	개신교인 수			예배참가자수/ 개신교인수 비율		
		시, 도	구(추정)	동(추정)	시, 도	구	동
명성교회	46,526	2,286,305	102,564	5,168	2.03%	45.36%	900.26%
금란교회	37,221	2,286,305	93,067	7,423	1.63%	39.99%	501.44%
새에덴교회	23,503	2,729,767	72,651	13,294	0.86%	32.35%	176.79%
일산 한소망 교회	17,627	2,729,767	90,836	8,954	0.65%	19.41%	196.86%
사랑의교회	32,258	2,286,305	97,122	6,563	1.41%	33.21%	491.48%
분당예수 소망교회	10,446	2,729,767	104,613	6,110	0.38%	9.99%	170.97%
거룩한빛 광성교회	8,879	2,729,767	62,777	9,333	0.33%	14.14%	95.13%
신촌성결 교회	8,437	2,286,305	88,011	4,238	0.37%	9.59%	199.06%
신길교회	13,027	2,286,305	93,827	5,146	0.57%	13.88%	253.16%
우리들교회	9,793	2,729,767	104,613	5,073	0.36%	9.36%	193.03%

각 교회 총예배자 수를 동별, 구별, 시/도별 개신교 신자 수와 비교해 볼 때, 각 교회 교인 수가 지역 개신교인 수에 비해 얼마나 많은지를 비교할 수 있다. 예를 들어, 명성교회의 경우 추정 총 예배자 수는 46,526명인데 비해서, 명성교회가 위치한 명일1동의 개신교 신자 수는 5,168명으로 명일1동 개신교 신자 수의 9배가 넘는 사람들이 명성교회를 출석하고 있다. 명성교회가 있는 강동구의 경우에도 구 전체 개신교 신자 수가 102,564명으로 구 전체 개신교 신자의 절반 가까이 명성교회를 출석하는 셈이다. 명성교회가 대외적으로 표방하고 있는 10만 성도라면 강동구의 모든 개신교인들이 다 명성교회 교인일 정도로 규모가 거대하다. 명성교회 출석 추정 수인 46,526명만 하더라도 서울시 개신교 인구의 2%를 차지할 정도의 규모이다. 금란교회의 경우도 교인 수가 망우 본동 개신교 신자 수의 5배가 넘으며, 중랑구 개신교 신자 수의

40%에 달한다. 조사 대상 교회들 대부분이 교인 수에 있어서 속한 동의 개신교 신자 수의 100% 이상 넘어서고, 속한 구 개신교 신자 수의 9% 이상에서 45%까지 이른다. 한 동에 교회가 하나만 있다면 큰 문제가 없지만, 한 동에 여러 개의 중·소규모의 교회가 있고, 그 교회들은 대형 교회의 흡입력을 맞서서 생존을 모색해야 하는 점에서 개신교 전체적인 생태학을 고려할 때, 대형 교회의 존재는 심각한 문제가 된다.

개신교 전체 생태학을 살펴보기 위해서 개신교 교회 당 평균 교인 수를 살펴볼 필요가 있다. 한국 개신교회의 교회당 평균 신자 수는, 개신교 신자 수를 시, 구, 동별 교회 수로 나누면 추정치를 추출할 수 있다. 〈표 4〉의 통계는 시/도, 구, 동별 교회 수는 통계청에서 나온 자료이고, 시/도, 구, 동별 개신교 신자 수는 서울 개신교 인구 비율 23.08%, 경기도 21.87%를 시/도, 구, 동별 인구수에 적용해서 나온 수치이다. 이 추정치에 따르면 명일1동의 경우 평균 287명의 교인을 교회가 가질 수 있다. 강동구의 경우 평균 234명의 교인을 교회가 가질 수 있다. 서울시에서는 한 교회당 264명의 개신교인을 가질 수 있다. 이 통계를 통해서 적어도 서울시 안에서는 공동체적인 교회를 이룬다는 차원에서, 전체 개신교인 수에 비교해 볼 때 교회의 수가 적절하다는 것을 유추할 수 있다. 평균적으로 264명의 교인을 가진 교회들을 생각할 수 있기 때문이다.

〈표 4〉 교회당 평균 교인 수(추정)

교회명	교회수			개신교 신자 수(추정)			교회 당 평균 교인 수(추정)		
	시/도	구	동	시/도	구	동	시/도	구	동
명성교회	8,655	439	18	2,286,305	102,564	5,168	264	234	287
금란교회	8,655	438	42	2,286,305	93,067	7,423	264	212	177
새에덴교회	13,360	210	52	2,729,767	72,651	13,294	204	346	256

일산 한소망 교회	13,360	421	58	2,729,767	90,836	8,954	204	216	154
사랑의교회	8,655	276	21	2,286,305	97,122	6,563	264	352	313
분당 예수 소망교회	13,360	250	26	2,729,767	104,613	6,110	204	418	235
거룩한빛 광성교회	13,360	275	54	2,729,767	62,777	9,333	204	228	173
신촌성결교회	8,655	294	11	2,286,305	88,011	4,238	264	299	385
신길교회	8,655	289	13	2,286,305	93,827	5,146	264	325	396
우리들교회	13,360	250	8	2,729,767	104,613	5,073	204	418	634

이 통계를 통해서 볼 때, 우려되는 곳은 금란교회가 위치한 서울 강동구 망우본동과 새에덴교회가 있는 경기 용인시 수지구 죽전1동 그리고 거룩한빛광성교회가 있는 경기 고양시 일산서구 송산동이다. 이곳은 인구에 비해서, 교회가 밀집해 있는 지역이다. 교회 수가 각각 망우본동 42개, 죽전1동 52개, 송산동 54개이다. 추산된 교회별 평균 개신교인 수는 각각 177명, 154명, 173명이다. 평균 200명이 넘는 다른 지역과 비교해 볼 때 100여명 적은 평균 교인 수를 보이고 있다. 개신교인 수는 적은 반면 많은 교회들이 밀집해 있다. 이런 지역의 교회들은 영세성을 극복하기 어렵다. 개신교 신자들이 제한되어 있는 상황에서 많은 교회들과 경쟁을 해야 하고, 더군다나 대형 교회가 들어와 있기 때문이다.

한국 교회에서 대형 교회로의 수평이동 경향을 고려하면 상황의 심각성을 파악할 수 있다. 2011년에서 2012년에 이뤄진 연구조사에 의하면 교회 규모별 새신자 구성 비율에서 소형, 중소형, 중대형 교회에 비해 대형 교회로의 수평이동 수치(48.4%)가 다소 높은 것으로 나타났다. 〈표 5〉에서 보는 것처럼 소형 교회에 비해서는 5.7%, 중소형 교회에 비해서는 8.1%, 중대형 교회에 비해서는 2.6% 높은 수치이다.[7] 적은 수치의 차이이긴 하지만, 같은 조건 하에서 전반적으로 대형 교회를 선택하는 비율이 높다.

〈표 5〉 교회 규모별 새신자 구성 비율(%)

규모	수평이동	불교	가톨릭	무종교
소형(-100명)	42.7	11.6	4.3	41.0
중소형(101-300명)	40.3	11.8	4.3	42.7
중대형(301-999명)	45.8	7.5	5.2	41.5
대형(1001-)	48.4	10.2	3.7	38.6
계	**43.3**	**10.8**	**4.4**	**41.3**
표본수	242	242	242	242
유의미도	.683	.488	.799	.940

다시 말해서 같은 지역에서 수평이동이 일어난다면, 대형 교회로 더 집중이 될 것임은 분명하다. 모든 조건이 동등할 때, 신자들은 대형 교회로 이동 가능성이 더 높고, 대형 교회와 소형교회가 경쟁을 할 때, 대형 교회에 노출되지 않는 지역보다는 대형 교회가 위치한 지역에서 소형 교회 신자의 손실률이 더 높게 나타날 가능성이 높다. 미국의 대형 교회를 연구한 보고서에서도 대형 교회가 주변 지역 교회들의 성장에 부정적인 영향을 끼친다는 것을 확인했다.[8]

한국 개신교회 중 미자립교회의 현황을 고려할 때, 이러한 우려는 더 심각하게 다가온다. 교회성장연구소가 조사한 미자립교회의 현황을 보면, 2014년 예수교장로회 통합교단의 경우 8592개 교회 중 2931교회

7 최현종, "한국 개신교의 새신자 구성과 수평이동에 관한 연구,"「한국기독교신학논총」, 91 (2013): 221.

8 Jason Wollschleger and Jeremy R. Porter, "A 'WalMartization' of Religion? The Ecological Impact of Megachurches on the Local and Extra-Local Religious Economy," *Religious Research Association* 53 (2011): 290, 294.

로 전체 교회의 34.1%, 기독교대한감리회는 50%로 3000여 개 교회, 기독교대한하나님의성회는 85%로 1700여개 교회, 기독교대한성결교는 43%로 1173개 교회, 기독교한국침례회는 서울 지역의 경우 55% 정도를 미자립교회로 파악하고 있다.[9] 또 다른 조사인 CTS 뉴스플러스 2016년 3월 9일 보도에 의하면, 대한예수교장로회 합동 총회 11,538 교회 중 35.6%인 4,112개 교회, 대한예수교장로회 통합 교단은 8,305 개 교회 중 35%인 2,919개 교회, 기독교대한감리회에서는 5,719개 교회 중 49%인 2,825개 교회, 기독교대한성결교에서는 2,700여 교회 가운데 절반 가까운 1,240여 교회가 미자립교회이다.[10] 정확한 수치를 확정할 수 없지만, 조사되지 않은 군소 교단을 포함한 모든 교단을 다 뭉뚱그린다면 미자립교회는 전체 교회 수의 절반 정도를 차지한다고 할 수 있다. 지역별 차이를 차치한다면, 대형 교회 주변 교회들 중 50%는 미자립교회일 가능성이 높다. 미자립교회의 경우, 교육부서와 각종 프로그램을 진행할 물적 자원과 인적 자원이 대형 교회에 비춰볼 때 현격하게 부족하기 때문에 절대적인 무력감과 더불어서 상대적인 박탈감의 이중고를 겪을 수밖에 없다.

---

9 교회성장연구소, "주요 5개 교단 미자립 교회 지원 현황,"「교회성장」(2015.1): 52-65. 미자립교회의 기준은 각 교단별로 다르다. 각 교단별로 1년 경상비 3,500만원, 2,000만원을 미자립교회의 기준으로 삼거나, 혹은 구체적인 기준이 없는 교단도 있다. 기본적으로 담당 목회자의 최저생계비가 지급되지 않으면 미자립교회로 규정하는 것이 적합하다.

10 CTS뉴스플러스 2016년 3월 9일 뉴스,
http://www.cts.tv/news/news_view.asp?page=1&PID=P368&DPID=197597.

2. 대중교통 접근성

대중교통으로 접근이 용이할 때 교회는 모든 이들에게 열려있는 공간이 될 수 있다. 어떠한 공간이든 접근성의 제약이 따를 때는 사회적 배제로 연결되기 때문이다. 노시학은 "사회의 주류층들이 누리는 정도의 이동 능력을 보유하지 못함으로 인하여 접근성의 제약이 발생"하는 것이 사회적 배제라고 규정한다.[11] 어떤 교회에 대중교통 접근성이 제한될 경우는 그 교회가 암묵적인 사회적인 배제를 용인하는 것이 된다.

연구 대상 10교회의 경우 대부분 대중교통이 잘 발달된 곳에 위치하고 있었다. 〈표 6〉에서 볼 수 있듯이, 연구 대상 교회 주변에는 최소 6대의 노선버스에서 29대의 노선버스가 운행되었다. 서울 지역 연구 대상 교회들은 지하철을 끼고 있었으며, 먼 곳은 1km 정도, 가까운 곳은 지하철 출구에 바로 연결되어 있었다. 경기도 지역의 교회들은 대부분 지하철역에서 멀리 떨어져 있었다. 지하철에서 내려 도보로 교회로 갈 수 있는 거리는 아니었기 때문에, 연결버스를 이용해야 했다.

〈표 6〉 연구 대상교회 연결 대중교통

교회명	지하철	일반	직행	마을	간선	지선	광역	좌석	합계	셔틀버스
명성교회	명일역(660m) 굽은다리역(750m)	5	0	1	0	5	0	0	11	12대
금란교회	양원역(1.1km) 망우역(1.1km)	11	4	0	8	4	0	1	28	30대
새에덴교회	죽전역, 버스이용	2	3	9	0	0	0	0	14	7대

11 노시학, 79-80. "교통의 사회적 영향에 관한 이론적 고찰: 형평성과 사회적 배제 개념을 중심으로," 「교통연구」, 21 (2014.12): 79-80

일산 한소망 교회	탄현역, 버스이용	5	1	1	1	0	0	0	8	6대
사랑의교회	서초역 (출구연결)	0	7	4	2	1	6	0	20	7대
분당예수소망 교회	미금역, 버스이용	8	6	2	0	0	1	0	17	0대
거룩한빛 광성교회	탄현역, 버스이용	5	1	2	1	0	0	0	9	11대
신촌성결교회	신촌역 (500m) 홍대입구역 (832m) 서강대역 (708m)	1	3	4	8	8	11	1	36	0대
신길교회	신길역(607m) 신길역(766m)5호선	0	0	1	7	7	1	0	16	0대
우리들교회	정자역, 버스이용	2	4	0	0	0	0	0	6	2대

연구 대상 교회들은 분당 예수소망교회, 신촌성결교회, 신길교회, 세 교회를 제외하고 셔틀버스를 운행했다. 셔틀버스의 경우 가장 많이 운행하는 곳은 금란교회로 30대를 운영했다. 셔틀버스는 광범위한 지역을 운행하고 있었다. 셔틀버스는 한편으로 교회를 찾는 사람들에게 무료로 이동권을 제공한다는 측면에서 긍정적으로 평가될 수 있으나, 다른 한편에서는 주변 지역에 있는 소형 교회들에 출석할 수 있는 교인들을 저인망 어선처럼 모두 끌어가는 측면에서 부정적으로 평가될 수 있다.

본고에서는 셔틀버스 운영을 부정적으로 평가한다. 우선 다른 교회와의 관계에서 볼 때, 셔틀버스의 운영은 주변 소형교회들에게 위협이 된다. 이미 백화점 등의 대규모점포가 운영하는 셔틀버스는 2001년 7월 1일부터 금지되었다.[12] 헌법재판소는 결정문에서 사회적 시장경제 질서의 확립이라는 공익을 위해서 대규모 점포의 셔틀버스 운행 제한을

12 헌법재판소 2001. 6. 28. 선고 2001헌마132 전원재판부 [여객자동차운수사업법제73조의2등위헌확인], https://casenote.kr/헌법재판소/2001헌마132.

적법한 것으로 선고했다. 물론 이 헌법재판소의 결정문에서 종교기관이 운영하는 셔틀버스가 제외되었기 때문에 법률적으로는 교회가 셔틀버스 운행을 하는데 문제가 없다. 그러나 백화점 등의 대규모 점포가 셔틀버스 운행을 하지 못하도록 한 데는 다른 업체들의 상생을 고려한 것이기 때문에 교회들 간의 관계를 생각한다면 셔틀버스 운행을 금지한 헌법재판소의 논리를 교회의 셔틀버스 운행에도 적용할 수 있을 것으로 판단된다. 셔틀버스를 운행하면서 대형 교회는 주변에 있는 중소형 교회들을 출석할 수 있는 사람들에게 규모의 목회를 제공함으로써 중소형 교회가 상생할 수 있는 여건을 악화시킨다. 셔틀버스 운행으로 지역의 소형 교회들과 불공정경쟁을 하기 때문이다.[13] 대형 교회가 상업적 이익을 내는 대규모 상업 점포와는 그 존재 목적에서 근원적으로 다르지만, 그 운영 형식이나 존재 방식은 대규모 상업 점포와 유사하다. 대규모 상업 점포의 경영 방식을 답습하는 것은 교회가 타락한 증거를 드러내는 것일 뿐이다. 교회는 상업시설보다 더 엄격한 잣대를 사용해서 그 존재 목적을 살펴봐야 한다. 교회다움을 회복하기 위해서는 개 교회의 성장이 아니라 모든 교회의 건강한 성장을 위해 사용가능한 경제력을 제한하고 사회적 약자를 돌보듯 미자립교회나 소형 교회들을 배려하는 대형 교회의 운영 방식이 필요하며, 셔틀버스 운용의 자발적 포기는 그 한 예가 될 것이다.

---

13 김상구, 『믿음이 왜 돈이 되는가?』 (서울: 해피스토리, 2011), 214.

3. 주차장의 규모

〈표 7〉 연구 대상교회 주차장 현황

교회명	주차면수	
	내부	외부
명성교회	73	명일여고, 여리고주차장, 갈릴리주차장
금란교회	375	금란주차장, 금란제2주차장
새에덴교회	550	대지고등학교, 리베로주차장, 단국대주차타워
일산 한소망교회	1100	(주차면 충분)
사랑의교회	245	서초고등학교, 양재역주차장, 한강시민공원주차장 등
분당예수 소망교회	178	계원여고, 이마트
거룩한빛 광성교회	380	드림학교
신촌성결교회	100	(대중교통권고)
신길교회	428	(주차면 충분)
우리들교회	426	판교동주민센터, 신성솔라에너지, 신성CS 주차장 등

각 교회들은 교회 건물에 주차시설을 갖추고 있었다. 그러나 교회 건물 규모에 비해서 주차장이 아주 적은 교회들(명성교회, 신촌성결교회)도 있었고, 현 시점에서 예배드리기에 넉넉한 주차시설을 확보한 교회들(일산 한소망교회, 신길교회)도 있었다. 교회 주차시설이 부족한 경우에는 교회 건물 밖 주차장을 확보해서 이용했으며, 주로 교회 주변에 있는 학교 운동장을 대여해서 사용했고, 가용한 주차시설들을 확보하며 자가용을 이용하는 교인들이 사용하기에 어려움이 없는 방안을 모색하고 있었다.

연구 교회 중 거룩한빛광성교회와 신촌성결교회는 주차장 시설이 부족함에도 불구하고 새로운 주차시설을 증축하거나 확장하지 않고 현재 사용하고 있는 주차시설을 이용하도록 교인들에게 요청하기도 했다. 거룩한빛광성교회의 경우, 주변 비신자들이 교회 주차장 시설의 확대를 반대하고 있었고, 교회가 그들을 요청을 귀담아 들었기 때문이다. 이 두 교회는 주차시설 확대로 더 많은 사람들을 수용하기보다는 대중교통을 이용해서 교회에 출석하도록 유도하고 있었다.

연구 대상교회들은 소위 주차팀을 운영하여 넉넉하지 않은 주차장을 최대한 효율적으로 활용하는 방법을 택하고 있었다. 교회가 소유하고 있는 주차장의 경우 지역 주민들이나 교회에서 운영하는 문화센터를 이용하는 사람들에게 사용할 수 있도록 개방했고, 자유롭게 드나들 수 있었다.

주차장에서 교회로 들어오는 길은 예배를 준비하고 다른 예배자들과 교제할 수 있는 공간이다. 세상과 예배장소 사이의 "공간적 전이"를 이루는 곳으로, 사람들의 자신들의 이야기를 나눌 수 있는 공간이 필요하다.[14] 예배당 안에서는 공동체적 교류를 갖기가 어렵기 때문에 그 과정에서 교류를 가질 수 있는 공간이 중요하다. 그러나 대부분의 교회들은 주차장에서 예배당으로 들어오는 동선에서 공동체적 교류에 대한 고려가 부족해 보였다. 지하 주차장에서 예배당이 위치한 층에 엘리베이터로 올라와서 좁고 짧은 통로를 걷고 예배당으로 들어온다. 예배당에 들어오기까지 함께 교제를 나눌 가능성이 적다. 개개인이 예배에 집중할 수 있는 구조이지만, 그 개인들이 함께 예배하는 다른 예배자들과 의미 있는 교류를 나누기는 어렵다.

주차시설의 경우 교회들은 공공성을 염두에 두고 운용하고 있었다. 주민들에게 개방함으로써 주차시설을 독점하지 않으려고 했고, 주변 학교의 운동장을 사용하거나, 다른 주차장을 대여하면서 주차시설 때문에 주민들과 마찰을 빚지 않고 주민들을 배려하는 방법을 모색하고 있었

14 제임스 화이트, 수잔 화이트, 같은 책, 40-41.

다. 다만 주차장 건축 차원에서 교회 구성원들이 예배를 참여하기에 앞서서 함께 모이고 대화할 수 있는 동선을 마련하기보다는 빠르고 쉽게 예배당에 접근하는 형태로 건축된 것이 아쉽다.

4. 목회자 당 교인 수

〈표 8〉 연구 대상교회 교인 수 대비 교역자 수

교회명	전체 교역자			성인 예배자 (추정)	총예배자 (추정)	성인 예배자 /성인 담당 교역자	예배자 /교역자
	성인 담당	교육 파트	전체				
명성교회	44	49	93	37,500	46,526	852	500
금란교회	15	15	30	30,000	37,221	2000	1241
새에덴교회	20	26	46	18,000	23,503	900	511
일산한소망교회	18	7	25	13,500	17,627	750	705
사랑의교회	59	59	118	26,000	32,258	441	273
분당 예수소망교회	7	13	20	8,000	10,446	1143	522
거룩한빛광성교회	18	26	44	6,800	8,879	378	202
신촌성결교회	13	27	40	6,800	8,437	523	211
신길교회	10	10	20	7,000	8,685	700	434
우리들교회	33	9	42	7,500	9,793	227	233

대형 교회에서 주목할 만한 통계는 전체 예배자 수와 교역자 수의 관계이다. 이전 연구에서 공동체적 교회가 가능한 최대의 교회 사이즈로 300명을 제시했다. 대형 교회를 300명 정도의 교회로 분할하는 것은 현실적으로 불가능해 보인다. 가능한 대안은 대형 교회 안에서 300명 정도로 공동체 단위를 형성하는 것이다. 300명의 교인 당 적어도 1명의 사역자가 있을 때, 대형 교회 안에서도 최소한의 공동체성을 구현해 갈 수 있을 것이다. 표에 나타는 교역자의 수는 각 교회 홈페이지 섬기는

사람들에서 파악한 사역자 숫자이다. 교구 담당과 교육 담당을 나누어서 파악했고, 교구 담당을 성인 담당 교역자로 간주했다. 교역자 대비 예배자 수를 산출한 결과 금란교회는 교역자 1인이 1,241명의 신자들을 담당해야 했다. 거룩한빛광성교회의 경우 교역자 1인이 담당해야 할 신자 수가 202명으로 가장 적었다. 이 통계는 모든 사역자들이 전체 예배자를 담당할 경우의 수치이다. 그러나 성인 담당 교역자가 담당할 성인 예배자의 비율을 살펴볼 때는 보다 심각한 통계가 산출된다. 금란교회의 경우는 성인 담당 교역자 1인당 2000명의 성인 신도들을 돌봐야 한다. 우리들교회의 경우는 성인 담당 교역자 1인당 227명의 성인 신도들을 돌봐야 하는 것으로 나타나 담당해야 할 신도 수가 적절한 것으로 파악되었다.

대형 교회가 최소의 교역자들을 통해서 최대의 신도를 양육하고 관리하려는 태도는 한국 교회 전체의 현실을 통해 볼 때, 심각한 문제를 낳는다. 신학교에서는 많은 예비 목회자들이 쏟아져 나오고 있지만, 그들을 한국의 교회 현실에서 그들을 다 수용할 수가 없다. 많은 신학교 졸업생들이 교회를 개척하고 어렵게 생계를 유지하며 목회를 하고 있다. 조성돈이 904명의 목회자를 대상으로 연구한 자료에 따르면, 한국 교회 목회자들의 66.7%는 보건복지부가 정한 4인 기준 최저생계비인 163만원 이하의 사례를 받고 있다.[15] 조사에 응한 904명의 목회자 중에 37.9%인 342명이 경제적인 이유로 목회가 아닌 다른 일을 겸직하고 있었다.[16] 실제로 겸직을 하고 있는 목회자의 경우 69.8%가 생계를 위해

15 조성돈, "목회자의 이중직에 대한 실증 연구: 목회자 이중직에 대한 설문조사 및 심층인터뷰를 기반하여," 「신학과 실천」, 49 (2016): 245.

16 조성돈, "목회자의 이중직에 대한 실증 연구," 255.

서 겸직을 하고 있고, 40.9%는 교회 운영비에 보탬이 되려고 겸직을 하고 있었다.[17] 대형 교회들에서는 한 목회자가 돌봐야 할 신도들이 지나치게 많은 반면, 개척 교회를 시작한 이들은 돌봐야 할 신도들이 없을 뿐만 아니라, 자신의 생계조차도 유지하지 못하는 채 목회를 하고 있는 것이다. 대형 교회가 목회자 수급에 무관심하고 교회 규모에 몰입해 있는 동안 대형 교회 밖 소형 교회의 목회자들은 생존을 위해 "목회" 이외의 것들에 몰두해야 한다. 대형교회들은 규모의 목회를 통해서 효율적으로 신도들을 관리하며 다양한 프로그램을 진행하고 체계적인 교육 시스템을 확보해서 신자들이 필요한 것을 채우며 그 규모를 더 확장해가고 있다. 대형 교회들은 성장해 갈 수 있을지 모르지만, 주변에 있는 소형 및 중형 교회의 목사들은 생존을 위해서 이중직도 마다 않는 삶을 살고 있다. 개신교계 전체의 생태학을 고려할 때, 새로운 목회자들에게 기회를 제공하기보다는 절망과 좌절을 안겨주고, 교회의 구조적 빈익빈 부익부 체제 유지에 기여하고 있는 대형 교회의 무제한적 성장에 경종을 울려야 할 때다. 개신교회 전체를 조망하며 개 교회 신도들뿐만 아니라 개신교 전체에 대한 책임을 되새기는 대형 교회의 시야가 필요한 시점이다.

IV. 나오는 글

규모로 대형 교회의 공공성을 이야기하기는 어려운 현실이다. 대형

17 조성돈, "목회자의 이중직에 대한 실증 연구," 257. 생계뿐만 아니라 교회 운영비 보조를 위해서 겸직을 하는 경우도 있다.

교회는 점점 더 늘어나고 있고 커가고 있기 때문이다. 대형 교회처럼 규모를 갖춘 교회를 개신교 신자들이 선호를 하고 수평이동이 이뤄지기도 한다. 대형 교회가 소형 교회나 중형 교회가 할 수 없는 일들을 하는 점에서 분명히 그 장점이 있다. 그러나 그 장점을 상쇄하고도 남는 단점들을 대형 교회들은 갖고 있고, 전체 개신교의 생태학을 생각하면, 대형 교회들이 변화되어야 개신교회 전체가 건강하게 상생할 수 있다.

규모, 대중교통 접근성, 주차장 운영, 목회자 당 교인 수의 측면에서 볼 때, 대형 교회는 공공성을 심각하게 훼손하고 있다. 이미 대형 교회는 그 규모에 있어서 교회가 속한 동의 전체 개신교 인구를 넘어선다. 개신교의 수평이동에서 대형 교회로 이동하는 경향이 더 큰 것을 고려할 때, 대형 교회는 이제 주변 교회들을 돌아보며 그 규모의 제한에 관심을 기울일 때가 되었다. 대중교통 접근성에 있어서 대부분의 교회가 대중교통 접근성이 뛰어났다. 다만 셔틀버스를 운영하는 것은 다른 소형 교회들의 존립에도 위협을 주는 불공정한 경쟁이 되기 때문에 삼가는 것이 전체 개신교회 생태학을 위해서 필요하다. 주차장 운영에 있어서 대부분의 교회는 외적 공공성을 실현하기 위해서 노력하고 있는 점이 보인다. 그러나 내적 공공성의 차원에서는 예배자들 간의 교류가 일어날 수 있는 공간의 확보가 더 필요하다. 목회자당 교인 수를 생각할 때, 대형 교회는 목회자들이 담당해야 할 신도수가 너무 많다. 적은 고용으로 많은 신도를 돌보게 함으로써 효율성을 극대화할 수 있을지 모르지만, 한국 교회에서 목회지를 찾지 못하는 예비 목회자들과 이미 최저생계비도 보장받지 못하는 목회자들에게 희망 고문의 상징이 되고 있다. 더 많은 목회자들이 목회를 할 수 있도록 기회를 제공하는 시야가 대형 교회들에게 필요하다.

규모로 압도할 수 있는 교회가 보암직하지만, 한국 교회 전체가 살아남으려면 모든 교회가 상생할 수 있는 길을 모색해야 한다. 교회 규모와 관련해서는 외적 공공성의 측면, 신자의 규모 축소, 셔틀버스 운행의 금지, 주차장의 개방 및 교류 확대의 방법 모색, 적정한 목회자 당 교인 수 확보 등을 통해서만 대형 교회는 개신교 전체 건강한 생태학을 만들어 가는 데 기여할 수 있을 것이다.

참고도서

곽호철. "공공성에 적합한 교회의 규모." 『한국 교회 건축과 공공성: 신학이 있는 교회 건축』. 서울: 동연, 2015.

교회성장연구소, "주요 5개 교단 미자립 교회 지원 현황," 「교회성장」 (2015.1):

김상구. 『믿음이 왜 돈이 되는가?』. 서울: 해피스토리, 2011.

노시학. "교통의 사회적 영향에 관한 이론적 고찰: 형평성과 사회적 배제 개념을 중심으로." 「교통연구」. 21 (2014.12): 67-86.

조성돈. "목회자의 이중직에 대한 실증 연구: 목회자 이중직에 대한 설문조사 및 심층인터뷰를 기반하여." 「신학과 실천」 49 (2016): 245-268.

최현종. "한국 개신교의 새신자 구성과 수평이동에 관한 연구." 「한국기독교신학논총」, 91 (2013): 209-234.

통계청. 「2015년 인구총조사: 연령 및 성별인구—읍면동」. 2017. 01. 26. http://kosis.kr/statHtml/statHtml.do?orgId=101&tblId=DT_1IN1503&vw_cd=MT_ZTITLE&list_id=A11_2015_10&seqNo=&lang_mode=ko&language=kor&obj_var_id=&itm_id=&conn_path=E1.

통계청. 「2015 인구총조사: 성, 연령 및 종교별 인구-시군구」. 2017. 01. 26. http://kosis.kr/statHtml/statHtml.do?orgId=101&tblId=DT_1PM1502&vw_cd=MT_ZTITLE&list_id=A11_2015_50&seqNo=&lang_mode=ko&language=kor&obj_var_id=&itm_id=&conn_path=E1.

통계청. 「2014 전국사업체조사 산업 세세분류 경기」. 마이크로데이터 추출 결과물. 2016.08.31. https://mdis.kostat.go.kr.

통계청. 「2014 전국사업체조사 산업 세세분류 서울」. 마이크로데이터 추출 결과물. 2016.08.31. https://mdis.kostat.go.kr.

헌법재판소. 선고 2001헌마132 전원재판부 [여객자동차운수사업법제73조의2등위헌확인], 2001. 6. 28. https://casenote.kr/헌법재판소/2001헌마132.

CTS뉴스플러스. 2016년 3월 9일 뉴스. http://www.cts.tv/news/news_view.asp?page=1&PID=P368&DPID=197597

White, James F. and Susan J. White. 『교회 건축과 예배 공간: 신학과 건축의 만남』 정시춘, 안덕원 옮김. 서울: 새물결플러스, 2014.

Wollschleger, Jason and Jeremy R. Porter. "A 'WalMartization' of Religion? The Ecological Impact of Megachurches on the Local and Extra-Local Religious Economy." Religious Research Association 53 (2011): 279-299.

평 등 성

환대와 배려의 여성-친화적 공간으로서의 교회 : 건축의 공공성 지표를 반영한 공간 연구

김 수 연*

I. 들어가는 말

본 논문은 교회 건축의 공공성 지표를 마련하여 설문조사를 실시하고, 공공성 실현을 위한 보다 중요한 요소들을 도출해내며 교회 건축의 바람직한 방향을 모색한 글이다. 공공성의 지표를 구성하며, 실제적인 평가 기준을 제시하고,[1] 몇몇 교회를 탐방하여 교회 건축의 현재와 미래

* 이화여자대학교 여성신학연구소 연구교수 / 여성신학

1 정혜진, "교회 건축의 공공성에 영향을 미치는 지표들의 가중치 도출," 2016년. 공공성의 지표를 산출하고 비교 분석하는 데 있어, 우선 정혜진의 글을 통해 소개되는 AHP 분석, 즉 분석적 계층화 과정(Analytic Hierarchy Process)이 사용되었음을 알린다. 이 방법은 여러 가지의 대안적 선택에 대해서 다면적으로 평가하여 의사를 결정하는 방법이다. 이 방식의 특이성은 설문조사를 통해 다른 각도에서 비슷한 질문들을 답하게 하며, 의사결정

를 짚어보려 한 것이다. 교회 건축의 구조를 대조하여 비교하기보다는 각각의 특징을 살피고 어떠한 신학이 반영된 건축인지 관찰하며, 21세기 급변하는 사회 문화적 상황에서 앞으로의 교회 건축이 지향해야 할 바를 검토하였다. 특히 여성의 입장에서 그리고 사회적 약자들의 입장에서 교회 건축이 배려, 포용, 환대의 공간이 될 수 있도록, 공간 구성에 있어 고민해야 할 부분들을 분석하고 정리하였다.

이러한 바탕에서 본 논문은 비교적 근래에 신축한 대형 교회를 연구 대상으로 삼아 공공성 실현에 있어 교회 건축의 사회적 관계와 상징적 의미를 고찰하였다. 사실, 교회 건축은 다양하다. 오래된 건축은 곳곳의 낡은 부분들을 통해 세월을 담아내며 역사를 말하고, 신규 건축은 나름대로 포부를 담고 개성을 드러낸다. 작고 낮은 교회, 크고 높은 교회, 모두 다양하게 각각의 신학을 반영하고 있다. 사람이 저마다 분위기가 각기 다르고, 느낌이 있듯이 교회 건축도 각기 다르고 특색이 있다. 다양한 교회 건축 모두를 연구 대상으로 삼을 수는 없었기에, 본 연구는 연구 내용의 범위를 수도권 지역의 교회로서 소위 대형 교회라고 일컬어지는 교회들로 제한하였고, 특히 연구 대상으로 10개 교회를 선정하였다. 연구 대상이었던 비교적 최근에 신축한 10개 교회 건축들은 모두 대체로 공공성 지표를 충족시키는 건축이었다. 물론 교회 건축의 실태를 고발하기 위한 것이 아닌 바람직한 교회 건축을 모색하는 입장에서 비교적 근래에 또한 이름 있는 건축가들에 의해 설계된 어느 정도 규모를 갖춘 교회들이 대상이었기에 그럴 것이다.

에 있어서 논리적 일관성을 검증할 수 있고 따라서 합리적 의사 결정을 가능하게 한다. 따라서 정량적으로 측정이 어려운 요소들을 결정에 반영할 수 있도록 객관성을 확보할 수 있는 방법이라 할 수 있다.

연구 내용의 제한으로 인해, 오래되고 낡은 교회를 개보수해서 사용하는 교회 건축, 혹은 소박한 삶을 유지하며 나름대로 열린 공간으로서 공공성을 실현하고 있는 작은 교회 건축은 본 연구에서 다루지 않았다. 수도권 지역 밖에서 특히 지역적 특성을 고려하며 지어진 교회, 바닷가 돌들을 활용한 개성 있는 교회, 주변의 나무들과 어우러진 생태신학적 교회 등등 교회 건축이 다양하다. 연구 대상의 제한으로 인해 이러한 교회들은 다음의 연구 과제로 남겨 두며, 우선 수도권 지역의 대형 교회의 공공성 실현 부문에 중점을 두고, 사회 문화적 상황과 연관하여 교회 건축의 공공성이 연구되었다.

특히, 교회 건축은 일반 건축과 달리 더욱 공공성을 실현해야 하는 책임이 있으며, 즉 모두에게 해가 되지 않는, 또한 모두가 참여 가능한 그러한 건축이 되어야 한다. 주변 환경을 파괴하는 지나치게 튀는 건물, 혹은 몸이 불편한 사람들이 접근하기 어려운 건물 역시 건축의 공공성을 실현한 건축이라 볼 수 없다. 교회의 성장과 성공을 과시하며 그저 높고 크게 화려하게 세워진다면 혹은 단지 재정적 문제만을 고려하여 부실하게 지어진다면 그러한 교회 건축 역시 공공성을 담아내기 어렵다. 본 연구는 신학자로서 교회 건축을 관찰한 것이기에, 건축 전문가가 말할 수 있는 건축 자재, 시공, 토목, 비용 등의 문제는 논의에서 제외하며, 교회 건축이 신학적으로 그리고 사회 문화적으로 반영해야 하는 공공성의 부분을 다루었다. 가능하면 모두에게 이익을 줄 수 있으며 어느 누구에게도 해가 되어서는 안 된다는 공공성에 초점을 두고 교회 공간의 설계와 활용을 연구하였다.

사실, 교회 건축은 보다 지속가능한 건축이 되기 위해 문화적 가치와 사회적 책임을 아우르며 설계되고 활용되어야 하며, 사회적 약자, 여성을 배려할 수 있는 건축이어야 한다. 또한 교회 건축은 그 규모가 크고, 모두에게 노출되어 있기에 그 상징적 의미가 크며, 더욱이 건축이 단순히 쓰고 버리는 소모품이 아니기에 보다 신중하게 계획되어 지어져야 한다. 물론, 건축은 건물을 채우는 내용에 의해 비로소 완성되는 것이기에 설계 구조나 공간 구성만으로 논의되기는 어렵다. 다양한 삶으로 교회가 채워지고 교회 공간이 살아나길 기대하며, 본 연구는 건축에 있어 기초가 되는 교회 건축의 공공성 부문에 관한 연구 결과를 제시하고 바람직한 교회 건축에 대해 제안하려 한다.

II. 몸말

우선, 공공성이란 무엇인가? '공공성'이란 공적이며(公, official), 따라서 모두에게 해당되는(共, public) 성질의 것으로 공공성, 공동성, 공익성, 공정성 등의 가치와 연관된다. 즉 누구라도 누릴 수 있고 어느 누구도 소외되어서는 안 되는 것이 공공성이 의미하는 것이다. 특히 일반 건축도 아니고 교회 건축은 더욱 공공성을 해치는 건축이 되어서는 안 된다. 공공 건축에서 주인은 건축주가 아니라 넓게는 커뮤니티 구성원이듯이,[2] 비록 공공 건축은 아니지만, 교회 건축은 단지 교인에게만 한정되지 않도록, 그 이익이 더 넓게 지역 공동체 구성원에게도 해당되도록 개방성과 관계성의 가치를 담아낼 수 있어야 한다.

보다 구체적인 연구를 위해, 두 가지 관점에서 공공성의 지표를 마련

---

2 김광현, 『건축 이전의 건축』 (서울: CNB미디어, 2014), 311.

하여, 교회 건축의 설계와 활용을 검토하였다. 우선 건축의 일반적인 입장을 고려한 물리적 환경 부문의 공공성의 지표를 설정하고, 또한 신학의 입장에서 공공성의 지표를 설정하여 교회 건축이 일반 건축과 다르게 고민해야 하는 부문에 대하여 고찰하였다. 물리적 환경 부문에는 개방성, 접근성, 쾌적성, 관계성, 장소성의 다섯 가지 지표를 선정하여 평가하였고, 신학 부문에서는 포용성, 환대성, 규모 적합성, 평등성, 교육성, 거룩성의 여섯 가지 지표를 통해 분석하고 검토하였다.[3] 특히, 평등성은 남녀의 성별 차이가 교회 건축에의 접근과 이용에 있어서 장애요소로 작용하지는 않는가 하는 것을 평가하며 특히 여성의 입장을 반영하는 지표로 삼았다.

1. 평등성의 가치와 교회 공간 구성

신학 부문에서 선정한 공공성 지표의 1, 2위를 차지하는 환대성과

3 신학적 측면에서 교회 건축을 보는 여섯 가지 관점, 즉 신학 분야에서 중시하는 공공성의 지표 여섯 가지의 구체적인 내용은 아래와 같다. 포용성(inclusiveness)은 종교 공동체의 신자가 건축물을 접근하고 사용함에 있어서 신체적 장애나 사회적 편견 등에 의한 어려움을 최소한으로 경험하는 것이 주요한 평가 대상이 된다. 환대성(hospitality)은 종교 공동체 바깥 지역 사회의 취약계층 즉, 노숙자, 노인, 다문화가정 자녀, 가출청소년 등이 건축물을 안정되게 사용할 수 있도록 물리적이고 심리적인 환대를 제공하는 것이 평가 대상이 된다. 규모 적합성(size appropriateness)은 건축물의 규모가 대중교통과 주차장 상황 그리고 지역 사회의 종교인 인구 등의 요소들을 고려할 때 적합한가를 평가 대상으로 한다. 평등성(gender equality)은 남녀의 성별 차이가 건축물의 평등한 접근과 이용에 있어서 장애요소로 작용하지 않는가 하는 것을 평가한다. 교육성(education)은 기독교 공동체 구성원과 지역 사회의 시민을 위한 교육 공간과 교육의 기회를 안정적으로 제공할 수 있는 건축인지를 평가한다. 거룩성(holiness)은 종교 건축물로서 장례예식과 납골당과 같은 거룩성의 공간을 장기적으로 안정되게 제공하는가를 평가한다.

포용성은 교회 공동체를 구성하는데 있어 현재 가장 중요하게 주목하고 있는 가치다. 이러한 입장을 이미 알고 있기에 대형 교회든 작은 교회든 교회 건축에서는 친교의 공간을 구획하며 적극적으로 활용하고 있다. 비록 함께 식사하며 교제하는 공간이 없더라도, 교회 입구 로비의 한쪽 공간을 이용해서 함께 커피와 차를 마시는 공간으로 사용하는 것은 그만큼 환대와 포용의 가치가 중요하기 때문이다. 사실 친교 혹은 식사 공간은 교회 건축에서 포기할 수 없는 것으로 포용성과 환대를 표현하는 필수적인 공간이기에, 교회 건축에서 식당 외에 다른 어떠한 공간을 대체해서라도 다양하게 표현되고 있다.

사실 모든 교회가 획일적으로 공공성의 지표를 모두 혹은 가중치가 높은 순서의 가치들을 차례대로 만족시키며 건축될 수는 없다. 중세의 교회 건축은 여러 가치 중에서도 특히 거룩성은 결코 포기할 수 없는 중요한 지표였기에 숭고미를 강조하며 첨탑을 높이 올려 수직적 상승감을 표현했다.[4] 수직적 관계를 중시하며 당시의 최신 기술을 동원하여 중세 건축이 세워졌다면, 현재 교회 건축은 수평적 관계에 보다 많은 관심을 두고 있다. 환대성과 포용성이 가중치가 높게 나온 것은 공동체 의식과 수평적 관계를 중시하는 현대 교회의 입장을 반영한 것이라 본다. 교회 건축이 하나의 건물 내에 모든 지표들을 다 충족시킬 수는 없기에 과감

---

4 김혜숙 · 김혜련, 『예술과 사상』 (서울: 이대출판부, 1997), 334. 그리고 김수연, "교회 건축에 대한 여성신학적 읽기," 「한국조직신학논총」, 제39집(2014), 89, 90. 중세의 교회 건축은 남성 중심적인 미의 기준을 적용하여 숭고미를 강조했으며, 건축의 높이와 크기를 통해 이를 표현했다. 고딕 건축의 수직적 상승감은 교회의 권위를 유지하는 기능을 하며, 남성적인 미를 최고의 가치로 여기는 중세 가치 체계를 반영한다. 현재에도 고딕 양식은 교회 건축에서 중요하게 여겨지며, 고딕 복고 양식을 통해 계승되고 있고 또는 상가 교회의 첨탑을 통해서도 표현되고 있다. 이러한 고딕 양식, 즉 중세 교황의 권위가 극에 달했던 시기의 가톨릭 건축 양식인 고딕 양식이 현재 교회 건축의 기준이 될 수 없음은 당연하다.

하게 포기하고 또한 보다 집중하는 공간이 생긴다. 현대 교회 건축에서 그래도 포기해서는 안 되는 공공성의 지표가 환대와 포용의 가치이고, 따라서 교제와 사귐의 공간은 포기 불가능한 공간이기에 대체되어 다양하게 나타나고 있는 것이다.

물론 현재에도 교회 건축에서 거룩성의 가치는 교회의 본질에 속한 것으로 여겨지며 교회 건축에 중요하게 반영되고 있다. 이것은 교회가 지상 3층에서 5층에 걸쳐 혹은 지하 1층에서 3층에 걸쳐 본당을 이루고 천정을 높여 숭고함을 표현하는 데서 볼 수 있다. 본당 예배 공간의 벽 역시 미관상 혹은 기능상 평면이 아닌 입체를 표현하며 예배의 효과를 극대화한다. 소예배실이 아닌 대예배실 공간은 천정이 높고 회중석은 계단식으로 되어 있어, 마치 로마 시대 극장과 같은 구조로 대중성을 확보하는 공간이 된다. 지하로 혹은 지상으로 세 개 층에 걸쳐 이루어진 대형 신축 교회의 본당 예배 공간은 천정을 높여 거룩함을 표현하며, 또한 원형극장 같은 구조로 관계성과 대중성을 확보하고 있다.

연구 프로젝트에서 선정하여 방문한 교회들은 비교적 근래에 신축된 교회 건축물로서 예배 공간 설계에 있어 공통된 특징이 있다. 앞서 언급되었듯이, 몇 개의 층을 통틀어 큰 하나의 대예배실로 사용하며, 마치 콘서트홀이나 혹은 아레나 급 정도의 상당한 규모로 예배의 효과를 높인다. 강단이 멀어 설교자가 작게 보일 수 있기에 강단 뒤에 대형 스크린을 설치하여 예배 참여율을 높이고 또한 동시에 교회 내부 여러 곳에도 모니터를 두어 예배 실황을 전달한다. 교회 건물 내에 자모실, 친교실 등 여러 곳으로 예배를 중계하며, 교인들은 멀티태스킹으로 예배 참여를 경험한다.

사실, 교회 건축 프로젝트 연구 교수 대상의 공공성 지표 가중치에 대한 설문조사에서 '평등성,' 즉 여성에 대한 배려에 초점을 둔 문항은 가중치가 6개 지표 중에 4위로 낮게 나왔다. 비록 평등성의 가중치는 적게 나왔지만, 이것은 성별 고려가 건축 설계에 중요하지 않아서가 아니라, 남녀 성별 차이보다도 사회적 약자, 즉 소외된 계층에 대한 배려가 더 시급하고 중요하다는 생각이 반영된 것이다. 환대성과 포용성이 1, 2위로 평가된 것이 이러한 견해를 뒷받침해 준다. 말하자면 여성주의에서도 '교차 페미니즘'은 여성이면서 동시에 빈곤층에 속하는, 즉 이주민, 혹은 다문화 가족 여성들의 상황에 보다 우선권을 둔다. 여성이라서 겪는 억압적 상황보다는 복합적이고 중층적인 문제로 인해 억압받는 것이 더 심각하다는 것이다.[5] 사실 가난한 여성들의 상황은 단순히 남녀 차별의 문제만으로는 설명되지 않기에, 따라서 평등성의 내용은 포용과 환대의 지표에 우선을 두고 교회 건축에 반영되는 것이 바람직하다.

가중치가 높은 1, 2위의 포용과 환대의 가치와 함께 평등성의 가치는 교회 공간 활용에서 뿐만 아니라 우선적으로 건축 설계를 통해서도 드러나야 하는 중요한 요소다. 남녀노소가 편안하게 접근할 수 있고 또한 여성 혹은 노약자에게 대한 배려가 드러나는 평등의 공간이 적절하게 구획되고 배치되는 것은 상징적 의미가 크다. 현재, 건축을 통해 요구되는 것은 단순히 건물이 사람을 보호해 주어야 한다는 기본적 욕구 외

---

5 교차페미니즘(intersectional feminism)이란 남녀 성별의 차이로 인한 차별 외에 유색인종, 이민자 등, 교차적 정체성으로 인한 억압적 상황 즉 보다 복합적인 차별의 층을 인식하며 일어난 여성주의다. 여성신학 분야에서 성차별 외에 흑인여성으로서 겪는 인종차별을 주장하며 페미니즘과 구별되는 우머니즘 신학을 전개한 것과 같은 맥락에서 이해할 수 있다. 우머니즘이 신학과 문학 분야에서 사용되는 말이라면 교차페미니즘은 사회-문화에 걸쳐 전반적으로 사용되는 용어다. 남여 성차별의 문제는 아직도 진행되고 있는 현상이고, 뿌리 깊은 차별의 역사에 기원을 두고 있기에, 페미니즘의 역할은 전략적 본질주의 입장에서 여전히 유효하다.

에, 교회 건축이 말을 걸어 의미를 주어야 한다는 것이다. 교회 건축 그 자체를 통해서도 세상과 소통할 수 있도록 교회 공간은 환대, 포용, 평등의 가치를 담아내어야 한다. 사실, 건축은 세상과 소통하는 하나의 상징으로서 언어이며 기호이기에, 교회 건축은 하나의 거대한 상징으로서 약자에 대한 배려의 메시지를 전달하며 희망을 줄 수 있어야 한다. 물론 건물 모양 자체로 부자연스럽게 메시지를 드러나게 전달할 필요는 없지만, 의미 있는 해석을 통해 그리고 보다 구체적인 공간 설계를 통해, 화해와 평등의 의미를 표현해야 한다. 함께 예배하고 함께 배우며 함께 성장하게 하는 그러한 교회 공간은 우선 접근이 용이하고 또한 접근하기에 장애 요소가 없는 평등성이 실현된 건축이어야 한다.

일반적인 물리적 환경의 관점에서 지표를 설정하여 설문조사한 결과에서는 개방성과 관계성의 지표가 1, 2위로 우선되었고,[6] 다음으로 접근성, 쾌적성, 장소성이다.[7] 신학적 입장에서 뿐만 아니라 일반 건축에서 요구하는 공공성의 기본 가치를 교회 건축이 어느 정도 반영하고

---

6 개방성(open views)은 일반적으로는 건물의 전면 후퇴 정도에 따른 시각적 부담감 완화 등이 중요한 평가 대상이 되며, 특정 공개에 대한 개방 여부가 추가적인 평가 대상이 된다. 관계성(relationship)은 보행통로 등의 연계성, 공동 주차, 스카이라인의 조성, 지역 사회와 공유되는 용도 구성 등이 해당되며 공동체 회복에의 기여 등이 평가 대상이 된다(정혜진, 3).

7 물리적 부문의 지표로는 개방성, 관계성 외에, 접근성, 쾌적성, 장소성이 있다. 접근성(accessibility)은 대상지로의 통행을 위한 동선 체계 상의 장애물과 연계성 등과 관계되는 것으로, 보행, 대중교통 등의 내용을 포함한다. 쾌적성(amenity)은 인간의 정신적, 감각적 욕구에 대한 만족스러운 충족과 관련된 것으로 심미성, 편의성 등의 내용을 포함한다. 근래에는 공간에 대한 관리 수준을 하나의 평가 요소로 활용하기도 한다. 장소성(sense of place)은 그 지역의 물리적 특성 및 성격에서 느껴지는 느낌과 관련된 것으로 지역적인 맥락과 역사성 등을 충분히 고려하고 있는지가 평가 내용에 포함된다. 구체적으로 역사적인 장소와 환경자원의 보존 여부 등이 평가 내용에 포함된다(정혜진, 3).

있는지 분석하기 위해 보다 넓게 지표를 마련하고 평가한 것이다. 구체적으로, 개방성의 측면에서는 교회 건물이 개방형인지 또는 타워형 건축 형태인지, 건물의 용적률, 건폐율, 녹지공간의 조성 비율, 대지 내 공지의 조성 비율 등을 분석하며 주변 환경을 배려한 건축인지 공간 구성에 대해 검토하였다. 특히, 공간 활용 면에서는 공개 공지 등의 24시간 개방 여부 등등을 평가 항목으로 삼았고 그리고 구체적으로 중요하게 평가된 개방성은 시각적 다양함에 대한 요구, 폐쇄 공간에 대한 탈출과 관계한 공간 지각 요소를 포함하는 것이었다. 그리고 관계성은 주변 지역과의 상호 관계에서 발생하는 것으로 대상 부지의 역할 관계에 의한 지역 차원의 기여를 평가한 것이다.[8]

흥미롭게도, 설문에 참여한 건축가와 신학자의 답안 조사 결과, 가중치 1, 2위는 일치한다. 환대성, 포용성, 규모 적합성, 평등성, 교육성, 거룩성의 여섯 가지 지표에 대한 가중치 설문조사 결과에서 1, 2위의 환대성과 포용성이다. 이는 장애인 램프, 노약자 혹은 장애인을 위한 엘리베이터, 그리고 불편한 이들을 위한 예배석 등이 확보되어야 한다는 배려에 대한 시급함을 표현한 것이다. 또한, 가중치 1, 2위에서 환대, 포용의 지표에는 무엇보다도 평등한 관계에서의 사귐과 교제가 포함되어 있다고 볼 수 있다. 이러한 분석은 하위 항목의 가중치 계산에서, 친교 공간이 차지하는 중요성이 크게 나온 것에 기인한다. 물리적 지표 6개 항목과 신학적 지표 5개 항목의 아래에 각각 하위 지표를 두어 보다 구체적인 질문을 포함하고, 응답자의 의견을 반영하였기에, 1, 2위의 가치에 평등성의 가치가 포함되었음을 알 수 있다.[9]

---

8 정혜진, 앞의 책, 3, 4.

공공성의 지표에서 평등성이 의미하는 수평적 관계는 환대와 배려의 가치에 암묵적으로 포함되어 있다. 평등성이란 단지 남녀 사이에서뿐만 아니라 즉 성별에 국한 되지 않고, 더 나아가 평신도와 성직자 그리고 더 나아가 인간과 자연 사이에도 확대되어 이해되어야 하는 중요한 가치다. 자연을 함부로 사용하고 지배하는 것이나 혹은 여성을 통제하고 길들이려는 것이나 모두 같은 논리에서 나온 것으로 평등성에 대한 인식 부족에서 온 결과다. 남녀 사이에 그리고 부자와 빈자, 정착민과 이주민, 그 밖의 관계에서도 평등의 관계성이 실현되는 교회 공간이 설계 되어야 한다. 한 부모 가정, 결손 혹은 조손 가정, 다문화 가정의 자녀에게도 평등의 공간이 되도록, 교회 건축은 모두가 함께-할 수 있는 공간으로 설계되며 평등성을 구현해야 한다. 교회 공간에서 수평적 평등의 관계가 이루어지고 그러한 유기체적 관계가 또한 교회 밖으로 확대된다면, 교회 건축은 포용과 환대의 공동체가 이루어지는 든든한 토대가 될 수 있을 것이다.

2. 사귐과 나눔이 있는 여성-친화적 공간

대체로 대형 교회의 신축 건물은 이미 많은 부분에서 여성-친화적으로 교회 공간이 구획되고 또한 관리되고 있다. 영 · 유아와 함께 할 수 있는 예배 공간, 수유 공간 그리고 남녀가 함께 일하며 식사-교제를 준비하는 주방 공간, 여성이 남성보다 자주 그리고 오래 사용하게 되는 화

9 물리적 부문과 신학 부문의 하위 항목에 대한 가중치 계산은 각각의 상위 지표 내에서 하위 항목의 가중치 값에 상위 지표의 가중치 값을 곱하여 최종 가중치 값을 산출한 것이다. 정혜진, "교회 건축의 공공성에 영향을 미치는 지표들의 가중치 도출," 18.

장실도 각층마다 충분하게 공간 할애되고 있었다. 특히 주방 공간 구획에 있어서, 먹는 사람, 치우는 사람이 따로 분리되지 않도록, 식사 공간과 취사 공간이 떨어져 있지 않고 통해 있으며 분리가 아닌 구분 정도의 느낌을 주는 것이 특징이다. 많은 사람이 함께 설거지하는 공간으로 주방이 넓게 마련되어 있는 교회도 있었다. 물론 예배 공간 외에 주방과 식사 장소에 너무 많은 공간을 허용하는 것이라고 생각할 수 있으나, 식사 공동체를 통한 교제와 친교는 교회 구성에 있어서 필수적 요소다.

남성과 여성이 함께 예배 의식을 집전하며, 더불어 주방 봉사도 함께 할 수 있는 것은 평등의 공동체를 이루는데 있어 기본이기에, 식사와 주방 공간은 공간 구성 설계에서부터 그러한 의미를 전달할 수 있어야 한다. 빌딩 형식으로 신축되어 대형 규모로 세워진 어느 교회는 한꺼번에 많은 인원을 식사 공간에 수용할 수 없어서, 안전과 관리의 측면에서, 옥상 층에 카페테리아 형식으로 작은 식사 공간을 마련하기도 한다. 즉 교회 안에서의 식사와 교제 공간은 없어지고 교회 밖의 작은 단위의 모임으로 대체된 것이다. 물론 1층 로비에 대형 카페를 두어 식사 공간을 대신하며, 친교와 교제, 봉사의 공간을 효과적으로 마련하고 있다. 식당과 주방 공간을 크게 두어 식사 공동체의 의미를 강조한 교회 건축도 있고, 각각 여건에 맞추어 사귐과 교제의 공동체를 표현하고 있는 것이다.

대체 가능하지만 포기 불가능한 공간이, 함께 떡을 떼고 나누는 식사와 교제의 공간이라 할 수 있다. 교회 내의 어떠한 공간에라도 혹은 작은 공간에라도 마련해야 하며 없어서는 안 되는 곳이 사귐과 나눔의 공간이라 할 수 있다. 옥상 고층에 아주 작은 식사 공간을 배치한 대형 교회 건축에서 식당은 모두가 함께 할 수 있는 친교와 봉사의 공간이라기보다는 간단한 식사를 해결하는 곳이었다. 물론, 고층에 위치한 작고 아늑

하고 깔끔한 식당은, 백화점 맨 위 층의 푸드 코트와는 다른 분위기이지만, 그래도 교회 건물 내에 위치한 공간으로서 보다 특별한 차별화 전략이 필요하다고 본다. 쓰레기 배출 없는 식당 혹은 생태신학을 반영한 생명 밥상 등등 교회 공동체의 의미를 드러낼 수 있는 공간으로서 차별화가 요구된다. 교회의 큰 규모로 인해 불가능한 대형 식사 공간을 대체하며 1층 로비에 마련되어 있는 카페는 교회 입구에서 환대 분위기를 조성하고 사귐의 공간을 상징적으로 드러내며 나름대로 기능을 하고 있었다.

요약하자면, 교회 공동체의 사귐과 나눔, 즉 공동체를 생기 있게 하고 살아있게 하는 살림의 공간으로서 주방은 외지고 구석지거나 혹은 습하고 어두운 곳에 마련되어서는 안 되며 교회 건축 구성에서 중요하게 다루어져야 한다. 주방 공간은 단순히 식사하는 공간이 아니라, 봉사의 공간이고 친교의 공간으로서, 즉 섬김과 나눔의 자리이기에 건축 설계에 있어서도 심도 있게 반영되어야 한다. 설문조사 결과에서 친교의 공간은 가중치 값이 크게 나왔고, 이것은 교회 내에서 나눔과 사귐의 시간 그리고 그러한 공간을 중요하게 생각한다는 것을 의미한다. 사실 주방의 용도가 그러한 친교의 즉 관계 형성의 장이 되는 것임을 이해한다면, 주방 공간의 중요성은 교회 공간을 통해서 구체적으로 표현되어야 한다. 주방 공간, 식사 공간, 혹은 친교의 공간을 개방된 열린 공간에 배치하여 적극 활용하고, 교회 공동체 구성원이 사귐과 나눔의 기회를 가질 수 있도록 공간 설계가 이루어져야 할 것이다.

평등성의 가치를 보다 구체적으로 고찰하기 위해 설문의 내용을 세분화하였다. 사실, 교인 구성에 있어서 여성의 숫자가 대체로 더 많고 그리고 여성의 역할이 더 많기에, 여성의 이름으로 대표되는 약자의 입장을 배려하는 가치는 교회 건축의 공공성을 평가하는 중요한 지표가 된다. 즉 교회 건축이 평등의 공공성을 반영하여 설계되고 활용되고 있는지 여성의 관점에서 검토되고 논의되어야 할 필요가 있다. 아래의 구체적인 질문을 통해 지표의 정량 평가를 보다 정확하게 도출하고 교회 건축의 공공성을 평가하는 기준으로 삼았다.

(1) 주방 봉사의 공간과 식사 및 교제 장소는 격리되어 떨어져 있는가 아니면 상호 개방되어 봉사와 교제가 관계적이고 원활하게 이루어지고 있는가? (1)번 문항을 통해 남녀가 평등하게 친교와 봉사 공간에 참여하는지를 검토하였다.
(2) 수유 공간은 접근 용이한 위치에 있고 청결은 유지되고 있는가? 예배실과 식당 사이의 거리와 예배실과 수유 공간 사이의 거리 둘 중에 어느 거리가 더 가깝게 교회 건축에서 설계되고 있는가? (2)번 문항을 통해서는 여성에 대한 배려의 정도를 검토하였다.
(3) 여성과 남성의 성적 차이를 고려한 화장실의 규모가 교회 건축에 반영되고 있는가? 여성 화장실의 크기 혹은 수가 남성 화장실과 비교되어 배려되고 있는가? (3)번 문항을 통해서는 실질적인 교인 구성비를 검토하여 평등성이 적용되고 있는지를 검토하였다.

세부적인 하위 항목의 가중치 계산 결과를 보면, 신학자와 건축가 모두에게 주방 공간의 가중치는 거의 가장 낮은 단계로 나왔다. 아마도 가사 일에 많이 개입하지 않는 일반적인 남성의 입장과 또한 교회에서까지 집에서 늘 하던 가사 일을 하고 싶지 않는 여성의 입장이 반영된 것이라고 본다. 즉 설문 응답에서 가중치가 낮게 나온 것은 여성이 가정에서

도맡아 하는 일에 특별한 공간이 할애되는 것이 부담스럽게 느껴진 것이다. 그러나 요즈음 개인 주택의 경우에도 주방과 거실 공간을 하나로 개방감 있게 터서 더 이상 가사 일이 혼자 구석에서 처리해야 하는 일이 아니라는 것을 드러내며 생활의 중심에 위치한다. 교회 건축에서도 주방 공간은 교제와 친교가 이루어지고 공동체 의식과 유대감을 갖게 하는 중요한 공간이다. 물론 예배 공간의 중요성은 유지되며 이와 더불어 식사 및 교제 공간이 구체적으로 설계될 때, 교회 공동체의 삶은 두 기둥으로 든든하게 유지될 수 있을 것이다.

두 기둥으로 받쳐지며 교회 건축이 각각 개성을 갖고 공공성의 가치를 실현하며, 더 나아가 도시 전체와 조화를 이룰 때 교회 건축의 의의는 드러날 수 있을 것이다. 건전한 신학을 반영하며 또한 주변 환경과 역사적 맥락을 고려하여 개성 있는 교회 건축으로 세워져야 한다. 건축의 공공성이 추구하는 것이 획일성이 아닌, 다양성이 존중되는 가운데 기본적인 공공성 가치가 실현되는 건축이기에 교회 건축은 각각의 신학을 드러내며 책임을 다해야 한다. 장소로부터 해방되어 어디서나 통용되는 건축을 추구한 근대 건축은 탈근대사상에 의해 극복되어야만 하는 것이었다.[10] 따라서 밋밋하게 획일성의 가치를 따를 것이 아니라, 다양한 신학적 의견을 반영하며 또한 공공성의 가치를 실현하는 책임감 있는 건축이 되어야 한다. 즉 공공성의 가치는 교회 특성에 맞게 다양하게 표현될 수 있다는 것이다.

예를 들어, 교회 건축의 설계 구조와 관련한 공공성과 그리고 그러한 가시적 측면 외에 기후, 혹은 역사 등의 내용을 반영하여 공공성을 실천

---

10 고시마 유스케, 『청춘 유럽건축에 도전하다』 (파주: 효형출판, 2015), 144.

하는 건축도 있다. 즉 주변 환경과 소통하며 자연과 조화하는 생태 건축은 공공성을 실천하고 있는 건축이라 할 수 있다.[11] 대로변에서 돌면 바로 보이는 곳에 위치한 한 교회는 우선 역사를 기억하고자 하는 의도를 드러내며 예배 공간 본당 입구에서부터 역사물을 설치한다. 로비 한편에 위치한 작은 카페를 지나 올라가면 바로 3층에서 5층에 걸쳐 본당이 나오는데 그 입구에 역사 기록을 전시하여 사명감을 고취시키고 공동체 의식을 갖게 한다. 과거와 현재를 이어주는 역사성의 가치도 중요하고, 동시에 평등과 환대의 가치 역시 공동체 구성원들을 수평으로 이어주는 중요한 가치이기에 입구에서부터 시각적으로 표현하고 있다. 다양하게 그리고 폭넓게 교회 건축이 공공성을 실현하며 사회문화적 관계를 형성하고 있는 것이다.

공공성의 지표 중에 하나를 특화하여 보다 효과적인 특별한 교회 건축을 이룰 수도 있다. 즉 교육성, 거룩성, 등의 다른 한두 가지 공공성의 지표를 설정하며 특화하여 교회 건축을 이룰 수도 있을 것이다. 제한된 공간 안에서 모든 지표를 골고루 다 갖추기가 쉽지 않고, 특히 작은 교회는 공간 부족으로 다섯 가지 지표 중에 몇 가지만을 따르기도 벅찰 수 있다. 물론 연구 대상으로 삼은 교회들은 대형 교회로서 현대적인 신축 건축이기에 대체로 공공성의 지표들을 어느 정도는 골고루 갖추고 있지만, 중요한 하나의 가치를 특별히 교회 건축에 반영하며 다양성에 기여할 수도 있을 것이다. 전체적으로 주변과 어울리며 조화하면서도[12] 개

11 이영수 외, 『건축 콘서트, 건축으로 통하는 12가지 즐거운 상상』 (파주: 효형출판, 2010), 245.

12 사실, 주변과 조화하면서도 개성을 표현하기는 쉽지 않다. 대로를 지나 돌면 바로 보이는 골목에 위치한 한 교회 건축은 그 규모는 크지만 주변과 잘 조화하며 공공성의 가치를

성 있게 표현되는 교회 건축의 설계와 공간 구성이 되어야 한다.

여성을 배려하는 평등성의 가치는 식사와 교제의 공간뿐만 아니라 영·유아 돌봄의 공간에서도 나타나는데 대체로 대형 교회에서는 대예배실 제일 뒤쪽에 그러한 공간을 갖추고 있다. 예배 공간에 붙어 있는 영유아 돌봄의 공간인 소위 자모실 혹은 정확하게 자녀-부모실은 적당한 길이의 의자와 아늑한 공간으로 구획되어 예배 실황을 볼 수 있게 되어 있다. 수유 공간은 따로 구획되어 있지 않지만, 투명한 통창으로 개방감을 주어 예배 참여 의식을 느끼도록 배려하고 있다. 아마도 대예배 시간과 같은 시간대에 행해지는 주일학교 교육에 유아들을 맡기기에 그다지 큰 공간이 필요하지는 않은 것 같다. 무엇보다도 너무 높지 않은 또한 너무 길지 않은 의자를 두어 다리가 불편할 수 있는 이들을 배려하며 공간 활용이 되고 있었다. 자모실이 예배실과 다소 격리되어 있던 한 대형 교회는 자모실 옆에 의무실을 두어 영유아를 돌보며 발생할 수 있는 응급상황을 대비하도록 효율적인 공간 배치를 하고 있었다. 자모실은 대예배 시간에 아이들을 맡아 전문적으로 교육할 수 있는 부서들이 있기에 규모가 클 필요는 없지만, 구석에 숨겨진 공간이 되어서는 안 된다.

실현한다. 그러나 다른 한 교회는 긴 상자 같은 아파트 건물들 사이에서 큰 회색 돔의 형태로 회색의 긴 건물들 사이에서 밋밋하다. 주보 앞면에 그려진 교회 건물의 돔은 다른 색이어서, 아마도 비용, 자재, 혹은 다른 이유로 회색의 돔을 선택하게 되었던 것이라 추측해 보게 된다. 비록 채광 확보가 어려운 곳에 위치하고 있지만, 적어도 대예배실 입구의 환대 공간만큼은 채광을 확보하며 배치되고 있기에 환대의 공공성 가치를 실현하고 있다고 본다.

3. 평등한 관계 속에 구현되는 건축의 다양성

건축의 공공성 지표에 대한 가중치 설문조사에서 특히 물리적 환경 측면에서 신학자와 건축가 모두에게 보다 중요하게 고려되고 있는 것은 개방성과 관계성이었다. 앞서 언급되었듯이, 개방성은 대지 내 공지의 조성 면적, 녹지 공간의 조성 면적, 교회 개방 여부, 등의 내용을 반영한 것이고, 관계성은 외부와의 연계성, 지역 사회와의 관계 등을 반영한 것이다. 가장 중요하게 평가된 이 항목들을 염두에 둔다면, 건물의 용적률을 꽉 채워 세운 교회 건축이나 혹은 주변 환경과 상관없는 폐쇄적인 교회 건축은 공공성의 가치 실현과 멀다. 개방성과 관계성을 무시하고, 효율과 실용만을 따지며 더 많은 면적과 높이를 추구하는 것은, 건축주의 이익에 집착하는 것으로 결국 전체를 해치는 못된 건축이 되고 만다.[13] 공동체 의식을 갖고 보다 넓은 지역 공동체 구성원에게 이익이 되도록 하는 가치가 바로 개방성과 관계성의 공공성이다.

물론, 교회 건축의 공공성은 설계되고 세워지는 것에서 마치는 일이 아니라 또한 유지 관리되는 차원에서도 반영되어야 하는 것이다. 현재의 추세로 계속 인구가 감소한다면 이제 활용되지 못하는 공간들이 교회 건축 내에서도 생겨날 것이고, 물론 아예 사용되지 않는 건축도 있게 될 것이다. 앞으로 인구는 줄고 주택은 남아 돌 것이라 하니, 교회 건축도 예외는 아니다. 저출산, 고령화 시대에도 계속해서 쏟아져 나오는 신규 건축은 전체적인 면에서 결국 공공성을 해치는 일이다.[14] 건물을 세

---

13 이경훈, 『못된 건축』 (파주: 도서출판 푸른숲, 2015), 17.

14 사실, 주택 공급이 과잉되면 앞으로의 인구 감소로 인해 그 지역이 침체되고 건물뿐만 아니라 도시 자체가 흉물이 될 것이라 한다. 특히 수도권 지역에는 신규 건축의 45%가

우는 일보다 건축물 관리가 더 중요해 지는 시기가 올 것인데, 교회 건축 역시 신축보다는 낡은 것을 고쳐 쓰고 덧대어 쓰는 방식으로 보다 지속 가능한 건축으로 공공성을 실천해야 한다. 즉 공유하는 교회, 임대하는 교회 등 다양한 교회 건축의 활용도 고민해야 한다.

공공성의 가치를 모두 골고루 갖추지는 못하더라도, 암석을 터로 다듬어 그 위에 세워진 교회, 나무 위에 콘크리트를 부어 틀을 굳히고 나무를 태워 만든 교회, 나무 판을 원통으로 구부려 도심 속의 고요를 담은 교회, 벽의 십자가 틈을 통해 빛을 들여와 어둠과 조화하게 만든 교회, 서울 도심 한 복판에 위치하고 있지만 입구를 뒤에 두어 돌아가게 하며 창을 적게 두어 경건함을 갖춘 교회, 오랫동안 덧대고 고쳐 써서 건축 자산으로 남은 교회 등등 나름대로의 공공성을 갖추며 각기 개성을 표현하고 상징적 의미를 지닌 교회 건축들이 다양하다. 각각의 건축들은 개성 있게 신학적 의미를 구현하며, 다양한 메시지를 전달한다. 빠르고 크게 세워지는 거대한 교회 건축이 마치 교회의 전형처럼 여겨지는 이 시대에 그러한 거대 건축이 여전히 필요한 것인지를 비판적으로 검토하며, 초기 기독교 공동체에서 강조되었던 수평적인 평등의 관계가 다시 교회 건축을 통해 재현되도록 건축의 다양한 방식이 필요하다.

건축가 안도 다다오는 교회 건축 설계 의뢰를 받고 적은 예산과 자재 선택의 제한을 고민하며, 프로테스탄트 교회다운 소박함과 단순함을 살려 상자 모양의 공간을 구상했다. 그는 교회의 한 벽면에 틈을 내어 빛이 들어오도록 설계하였고, 그가 설계한 이 건축은 많은 사람들에게 빛의 교회로 감동을 주며, 건축의 미학적 가치를 인정받고 있다.[15] 빛의 전달

집중되며 공급과잉이 우려되고 있는 상황이다.

을 벽면에 표현하는 특별한 설계 방식은 그의 건축이 바람, 하늘, 나무 등 자연과 공존하는 건축을 지향한다는 것을 상징적으로 보여준다.[16] 주변과 조화하며 오히려 주변 환경을 더욱 배려하여 지어진 건축은 아름답고, 또한 그 자체로 경건하다. 즉 주변의 가로수 높이를 넘지 않도록 지어진 건축은, 참으로 어려운 결정을 하며 세워진 건축으로서 건물 자체로도 메시지를 준다는 것이다.

이제 건축은 부동산의 영역이 아니라 문화와 예술의 영역이며, 사회적 책임이 뒤따라야 하는 분야가 되었다. 교회 건축이 일반 건물처럼 효율성과 실용성의 가치만을 추구하는 것이 아니라, 주변의 자연 환경과 어울리며 지속 가능한 건축이 되도록 고민해야 한다. 크고 빠르게 지어지는 건축에 제동을 걸어 스로우 건축을 제안하며 신학적 의미가 반영하도록 해야 한다는 것이다. 작고 느린 것의 가치도 돌아보며, 개보수해서 사용하고 신축은 최소화하여 지속가능한 건축을 지향하는 가운데 공공성을 실천할 수 있을 것이다.

교회 건축은 시대에 따라 상황에 따라 달라질 수밖에 없고, 역사적 배경과 사회적 상황을 반영할 수밖에 없다.[17] 사실, 모두가 대중적으로

---

15 안도 다다오, 『안도 다다오 일을 만들다』 (서울: 재능교육, 2014), 96. 안도 다다오는 록밴드 U2의 보노가 빛의 교회 방문을 위해 영국 아일랜드에서부터 와서 만나게 된 일을 기억하며 그 교회를 특별한 은혜의 공간으로 생각한다고 건축 자체에 의미를 부여한다.

16 양진석, 『양진석의 친절한 건축 이야기』 (고양: 위즈덤하우스, 2014), 100-101; 329. 그리고 이정구, 『교회 건축의 이해』 (파주: 한국학술정보, 2012), 83; 97.

17 초기 기독교 교회는 오랜 박해의 시기를 지나 로마제국의 국교로 인정되며 제국의 비호 아래 성장했고, 교회 건축 역시 로마의 국교로서 그 지위에 맞게 변화되었다. 이동 가능한 천막 텐트 혹은 주택을 개조한 건물에서, 교회는 서로마에서는 로마네스크 양식, 바실리카 양식으로, 동로마에서는 비잔틴 양식으로 달리 발전되었다. 중세에는 기독교 문명과 로마 문명이 연합하여 더 거대한 권력으로 자라나며, 교회 건축은 고딕의 양식으로 당시의 기술을 총동원하여 높이 세워졌다. 그 가운데, 초기 기독교 공동체의 정신은 멀어

따르는 가치가 무조건 합리적이고 좋은 것은 아니며, 때로는 불편을 감수하는 좋은 건축도 있을 수 있다. 물론 실용과 효율을 우선으로 하는 사회적 분위기 속에서 불편을 감수하는 건축이라는 것은 손해되고 밑지는 일로 볼 수 있으나, 다수에게 해가 되지 않고, 오히려 결국 모두에게는 이익이 되는 건축이라면 조금 불편해도 공공성을 실현한 건축이라 볼 수 있을 것이다. 천정을 올려 구지 높이 세우지 않고 땅 밑 지하 공간을 개방되게 건축을 할 수도 있고,[18] 또한 주변과 조화하며, 현재 상황에 맞게 그리고 다양하게 개성을 드러내는 건축도 있을 것이다. 획일적인 설계 구도를 모두 따를 필요 없으며, 무미건조하게 기능만을 채운 건물들 역시 건축의 공공성을 실현하는 데 있어 한계가 있다.[19]

에너지가 낭비되지 않고 환경이 파괴되지 않게 교회 건축이 이루어지며 지구 공동체의 이익을 해치지 말아야 공공성을 실현한 건축이라 할 수 있다. 따라서 소유가 아닌 공유하는 교회도 적절한 대안으로 생각해 볼 수 있을 것이다. 건축 사업과 도시 건설이 경제 성장의 원동력이었던 시절이 지났고, 이제 저출산, 고령화로 인구 절벽을 준비해야 하는 상황이다. 앞으로 빈 건물들이 남아돌고 교외 도시들이 쇠퇴해 가는 상

지고 높은 천정과 첨탑의 고딕 양식은 이제까지도 마치 교회 건축의 전형처럼 여겨지고 있다. 김수연 "내부와 외부의 사이-공간으로서의 교회," 『한국 교회 건축과 공공성』 (서울: 동연, 2014), 267.

18 언뜻 보기에 건물이 아닌 것 같기도 한 이화캠퍼스 복합단지는 이화여대의 본관 전경을 해치지 않으며 주변 공간과 어울리게 지어진, 지하 공간을 적극 활용한 건축으로서, '세운다'고 하는 건축의 개념을 바꾸었다. 학부 시절 작고 둥근 운동장이었던 곳이 적극 활용되어 새로운 공간으로 생겨난 것이다.

19 건축 콘서트, 포스트모더니즘을 처음 선언한 것은 다름 아닌 건축 분야였고, 포스트모더니즘은 근대 모더니즘의 획일적인 주거 공간 표현 방식은 인간성과 개성을 중시하지 않는다고 비판하였다. 앞의 책, 217, 218.

황을 대비하여, 한국의 사회적 상황에 맞는 교회 건축이 계획되고 설계되어야 한다. 현재의 기술을 자랑하고 부를 과시하며 거대한 건축을 세우는 것이 아니라, 급성장 후에 맞닥뜨릴 앞으로의 상황을 대비하는 보다 지속가능한 교회 건축이 되어야 한다는 것이다.

정리하자면, 교회 건축의 공공성 지표에 대한 가중치 설문 응답 결과에서 건축가의 응답과 신학자의 응답은 상위 1, 2, 3위 지표 선정에서 일치한다. 즉 물리적 부문의 지표에서나 신학적 부문의 지표에서나 강조되어야 한다고 생각하는 상위의 항목은 신학자나 건축가에게 있어 다르게 않다. 전문 건축가들이 생각하는 좋은 건축은 결국 신학적이며, 신학을 제대로 반영한 건축은 좋은 건축이 된다는 말일 것이다. 개방성을 확보하고 관계성을 이루며(물리적 부문의 상위 1, 2위 지표), 포용성과 환대성이 어우러지는(신학적 부문의 상위 1,2위 지표) 그러한 교회 건축이라면 공공성을 실현하는 건축이 될 수 있을 것이다.

사실, 공공성이라는 단어는 요즈음 가장 많이 소비되고 있는 단어 중에 하나로서, 공공성이라는 말은 생태계 사회계 전반에 걸쳐 사용되고 있다. 공공성의 수준이 낮은 사회 구조에서는 가해자가 곧 피해자가 되며 결국 모두가 해를 입는다. 따라서 모두에게 이익이 되도록 공공성의 실현에 기반을 둔 교회 건축을 이루며, 더 나아가 지속가능한 건축이 되도록 해야 할 것이다. 건축은 겉으로 드러나는 공간이 전부가 아니며 그 안의 삶이 결국 건축을 완성한다. 그래서 건축은 본래 세우는 것이 아니라 짓는 것이라 말하며, 삶을 닮아 내어 공간을 빚어내는 작업이 건축이라고 설명하기도 한다.[20] 건축은 사람이 만드는 공간이자 또한 사람을

20 "조국의 만남, 승효상 건축가," 「한겨레」, 2012년 10월 14일.

만드는 공간이라고 건축의 본질을 설명하는 이유이기도 하다.[21] 건축 안에 채워지는 내용이 더 중요하기에 공간을 다양하고 의미 있게 채워 가며 공공성이 실현되는 교회 공동체를 만드는 것 또한 중요하다.

III. 나오는 말

현재의 교회 건축이 고민하고 실천해야 하는 공공성의 가치에 대해 검토하며, 본 논문에서는 논의 대상을 제한하여 수도권 지역의 대형 교회로 선정하였고, 교회 건축의 공공성에 영향을 미치는 여러 지표들을 제시하며, 바람직한 교회 건축을 모색하였다. 건축가와 신학자가 공동으로 참여하여 프로젝트를 수행하며, 구체적으로 공공성의 지표를 마련하고, 그 지표들의 가중치를 계산하여, 교회 건축에 있어서 보다 중요한 요소들에 대해 의견을 모으고, 연구를 수행한 것이다. 토목이나 시공에 관한 건축 전문가의 영역은 제외하고, 본 논문은 특히 여성의 입장에서 교회 건축의 활용과 지역 사회와의 관계 등을 검토하며 연구 과제를 다루었다. 교회 건축에 관한 공동 연구를 수행하며 특히 수도권 지역의 소위 대형 교회라고 일컬어지는 비교적 최근에 지어진 교회들을 연구 대상으로 삼은 것은 현재에 교회 건축이 미치는 영향을 보다 효과적으로 관찰하기 위해서 연구 내용에 제한을 둔 것이다.

물론 작은 낮은 교회, 덧대고 고쳐 쓰는 오래된 교회, 혹은 빌려 쓰는

21 김수진, "사람을 만드는 공간, 사람이 만드는 공간," 『건축 콘서트』, 이영수 외, (파주: 효형출판, 2014).

임대 교회, 소유가 아닌 공유하는 교회에서 오히려 공공성을 찾을 수도 있을 것이다. 교회의 여러 가지 유형을 분석하며 교회 건축의 공공성을 논할 수 있겠지만, 본 논문은 우선 서울 근교의 대형 교회를 대상으로 하여 공공성이 어떻게 실현되고 있는지 앞으로의 건축의 방향을 가늠해 보았다. 그리고 구체적으로 여성의 입장에서 평등성의 가치가 건축 설계에서 어떻게 반영되고 있는지를 검토하였다. 특히 주방과 식사 공간을 친교와 봉사가 이루어지는 사귐과 나눔의 자리로서 의미를 두어 교회 공간 구성에서 어떻게 구획되고 활용되어야 하는지를 고찰하였다.

더 나아가, 보다 실질적인 연구 결과를 위해, 본 연구는 도시 건축 전문 분야에서의 공공성 지표와 신학 분야에서의 공공성 지표를 각각 다르게 설정하여 분석하며, 일반 건축과 달리 교회 건축이 특별히 갖추어야 하는 공공성에 대하여 검토하였다. 또한 공공성에 있어서 어떤 지표가 상대적으로 더 중요한가 혹은 동일한가를 반복 정리하며 설문 답변의 일관성을 추구하고 건축의 공공성 실현을 검토하였다. 공공성 지표에 대한 설문과 응답을 통해 물리적 분야와 신학 분야 각각에서 가중치를 계산하여 지표를 정량화하고, 서울시와 근교에 있는 교회의 건축을 돌아보며 교회 건축의 공공성, 즉 포용성, 환대성, 규모 적합성, 평등성, 교육성, 거룩성, 이러한 여섯 가지 지표가 어떻게 구체적으로 설계에 반영되고 표현되고 있는지를 관찰한 것이다.

건축의 공공성이 실현되는 교회 건축에 관한 논의는 다음으로 정리될 수 있을 것이다. 즉 환대, 포용, 배려가 있는 여성-친화적 평등의 공간은, 담도 낮추고 벽도 허물어 모두를 받아들이며(환대성), 특히 소외되고 배제된 사회 계층까지도 받아들이는(포용성) 공간이 되어야 한다는 것이다. 더 나아가, 교회의 규모를 과시하듯 지나치게 크게 세우지 않으며(규모의 적합성), 주변과 조화하고 또한 시대적 상황을 고려하여 지어지는 교회 건축을 지향한다. 신학적 측면에서, 포용성, 환대성, 규모 적합성은 설문 응답 결과, 가중치가 높게 나온 세 가지 항목들이다. 이러한 교회의 설계와 구성에서 더 나아가 남녀 성차에 따른 위계 없이(평등성), 배우고 깨달으며(교육성), 그러한 가운데 하나님의 현존을 경험할 수 있다면(거룩성), 그러한 교회 건축은 건축의 공공성을 제대로 실현한 바람직한 교회 건축이 될 수 있을 것이다.

참고문헌

김광현. 『건축 이전의 건축』. 서울: (주)CNB미디어, 2014.

김수진. "사람을 만드는 공간, 사람이 만드는 공간," 『건축 콘서트』. 이영수 외, 파주: 효형출판, 2014.

김수연. "교회 건축에 대한 여성신학적 읽기," 「한국조직신학논총」 제39집, 2014.

김혜숙 · 김혜련. 『예술과 사상』. 서울: 이대출판부, 1997.

손호현 외. 『한국 교회 건축과 공공성』. 서울: 동연, 2014.

양진석. 『친절한 건축 이야기』. 고양: (주)위즈덤하우스, 2014.

이경훈. 『못된 건축』. 파주: 푸른숲, 2014.

이영수 외. 『건축 콘서트』. 파주: 효형출판, 2010.

이정구. 『교회 건축의 이해』. 파주: 한국학술정보, 2012.

정혜진. "교회 건축의 공공성에 영향을 미치는 지표들의 가중치 도출," 미간행, 2016년.

조국. "조국의 만남, 승효상 건축가," 「한겨레」 2012년 10월 14일.

고시마 유스케. 『청춘 유럽 건축에 도전하다』. 파주: 효형출판, 2014.

안도 다다오. 『나 건축가 안도 다다오』. 서울: 안그라픽스, 2009.

안도 다다오. 『일을 만들다』. 고양: 재능교육, 2014.

포 용 성

교회 건축의 포용성과 장애인을 위한 편의시설에 관한 연구

김 정 두*

I. 들어가는 말

사회에서 장애인에 대한 인식이 성숙되어 가고 있고, 장애인 복지를 위한 풍토와 공공 정책들이 점진적으로 발전되어 가고 있다. 그렇다면 교회는 어떠한가? 교회는 예배당이나 부속 건물을 신축하든지 증개축이나 리모델링 공사를 할 때에 장애인들을 위한 편의 시설이나 공간 배정에 얼마나 관심을 가지고 있는가? 건축물이 인간에게 가지는 의미는 매우 크다. 그것은 인간을 보호해줄 뿐만 아니라, 안식을 주고, 소중한 만남과 교제를 준다. 그 안에서 자신의 거처를 찾고 한 사람의 인격체로서 그 안으로 받아들여지고 포용되는 것은 삶의 질을 좌우하는 가장 소

* 연세대학교 연합신학대학원 겸임교수 / 조직신학

중한 요소이다. 뿐만 아니라 출입과 내부에서의 사용하고 머무는 방식을 따라 각 건물은 사람의 삶과 움직임을 규정한다. 교회 건물은 지상에 있는 그리스도의 몸이요 지상에 내려앉은 하나님 나라를 상징한다. 즉, 하나님 나라의 가치와 실재를 몸과 마음으로 느낄 수 있는 장소가 되도록 건축 시에 많은 관심을 기울인다. 이러한 교회 건축이 특히 장애인이나 노약자를 배려하여 그들을 포용하는 일은 교회의 본질과도 직결되는 일이다. 따라서 본 논문은 장애를 가진 그리스도인들에 초점을 맞추어 교회 건축의 현황과 미래 방향을 점검해보고자 하는 것이다.

장애인들에 대한 관심을 한국 교회 건축에 어떻게 반영할 것인지에 대한 연구들이 많지는 않았지만 소수의 연구가 간간이 있어왔다. 선행 연구 결과물들을 몇 가지 소개해 보면 다음과 같다. 강영실, "한국 교회의 장애인편의시설현황에 관한 기초조사," 「교회와 사회복지」 창간호 (2003), 35-63; 이종희, "장애인 및 노약자를 고려한 교회 본당 시설의 환경 개선 방안," 「한국디자인문화학회지」 15 (2009), 286-297; 이종희·마은주, "장애인 및 고령자를 고려한 교회 건축 편의시설 개선방안," 「디자인학연구」 23 (2010), 305-316; 박혜전·김정임·조영길, "한국 교회의 장애 인식 및 장애수용(장애인 편의시설 포함)에 관한 연구," 「신앙과 학문」 17 (2012), 97-126. 위의 연구들은 모두 실내디자인 전문가들이나 사회복지 전문가들이 실시한 것들이다. 즉, 이 부분에 있어서 신학자나 목회자들에 의한 연구는 찾아보기가 어려웠다. 신학 분야에서는 장애인들을 고려한 교회 건축에 대한 연구가 아직까지는 거의 부재하다고 볼 수 있다.

본 논문은 한국 교회 건축에 있어서 장애인들을 위한 포용성이 얼마나 중요하고 필수적인 것인지를 숙고해보면서, 실제 교회 건축에 얼마나 반영되고 있는지 파악해보고, 미래 한국 교회 건축이 지향해야할 한 방향성을 전망해보고자 한다. 이를 위해 먼저, 교회가 장애인들에게 대해 어떤 신학적 인식을 가져야할 지를 간략히 정리해보고자 한다. 그리고 미국연합감리교회의 모범을 통해 선진적 교회들은 어떤 실천들을 실행하고 있는지를 본보기로 검토해볼 것이다. 다음으로는 한국 사회에서 법적으로 장애인들을 위해 건축물들에 어떤 시설 규정들을 제정해 놓고 있는지를 알아본 후에, 이를 모범적이고 선제적으로 실천하고 있는 한 교회의 사례를 분석해 보고자 한다. 결론적으로 필자는 교회 건축의 공공성을 평가하는데 있어서 사회적 약자인 장애인을 향한 "포용성"(inclusiveness)이 하나의 의미 있는 지표가 될 수 있음을 제안하고자 한다. 일반적으로 장애인의 범주는 다양한데, 본 논문은 특히 지체장애인, 시각장애인, 청각장애인을 주요 대상으로 삼고자 한다. 교회 건축에 있어서 기타 다양한 장애인들을 위한 건축학적, 실내디자인학적 연구가 전문가들과 함께 점차 확대될 수 있을 것이다.

II. 교회 공동체, 은사로서의 장애 그리고 교회 건축

〈장애인 복지법〉에 따르면 장애인은 "신체적 · 정신적 장애로 오랫동안 일상생활이나 사회생활에서 상당한 제약을 받는 자"로 정의되고 있다. 국가에서는 장애인 복지법을 제정하여 장애인들의 "인간다운 삶과 권리보장", "복지" 그리고 "완전한 사회 참여와 평등"을 증진시키고자 노력하고 있다.

교회는 기본적으로 이와 같은 기본 정신과 목적을 공유하면서, 장애에 관한 신학적 관점을 발전시켜 가야한다. 그렇지 못하면 사회는 장애인 복지에 있어서 많은 향상과 발전을 보이고 있는데, 더 앞장서야할 교회가 오히려 못 따라갈 수도 있다. 장애에 대한 분명하고 적합한 신학적 해석이 정립되어 있어야 교회와 목회자와 회중들은 그것을 교회의 사역과 공간 구성에 반영할 수 있을 것이다. 장애에 관한 신학적 해석의 다양한 관점들 중에 여기서는 조직신학자 위르겐 몰트만(Jürgen Moltmann)의 이해를 간단히 집어보고자 한다. 왜냐하면 그의 장애인 이해는 교회 건축 시에 담아내야할 의미 있는 신학적 통찰들을 제공해주고 있기 때문이다.

몰트만은 바울 신학의 핵심인 "십자가의 신학"을 토대로 하여 장애를 "카리스마(charisma)" 또는 은사로 이해한다.[1] "성공의 종교"는 이 차원을 간과하지만 "십자가의 신학"은 "삶의 고통과 좌절과 장애" 속에서 "하나님의 능력"을 발견한다. 바울은 자신의 약한 것들 속에서 그리스도의 능력과 은혜를 경험하였다(고린도후서 12:9). 이러한 바울의 신학을 중심으로 몰트만은 다음과 같이 주장한다.

> 바울은 공동체 안에 강한 사람과 약한 사람, 지혜로운 사람과 어리석은 사람, 장애자와 비장애자가 있음을 헤아리고 있다. 아무도 무익하거나

1 이하 장애인에 대한 몰트만의 관점에 대한 설명과 인용은 다음을 참고함. 위르겐 몰트만/김균진 옮김, 『생명의 영』 (서울: 대한기독교서회, 1992), 259-261. 장애에 대한 몰트만의 더 많은 신학적 진술들은 다음을 보라. 최대열, "몰트만의 장애(인)신학," 「한국기독교신학논총」 77 (2011): 83-110. 장애를 성령의 은사의 관점에서 해석하며 바울에게 있어서 그리스도의 몸의 은유를 기초로 "포용적 교회론"(inclusive ecclesiology)을 전개하고 있는 다음 논문도 있다. Amos Yong, "Disability and the Gifts of the Spirit: Pentecost and the Renewal of the Church," *Journal of Pentecostal Theology* 19 (2010): 76–93.

무가치하지 않다. 아무도 포기될 수 없다. 약한 사람들, 어리석은 사람들, 이름 없는 사람들도 그리스도의 공동체 안에서 그들의 특별한 카리스마를 가진다. … 모든 인간의 삶은 하나님에 의하여 그리스도 안으로 받아들여진 삶이요 그 안에서 이미 지금 영원한 신적 삶에 참여한다. 초대교회의 그리스도론의 기본명제에 의하면, "용납되지 않는 것은 치료되지 않는다." 그러나 사람이 되셨고 십자가에 달려 죽은 하나님의 아들을 통하여 용납된 것은, 하나님의 눈 안에서는 이미 건강하고 선하며 아름답다.[2]

그리스도는 십자가를 통해 인간의 모든 약함과 고통을 받아들이셨다. 그러므로 십자가는 하나님의 나라의 포용성을 보여주는 사건이다. 이러한 품음과 용납과 포용 속에서 이미 모든 존재는 온전하고 선하고 아름다운 존재인 것이다. 몰트만에 의하면, 장애와 비장애의 구분은 고정된 "우리의 가치기준"에 의한 것일 뿐, 그러한 고정 관념을 해체할 때 장애인들의 삶 속에서도 "고유한 가치와 숭고함"을 읽어낼 수 있고, 그들이 공동체 안에서 가지는 의미도 발견할 수 있다. 장애가 은사가 될 수 있는 이유는 장애 속에 하나님의 메시지와 하시는 일과 "부르심"이 있기 때문이다. 장애인들에게서 이러한 소명과 은사를 볼 수 있을 때, 그들의 얼굴에서 오히려 "하나님의 사랑의 광채"가 빛남을 인식할 수 있다.

바울은 고린도전서 12:23-24에서 다음과 같이 말한다. "우리가 몸의 덜 귀히 여기는 그것들을 더욱 귀한 것들로 입혀 주며 우리의 아름답지 못한 지체는 더욱 아름다운 것을 얻느니라 그런즉 우리의 아름다운

2 위르겐 몰트만/ 김균진 옮김, 『생명의 영』, 259-260.

지체는 그럴 필요가 없느니라 오직 하나님이 몸을 고르게 하여 부족한 지체에게 귀중함을 더하사…." 바울은 교회를 그리스도의 몸으로 비유하면서, 그 몸은 다양한 지체들이 함께 모여야만 구성될 수 있는 것으로 설명한다. 교회 공동체는 다양한 지체들의 집합체(collective)인 것이다. 이 집합체는 더 강하고 아름답고 귀하게 여겨지는 지체뿐만 아니라 그렇지 않는 지체들이 함께 구성하고 있는 것인데, 하나님은 부족한 지체에게 더 아름다움과 귀중함을 입혀주신다는 것이다. 그러므로 어떤 의미에서 교회 공동체는 강한 존재뿐만 아니라 약한 존재를 필요로 하는 것이다. 따라서 몰트만은 교회 안에서 비장애인들이 장애인들을 위해 봉사한다고 생각하기 전에 오히려 장애인이 비장애인에게 주는 도움과 봉사의 차원이 있음을 먼저 인식해야 한다고 강조한다. 장애인들을 위해 무엇인가를 해주는 봉사와 돌봄 이전에 "모든 장애는 하나의 은사이기도 하다"[3]는 인식이 먼저 선행되어야 한다는 것이다. 이러한 의미에서 장애인과 비장애인은 서로에게 선물이 될 수 있다. 심지어 몰트만은 "장애자들이 없는 공동체는 장애자가 되었고 장애하는 공동체이다"[4]라고 주장한다. 장애인 없이는 온전한 공동체가 될 수 없다는 의미이다. 이러한 관점을 가지고 접근할 때에 다양한 카리스마들로 구성된 교회 공동체는 진정한 "디아코니아(diakonia) 공동체"(봉사 공동체)가 될 수 있다는 것이다. 이러한 의미에서 그리스도의 몸인 교회 공동체는 포용성을 본질적인 특징으로 가질 수밖에 없다.

교회 공동체 안에서 장애인들이 위와 같이 고유한 가치와 은사들을

3 앞의 책, 260.

4 앞의 책, 261.

지니고 있다는 신학적 이해는 교회의 사역들뿐만 아니라 사역의 중심 공간이 되는 교회 건물 건축과 구성에 있어서도 매우 중요한 틀과 방향성을 제시해 줄 수밖에 없다. 그리스도의 몸을 구성하는 빼놓을 수 없는 은사로서의 장애를 이해한다면, 장애인들이 충분히 예배와 활동들에 편하게 참여할 수 있고, 교회 공동체 안에서 자신들의 의미 있는 자리를 발견할 수 있도록 교회 공간을 건축하는 일은 당연한 일이다. 이것은 교회 건축에 있어서 장애인들을 위한 '포용성'이라는 개념으로 규정될 수 있을 것이다.

예전학자 제임스 화이트와 영성 교수 수잔 화이트는 교회 건물이 이러한 포용성을 가지려면 가장 중요한 것은 장애인들의 접근성(accessibility)임을 강조한다.[5] 따라서 교회 건축에 대한 그들의 공저에서 한 부분을 장애인들을 위한 건축에 대해 할애하고 있다. 여기에서 그들은 장애인들의 출입을 막는 물리적 장벽을 최대한 해소시키는 것이 교회 신축과 증개축에 있어서 필수적인 요소임을 강조하고 있다. 그들은 교회야말로 누구든지 오라고 영접하는 공동체이며, "모든 개인들의 전적인 인간 가치를 확증하는" 공동체인데, 장애인들의 접근과 참여를 가로막고 배제

5 이러한 주장에 대한 아래 설명과 인용은 다음을 참고함. James F. White & Susan J. White, *Church Architecture: Building and Renovating for Christian Worship* (Akron, Ohio: OSL Publications, 2006), 122-125. 교회 건축에 있어서 장애인을 위한 접근성과 포용성의 중요성을 강조하는 논문으로는 다음을 보라. 여기서 Reynolds는 이러한 실천의 구현을 위해 "친절함의 영성"(a spirituality of attentiveness)을 제안하고 있다. Thomas E. Reynolds, "Invoking Deep Access: Disability beyond Inclusion in the Church," *Dialog: A Journal of Theology* 51 (2012): 212-223. 일반 건축에 있어서 장애인을 위한 "포용적 디자인"(inclusive design)에 대한 연구는 다음을 보라. Ann Heylighen, Caroline Van Doren & Peter-Willem Vermeersch, "Enriching Our Understanding of Architecture through Disability Experience," *Open House International* 38 (2013): 7-19.

시키는 건축적 장벽이 있다면 이것은 교회에 오지 말라는 표시이며 이것이야말로 "자기모순"이며 "복음의 역행"이라고 꼬집는다. 사회는 최근 "공공장소들에의 전적인 접근성"에 많은 관심을 가져왔고 이 부분에 있어서 교회가 사회를 못 따라가고 있다고 지적하면서 교회의 속한 관심과 실천을 환기시키고 있다. 물론 장애인들을 위해 필요한 부분들을 반영하기 위해서는 더 추가적인 예산이 필요하겠지만, 누구든지 예배에 나아올 수 있도록 돕는 그러한 금전 사용이야말로 교회가 해야 할 꼭 필요하고 가치 있는 일임을 주장한다. 즉, 그들은 교회의 포용성을 위해 중요한 것은 교회에서 계단 같은 장벽들을 제거하여 건축학적 접근성을 최대한 확대하는 것임을 제안하고 있는 것이다.

III. 미국연합감리교회 건축의 접근성과 포용성

교회 건축의 포용성의 방향 탐색을 위해, 한국보다 선행적으로 장애인 정책이 발전해있는 미국 사회 속의 교회는 어떻게 장애인들에 대한 관심을 교회 건물에 반영하고 있는지를 살펴보는 일은 도움이 될 수 있을 것이다. 필자는 그 한 예로서 미국연합감리교회의 정책을 파악해보고자 한다. 먼저, 미국연합감리교회는 규율서(The Book of Discipline)[6]에서 "장애인들의 권리"에 대한 조항을 별도로 제정하여 명시하고 있다. 그 조항은 정신적이든 신체적이든 어떤 유형의 장애를 가졌든지 그들 모든 개인들이 교회 공동체의 정식 일원이고 "온전한 인간성과 인격체"이며

6 기독교대한감리회에서는 "교리와 장정"이라고 부름.

교회와 사회는 그들의 시민권을 보호해야함을 천명하고 있다. 그럼으로써 "교회와 사회 속에서 그들을 위한 바른 자리매김"이 이루어질 수 있도록 교회는 관심을 가져야할 것임을 강조하고 있다. 이를 위해 다음과 같은 사항들을 선언하고 있다.

> 우리는 정신적, 신체적, 발달적 그리고/또는 심리학적이고 신경학적인 이상이나 장애를 가진 어린이들, 청소년들 그리고 어른들과 함께하는 사역에 책임이 있음을 확언한다. 그들의 이동, 소통, 지적 이해 또는 개인적 관계성들의 영역들 속에 있는 특별한 필요들은 그들과 그들의 가족들이 교회와 지역공동체의 삶에 참여하는 데에 있어서 더 많은 도전이 될 것이다. 우리는 교회와 사회가 장애를 가진 사람들의 은사들을 인식하고 수용하여 그들이 신앙 공동체의 전적인 참여자들이 되는 것이 가능하도록 할 것임을 촉구한다. 우리는 교회와 사회가 재활 프로그램, 서비스 제공, 고용, 교육, 적절한 집 그리고 교통의 문제들에 민감하고 그러한 것들을 주창할 것을 요청한다.[7]

장애인의 권리에 대한 이와 같은 교회의 입장을 토대로 미국연합감리교회는 규율서에서 "포용성에로 부름을 받았음"(Called to Inclusiveness)의 항목 하에, 교회 공간들이 장애인들에게 접근이 용이하도록 설치되어야함을 권하고 있다.[8] 이 규율은 교회 안에 다양한 사람들은 각기 "특별한 은사들"을 가지고 있으며, 교회의 포용성은 "하나님의 은혜"(God's

7 United Methodist Church, *The Book of Discipline of the United Methodist Church 2004* (Nashville: The United Methodist Publishing House, 2004), 107.

8 앞의 책, 93.

grace)를 보여주는 것임을 말하고 있다. 또한 하나님이 모든 피조물들을 선하게 창조하였음을 상기시키며, 예수 그리스도의 사역은 모든 사람들을 위한 것이었음을 강조한다. 이 규율서는 포용성과 장애인을 위한 공간 설치에 관하여 다음과 같이 설명하고 있다.

> 포용성이란 모든 사람들이 교회와 공동체와 세계의 삶에 참여하는 것이 가능하게 해주는 개방성, 수용성 그리고 지원을 의미한다. 그러므로 포용성은 모든 부류의 차별을 거부한다. 포용적인 사회의 표지는 그 안에 있는 모든 사람들이 다른 모든 사람들에 대하여 열려있고 환영하고 전적으로 받아주고 지원해줌으로써, 그들이 교회와 공동체와 세계의 삶에 전적으로 참여하는 것이 가능하게 해주는 것이다. 포용성을 위한 또 하나의 표지는 교회의 활동들을 위해 장애를 가진 사람들이 접근할 수 있는 공간들을 설치하는 것이다. 연합감리교회에서 포용성은 모든 사람들의 총체적 참여를 위한 자유를 의미한다.[9]

이 규율 항목은 여기에 덧붙여 연합감리교회에 속한 신학교 건물들은 미국 법무부가 정한 "장애를 가진 미국인을 위한 법률"(Americans with Disabilities Act)에서 명시하고 있는 "접근 가능한 디자인 표준들"(Standards for Accessible Design)[10]을 최선을 다해 따를 것을 요청하고 있다. 또 다른 항목인 지역 교회 건물들과 관련한 규율에는 교회를 건축하거나 사거나 리모델링할 때에 "장애를 가진 사람들을 위한 주차,

---

9 앞의 책, 93.

10 https://www.ada.gov/2010ADAstandards_index.htm 2017년 4월 5일 접속.

출입구, 좌석, 휴식 공간들, 접근성을 위해 적합한 공간들을 제공"할 수 있도록 계획을 세우고, 접근성에 있어서는 강대상 위 공간까지 포함시키도록 노력할 것을 명하고 있다.[11]

규율서에서 위와 같은 기본 입장을 규정하고 있는 연합감리교회는 사회적 이슈들에 대한 교회의 입장과 정책을 밝혀놓은 결의서(Book of Resolutions)에서 "교회와 지적, 신체적, 심리적 그리고/또는 신경학적 장애들을 가진 사람들"이라는 항목 하에 장애인들을 위한 교회 공간 구성에 대해 보다 구체적인 지침을 제시하고 있다. 이 결의서 속에 담겨있는 장애인들과 관련한 항목은 그리스도인들이 "지적, 신체적, 심리적 그리고/또는 신경학적 장애들을 가진 사람들과 그들의 가족들을 수용하고 포용하고 그들의 은사들을 받아주며 그들의 관심사에 응답할 필요성의 인식"[12]을 가질 것을 촉구하고 있다. 장애인과 관련하여 관심을 기울여야할 여러 가지 사항들 중에 가장 강조하는 바는 "접근성"(accessibility)이다. 위 결의서가 명시하고 있는 교회 건물의 접근성과 관련한 결의 사항들은 다음과 같다.

첫째, 교회는 "장애물 없는(barrier-free)" 사회 형성을 위해 헌신한다. 특히 교회와 목사관 건물에 있어서 신체적 접근성을 높이도록 신속히 최선을 다하고, 건물 공간의 접근성에 있어서 기본적인 기준에는 부합되는 교회에만 연합감리교회 본부의 지원금이 제공될 수 있도록 한

11 United Methodist Church, *The Book of Discipline of the United Methodist Church 2004*, 697-698.

12 http://www.umc.org/what-we-believe/church-and-people-with-intellectual-physical-psychological-disabilities 2017년 4월 5일 접속. 이 결의안 항목과 관련한 이하 설명은 이 글을 참고함.

다. "성전 의자, 성찬대, 강단 위와 설교대, 교실 그리고 화장실"에 원활히 접근할 수 있도록 한다. 교회 공간들마다 시작장애인들과 청각장애인들이 필요로 하는 장비와 장치들을 구비하고 설치한다.

둘째, 연합감리교회의 모든 모임들은 장애인들이 참여할 수 있도록 여건을 조성해야 하고, 연회나 지방회 등은 장애인들이 교단의 각 부서와 위원회의 임원이나 위원으로 충분히 참여할 수 있도록 노력해야만 한다.

셋째, 모든 연합감리교회들은 장애인들이 교회를 사용하는 데 있어서 장벽이나 걸림돌은 없는지 건물 평가를 수행할 것을 요청한다. 연합감리교회 세계선교부에서 마련해놓은 "교회 접근성 평가"(The Accessibility Audit for Churches)의 의미와 방법에 대한 자료를 사용할 것을 추천한다.

이와 같이 장애인들의 접근성을 위한 정책과 방향성을 제시하면서 위 결의안에서는 교회가 장애인들을 위한 장애물 없는 건축을 강조하여 제안하고 있다.[13] 그래서 장벽 없는 배리어 프리 공사 계획을 가지고 "대

신촌교회 정문 배리어 프리 주요 접근로 및 주 출입구

13 국내에서는 2011년도에 신축한 연면적 11,997㎡의 대형 교회 신촌교회(기독교대한성결교회, 담임목사: 박노훈, 서울시 마포구 동교동)가 배리어 프리 모범을 보이고 있다. 교회 앞 도로에서부터 예배당 주 출입구까지 턱과 경사가 거의 없어 장애인들의 접근성

예배실들, 교육관들, 목사관들, 수양관들, 대학교들, 또는 기타 교회 관련 기관들이나 건물들"을 건축하는 교회들에게만 연합감리교회 교단 차원의 후원금이나 대출이 지원될 수 있도록 규정하고 있다. 건축을 위한 자금을 교단으로부터 지원 받지 않은 경우라도 새로 짓거나 리모델링하는 교회 건물은 배리어 프리로 공사해야만 한다고 명시하고 있다. 그리고 기존 공간들을 개조해서, "출입구들을 넓히고, 경사로들과 엘리베이터들을 설치하고, 가능한 곳은 계단들을 제거하고, 손잡이들이나 적합한 주차 공간들이나 화장실들을 제공하도록" 강하게 요청한다. 이렇게 배리어 프리 건축을 강조하는 이유는 교회 건물의 접근성을 높여 장애인들도 교회 공동체 안에서 마땅한 주체요 일원으로 참여할 수 있도록 그들을 향한 포용성을 높이고자 하는 목적이다. 위 결의안 항목은 1984년도에 처음으로 채택되었고 이후로도 계속 수정 보완된 결의안이다. 이것을 볼 때 연합감리교회는 일찍이 이 문제에 깊은 관심을 가져왔음을 알 수 있다.

위에서 언급된 "교회 접근성 평가(감사)"에 대해 좀 더 살펴보자. 연합감리교회 장애인사역위원회는 교회 공간의 접근성은 교회의 포용성 또는 환대성을 보여주는 중요한 요소가 됨을 인식하면서, 1년에 1회씩 교회의 접근성 평가를 하도록 장려하고 있다.[14] 장애인사역위원회는 각 교회가 사용할 수 있도록 평가 양식을 제공하고 있는데 그 주요 내용만을

이 뛰어나 서울특별시로부터 "서울형 무장애 건물"로 선정되기도 하였다.

14 이와 관련해서는 아래 문헌들을 보라.
https://www.umdisabilityministries.org/access/audit.html;
http://www.umcmission.org/Find-Resources/New-World-Outlook-Magazine/New-World-Outlook-Archives/2014/May/June/0527accessibilityisanotherword. 2017년 4월 5일 검색.

중심으로 정리해보면 아래 표와 같다.[15]

평가 항목들	평가 (예, 아니오, 모름)	코멘트
교회에 들어올 때		
교회 주변에 머물 때		
대예배실, 교실들, 친교공간		
소통방식들과 환경		
태도들		
다음 해에 접근성을 위한 개선 목표들		
확인(서명)	담임목사: 평신도 대표:	감리사:

실제 양식에는 위 표의 각 항목마다 세부 항목들이 있어서 그 항목마다 강점과 약점을 점검하고 평가하게 되어 있다. 장애인사역위원회는 그리스도의 몸인 교회가 누구든지 환영한다고 하면서 장애인들을 위한 건물의 접근성을 마련해 놓지 않는다면 모순이라고 지적하면서, 공간과 통행뿐만 아니라 소통방식, 태도, 예배 등까지 평가하는 일이 반드시 필요함을 주장하고 있다. 이 평가는 일반 교인들과 장애를 가진 교인들이 함께 참여를 하도록 해야 더 실효성이 있을 것이라고 권하고 있다. 이러한 평가를 연례적으로 실시하여, 감리사가 구역회를 주재할 때 평가 결과를 준비해 놓도록 제안하고 있다.

위와 같이 미국연합감리교회가 접근성 확대를 통해 장애인에 대한 포용성을 넓혀가고자 하는 노력은 매우 좋은 모범 사례가 아닐 수 없다.

---

15 실제 양식은 다음을 보라.
https://www.umdisabilityministries.org/download/annualaudit.pdf.

한국 교회도 앞으로 교회 접근성 평가를 실시해서 반영해 나아간다면 사회보다 앞서가며 도전을 줄 수 있는 계기가 될 것이라고 생각된다.

IV. 한국 건축법이 규정하는 장애인 편의시설

한국 교회 건축에 있어서 장애인들을 향한 포용성 지표를 연구함에 있어서 국가가 건축법을 통해 종교시설에 요청하고 있는 바가 무엇인지를 확인하고 정리해볼 필요가 있다. 정부의 장애인 정책은 보건복지부에서 관할하고 있다. 정부는 1997년에 처음으로 〈장애인 · 노인 · 임산부 등의 편의증진 보장에 관한 법률〉을 제정하였다. 그 후 점차 "공공시설, 주거환경, 교육환경, 작업환경, 문화시설, 근린생활시설" 등에서 장애인 편의시설 확충이 증대되어왔다. 지체, 시각, 청각, 언어, 지적장애 등 다섯 가지로 구분되어 있던 장애 범주에 열 개를 추가하여 열다섯 개 유형이 장애 범위로 인정되게 되었다. 또한 2007년도에는 〈장애인차별금지 및 권리구제 등에 관한 법률〉이 제정되었다.[16]

국가 법령에서 건물 시설과 설비와 관련한 장애인 복지법은 〈장애인 · 노인 · 임산부 등의 편의증진 보장에 관한 법률〉, 〈장애인 · 노인 · 임산부 등의 편의증진 보장에 관한 법률 시행령〉 그리고 〈장애인 · 노인 · 임산부 등의 편의증진 보장에 관한 법률 시행규칙〉 하에 제정되어 있다.[17]

16 이상 보건복지부의 장애인 정책에 관해서는 보건복지부 인터넷 홈페이지에서 다음을 보라. http://www.mohw.go.kr/front_new/policy/index.jsp?PAR_MENU_ID=06&MENU_ID=063701 2017년 4월 9일 접속.

17 이 법률 전문들은 다음 법제처 국가법령정보센터 인터넷 홈페이지를 보라.

〈장애인 · 노인 · 임산부 등의 편의증진 보장에 관한 법률〉 제1조는 이 법의 목적을 다음과 같이 밝히고 있다. "이 법은 장애인 · 노인 · 임산부 등이 일상생활에서 안전하고 편리하게 시설과 설비를 이용하고 정보에 접근할 수 있도록 보장함으로써 이들의 사회활동 참여와 복지 증진에 이바지함을 목적으로 한다." 또한 제2조에서는 다음과 같이 용어들을 설명하고 있다. "'장애인등'이란 장애인 · 노인 · 임산부 등 일상생활에서 이동, 시설 이용 및 정보 접근 등에 불편을 느끼는 사람을 말한다. '편의시설'이란 장애인등이 일상생활에서 이동하거나 시설을 이용할 때 편리하게 하고, 정보에 쉽게 접근할 수 있도록 하기 위한 시설과 설비를 말한다." 특히, 제4조에서는 장애인의 "접근권"에 관하여 다음과 같이 명시하고 있다. "장애인등은 인간으로서의 존엄과 가치 및 행복을 추구할 권리를 보장받기 위하여 장애인 등이 아닌 사람들이 이용하는 시설과 설비를 동등하게 이용하고, 정보에 자유롭게 접근할 수 있는 권리를 가진다." 제10조에서는 장애인들이 안전하고 편리하게 이용할 수 있는 시설들을 확대해가기 위해 "장애물 없는 생활환경 인증" 제도 운영을 정하고 있다.

〈장애인 · 노인 · 임산부 등의 편의증진 보장에 관한 법률 시행령〉에서는 특히 이 법이 적용되는 건물과 시설에 대한 조항들이 들어있다. 이 시행령 [별표 1]은 "편의시설 설치 대상시설"에 관해 설명하고 있다. 여기에는 종교시설(교회, 성당, 사찰, 기도원 등)도 포함되어 있다. 종교집회장의 경우 "바닥면적의 합계가 500제곱미터 이상인 시설"은 장애인등을 위한 편의시설을 설치하도록 되어있다. 즉, 연면적이 500제곱미터

---

http://www.law.go.kr/main.html. 2017년 4월 9일 접속.

이상인 교회는 본 법률의 적용대상이 되는 것이다. 시행령[별표 2]는 "대상시설별 편의시설의 종류 및 설치기준"에 관해 자세히 설명하고 있다. 여기서는 대상시설별로 설치하여야 하는 편의시설의 종류를 도표로 제시하고 있는데 그중에서 종교시설과 관련한 부분만 소개해 보면 다음과 같다.

대상시설별 편의시설의 종류 및 설치기준

편의시설 / 대상시설		매개시설			내부시설			위생시설					안내시설			그 밖의 시설				
								화장실												
		주출입구 접근로	장애인전용 주차구역	주출입구 높이차이 제거	출입구(문)	복도	계단 또는 승강기	대변기	소변기	세면대	욕실	샤워실·탈의실	점자블록	유도 및 안내설비	경보 및 피난설비	객실·침실	관람석·열람석	접수대·작업대	매표소·판매기·음료대	임산부등을 위한 휴게시설
종교시설	종교집회장	의무	의무	의무	의무	권장	권장	권장	권장	권장					의무		권장			권장

이 표를 보면 교회가 의무적으로 설치해야할 편의시설이 무엇인지를 알 수 있다. 여기에서 한 가지 의문이 드는 것은 장애인 전용 화장실과 장애인이 이용 가능한 계단이나 승강기가 의무 사항이 아니라고 하는 것이다. 필자가 만난 서울특별시지체장애인협회 어느 구 지회 담당

자는 이 부분은 의무 사항으로 개정되는 방향으로 가는 것이 바람직하다고 생각하고 있었다. 위와 같은 법률과 시행령에 덧붙여 〈장애인·노인·임산부 등의 편의증진 보장에 관한 법률 시행규칙〉은 편의시설의 구조, 재질, 규격 등에 관해 더 세부적인 기준들을 설명하고 있다. 건물과 시설에서 장애인을 위해 반드시 반영해야만 하는 또 하나의 중요한 법률 규정들이 있다. 화재 등의 위급한 상황에서 그것을 인지하고 대피할 수 있도록 시각장애인과 청각장애인을 위해서 소리와 빛을 통한 경보 및 피난설비를 설치해야만 하는 것이다. 이에 관해서는 〈장애인·노인·임산부 등의 편의증진 보장에 관한 법률 시행령〉[별표 2]와 〈장애인·노인·임산부 등의 편의증진 보장에 관한 법률 시행규칙〉[별표 1]에 설명되고 있다. 또한 국민안전처 "자동화재탐지설비 및 시각경보장치의 화재안전기준"에도 청각장애인을 위한 "시각경보장치"가 설치되어야 함을 규정하고 있다.[18]

서울시의 경우 〈서울시 장애인 편의시설 설치 매뉴얼〉을 제작하여 적용하고 있다.[19] 특히, 서울시에서는 각 구청 장애인지원과와 연계되어 있는 외부 사단법인 서울특별시지체장애인협회가 실시하는 편의시설 설치기준의 적합성 심사에 통과가 되어야만 구청 건축과에서 건축인허가가 나오고 준공 심사를 통과하도록 실행하고 있다. 따라서 시설주가 건물을 신축, 증축, 용도변경 등을 할 때, 서울특별시지체장애인협회가 설계도 검토와 실태조사 등을 통해 적합성을 확인한다. 이 협회는

18 이 기준 역시 법제처 국가법령정보센터 인터넷 홈페이지에서 전문을 볼 수 있다.

19 매뉴얼은 서울시 장애인 홈페이지에서 다음을 보라.
http://disability.seoul.go.kr/lifeinfo/lifeinfo_03.jsp?Depth=4310&tr_code=short 2017년 4월 9일 접속.

각 구별로 지회가 있다. 어느 지회의 담당자는 필자와의 인터뷰에서 말하기를 본인의 현장 경험에 비추어볼 때, 교회의 3분의 2 정도가 장애인 편의시설 설치와 관련하여 관심이 부족하다고 한다. 물론 적극 반영하고자 하는 교회도 있다고 한다. 사회적으로도 아직 인식이 부족하여 더 성숙한 풍토가 조성될 필요가 있다고 한다. 한편 교회나 사회나 당장의 비용 부담, 공간적 한계, 우선성 등의 고려 때문에 소극적인 경우도 있을 것이다. 결국 교회 건물 신축 및 증축을 할 때 장애인 편의시설 설치에 관해 세 가지의 태도가 있을 것이다. 법률 기준에 못 미치거나 사회 일반보다도 부족한 경우, 기본 의무 법률 기준만 지키는 경우, 법률 기준이나 사회 일반보다 앞서 더 적극적으로 실천하는 경우이다.

V. 한국 교회 실례 연구(Case Study)

이제 대형 교회 중 한 교회를 선택하여 연구함으로써 실례 연구(case study)를 통해 교회 건축에 있어서 장애인 편의시설에 관한 법률적 기준과 장애인들을 향한 포용성이 어떻게 반영되고 있는지 구체적으로 탐구해 보고자 한다. 필자는 교회 건축의 포용성을 보여주는 하나의 좋은 예로서 특별히 거룩한빛광성교회를 선택하여 탐방과 분석을 실시해 보았다.

거룩한빛광성교회(담임목사: 정성진)는 대한예수교장로회 통합 교단에 속한 교회로서 경기도 고양시 일산에 위치한 대형 교회이다. 현재 예배당 건물은 2003년 착공하여 신축하였으며 2005년 완공하여 입당하여 오늘에 이르고 있다. 지하 2층, 지상 4층에 연면적 11,503.46㎡의 건물이다. 설계를 맡은 업체는 하나플러스건축사사무소이다. 일산은 서울 근교에 있는 대표적인 신도시로서 많은 주거 지역과 인구가 밀집된 활력 있는 도시이다. 그 지역에 있는 많은 교회들 중에 광성교회는 장애인들을 위한 사역에 많은 관심과 노력을 기울이고 있는 교회로 평가되고 있어 필자는 이 교회를 탐방하여 교회 공간이 장애인들을 위해 어떻게 구성되어 있고 사용되고 있는지를 알아본 것이다.

교회 입구에 도착하자마자 눈에 띄는 표지판이 보였다. 지하 주차장으로 들어가는 입구에 "진입금지: 주일 새가족 장애인 전용"이라고 쓰여 있는 안내판이었다. 주일에는 교회를 새로 찾아온 사람들이나 장애인들만 지하 주차장을 사용할 수 있도록 하고 있었다. 대로변에서 예배당(본당) 건물 주 출입구(정문 출입구) 쪽을 향해 보니 대로에서부터 예배당 주 출입구까지 접근로에 단 한 개의 계단이나 턱도 없이 완만한 경사로 이루어져 있었다. 휠체어를 사용하는 사람들이 높이 차이나 장애물 없이 배리어 프리로 정문에 접근할 수 있도록 해놓은 배려로 보인다. 접근로 양 옆에 손잡이가 설치되어 있었고, 손잡이에는 시각 장애인들을 위한 점자 표지가 부착되어 있었다. 주 출입구에도 턱이 없었다. 주 출입구 문은 일반 여닫이 문 외에 양쪽 두 곳에 널찍한 자동문을 설치해 놓아 휠체어 사용 장애인들이 편리하게 출입할 수 있도록 되어 있었다.

승강기(엘리베이터)는 장애인도 사용할 수 있는 용으로 설치가 되어 있었다. 외부 버튼(호출버튼)은 비교적 낮은 위치에 설치해놓아 휠체어 사용자들이 충분이 손에 닿을 수 있도록 해 놓았다. 승강기 호출 버튼 앞바닥에는 점형 블록을 설치해놓아 시각 장애인이 감지할 수 있도록 되어 있었다. 엘리베이터 내부에는 일반 사람들이 사용하는 조작반(각 층 버튼이 달려 있는 부분) 외에 낮은 위치에 가로로 설치해 놓은 장애인용

조작반이 달려 있었고 비상벨도 설치가 되어 있었으며 각 층마다 안내 음성이 나와 시각 장애인들이 사용하는데도 도움이 될 수 있게 되어 있었다. 모든 버튼은 물론 점자 표시가 되어 있었다. 또한 엘리베이터 내부에 몸이 불편한 사람이 사용할 수 있도록 수평 손잡이를 설치해 놓았다. 엘리베이터 문 안팎에는 장애우와 노약자에게 양보하자는 문구를 붙여 놓았다. 한쪽 엘리베이터는 주일에는 노약자와 장애인들만 이용할 수 있도록 안내하고 있다. 따라서 지체 장애인들이 원하는 각 층에 접근하는 데에 불편함이 없어보였다. 다만, 층과 층 사이에 계단들이 많이 있었는데, 계단에는 측면 손잡이 외에는 장애인들을 위한 별다른 설치는 보이지 않았다. 예를 들면, 층수와 위치를 나타내는 점자표지 같은 것은 없었다. 아마도 승강기를 이용하면 충분하기에 계단에는 별다른 설치는 하지 않은 것 같다.

대예배실 내부에는 출입문을 열고 들어가자 마자 가깝고 좋은 위치에 여섯 개의 휠체어를 사용하는 사람들을 위한 관람석을 별도로 만들어 놓았다. 인상적인 것은 제단으로 올라가는 계단도 한쪽에는 경사면(ramp)으로 만들어놓아 휠체어를 타고 올라갈 수 있도록 만들어 놓은 점이었다. 또한 주일 저녁예배 중이어서 예배 인원이 많은 편이 아니었음에도 불구하고 제단 한 쪽에서 수화 통역자가 서서 모든 찬양과 성경봉독과 설교를 수화로 통역해주고 있었다. 이 교회가 얼마나 장애인들에 대한 관심과 배려를 가지고 있는 지 엿볼 수 있는 모습이었다. 장애인들을 향한 포용성이 느껴지지 않을 수 없었다. 교회 측에 문의해보니 새벽예배 외에는 거의 모든 예배를 수화로 통역하고 있다고 했다. 여러 성도들이 자격증을 따서 함께 봉사하고 있다고 한다. 이러한 모습 속에서 이 교회가 얼마나 장애인들을 향한 포용성이 있는지 충분히 느껴질 수 있었다.

꽃재교회 모든 층마다 있는 남녀 각각의 장애인 전용 화장실

화장실은 지하 2층, 지하 1층, 1층, 4층에 있는데, 그중 장애인을 위한 화장실은 지하 2층에 남녀 공용으로 한 칸이 있고, 지하 1층에 여성 장애인을 위한 화장실이 한 칸, 남성 장애인을 위한 화장실 한 칸 그리고 1층에 여성 장애인을 위한 화장실이 한 칸 있다. 4층에는 장애인을 위한 화장실은 별도로 없다. 장애인을 위한 화장실들의 면적이 협소하여 사용하기에 다소 불편할 수 있다는 생각이 든다. 남성 장애인의 경우에는 화장실을 사용하기 위해서는 지하로 내려가야만 한다. 예배당의 크기와 회중의 숫자에 비해 장애인을 위한 화장실의 숫자가 적지 않나 싶다. 이 교회에서는 이 점이 가장 아쉬운 점으로 느껴졌다. 교회 건축 설계 시에 장애인용 화장실 설치 계획을 위한 공간을 충분히 확보하지 못한 것 같다. 또한 주일처럼 동일 시간에 많은 회중들이 사용해야 할 때는 일반 화장실도 부족한 상황 속에서 장애인을 위한 화장실 공간을 따로 마련하기가 어려웠을 것은 충분히 이해가 간다. 현재 건물은 2003년도부터 2005년도 까지 건축되었는데, 만일 지금 이 교회가 건축을 한다면 분명 각층 마다 더 많고 넓은 장애인 전용 화장실을 설계에 반영하여 설치할

것이라고 생각된다.[20]

본당 건물의 주차장은 지하 2층에만 있었다. 그 외에는 외부 지면 주차장을 이용하도록 되어 있었다. 설계도면에는 장애인 전용 주차구역이 4개로 되어있는데, 이 교회는 법정 숫자보다 더 확대하여서 현재 13개를 장애인 전용 주차구역으로 만들어 놓았다. 지하 2층 주차구역이 총 59개인데, 그 중 13개가 장애인 전용 주차구역이다. 국토교통부 〈주차장법 시행령〉[별표 1] "부설주차장의 설치대상 시설물 종류 및 설치기준"에 의하면, "부설주차장 주차대수의 2퍼센트부터 4퍼센트까지의 범위에서 장애인의 주차 수요를 고려하여 지방자치단체의 조례로 정하는 비율 이상을 장애인전용 주차구획으로 구분 · 설치해야 한다"라고 법률로 정해져 있다.[21] 광성교회는 법정 기준보다 훨씬 더 많은 장애인 전용 주차구역을 확보해 놓은 것이다. 장애인 전용 주차구역을 출입구와 엘리베이터와 가장 가까운 바로 앞에 붙여서 설치해 놓았다. 출입구에는 바닥에 시작장애인들을 위한 점형블록이 설치되어 있으며, 높이 차이가 없고, 널찍하게 설치되어 있어서 출입이 용이하게 되어 있었다. 그래서 도착하자마자 바로 엘리베이터를 타고 위층 예배실이나 다른 공간으로 이동하기 편리하게 해 놓았다. 바닥은 노란색과 흰색을 사용하여 주차구역이 식별하기 쉽도록 표시해 놓았으며, 장애인 전용 표시도 눈에 잘

---

20 2014년에 완공된 서울시 성동구 하왕십리동의 꽃재교회(기독교대한감리회, 담임목사: 김성복)는 연면적 17,153.63㎡, 지하 4층 지상 7층의 대형 교회이다. 이 교회는 지하 1층부터 지상 6층까지 매 층마다 장애인을 위한 전용 화장실이 남성용 1개, 여성용 1개씩 세면대까지 갖추어 충분히 넓고 편리하게 설치되어 있다. 교회 건물에서 장애인전용 화장실 설치는 법적 의무사항이 아님에도 불구하고 이렇게 많은 공간을 건축에 반영한 것은 매우 높게 평가 받을 만하다.

21 참고로 서울특별시는 3%로 정해져있다.

띄도록 표시해 놓았다. 물론 장애인 전용 주차 구역 안내 표지도 식별하기 쉽게 부착해 놓았다. 주차장 바닥에 미끄럼 방지를 곧 설치하기 위해서 공사를 준비하고 있다고 한다. 주차장에 도착하여 주차를 하고 출입문 쪽으로 가는 공간에서 장애인들은 이 교회가 그들에게 진심으로 관심을 가지고 환영한다고 생각할 수 있는 분위기가 자연스럽게 느껴졌고 그것이 매우 인상적이었다. 한 가지 더 인상적인 것은 주차장 출입구에 상시로 휠체어를 몇 개 비치해놓고 있다는 것이었다.

광성교회 출입구 바로 앞의 장애인전용주차구역 및 휠체어 보관소

시각 및 청각장애인 경보·피난 설비는 크게 소리와 빛을 통해 화재 등의 위급한 상황을 알리는 장치이다. 〈화재예방, 소방시설 설치·유지 및 안전관리에 대한 법률〉에 따라 이 교회도 기본적으로 각층 로비와 복도에 있는 소화전들을 중심으로 화재 음향장치(소리) 및 시각경보장치(빛)가 부착되어 있었다. 그러한 장치들을 통해 화재 시에 시각장애인들과 청각장애인들은 위험 상황을 포착할 수 있을 것이다. 그러나 이러

한 장치들은 법률에 의한 의무로 설치하는 것이기에 장애인들을 위해 이 교회가 더 특별히 신경을 쓴 부분이 있는지는 파악할 수 없었다. 다만 광성교회는 1년에 1회 반드시 주일예배 때 온 교우들이 참여하는 소방 훈련을 실시한다는 사실은 매우 신선하고 모범적인 사례로 다가왔다. 평소 이러한 훈련을 통해 장애인들도 만일의 상황 속에서 어떻게 대처할 수 있을지 준비가 잘 될 것이라 생각된다.

끝으로 광성교회를 탐방하고 교회 공간에 대한 연구를 진행하면서, 이 교회는 목회자와 성도들이 장애인 사역을 향한 비전과 진정성을 분명히 가지고 있는 교회임을 알 수 있었다. 교회 건물을 배치하고 사용하는데 있어서도 장애인들을 위한 관심을 적극 반영하고 있기 때문이다. 이 부분을 간략히 정리해보면서 이 교회를 통한 사례 연구를 마치고자 한다.

거룩한빛광성교회의 장애인 사역은 크게 세 가지 축을 중심으로 이루어지고 있다. 첫째는, 교회학교 내에 사랑부의 운영이다. 사랑부는 장애인들을 위한 부서이다. "느린 걸음으로 함께 걷는 교회", "공평하신 하나님을 예배하는 세대" 등의 가치를 가지고 사랑어린이부, 사랑청소년부, 사랑장년부로 나누어 연령별로 부서를 운영하고 있으며, 각 부마다 담당목사와 전도사가 배치되어 있다. 사랑부를 위한 공간은 본당 지하 1층에 별도로 마련되어 사용하고 있다. 이 공간은 고정된 의자 대신 이동용 의자들을 사용함으로써 의자를 치우고 빈 바닥에서 장애인들이 마음껏 움직이고 활동할 수 있도록 해놓고 있다.

둘째는, 농인 선교이다. 별도의 건물인 비전센터를 지어 농인부를 위한 예배실을 따로 설치하여, 매 주일 오후 1시에 청각 장애와 언어 장애를 가진 농인만을 위한 예배를 따로 드리고 있다. 전담 목사 1명이 임명

되어 섬기고 있으며, '수화 성경통독' 같은 프로그램도 진행하고 있다. 참고로 이 비전센터에는 태국과 베트남 사람들을 위한 예배실도 만들어 외국인 선교를 위한 포용성도 보여주고 있다.

셋째로, 사회적협동조합 "장터" 운영이다. 교회 본당 외부에 별도로 건물을 지어 그 건물 전체는 장애인과 새터민들에게 보람 있는 일자리를 만들어주고, 농어촌교회에서 생산한 건강한 식품들을 직거래를 통해 판매하는 곳으로 전적으로 사용되고 있다.[22] 2013년도에 설립하여 별도의 법인으로 경영되고 있다. 이 건물에서 국내산 밀로 직접 제빵하는 베이커리와 카페를 운영하면서 좋은 재료들을 사용하여 지역 주민들에게 건강한 먹거리와 소통의 장을 제공하고 있다. 특히 장애인(발달장애인)들에게 직업재활훈련을 통해 제빵 기술을 가르치고 그들을 고용하여 정상적인 임금을 제공하고 있다. 농인 바리스타가 카페를 섬기도록 하고도 있다고 한다. 교회가 건물을 따로 마련하여 장애인도 함께 호흡하며 살아갈 수 있는 일상적 공간을 만들어 내고 있다는 것은 그 어떤 교회의 사역보다 더 의미 있는 사역으로 다가온다.

종합적으로 거룩한빛광성교회는 사회에서 법으로 정해진 의무 조항들 이상으로 선제적으로 장애인들을 위한 접근성과 포용성을 교회 건물과 사역에 담아냄으로써 다른 교회들과 사회에 좋은 모델이 되고 있음을 확인할 수 있었다.

---

22 자세한 내용은 교회 인터넷 홈페이지에서 다음을 참고하라.
http://kwangsung.org/page_nGKZ75 2017년 4월 9일 접속.

VI. 나가는 말

이상에서 교회 공동체의 일원인 장애인의 접근과 참여를 위한 교회 건축의 포용성에 대한 이론적이고 실제적인 고찰을 해보았다. 교회는 하나님 나라를 섬기는 기관으로서 사회의 공공 복리와 공공 정책의 발전에 관심을 가지고 참여할 뿐만 아니라 교회가 선제적으로 실천함으로 모범을 보여 사회를 선도해 가야할 사명이 있다. 그러므로 교회 건축의 공공성 정도를 평가하는 기준이 되는 지표들 중에 사회적 약자인 장애인들의 접근성 향상을 통한 포용성을 필수적 항목으로 반영할 것을 필자는 제안하는 바이다. 끝으로 이러한 포용성 확대를 위한 몇 가지 제언을 함으로써 글을 맺고자 한다.

첫째는 교회와 교단을 향한 제언이다. 미국연합감리교회처럼 각 교단별로 장애인들을 위한 교회 건축 기준을 마련하는 일이 필요하다. 법률이 정한 바가 있기에 교회가 건축허가를 받고 준공 심사에 통과되려면 최소한의 기준은 지킬 수밖에 없을 것이다. 그러나 교회는 물론 사회법을 적극적으로 준수해야 하겠지만, 더 나아가 사회법보다 앞서가는 노력도 해야만 할 것이다. 장애인 편의 시설에 관한 국가 법률적 조항들과 연계하에 교단이나 교회연합회 자체적인 매뉴얼 제작한다면, 법률이 정하는 것 이상으로 창조적이고 선제적인 실천이 점차 확대되는 데에 큰 공헌이 될 것이다. 사회적으로도 신선한 모범이 될 것이다. 교회의 이러한 노력은 장애인들뿐만 아니라 인구가 급증하고 있는 노인 세대들을 위한 대비가 되기도 하다.

둘째, 이 주제에 대한 신학자들과 목회자들의 관심과 연구의 필요성이다. 아직까지 교회 건축에 있어서 장애인들을 위한 편의시설에 관한 신학자들이나 목회자들의 연구는 거의 이루어지지 않고 있다. 이 분야에 관하여 건축학자들이나 사회복지학자들의 전문가적 견해를 기초로 하면서, 신학자들이나 목회자들만이 볼 수 있는 안목과 낼 수 있는 목소리가 있을 것이다. 교회에서의 실현 가능성을 위해서 이들의 비전과 노력 그리고 회중들과의 공감이 가장 결정적일 것이다. 그런데 대다수의 중·소형 교회는 땅이나 공간이나 재정이 부족한 상황에서 자발적이고 선제적인 실천이 쉽지 않을 것이다. 하지만 대형 교회는 충분히 모범적이고 선제적이고 자발적인 실천이 가능하다고 보며, 그렇게 할 때에 그 교회의 사역과 선교는 더 빛이 날 것이다.

끝으로, 보건복지부를 향한 바람이다. 현재 교회에 대해서는 장애인이 사용가능한 화장실, 엘리베이터 또는 계단에 관한 규정이 법적으로 의무화되어 있지 않고 권장 사항으로만 되어 있으나 이것을 점차 의무화의 방향으로 유도할 필요가 있을 것이다. 현재, 지역자치센터, 공공도서관, 국민건강보험공단, 공연장 및 관람장 같은 문화 및 집회 시설, 의료 시설, 교육 연구 시설 등은 이 부분이 모두 의무화되어 있다. 물론 교회를 공적 시설로 볼 것이냐 아니면 사적 시설로 볼 것이냐의 문제가 있을 것이다. 사적인 기관으로 간주할 때, 교회 건축에 관해 정부가 일방적이고 획일적으로 의무 법률을 만드는 것은 무리가 있을 수 있을 것이다. 그러나 교회도 소방법의 적용을 받듯이 일반 시민 다수가 사용하는 교회 공간에 대해서 기본적인 사항을 의무화하는 것이 부적합하지는 않을 것이다. 최근 교회는 문화센터, 카페, 사회복지 프로그램 등 다양한 시민들이 모이고 다양한 목적으로 사용하는 곳으로 점차 그 문을 열어 가고 있기 때문에 사적인 공동체 일뿐만 아니라 공적인 기능도 확대되어 가고 있다.

신약성서에 보면, "예수께서 그 어린 아이들을 불러 가까이 하시고 이르시되 어린 아이들이 내게 오는 것을 용납하고 금하지 말라 하나님의 나라가 이런 자의 것이니라"(누가복음 18:16)라고 기록되어 있다. 지극히 작은 자 한 명도 하나님 나라를 향해 나아오는 것을 막지 말고 포용하라는 요청이다. 또 요한복음 14장 2절에는 다음과 같은 하나님 나라에 대한 예수의 말씀이 기록되어 있다. "내 아버지 집에 거할 곳이 많도다 그렇지 않으면 너희에게 일렀으리라 내가 너희를 위하여 거처를 예비하러 가노니." 이 구절을 GNT(Good News Translation) 영어 번역본에 보면 다음과 같이 되어 있다. "There are many rooms in my Father's house, and I am going to prepare a place for you. I would not tell you this if it were not so." 천국의 모형이 되는 교회는 모든 사람들이 와서 거할 수 있는 방을 많이 준비해야 하겠고, 특히, 장애인들이 편리하게 이동하고 소통하고 참여할 수 있는 공간을 예비하는 일에 지속적인 눈길을 향해야 할 것이다.

참고문헌

강영실. “한국교회의 장애인편의시설현황에 관한 기초조사.”「교회와 사회복지」 창간호 (2003): 35-63.

몰트만, 위르겐/ 김균진 옮김.『생명의 영』. 서울: 대한기독교서회, 1992.

박혜전·김정임·조영길. “한국 교회의 장애 인식 및 장애수용(장애인 편의시설 포함)에 관한 연구.”「신앙과 학문」 17 (2012): 97-126.

이종희. “장애인 및 노약자를 고려한 교회 본당 시설의 환경 개선 방안.”「한국디자인문화학회지」 15 (2009): 286-297.

이종희·마은주. “장애인 및 고령자를 고려한 교회건축 편의시설 개선방안.”「디자인학연구」 23 (2010): 305-316.

최대열. “몰트만의 장애(인)신학.”「한국기독교신학논총」 77 (2011): 83-110.

Heylighen, Ann., Caroline Van Doren & Peter-Willem Vermeersch. “Enriching Our Understanding of Architecture through Disability Experience.” Open House International 38 (2013): 7-19.

Reynolds, Thomas E. “Invoking Deep Access: Disability beyond Inclusion in the Church.” Dialog: A Journal of Theology 51 (2012): 212-223.

United Methodist Church. The Book of Discipline of the United Methodist Church 2004. Nashville: The United Methodist Publishing House, 2004.

White, James F. & Susan J. White. Church Architecture: Building and Renovating for Christian Worship. Akron, Ohio: OSL Publications, 2006.

Yong, Amos. “Disability and the Gifts of the Spirit: Pentecost and the Renewal of the Church.” Journal of Pentecostal Theology 19 (2010): 76—93.

https://www.ada.gov/2010ADAstandards_index.htm 2017년 4월 5일 접속.

http://www.umc.org/what-we-believe/church-and-people-with-intellectual-physical-psychological-disabilities 2017년 4월 5일 접속.

https://www.umdisabilityministries.org/access/audit.html 2017년 4월 5일 접속.

http://www.umcmission.org/Find-Resources/New-World-Outlook-Magazine/New-World-Outlook-Archives/2014/May/June/0527accessibilityisanotherword 2017년 4월 5일 접속.

https://www.umdisabilityministries.org/download/annualaudit.pdf 2017년 4월 5일 접속.

http://www.mohw.go.kr/front_new/policy/index.jsp?PAR_MENU_ID=06&MENU_ID=063701 2017년 4월 9일 접속.

http://www.law.go.kr/main.html 2017년 4월 9일 접속.

http://disability.seoul.go.kr/lifeinfo/lifeinfo_03.jsp?Depth=4310&tr_code=short 2017년 4월 9일 접속.

http://kwangsung.org/page_nGKZ75 2017년 4월 9일 접속.

환 대 성

지역 소외 계층을 위한 공공적 교회 건축: 노숙인과 가출 청소년 쉼터

송 용 섭*

I. 서론

교회 건축은 세상을 향한 거룩함의 상징이자, 예배와 회합의 장소로 사용되어왔다. 교회 건축을 배타적인 예배의 공간으로 이해하는 경향은 교회 건축에 대한 신도들의 영적, 물리적 필요는 충족시켜 왔지만, 교회 건축 계획 시에 지역 사회의 필요를 배제하거나 민감하게 반응하지 못한 결과를 가져오기도 하였다. 하지만, 인구가 밀접한 도심 지역에 대형화된 교회 건축이 증가함에 따라, 공공성을 지향하는 교회 건축에 대한 사회적 요구는 더욱 증가하여 왔다. 교회 건축이 지역 사회를 기반으로 하고 이에 영향을 미치는 한, 한국 교회는 건축과 공간 사용에 있어 지역

* 영남신학대학교 교수 / 기독교윤리학

사회의 필요를 보다 적극적으로 반영하는 공공성을 지향해야 한다.

본 연구의 목적은 한국 교회 건축의 공공성 확보 및 확산을 위하여, 지역 사회의 소외 계층을 위한 공공적 교회 건축과 공간 활용 방안을 연구 및 제안하는데 있다. 특히 본 연구는 한국 사회의 경제적 양극화와 복지의 사각 지대 발생으로 인하여 소외당하는 노숙인이나 가출 청소년을 환대하여 그들을 위한 쉼과 재활의 공간을 내어주는 교회 건축 활용 방안을 연구하려 한다. 이를 위하여 본 연구는 2000년대 이후에 건축된 한국의 주요 교회 건축들을 선정하여, 설계도면 분석과 현장 방문을 통해 해당 교회에 소외 계층을 위한 공간이 계획되었는지 평가할 것이다. 또한, 해외 교회 건축의 사례들을 조사하고 분석함으로써 한국 교회 건축에 소외계층을 위한 공간 개방의 중요성 인식과 구체적 활용 방안을 제시할 것이다.

II. 본론

1. 공공적 교회 건축: 자기 비움의 성육신적 교회 건축

현대 사회는 건축의 공공성에 점차 주목하고 있다. 건축은 사적 공간을 점유하고 있다 해도 그것이 존재하는 공간 주변에 지속적인 영향을 미친다. 건축은 그 주위를 걷는 보행자나, 가시권 내에서 그 건물을 바라보는 사람들 모두에게 "자신을 둘러싸는 환경이 되는 것이다."[1] 특히,

---

1 김승범, 김광현, "시애틀공공도서관의 사례를 통해 살펴본 건축디자인 과정에서의 담론과

수많은 보행자와 생활 인구가 이동하고 거주하는 도시 건축은 기능과 규모에 있어서 불특정 다수에게 지속적이고 광범위한 파급력을 지닌 환경으로써, 도시 건축에 있어서 공공성 구현의 필요성이 점차 강조되고 있다.

하지만, 건축적 공공성에 대한 개념적 정의는 다양하여 일반적 합의를 이루고 있지 못하는 듯하다.[2] 윤수재 외는 건축의 공공성에 대한 다양한 정의를 크게 네 가지로 나누어, "① 공동의(common), ② 접근가능성(accessibility), ③ 개방성, 공개성(open, publicity), ④ 공공기관의, 정부의"라는 의미로 사용되고 있음을 정리하였다.[3] 이에 더하여, 김승범과 김광현은 건축의 공공성을 논의하면서 '담론과 참여'로서의 공공성으로 논의의 주제를 확장시켜, 건축을 보거나 이용하는 사람들의 원초적 의견 표출 수준에서부터 미디어를 통한 정제적 의견 서술 및 설계과정부터의 의견 반영 등의 모든 과정을 "공공성을 구현하는 하나의 방법"으로 보고 있다.[4] 이들은 건축의 공적 공간이 "말과 행위가 오고가는 '공공영역'의 역할"을 할 수 있으며, 건축의 공공성은 최종적 결과물로서의 공간뿐만 아니라, 건축 작업 과정 중에서의 담론과 참여를 통해 확보할 수 있다고 주장한다.[5]

참여를 통한 공공성 구현," 「대한건축학회논문집」 계획계 28, no. 2 (2012), 131.

2 건축적 공공성의 정의에 대한 선행연구에 대하여는 다음을 참조할 것. 이효창 · 하미경, "복합용도건축물 지하 및 실내 오픈스페이스의 '건축적 공공성' 요소 도출에 관한 연구," 「대한건축학회논문집」 계획계 26, no. 12 (2010), 27.

3 윤수재 외, 『새로운 시대의 공공성 연구』 (파주: 법문사, 2008), 17-188; 517-826. 재인용. 앞의 책, 132.

4 김승범 · 김광현, 133.

5 앞의 책, 133-134.

현대 사회에서는 교회 건축도 이러한 공공성의 필요에서 벗어날 수 없다. 특히, 도심 지역에서 (초)대형으로 지어지는 교회 건축들은 지역 사회와의 관계에 더욱 주목해야 한다. 이에 따라, 본 논문은 2000년대 이후 설계된 주요 교단의 (초)대형 교회 건축을 연구하였다. 교회 건축은 해당 교회 교인들의 예배와 친교를 위한 사적 공간일 뿐만 아니라, 신앙 공동체의 신학과 신앙심의 대사회적 증언과 가치를 가시적으로 표현하고 있다. 최근 강남의 초대형 S교회 건축이 무리한 건축 계획으로 여론의 많은 지탄을 받았듯이, 현대 사회에서 (초)대형 교회 건축은 건축 자체의 기능적 요소와 신학적 요소와 심미적 요소 외에도, 지역 사회와의 관계성, 즉, 공공성을 더 이상 묵과할 수 없다. 즉, 도심지역 (초)대형 교회 건축은 그것을 신도를 위한 배타적 공간으로 이해하는 편협한 시각에서 벗어나, 공공성에 대한 다양한 정의를 인지하며 건축 과정과 공간 활용 시에 이웃 사회의 의견을 최대한 반영해야 한다.

이렇게 이웃 공동체와의 관계적 측면에서 교회 건축의 공공성을 말하는 김기호는 "교회 건축물은 주변에 혐오감을 주어서는 안 된다"라고 단언하였다.[6] 그는 성육신으로서의 "교회 건축은 추구하는 가치가 육신화된 것"으로 이해하여, 일부 교회 건축에 나타난 세속화와 물질적 욕심과 인본주의의 육화를 비판하고, 교회가 목회와 신학의 본질로 돌아가 이를 교회 건축에 체화시켜야 한다고 주장하였다.[7] 이러한 관점에서 교회 건축은 지역 사회의 중심부뿐만 아니라 이웃 공동체의 일부가 되도록, 개방성과 접근성을 추구해야 한다. 이를 위한 구체적 방안으로서,

---

6 김기호는 서울대학교 환경대학원 명예교수로서, 저자는 2014년 5월 25일에 종로 인근의 한 카페에서 그와 만나 교회 건축의 공공성에 관한 인터뷰를 실시하였다.

7 앞의 책.

김기호는 교회 대지 안에 공개 공지(public open space)를 마련하며 보행자가 자연스럽게 교회내로 접근하게 하며, 용적률을 최대치로 이용하여 교회 건축의 부피(mass)를 크게 하기보다 오히려 이를 스스로 축소하는 건축을 지향하고, 지역 사회에 교통 불편을 초래하지 않도록 주차 공간을 충분히 확보하고 이를 이웃 사회와 공유하며, 사회적 약자를 위한 배려를 교회 건축에 담아낼 것을 주장하였다.[8]

저자는 이러한 교회 건축의 공공성을 하나님의 자기 비움(케노시스)의 성육신이라는 관점에서 거룩함과 아름다움을 신학적 지표로 제시한 바 있다.[9] 즉, 현대 사회에 부각되고 있는 교회 건축의 공공성은 그동안 사적 공간으로서 고려되어 왔던 세속과의 분리를 통한 거룩함보다는, 정의와 돌봄이라는 가치 속에서 이웃과의 올바른 관계를 추구하는 거룩함과 자기희생적 사랑을 통해 우리를 자신에게로 끌어당기시는 하나님의 아름다움을 가시적 상징으로 표현하는 교회 건축에서 보다 명확히 체현될 수 있다. 이러한 거룩함과 아름다움은 자기과시적이고 거대한 교회 건축에서보다, 자기를 비워 성육신하신 아기 예수가 탄생한 베들레헴의 작은 말구유와 같이 비록 작고 소박하지만 신의 임재를 경험할 수 있는 자기 비움의 성육신적 건축에서 더욱 상징적으로 가시화될 수 있을 것이다.

이러한 측면에서 자기 비움의 성육신적 교회 건축은 거룩함과 아름다움의 새로운 이해 속에서 자신의 공간과 자원을 지역 사회를 향해 내어주어야 한다. 무엇보다 예수 그리스도가 가난하게 말구유에서 태어났

---

8 앞의 책.

9 송용섭, "교회 건축 공공성 지표 확립을 위한 기독교윤리학적 제안," 곽호철 외, 『한국 교회 건축과 공공성』 (서울: 동연, 2015), 306-332 참조.

다는 사실을 기억하는 교회 건축은 지역 소외 계층을 교회 건축 안으로 초대하여 돌봄으로써 이웃과의 올바른 관계를 회복하는 방향으로 교회 건축의 공공성을 추구해야 한다. 묵을 여관을 찾지 못하고 방황하던 가난한 요셉과 마리아가 결국 베들레헴의 말구유에서 쉼터를 찾아 아기 예수를 낳았고(눅 2:7), 그곳에 찾아온 목자들과 동방박사들이 거룩한 하나님의 임재를 가시적으로 경험했던 것처럼, 현대 교회 건축이 노숙인, 가출 청소년, 가출 여성과 미혼모 같은 지역 소외 계층을 위해 자신의 공간과 자원을 내어주는 것, 즉, 교회 건축이 지역 소외 계층을 위한 쉼터의 역할을 담당하는 것은 거룩함의 가시적 상징이자 현대 사회가 요청하는 교회 건축의 공공성을 나타내는 신학적 지표로 작용할 수 있을 것이다.

2. 한국 교회 분석

1) 한국 교회 건축과 자기비움 신학적 건축의 공공성 지표

본 연구는 2000년 이후 건축된 서울과 경기 지역의 (초)대형 건축물을 분석하였다. 최초 계획은 10개 교회 건축을 연구하려 하였으나, 이중 한 교회가 협조 요청을 거부하여, 총 9개의 교회 도면 분석과 현장 조사를 실시하였다. 본 연구는 자기비움 신학의 공공성 지표로 활용하기 위하여, 먼저, 각 건축물의 건폐율과 용적율을 살펴보았다. 이때, 서울 시내의 일반 주거 지역의 대로변에 위치한 금란교회의 건폐율 56.25%(법정: 60%) 및 용적율 392.76%(법정: 400%)과 대로에서 한 블록 후면에 위치한 신길교회의 건폐율 56.49%(법정: 60%)와 용적율 199.67%(법

서울지역 초대형 교회의 예(좌: 금란교회)와 경기지역 대형 교회의 예(우: 예수소망선교원)

정: 200%)에서 드러나듯이, 서울 지역 (초)대형 교회의 건폐율과 용적율은 계획 비율과 법정 비율이 거의 일치하였다. 서울 도심 지역에 비하여 다소 공간의 여유가 있는 경기도 신도심 지역의 경우, 제2종 일반 주거 지역의 비스듬한 산 끝자락에 위치한 우리들교회의 건폐율 48.79%(법정: 50%)와 용적율 169.44%(법정: 200%)와, 분당구 정자동 근린상업 지역의 얕은 산에 접해 있는 예수소망선교원의 경우는 건폐율 60.89%(법정: 70%)와 용적율 268.74%(법정: 300%)로서, 지형적 특성상 건폐율이나 용적율은 법정기준보다 다소 낮은 편이었으나 큰 차이는 없었다.

이렇게 교회 건축이 일반 건축처럼 건폐율과 용적율에 있어 법정 비율을 최대한 사용하는 것은 도심 지역의 높은 지대료로 인한 경제적 원인과 일요일에 공간 점유율이 일시에 최대치로 올라가는 건축 사용 특성상의 실용적 필요에 의한 것이며, 이는 2000년 이후 지어진 대다수의 대형 교회들에서도 발생하는 것이다. 예를 들어, 2000년 이후 건축된 국내 15개 교회 건축물을 대상으로 수행한 최율의 연구에 따르면, 해당 교회들은 지구단위 계획에 따라 다양한 지역에 위치하고 있으나, "건폐율과 용적률은 법정 비율과 계획 비율과의 차이가 거의 없었고 조경 면적과 공개 공지 면적도 법정 비율과 계획 비율은 큰 차이가 없었다."[10]

따라서 2000년대 이후 도심 지역의 (초)대형 교회 건축의 예를 볼 때, 다수의 한국 교회는 김기호의 비판처럼 건폐율과 용적율을 법정 비율에 최대한 근접할 정도로 자신의 몸을 최대한 높이고 부풀리는 세속적이고 현실적 관점이 투사된 교회 건축을 시행하고 있었고, 자신을 최대한 비우고 낮추는 자기비움의 성육신적 신학을 반영한 교회 건축을 지향함으로써 공공성을 추구하려는 경향성은 희박했다. 건폐율과 용적율이라는 기준을 공공성의 지표로 사용할 때 이상적인 공공성을 확보한 자기비움의 성육신적 교회 건축이 되기 위하여, 교회 건축은 대지에 드러나는 외형이 경쟁적으로 높고 비대한 도시 건축의 회색 숲의 일부가 되어서는 안된다. 자기비움의 성육신적 교회 건축은 주위 건축과 스카이라인이 조화를 이루면서도 겸손히 자신을 낮추고 축소하고 비우고 개방하며 녹색 공개 공지를 내부에 잉태한 친환경적 녹색 건축을 지향해야 할 것이다. 위압적이고 생명력 없는 도시의 회색 빌딩 숲속에 녹색 오아시스처럼 열려 있어 지역 사회가 항시 자발적으로 접근하기 원하는 교회 건축, 쉼과 돌봄과 나눔을 통해 공간과 자원을 나누어주는 교회 건축이야 말로, 공공적 교회 건축일 뿐만 아니라 아기 예수의 임재가 체현된 성육신적 교회 건축이자 이웃과의 올바른 관계가 회복된 거룩한 교

10 최율, "교회 건축에 나타난 평면 유형과 친환경 계획사례 조사," 「한국생태환경건축학회 논문집」 7, no. 5 (2007): 15-17.

회 건축이라할 것이다.

2) 교회 공간 계획의 공공성과 지역 사회

2000년대 이후의 교회 건축은 대부분 "카페, 장례위원회, 폐백실, 신부대기실, 청소년 다목적실, 야외극장, 영어 예배실 등"을 계획하여 지역 사회를 위한 공공성을 구현하려 하였다.[11] 본 연구에서는 조사한 (초)대형 교회에서도 대부분 카페나 도서관 및 독서실 등을 교회 주건축 내에 마련하거나, 일부는 독립된 부속 건물을 이용하여 해당 시설을 지역 사회에 개방하였다. 하지만, 아래와 같이 건축 계획 도면을 분석해 보면, 개별 교회마다 지역 사회의 접근성과 개방성을 추구하는 방향이 다양함을 알 수 있다.

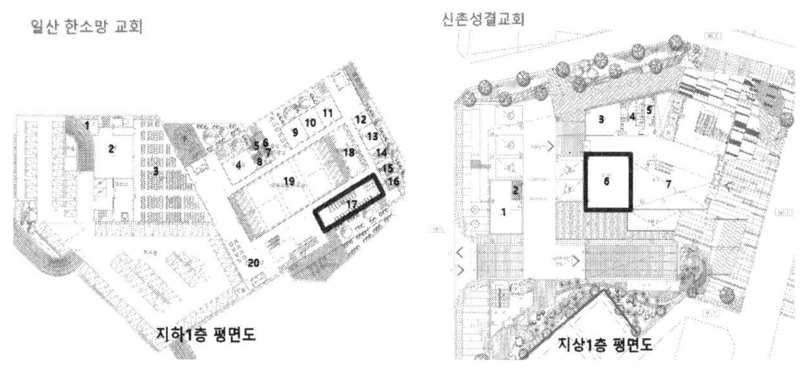

11 앞의 책, 17.

예를 들어, 한소망교회는 경기도 일산과 파주 신도시의 경계점에 위치하는 복음화 센터를 추구하고 있다. 군사시설 보호구역에 위치한 대지를 개발하여 낮은 건폐율(19.91%)과 용적율(74.86%)을 가지고, 주도로에서부터 180미터 가량을 걸어 들어오게 되는 비교적 넓은 대지 안쪽에 위치하고 있으며, 주변에는 걸어서 접근이 가능한 대규모 아파트 단지들이 있다. 이 교회는 위의 첫 번째 설계에서처럼 지하1층 평면도의 17번 박스 안의 공간에 카페를 위치시키고 그 앞을 오픈 공간으로 남겨둠으로써 채광과 개방감을 제공하고 있다.

신촌성결교회는 서울 신촌 지하철역에서 홍대입구 지하철역 방향으로 가는 길의 중간 정도에 위치하고 있다. 젊은이들의 공간인 신촌에 위치한 신촌성결교회는 두 번째 평면도에 나타나는 성봉 채플의 1층에 카페를 박스 6번 위치에 계획하여, 외부로부터의 접근성을 높인 특징이 있다.

우리들교회는 경기도 판교시에 위치하여 있으며 경부고속도로와 안양판교로가 만나는 지점에 위치하여 주변의 아파트 단지에서 도보로 접근하기는 어렵고 차량 등의 교통수단을 이용하여야 접근이 가능하다. 이 교회에서는 카페를 지상 3층 오른쪽 끝인 박스 7번에 위치시켜 시야와 전망을 확보하였는데, 교회의 지리적 특성으로 인하여 지역 사회에 대한 개방보다 교인들의 친교 목적을 위해 설계한 것으로 추정된다.

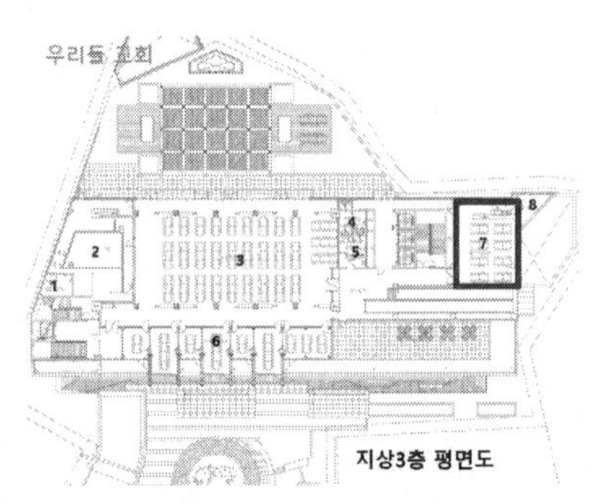

지상3층 평면도

카페 이외에도 공공시설로 여길 수 있는 독서실 역시 교회의 특성이

새에덴 교회

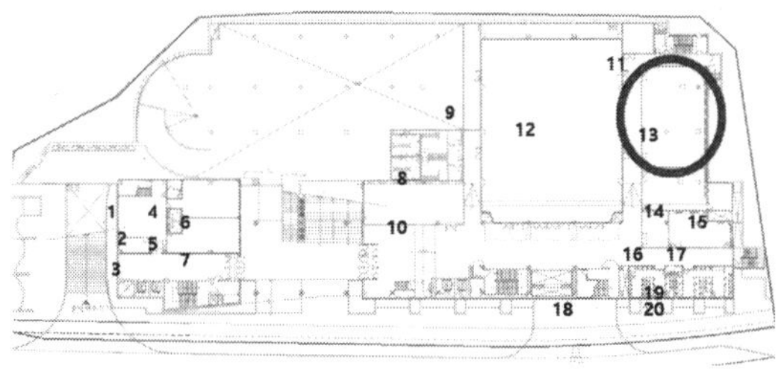

지하1층 평면도

나 접근성에 따라 각각 다르게 계획되었다. 예를 들어, 경기도 용인시의 일반주거지역에 위치한 새에덴교회는 낮은 야산을 등지고 있고 주변엔 아파트 단지들이 많이 있다. 이 교회는 예배 본당 외에도 "자녀들을 위한 교육관, 문화관, 예술관 시설 중심으로" 대규모 콤플렉스 건축을 시도하였고,[12] 지하1층의 13번에 표시된 공간에 독서실을 계획하여 지역사회에 개방하였다.

한편, 서울 명일동에 위치한 명성 교회는 일반주거지역에 위치하고 있는데, 위의 지도에서 보는 바와 같이 신구 성전들을 중심으로 교육관, 예술관, 복지관 등의 부속 건물들을 개별적으로 분산 배치시켰다. 지역 사회를 위한 도서관은 교회에서 주도로 방향으로 내려온

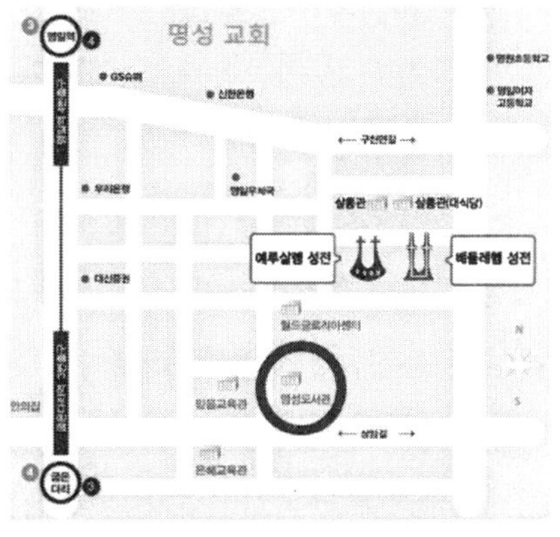

12 홈페이지(saeeden.kr) 내의 "새에덴의 발자취-03 프라미스 콤플렉스(Promise Complex)시대" 안내문 참조할 것.

공간에 명성 도서관이라는 별도의 부속 건물을 지어, 일반 공공도서관처럼 교인과 지역 사회를 위해 개방하였다.

2000년대 이후 주요 교회 건축을 조사해볼 때, 지역 사회를 위한 공간은 주로 카페나 독서실 등의 친교, 교육, 문화 공간 등을 계획하여 교회 건축 내부나 별도의 부속 건물에 배치한 것을 알 수 있다. 또한, 지역 사회에 대한 개방성과 접근성은 교회의 지리적 특성과 주변 거주지 환경에 따라, 층별 공간 배치 등에 차등 고려하였음을 알 수 있다. 이러한 교회 건축들의 개별 환경적 특성을 고려하지 않고 일반적으로 평가할 때, 교회 건축의 신학적 상징성을 유지하는 상태에서는 신촌성결교회의 경우처럼 교회 건축의 지상 1층 공간에 지역 사회를 위한 공간을 계획한 것이 가장 높은 수준의 개방성과 접근성을 획득할 수 있다고 평가할 수 있다. 만약, 신학적 상징성을 최소화하는 경우라면, 명성교회의 경우처럼 별도의 부속 건물에 지역 사회를 위한 공간을 계획한 것이 개방성과 접근성을 높이게 될 것이다.

하지만 본 논문은 현대 사회의 다양한 이슈들을 고려할 때, 교회 건축의 공공성을 친교, 문화, 교육 시설에서만 찾는 것은 다소 제한적인 시각이라 평가한다. 전술한 듯이 교회 건축의 최초 설계에서부터 공공성을 우선 고려한다면, 건축주가 당연히 누릴 수 있다고 생각하는 건폐율과 용적율을 주변 건축보다 더욱 낮추거나, 개방성과 접근성과 심미성을 최대한 높임으로써 그 영향력을 받는 지역 사회의 쾌적성을 더욱 효과적으로 증진시키고 소통과 쉼의 건축으로 존재할 수 있기 때문이다.

만약 본 연구의 조사 대상 교회들처럼 개 교회의 형편으로 인하여 교회 건축 자체의 규모를 축소시킬 수 없는 상황이라면, 기존에 계획한 배타적 공간들을 지역 사회를 위해 개방함으로써 공공성을 증가시킬 수 있을 것이다. 무엇보다 거룩함은 교회 건축의 공공성을 가시적으로 표현하는 신학적 지표가 될 수 있다. 오늘날에는 약화되었다 할지라도, 본래 거룩함은 종종 세속과의 분리뿐만 아니라, 이웃과의 올바른 관계를 의미했다. 지역 사회를 위한 공공성을 추구하는 현대 교회는 거룩함의 잊혀졌던 측면인 "이웃에 대한 올바른 질서, 혹은 정의, 돌봄 등의 사회 관계적 측면을 거룩함의 주요 요소로서 교회 건축에 반영해야"[13] 한다.

특별히, 신자유주의 세계화의 시대에 한국 사회는 경제적 양극화와 불평등의 심화를 경험하고 있다. 1997년 이후 급격히 발생했던 노숙인의 수는 최근 10년간 2006년 15,173명에서 2015년 11,901명으로 감소 추세에 있으나, 재활요양시설에 수용되지 못한 약 1,200여 명의 거리노숙인은 감소의 폭이 크지 않으며 수도권 지역에 밀집되어 있다.[14] 특히, 서울 시내의 경우, 1990년대 말부터 2000년대 초반과 달리 2007년부터 2014년 사이에는 30대 이하 노숙인이 약 25%가량 크게 늘었다는 점에 주목해야만 한다.[15]

노숙인들이 노숙을 시작하게 된 직접적인 이유는 "경제적 어려움(44.3%)과 가족해체(42.9%)가 거의 대부분"이었는데, 가족해체의 이유는 "청소년기의 가출, 가정폭력으로 인한 가출, 이혼 등이 대부분"이었고, "경제적 어려움은 사업실패, 실직, 사기 등으로 인해 주거지를 상실한 경우가 많았다."[16] 즉, 한국의 경우는 "정신질환"(도박 및 게임중독, 알

13 송용섭, 314.

14 보건복지부 사회보장위원회 사무국 ,『통계로 보는 사회보장 2016』(서울: 보건복지부, 2016), 436.

15 박은철,『노숙 진입서 탈출까지 경로 분석과 정책과제』(서울: 서울연구원, 2015), 28.

16 앞의 책, 56.

코올중독, 정신분열증)과 같은 개인 문제보다, 소외 계층이 경험하는 "궁핍한 가계구조"와 같이 가정환경이나 사회경제적 요소로 인하여 노숙인으로 전락하는 경우가 대부분이다.[17] 노숙인이나 가출 청소년의 경우처럼 가난과 폭력의 구조화가 진행되고 있는 한국 사회에서, 거룩함에 대한 재인식을 통해 교회 건축을 지역 사회의 소외 계층의 돌봄과 나눔을 위해 사용할 때, 한국 교회는 이 시대에 더욱 절실한 공공적 기능을 감당할 수 있게 될 것이다. 따라서 본 논문은 교회 건축의 공공성을 위한 거룩함의 실천적 지표로서 교회를 노숙인(혹은, 가출 청소년) 쉼터로 활용하는 방안을 제시하려 한다.

3) 자기 비움의 공간과 프로그램: 노숙인과 가출 청소년 쉼터

본 연구의 대상이 된 교회 건축들은 대부분의 경우 게스트룸을 계획하고 있었다. 예를 들어, 신길교회의 경우 지상 7층에 게스트룸을 계획하였고, 광성교회의 경우에는 지상 4층에 계획하였다. 이러한 게스트룸은 검소한 호텔 수준의 공간에 침대와 샤워 시설과 화장실을 가지고 있으며 경우에 따라 싱크대를 구비한 경우도 있다. 이러한 게스트룸은 주로 교회 주요 행사시의 강사나, 해외 관련 선교기관의 선교사들의 귀국시 임시 숙소로 제공되는 것이 일반적이다. 그런데, 특별한 경우를 제외하고는 일 년 동안에 해당 공간의 사용 횟수는 그리 많은 편이 아니며, 이때는 해당 공간을 사용하지 않고 폐쇄해둔다. 즉, 게스트룸의 경우에는 다른 공간과 달리 공간 점유율이 급격히 상승하는 일요일에도 안전

17 보건복지부 사회보장위원회 사무국, 436.

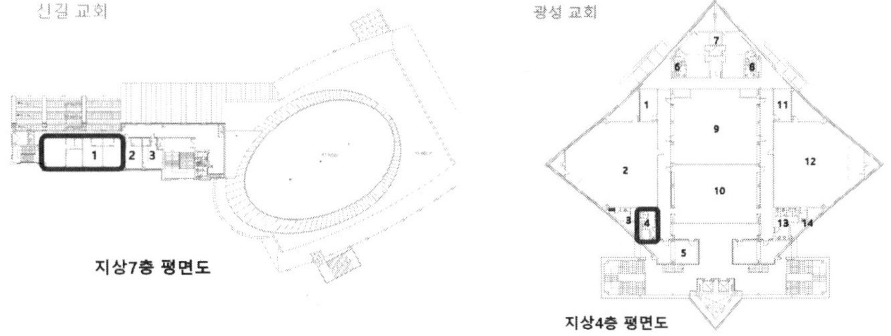

관리와 청결 유지를 위하여 사용하지 않고 폐쇄시켜 두는 경우가 많다.

사회 복지를 위한 다양한 지원에도 불구하고, 한국 사회에서 (초)대형 교회들은 부자들과 교인들만을 위한 교회라는 대중의 인식이 팽배하며, 한국 교회가 가난한 자를 위한 교회로 거듭날 것을 촉구하는 주장들이 확대되고 있는 현실이다.[18] 본 논문은 한국 교회가 게스트룸을 지역 사회 소외 계층을 위해 개방하는 것이 교회 건축의 공공성을 확보하는 주요 방안이 될 수 있다고 주장한다. 연구 대상이 된 (초)대형 교회 건축들 중에는 전술한대로 대부분 게스트룸을 계획한 반면, 교회 건축 시에 사회문제가 되고 있는 노숙인이나 가출 청소년들을 위한 공간을 계획한 곳은 전무하다. 만약, 한국 교회가 이미 계획한 게스트룸을 강사 목사나 방문 선교사를 위해 일시적으로 개방하고 이외의 시간에는 폐쇄해 놓는 것이 아니라, 요셉과 마리아처럼 머물 곳 없이 방황하는 노숙인이나 가출청소년의 숙소로 지역 사회를 위해 개방할 수 있다면, 정의와 돌봄과 나눔의 거룩함의 상징적 임재와 사회 관계적 의미를 지역 사회에 가시

18 박득훈, "함께 통곡하자, 돈에 찌든 한국 교회를 위하여," 2017년 2월 23일, 복음과 상황 홈페이지, http://www.goscon.co.kr/news/articleView.html?idxno=29889.

적으로 증거함으로써 공공성을 확보할 수 있는 실제적 방안이 될 것이다.

이러한 방안을 실행에 옮기기 위하여는 몇 가지 어려움을 예상할 수 있다. 먼저, 교회 건축을 거룩한 예배의 공간이라는 생각으로 제한시켜 생각하는 경우, 이를 지역 사회 소외 계층에게 개방하는 것에 대하여 교인들이 거부감을 느낄 수 있다. 그러나 본 연구 대상 교회들의 사례에서처럼 2000년 이후에 지어진 (초)대형 교회는 이미 교회 건축 시에 친교와 문화와 숙박을 위한 공간을 계획하였으므로, 목회자들이 교인들을 신학적으로 잘 교육하고 필요성에 대한 공감대를 형성시킬 수 있다면 이러한 거부감은 큰 문제가 되지 않을 수 있다. 또한, 님비(NIMBY) 현상으로 인하여, 노숙인이나 가출 청소년이 자신들의 주거 지역에서 숙박하는 것에 대하여 오히려 지역 사회가 교회에 대하여 저항감을 표출할 수도 있다. 뿐만 아니라, 노숙인들을 교회 내에 숙박시킬 경우 위생 문제와 안전사고 등의 어려움이 발생할 가능성도 배제할 수 없다. 이러한 문제들은 교회의 게스트룸을 지역 사회 소외 계층을 위하여 개방하기 쉽지 않은 실제적인 어려움들이기 때문에, 실행을 위하여는 구체적인 계획과 운영 방안이 필요할 것이다.

3. 해외 사례

교회 건축에서 계획된 게스트룸을 지역 사회 소외 계층을 위하여, 보다 구체적으로는 노숙인과 가출 청소년의 쉼과 돌봄과 재활의 공간으로 활용하기 위하여, 본 연구는 해외 사례를 조사하여 해외 교회들의 노숙인 쉼터 운영 실태를 소개하고 이를 근거로 한국 교회가 정의와 돌봄과 나눔의 거룩함을 지역 사회에 증언할 수 있는 방안을 제언하려 한다.

영국의 경우, "동절기 교회 쉼터"(Churches' Cold Weather Shelters)가 런던의 20개 자치구에서 운영되는데, 환대(hospitality)의 신학적 개념에 기초하여, 1월부터 3월까지 한 자치구당 일곱 교회가 하루 밤씩 순환하여 노숙인에게 숙소를 제공한다.[19] 캐서린 듀스는 이 교회들을 분석한 논문에서, 노숙인 쉼터는 교회가 신앙을 세상 속에서 실천하게 하는데, 그러한 사회적 증언 속에서 교회는 비기독교인 자원봉사자들과 노숙인들을 모아 진정한 은혜와 변화가 일어나는 만남을 제공하게 되며, 교회로 하여금 예수가 본대로 세상을 보게 하고, 예전(liturgy)과 실천을 통합하며, 교회의 전통너머로 예상치 못하게 진행되는 것들에 주목하고 환대하게 하였다고 평가하였다.[20]

미국의 경우에 영국의 "동절기 교회 쉼터"와 유사한 사례 중의 하나는 2011년 초에 노숙인들에게 교회를 개방하기 시작한 버지니아의 "우리 집으로"(To Our House)라는 프로그램이다. 이 프로그램은 지역 주민들이 잘 알고 있던 어느 노숙인의 비참한 죽음에 대한 신앙적 응답으로서, 부정의한 사회적 상황을 개정하기 위하여 겨울철에 노숙인들에게 개 교회의 쉼터를 순환하여 사용하게 하는 목적을 지니고 있다.[21] "우리 집으로" 프로그램은 지역 교회의 협조를 얻어 운영되며, 노숙인들을 예배에 참여하도록 강요하지는 않으나, 성경공부나 기도 모임에 참여하도

---

19 Catherine Duce, "Church-Based Work with the Homeless," *Practical Theology* 6, no. 1 (2013): 87-88.

20 앞의 책, 101.

21 Robert Oliver, Matthew Robinson, and C. Theodore Koebel, "Compassionately Hidden: The Church Telling Local Homeless to 'Come to Our House'," *The Geographical Bulletin* 56, no. 1 (2015): 27-28.

록 초대하는데, 자원봉사자들은 이 프로그램을 통하여 자신의 신앙을 실천하는 기회를 얻게 된다.[22]

한편, 미국에서 노숙인 숙소를 제공하는 가장 큰 비영리 단체는 1982년에 뉴욕시에 설립된 "노숙인을 위한 파트너십"(The Partnership for the Homeless)이다.[23] 여기서 가장 주목할 점은 이 파트너십이 교회에 기반한 노숙인 쉼터 네트워크로서, 2001년 현재 120개의 쉼터에 1,239개의 침상을 갖추고 있으며, 약 11,000명의 자원봉사자에 의해 운영되고 있다는 점이다.[24] 시립 노숙인 쉼터는 규모가 크고 비개인적이며 위협적으로 느껴지고 누구나 수용해야 하지만, 파트너십 쉼터는 규모가 더 작고 친밀하며 안전하고 수용자를 선택할 수 있으며 규칙을 지키지 않는 노숙인을 내보낼 수도 있다.[25] 교회 내에 마련된 파트너십 쉼터는 자원봉사자들의 봉사를 통해 그들의 삶에 일치감, 중재, 사회화, 교육, 도덕 발달의 공간을 제공하였다.[26]

"노숙인을 위한 파트너십"은 피터 스미스가 1982년에 뉴욕시 어느 교회의 지하에서 노숙인을 위한 쉼터를 제공하기 위하여 설립하였다. 정치적으로 상당한 영향력을 지닌 뉴욕시 변호사였다가 공금횡령 죄로 감옥에 다녀와 변호사직을 잃게 된 스미스는 새롭게 마음을 가다듬어 타인을 돕기로 결심하였다.[27] 1970년대 후반부터 뉴욕시에는 알코올

---

22 앞의 책, 36,

23 Robert S. Ogilvie, ***Voluntarism, Community Life, and the American Ethic,*** Philanthropic and Nonprofit Studies (Bloomington: Indiana University Press, 2004), 2.

24 앞의 책.

25 앞의 책, 4.

26 앞의 책, 6.

27 앞의 책, 10.

중독자들이 대부분이었던 기존의 노숙인들과 구별되는, 젊은이들과 노인과 여성 등의 새로운 노숙인들이 생겨나기 시작하였고, 뉴욕시가 중심이 되어 이들에게 공적인 쉼터를 제공해야 한다는 시민사회의 여론이 형성되고 있었다.[28] 물론 당시에도 시가 운영하는 쉼터가 있었으나, 두려움을 느껴 입소를 거부하는 노숙인들이 있었다. 개 교회에 도움을 청해서는 큰 규모의 지원과 협력을 얻어낼 수 없다고 생각한 뉴욕 시장은 스미스가 갖게 된 비전을 후원하여 조직을 구성하게 하였는데, 스미스는 소수의 직원들과 함께 개별 교회 쉼터를 탐방하고 물류 운영을 교육하고 교회를 방문하여 자원봉사자를 모집하여 "노숙인을 위한 파트너십"을 탄생시켰다.[29] 스미스는 종교 자선 단체의 지원을 확보하고, 월가(Wall St.)와 주요 자선단체의 유력 인사들을 이사진으로 구성하며, 뉴욕시의 도움을 받아 회사들의 재정지원과 뉴욕시 공무원들의 행정지원을 확보하였고, 주요 집결지에서 저녁 6~7시경에 개 교회 쉼터로 데려다주는 버스를 운영하고, 쉼터에 머무는 동안 저녁과 이른 아침 식사를 제공하게 했으며, 오전 6~7시의 아침 식사 후 버스로 다시 그들을 집결지에 데려다주어 근처에 머무르게 하다가, 저녁이 되면 자원봉사자가 운영하는 쉼터에 다시 데려오게 하였고, 뉴욕시는 침구류와 세탁을 제공하는 시스템을 갖추었다.[30] 쉼터에서는 샤워와 식사와 간단한 치료가 가능했고 부적격자는 퇴출시켰다.[31]

생명력 있는 쉼터가 되기 위해서는, 의지 있는 교인들과 적절한 물리

---

28 앞의 책.

29 앞의 책, 12-13.

30 앞의 책, 14.

31 앞의 책.

적 설비가 필수적인데, 이 두 가지 자격을 갖추기는 상당히 어려우며, 그중에서도 교인들의 의지가 가장 주요한 요소가 된다.[32] 뉴욕시의 브루클린에 1천개 교회 중에 25개의 쉼터만 이용 가능한 것처럼, 극소수의 교인들만이 자신의 교회를 쉼터로 개방하려 하는데, 이는 대다수 교회들이 오직 예배를 위해서만 교회를 개방하기 때문이라고 한다.[33]

쉼터로 개방하려는 교회에는 숙박시설을 시의 소방 규정에 맞도록 보수비용을 지원하였고, 개 교회가 이름 지은 쉼터에는 각각 다른 프로그램을 운영하였고, 쉼터는 노숙인이 장기간 머무는 곳이 아니라, 하룻밤의 거처와 재활 장소로 운영되었다. 예를 들어, 개 교회는 자원봉사자의 돌봄을 통해 매일 새로 배정되는 노숙인들에게 3일간 음식과 숙소를 제공하고, 오락과 치료와 갱생을 위한 교육과 직업훈련, 자활지도, 예산과 재정운영 워크샵, 종합검진, 발치료, 치과치료, 영양안내, 약물중독치료 및 상담 등의 서비스를 제공하였고, 개 교회가 감당하기 어려운 경우에는 외부 상위기관에 의뢰하는 시스템을 갖추었다.[34]

교회 쉼터 운영을 위해서는 집결지 센터가 핵심적 역할을 하는데, 이곳에서 직원이 노숙인들의 심리상태를 평가하고, 감염우려 질병 검사를 하며, 행동과 태도를 체크하는데, 특히, 약물과 알코올 중독여부를 점검하여, 이러한 중독자들은 수용하지 않고 퇴실시킨다. 집결지 센터에서는 시의 규정에 의해 침대 없이 의자에서 숙박하도록 하는 약 100여명의 노숙인들이 임시로 약 1주일간을 머물게 하여 이들을 관찰한 후, 자리가 생기는 교회 쉼터로 보낸다. 단, 겨울철에는 거의 모든 교회 쉼터들

32 앞의 책, 15.

33 앞의 책.

34 앞의 책, 16-19.

이 개방을 하는데, 이때는 개 교회의 시설과 프로그램 등의 형편에 맞는 같은 노숙인들을 매일 밤 같은 교회로 보내어 돌보게 한다.[35]

파트너십 본부 직원들은 집결지 센터를 연간 두 차례 방문하여 상태를 점검하고 노숙인들의 필요를 파악하며, 정기적인 전화 연락을 통해 매일 밤 필요한 쉼터의 수를 파악하고, 교회 쉼터와 지속적 관계를 형성하여 적절한 쉼터를 제공할 수 있게 돕는다. 쉼터에 가지 못하는 노숙인들은 쉼터에 자리가 생길 때까지 집결지 센터에 머물게 된다. 교회 쉼터가 비는 것은 치명적인 문제가 되므로, 직원들은 빈 쉼터가 생기지 않도록 조정한다. 노숙인보다 교회 쉼터가 더 많이 개방되면 자원봉사자들이 노숙인 문제가 심각하지 않다고 여기거나 그들의 자원봉사가 필요 없다는 느낌을 주기 때문이다.[36] 뉴욕시의 교회 쉼터는 최소 4명에서 최대 19명을 수용하고 있으며, 일부 교회는 매일 쉼터를 개방하지만, 대부분은 일주일에 3일 밤에서 5일 밤만 개방하며, 일부는 하루나 이틀만 개방하기도 한다.[37] 대부분의 자원봉사자들은 해당 교회 교인들이지만, 지역 사회 자원봉사자나 자원봉사 기관에서 공급받기도 하는데, 쉼터 수요가 줄어드는 여름에는 교회 쉼터를 닫았다가, 많아지는 10월부터 재개방함으로써 자원봉사자들이 돌볼 노숙인이 없어 낙심하는 일이 발생하지 않도록 한다.[38]

앞서 본 연구의 대상으로 삼은 한국 교회들의 경우에는, 교회 건축에 노숙인 쉼터가 없거나, 별도의 부속 건물에서 사회 복지 시설을 운영하

35 앞의 책, 19.

36 앞의 책, 20.

37 앞의 책.

38 앞의 책, 21.

였다. 이 경우 교회 건축 관리가 용이하고 노숙인을 불편해하는 일부 교인들의 시선에서 벗어날 수는 있겠지만, 교회 건축이 예배와 교육과 친교 외에도 사회봉사를 통한 도덕 발달의 공간으로 사용될 기회가 적어지는 단점이 있다. 또한, 교회 건축의 배타적 사용은 거룩함에 대한 이해의 폭을 세속과의 분리라는 측면에 제한시킴으로써, 돌봄과 나눔을 통한 이웃과의 올바른 관계로서의 거룩함에 대한 의미를 인식하지 못하게 할 수도 있다. 지금까지의 한국 교회가 교회 건축의 공공성을 계획할 때 자기 비움의 성육신 신학을 적용하지 못했다면, 이제는 기존의 교회 건축에 계획된 공간을 공공성의 증대를 위하여 어떻게 활용할 것인지 고민해야할 때이다.

본 논문의 연구 대상 교회들의 대부분이 게스트룸을 계획하였으나 이의 활용도는 상당히 제한적인 상황에서, 본 논문은 구체적인 해외 사례를 참조하여 이 공간을 노숙인과 가출 청소년을 위한 쉼터로 활용할 것을 제안하였다. 특히, 최근에 급격히 증가하고 있는 30대 이하의 노숙인들이나 가출 청소년들의 노숙이 고착화되기 이전인 초기 단계에서 한국 교회가 선별적으로 게스트룸을 쉼터로 제공하고, 교회 건축에서 상담과 취업과 재활 교육과 성경 공부 등의 프로그램을 병행할 수 있다면, 자기비움의 거룩함을 지향하는 교회 건축의 공공성은 더욱 효과적으로 증대될 것으로 예상한다.

이때, 교회 건축의 공공적 이해에 대한 신학적 논의와 교인들의 합의와 의지가 뒤따라야할 것이다. 즉, 교회 건축이 예배를 위해서만 개방되어야할 공간인지, 아니면, 지역의 소외 계층을 위하여 개방될 수 있는지에 대한 교회 내부의 논의와 합의가 필요하다. 만약, 교회를 예수의 몸으로, 교회 건축을 세상에 대한 교회 신학의 가시적 상징이자 증언이라고 이해한다면, 건폐율과 용적율을 최대한 사용하며 거대하게 지어진 한국의 교회 건축에 가난한 아기 예수를 위해 개방된 공간과도 같은 쉼터가 생겨날 수 있을 것이다. 이렇게 교회 건축을 노숙인과 가출 청소년들과 같은 지역 사회의 소외 계층을 위해 개방한다면, 해외 사례의 경우에서처럼 교인들의 신앙과 실천의 일치, 은혜와 변화의 만남, 도덕 함양의 장이 마련되고, 교회 건축의 공공성을 고양시킬 계기가 될 수 있을 것이다.

III. 결론

본 논문의 연구조사결과 2000년대 이후 다수의 한국 (초)대형 교회 건축들은 공공성의 지표가 될 수 있는 건폐율과 용적율에서 법정기준에 육박하였고, 문화시설의 규모와 층간 위치 계획을 통한 지역 사회 개방성과 접근성이 높지 않아 해당 공간들이 교인 위주로 활용됨을 알 수 있었다. 특별히, 신학적 지표 중의 하나인 거룩함의 측면에서 연구 대상 교회들의 건축 계획에 지역 사회 소외 계층을 위한 공간이 계획되었는지 분석한 결과, 지역 사회 노숙인이나 가출 청소년의 쉼터로 교회 건축을 계획하거나 교회 공간을 개방한 곳은 전무하였다. 대신, 일부 (초)대형 교회는 교회 본당과는 별도의 부속 건물을 건축하여 소외 계층을 위한 복지관을 운영하고 있었다.

교회 건축 내부공간을 지역 사회 소외계층을 위한 공간으로 개방하지 않는 이유는 무엇 때문일까? 미국의 사례를 분석한다면, 그것은 근본적으로 교인들이 교회 건축을 예배를 위한 공간만으로 이해하는 경향이 크기 때문이라고 추정할 수 있다.[39] 하지만, 미국의 뉴욕주와 버지니아주 교회들의 노숙인 쉼터 운영 사례들을 조사해 본 결과, 해당 지역 교회들이 연대하여 자신의 교회 건축 공간을 지역 사회의 노숙인들에게 개방하게 되었을 때, 교회 건축은 신앙의 실천을 통한 은혜와 변화의 장이요 진정한 만남과 선교의 공간으로 변화하게 되었다. 물론, 교회 건축을 노숙인 쉼터로 개방할 수 있었던 것은 교회의 사회적 책임에 대한 교회 지도자들의 각성이나 노숙인의 죽음 등과 같은 특별한 계기를 통한 새로운 교회론적 이해 때문이었다. 이러한 미국 교회의 사례들은 지역 사회 소외 계층을 위한 공공적 교회 건축을 위하여 정의와 돌봄의 사회관계적 요소를 강조하는 거룩함에 대한 신학적 이해와 새로운 교회론이 한국 교회 내에 확산되어야할 필요성을 제시한다.

본 연구는 게스트룸으로 사용되어온 교회 공간을 개방하여 초기 노숙인과 가출 청소년 등의 지역 사회 소외계층을 위해 쉼터를 제공하는 공공적 교회 건축의 모델을 제시하였다. 보다 구체적으로, 본 연구 결과는 해외 사례 분석을 통하여 환대성에 기초한 쉼터 운영을 위한 교회 건축 활용 방안 및 구체적인 쉼터 프로그램 운영방안을 제시함으로써, 효과적이고 지속적인 공공적 교회 건축 모델을 제시하고 이를 범 교회적으로 확산시킬 필요를 주장하였다. 한국 교회가 자기 비움의 성육신적 신학을 가지고 비교적 사용빈도가 낮은 공간인 게스트룸을 활용하여 지역 사회 소외 계층의 생존과 실제적 문제 해결에 참여할 수 있는 구체적 공간과 프로그램을 제시할 때, 교인과 지역 사회의 거룩한 변화를 촉진하며 공공성을 책임 있게 감당하는 교회 건축으로 거듭날 수 있을 것이다.

---

39 Ogilvie, 15.

참고문헌

김승범 · 김광현. "시애틀공공도서관의 사례를 통해 살펴본 건축디자인 과정에서의 담론과 참여를 통한 공공성 구현."「대한건축학회논문집」 계획계 28, no. 2 (2012): 131-138.

박은철.『노숙 진입서 탈출까지 경로 분석과 정책과제』, 서울: 서울연구원, 2015.

보건복지부 사회보장위원회 사무국.『통계로 보는 사회보장 2016』, 서울: 보건복지부, 2016.

이효창 · 하미경. "복합용도건축물 지하 및 실내 오픈스페이스의 '건축적 공공성' 요소 도출에 관한 연구."「대한건축학회논문집」 계획계 26, no. 12 (2010): 25-34.

최율. "교회 건축에 나타난 평면 유형과 친환경 계획사례 조사."「한국생태환경건축학회 논문집」 7, no. 5 (2007): 13-20.

du Toit, Calvyn Clarence, and Hendrik Auret. "Welcoming the Stranger with Intention and Architectural Edifice: Beyond the Geopolitical Hollowness of Crimmigration." *International Journal of Public Theology* 10, no. 4 (2016): 443-60.

Duce, Catherine. "Church-Based Work with the Homeless." *Practical Theology* 6, no. 1 (2013): 87-103.

Ogilvie, Robert S. *Voluntarism, Community Life, and the American Ethic* [in English]. Philanthropic and Nonprofit Studies. Bloomington: Indiana University Press, 2004.

Oliver, Robert, Matthew Robinson, and C. Theodore Koebel. "Compassionately Hidden: The Church Telling Local Homeless to 'Come to Our House'." *The Geographical Bulletin* 56, no. 1 (2015): 27-40.

Renaud, Myriam. "A Call for a Theology of Theologies to Address Increasing Income Inequality in Mainline Protestant Congregations." *Anglican Theological Review* 99, no. 1 (2017): 31-42.

Whyte, William. "The Ethics of the Empty Church: Anglicanism's Need for a Theology of Architecture." *Journal of Anglican Studies* 13, no. 2 (2015): 172-88.

박득훈. "함께 통곡하자, 돈에 찌든 한국 교회를 위하여," 2017년 2월 23일, 복음과 상황 홈페이지, http://www.goscon.co.kr/news/articleView.html?idxno=29889

새에덴교회. "새에덴의 발자취-03 프라미스 콤플렉스(Promise Comple)시대," www.saeeden.kr.

교 육 성

교회 건축의 공공성 지표와 기독교교육

손 문*

I. 들어가는 말

교회 건축의 공공성 지표로서 "개방성"은 기독 전문가와 건축/도시 전문가 모두에게 가장 높은 상위 지표로 평가되고 있다. 분석적 계층화 과정 또는 계층적 분석 방법(Analytic Hierarchy Process, 이후 AHP 분석)을 사용하여 교회 건축의 공공성에 영향을 미치는 영향 요인으로서의 "개방성"(Open views)은 시각적 다양함을 포함한 공간지각 요소로 구성되어 있고, "자연물, 인공구조물, 활동 개방 장애" 요인들을 제거함으로 시각적 개방성을 확보하는 특징을 가지고 있다. 따라서 "입면차폐도"를 통해 파악이 가능한 "건축선의 후퇴 여부"와 "공개 공지의 위치와 개방 여부," 그리고 "녹지공간의 조성 면적" 등이 주된 구성요소가 된

* 연세대학교 한국기독교문화연구소 전문연구원 / 기독교교육학

[그림 1] 대한예수교장로회 명성교회(사진: 손문)

다.[1] 예를 들어, 대한예수교장로회 명성교회의 경우, 위의 그림과 같이 대지 내 공개 공지를 통해 건축선이 후퇴되어 있어서 시각적 개방성을 확보하고 있다. 본 연구에서는 개방성과 같은 교회건축의 공공성 지표와 함께 다양한 다른 지표들을 함께 고려함으로 교회건축의 공공성에 관한 교육적 함의를 논하고자 한다.

II. 교회 건축의 공공성 지표

대지 내 공개 공지의 면적과 인지성 및 접근성 그리고 조성 형태는 AHP 분석 결과 다섯 가지 교회 건축의 공공성 지표들(개방성, 접근성, 쾌적성, 관계성, 장소성) 중 개방성, 접근성, 쾌적성에서 가장 중요도가 높은 하위 지표이고 관계성의 경우에도 "외부와 보행로의 연계성"의 측면

1 손호현 외, "교회 건축의 공공성에 영향을 미치는 지표들의 가중치 도출," 한국 교회 건축 연구와 공공성 지표개발 (연세대학교 기독교문화연구소, 2016년 6월).

[그림 2] 대한예수교장로회 사랑의교회(사진: 손문)

에서 지표로서 중요한 고려 대상이 된다.[2] 그런데 대한예수교장로회 사랑의교회의 경우 명성교회와 마찬가지로 두 건물 사이에 공개 공지를 설정하고 있지만, 대지 내 공지의 조성 형태는 사뭇 다른 것을 발견할 수 있다.

위의 모형에서 관찰할 수 있는 것처럼, 공개 공지의 조성 형태는 교회 건축의 공공성 지표를 결정하는 매우 중요한 요인임을 알 수 있다. 그러나 사랑의교회의 경우 공개 공지가 교회 주축 건물 내부에 위치하고 있어서, 명성교회의 공개 공지와 비교할 때 개방성과 접근성이 상대적으로 취약함을 알 수 있다. 이처럼 공개 공지의 조성형태는 교회 건축의 공공성 전체를 결정하는 주된 요인이면서, 교회 건축의 교육성 지표의 가장 중요한 하위지표인 교회 내 교육관, 도서관/독서실, 방과후교실의 위치와 접근성에도 영향을 미친다.

대한예수교장로회 새에덴교회의 경우, 중앙 예배실이 지상 2층부터

2 손호현 외, "교회 건축의 공공성에 영향을 미치는 지표들의 가중치 도출," 한국 교회 건축 연구와 공공성 지표개발 (연세대학교 기독교문화연구소, 2016년 6월).

5층까지 연결되어 있다. 그런데 교육관, 도서관/독서실, 방과후교실의 위치는 중앙 예배실이 있는 층들에 고르게 배치되어 있다. 다음은 새에덴교회의 3층 평면도이다. 도면에서 보이는 것처럼 좌측의 중앙예배실과 우측의 교육시설이 서로 연결되어 배치되어 있음을 확인할 수 있다. 그리고 이러한 구조는 중앙 예배실이 연결되어 있는 모든 층에서 동일하게 발견된다. 중앙 예배실과 교육 공간이 동일한 통로를 공유하는 것은 접근성과 개방성, 관계성 지표에서 높은 연결성을 지닌다고 볼 수 있다. 그런데 이와 달리 많은 교회들이 교육 공간을 중앙 예배실과 별개의 층으로 구별하고 있음을 도면에서 확인할 수 있었다.

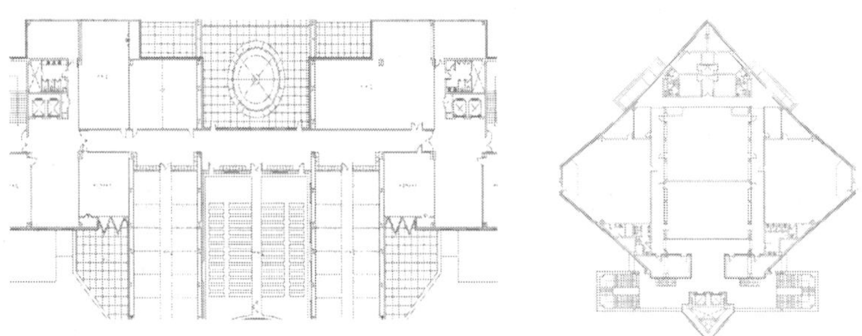

[그림 3] 기독교대한감리회 금란교회 지상6층 평면도(좌)와 거룩한빛광성교회 지상4층 평면도(우)

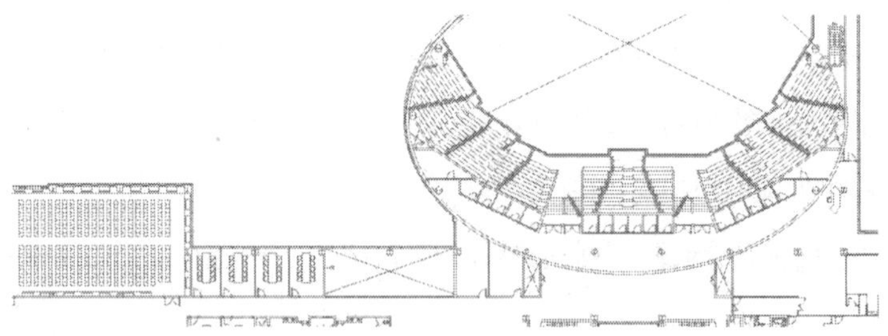

[그림 4] 대한예수교장로회 새에덴교회 3층 평면도

기독교대한감리회 금란교회의 경우, 본당과는 별개로 지상 6층에서 8층까지 독립적인 형태로 교육시설이 설계되고 운영되고 있음을 도면을 통해 확인하였다. 그리고 거룩한빛광성교회의 경우에도, 가장 꼭대기 층인 지상 4층에 교육시설이 집중되어 있음을 도면을 통해 확인하였다. 이러한 두 가지 경우, 높은 교육적 효율성과 집중성을 기대할 수 있으나, 교회 건축 공공성의 중요한 지표인 개방성, 접근성, 쾌적성 그리고 관계성 등이 상대적으로 덜 중요하게 고려된 것임을 판단할 수 있었다.

III. 교회 건축의 공공성 지표와 기독교교육의 함의

뉴욕 맨해튼에 위치한 삼위일체 교회(Trinity Church)는 AHP 공공성 분석 기준에서 살펴볼 때, 외부와 보행로의 연계성을 통해 나타나는 관계성 지표가 현저하게 드러나는 물리적 특성을 지니고 있다. 이는 교회의 위치를 도시의 "원심성"을 지닌 맨해튼의 다운타운에 설정함으로,

[그림 5] 뉴욕 맨해튼 Trinity Church(사진: 손문)

월가, 엠파이어스테이트빌딩 등 상업중심지와 센트럴파크, UN 본부, 메트로폴리탄미술관과 컬럼비아대학교와 같이 문화교육시설이 집중된 도시중심지역의 문화적 축을 형성하여 맨해튼 다운타운에 대한 주도적인 "물리적 자리"(physical setting)를 제공하는 것으로 판단할 수 있다.[3]

여기에서 AHP 공공성 분석 지표를 보다 구체적으로 살펴보면, 관계성은 하위 4개 지표로 구성이 된다. 이 중 "외부와 보행로의 연계성"은 기독 전문가와 건축/도시 전문가 모두 0.445의 Eigen Vector 값(가중치)을 보이고 있다. 전체 가중치 합계를 1로 볼 때, 외부와 보행로의 연계성은 다른 하위 3개 지표들(공동주차장의 조성 여부, 지역에 필요한 권장용도 등 조성, 스카이라인의 조성 여부)에 비하여, 매우 우월한 지위를 점하고 있다. 예를 들어, 건축/도시 전문가의 응답 결과에서 "외부와 보행로의 연계성"은 0.467의 Eigen Vector 값을 가지고 있지만, 그 다음 순위에 해당되는 "지역에 필요한 권장용도 등 조성"의 Eigen Vector 값은 0.221에 불과하다.[4] 이러한 AHP 공공성 분석 지표를 고려할 때, 교육적 공공성의 3개 하위 지표인 "교육관, 도서관/독서실, 방과후교실"의 위치는 신앙공동체 구성원들의 동선뿐 아니라, 지역공동체 구성원들의 동선 역시 신중하게 고려해야 한다. 특히, 교회 외부의 이면도로에 인접한 있는 명성교회의 도서관과 교육관은 교회 건축의 공공성에 관한 관계성 지표를 극대화하는 효과를 지닌다고 할 수 있다.

---

3 Rafael Maneo, "Architecture as a Vehicle for Religious Experience: The Los Angeles Cathedral," In *Constructing the Ineffable: Contemporary Sacred Architecture*, edited by Karla Cavarra Britton (New Haven, Connecticut: Yale School of Architecture, 2010), 160.

4 손호현 외, "교회 건축의 공공성에 영향을 미치는 지표들의 가중치 도출," 한국 교회 건축 연구와 공공성 지표개발 (연세대학교 기독교문화연구소, 2016년 6월).

[그림 6] 대한예수교장로회 명성교회 은혜교육관(사진: 손문)

앞에서 이미 언급한 바 있지만, AHP 공공성 분석 지표는 교육성에 대한 하위지표로 교육관, 도서관/방과후 그리고 방과 후 학교를 선정한다. 교육성 하위 지표에 대한 세부적인 Eigen Vector 값을 좀 더 자세히 살펴보면, 아래의 표와 같이 기독 전문가와 건축/도시 전문가 사이의 차이를 발견할 수 있다.

〈표 1〉 교육성 하위 지표[5]

	전체	기독 전문가	건축/도시 전문가
교육관	0.387	0.452	0.326
도서관/독서실	0.321	0.286	0.354
방과 후 학교	0.292	0.262	0.320
합계	1.000	1.000	1.000

우선, 전체 하위 지표 중에서 Eigen Vector 값이 가장 높은 것은 교육관으로 0.387에 해당된다. 그런데, 이러한 값의 차이가 기독 전문

5 손호현 외, "교회 건축의 공공성에 영향을 미치는 지표들의 가중치 도출," 한국 교회 건축 연구와 공공성 지표개발 (연세대학교 기독교문화연구소, 2016년 6월).

가와 건축/도시 전문가 사이에 상이하게 나타남을 확인할 수 있다. 기독 전문가의 경우, 교육관 하위지표의 Eigen Vector 값이 0.452로 다른 하위지표보다 현저하게 높은 특징을 지닌다. 하지만 건축/도시 전문가의 경우에는 세 가지 하위지표의 Eigen Vector 값의 차가 그리 크기 않다. 다만, 기독 전문가와 달리, "도서관/독서실"의 Eigen Vector 값이 가장 높게 나타난 것을 확인할 수 있다. 여기에서 연구자는 보다 객관적인 건축학적 의미에서 교회 건축의 공공성의 교육적 지표에 민감하게 반응하는 것으로 여겨지는 건축/도시 전문가 집단에서 높은 Eigen Vector 값이 관측된 "도서관/독서실"의 하위지표에 먼저 주목하고자 한다.

연세대학교 기독교문화연구소 교회건축연구팀(이후 '연구팀')은 한국연구재단의 지원을 받아, 한국 교회 건축의 공공성에 관한 연구를 진행하는 과정에서 교회 건축의 공공성 지표 중 물리적 환경에 대한 정량 지표의 조성 면적을 분석하기 위해서, 교회 건축 전문가의 자문을 받아 교회 건축의 공공성의 함의를 지닌 샘플 교회를 선정하여, 이 교회들의 허락과 승인을 받아 건축 설계 개요, 층별 면적 개요, 층별 도면과 주요 공간 위치 확인 맵, 층별/공간 세부 공간 면적을 CAD 프로그램을 활용하여 분석하였다. 해당 교회로는 명성교회, 금란교회, 새에덴교회, 광성교회, 신길교회, 우리들교회, 신촌성결교회, 예수소망선교원, 한소망교회 등이다. 이 중 새에덴교회와 신길교회는 도면 상으로 도서관/독서실에 대한 물리적 공간을 설정하였고, 광성교회는 이와 유사한 기능을 하는 북카페를 도면 상에 명시하였다. 새에덴교회는 아래의 도면과 같이 지하1층에 독서실을 물리적 공간으로 배치하였다. 13번의 독서실은 14번의 인터넷룸과 물리적으로 인접하여 있다.

새에덴교회 층별 실별 면적 세부사항

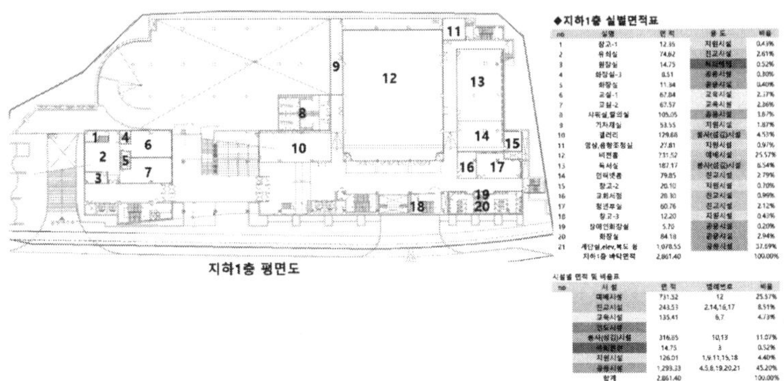

◆지하1층 실별면적표

no	실명	면적	용도	비율
1	창고-1	12.35	지원시설	0.43%
2	유희실	74.62	친교시설	2.61%
3	원장실	14.75	[illegible]	0.52%
4	화장실-3	8.51	공용시설	0.30%
5	화장실	11.34	공용시설	0.40%
6	교실-1	67.84	교육시설	2.37%
7	교실-2	67.57	교육시설	2.36%
8	사무실,회의실	105.05	공용시설	3.67%
9	기자재실	53.55	지원시설	1.87%
10	갤러리	129.68	봉사(섬김)시설	4.53%
11	영상,음향조정실	27.81	지원시설	0.97%
12	비전홀	731.52	예배시설	25.57%
13	독서실	187.17	봉사(섬김)시설	6.54%
14	인터넷룸	79.85	친교시설	2.79%
15	창고-2	20.10	지원시설	0.70%
16	교회서점	28.30	친교시설	0.99%
17	청년부실	60.76	친교시설	2.12%
18	창고-3	12.20	지원시설	0.43%
19	장애인화장실	5.70	공용시설	0.20%
20	화장실	84.18	공용시설	2.94%
21	계단실,elev,복도 등	1,078.55	공용시설	37.69%
	지하1층 바닥면적	2,861.40		100.00%

시설별 면적 및 비율표

no	시설	면적	열레번호	비율
	예배시설	731.32	12	25.57%
	친교시설	243.53	2,14,16,17	8.51%
	교육시설	135.41	6,7	4.73%
	전도시설			
	봉사(섬김)시설	316.85	10,13	11.07%
	[illegible]	14.75	3	0.52%
	지원시설	126.01	1,9,11,15,18	4.40%
	공용시설	1,293.33	4,5,8,19,20,21	45.20%
	합계	2,861.40		100.00%

[그림 7] 새에덴교회 지하1층 평면도

그리고 청년 예배가 이루어지는 12번 비전홀과 인접하여 있으나 주 출입구와 인접한 3번과 6번과 7번의 공간과 상당히 멀리 떨어져 있으며, 독서실의 위치도 우측 내부에 깊이 들어가 있어서, 교회 건축의 물리적 공공성 지표에서 두 번째 상위 지표인 관계성과 세 번째 상위 지표인 접근성 모두가 고려되지 못한 측면이 있다. 관계성 지표의 경우, 외부 보행로와의 연계성을 고려함으로 주 출입구와의 근접성에 의존한다. 또한 접근성 지표의 경우, 대지 내 인지성이 주된 고려 요인이 됨으로 가급적 내부 구성원과 외부 구성원 모두가 잘 알 수 있는 공간배치가 우선시 되어야 한다. 따라서 교회 건축의 공공성 지표인 관계성과 접근성을 고려할 때, 독서실의 위치는 13번보다는 주 출입구에 근접한 현재 교실이 위치하고 있는 6번과 7번의 공간 배치가 보다 높은 공공성을 확보한다고 할 수 있다.

경기도 일산시 덕양구에 위치한 광성교회의 경우, 도면상에 북카페

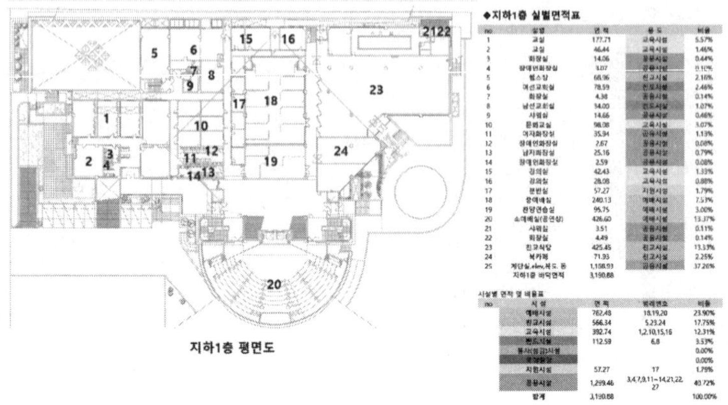

◆지하1층 실별면적표

no	실명	면적	용도	비율
1	교실	177.71	교육시설	5.57%
2	교실	46.44	교육시설	1.46%
3	화장실	14.06	공용시설	0.44%
4	장애인화장실	3.07	공용시설	0.10%
5	헬스장	68.96	친교시설	2.16%
6	여선교회실	78.59	전도시설	2.46%
7	화장실	4.38	공용시설	0.14%
8	남선교회실	34.00	전도시설	1.07%
9	샤워실	14.66	공용시설	0.46%
10	문화교실	98.08	교육시설	3.07%
11	여자화장실	35.94	공용시설	1.13%
12	장애인화장실	2.67	공용시설	0.08%
13	남자화장실	25.16	공용시설	0.79%
14	장애인화장실	2.59	공용시설	0.08%
15	강의실	42.43	교육시설	1.33%
16	강의실	28.08	교육시설	0.88%
17	분반실	57.27	지원시설	1.79%
18	중예배실	240.13	예배시설	7.53%
19	찬양연습실	95.75	예배시설	3.00%
20	소예배실(공연장)	426.60	예배시설	13.37%
21	샤워실	3.51	공용시설	0.11%
22	화장실	4.49	공용시설	0.14%
23	친교식당	425.45	친교시설	13.33%
24	북카페	71.93	친교시설	2.25%
25	계단실,elev,복도. 등	1,188.93	공용시설	37.26%
	지하1층 바닥면적	3,190.88		

시설별 면적 및 비율표

no	시설	면적	범례번호	비율
	예배시설	762.48	18,19,20	23.90%
	친교시설	566.34	5,23,24	17.75%
	교육시설	392.74	1,2,10,15,16	12.31%
	전도시설	112.59	6,8	3.53%
	봉사(섬김)시설			0.00%
	[illegible]			0.00%
	지원시설	57.27	17	1.79%
	공용시설	1,299.46	3,4,7,9,11~14,21,22,27	40.72%
	합계	3,190.88		100.00%

[그림 8] 광성교회 지하1층 평면도

를 물리적 공간으로 확보하고 있다. 물론 북카페는 도서관/독서실과는 다르지만 기능상 유사한 역할을 수행하는 물리적 공간으로 이해 가능하다. 우선 도면상에서 북카페의 위치는 24번의 공간에 해당된다. 24번의 공간은 교회 내 구성원들이 주된 동선인 23번의 식당 공간과 근접하고 있으며, 다목적 예배 및 교육 공간으로 활용되는 18번 중예배실과 동선을 공유한다. 또한 주 출입구 바로 옆에 위치하고 있다. 더욱이 주 출입구는 교회 외부의 이면도로로 바로 연결된다. 교회 건축의 공공성 지표 중 외부 보행로의 연계성을 고려한 관계성과 대지 내 인지성(위치)을 고려한 접근성 지표가 매우 높게 측정될 수 있는 공간 배치임이 확인된다. 이처럼 교회 건축의 공공성 지표는 교육적 공공성에 미치는 주된 영향 요인이 될 뿐 아니라, 신앙공동체의 내부구성원과 지역 사회의 외부구성원을 연결하는 동선에서의 공공성 확보로 적극 활용될 수 있다.

AHP 교회 건축 공공성 지표 분석에서 "도서관/독서실"의 하위 지표

[그림 9] 사랑의교회 교육부 예배실(사진: 손문)

를 교육성의 가장 중요한 지표로 설정한 건축/도시 전문가와 달리 기독 전문가는 "교육관"을 가장 중요한 하위지표로 이해한다. 다른 하위 지표와 비교할 때, 교육관의 Eigen Vector 값은 0.452로 두 배에 근접한 측정치를 보인다. 이번 연구의 샘플 교회의 도면을 확인하고 직접 방문 결과, 도면상의 교육관이 교육적 용도로 특화된 공간이라기보다는 아래 사랑의교회의 사례와 같이 예배를 중심으로 한 다목적 공간으로 사용되고 있음을 확인할 수 있었다.

IV. 교육관의 일반적 특성과 공공성 증대 방안

연구자는 이러한 교육관의 일반적인 특성을 고려하여 공공성을 보다 증대할 수 있는 예배당 설계의 방안을 고려해 보았다. 중세 예배당 건축의 경우, 작은 예배소가 트렌셉트(transcepts)와 연결하여 독립적이면서도 신비로운 그러면서도, 매우 다양한 공적 공간으로 활용된 바 있었다.[6] 그래서 이 부분에는 성경 이야기의 인물들로 표현되는 다양한 스테

[그림 10] 영국 맨체스터 First Church of Christ Scientist[8]

인글라스와 벽화를 배치하여, 이러한 이미지들이 보는 이들에게 발견적 수단이 되고, 교육의 도구로 작용하여 성경의 이야기에 대한 서사 구조를 대화하는 방식으로 회중에 전하는 역할을 하였던 것이다.[7] 19세기 후반 영국의 위대한 교회 건축가 에드거 우드(Edgar Wood)는 이러한 양식을 보다 적극적으로 발전시켜서, Y-모양의 계획으로 정리하여 외부 세계를 품고 회중을 바실리카 모양의 교회로 모으는 의지의 역동성을 강조하기도 하였다.

이와 같은 내부공간의 설계에서 발견되는 기능적 다양성은 현대 교회 건축에서는 내부공간과 외부공간의 구조적 개방성으로 새롭게 전환된다. 수도 보고타에 있는 콜롬비안 학교(Colombian school)는 새로운 채플의 설계를 건축가 다니엘 보닐라(Daniel Bonilla)에게 위임한다.

---

6 Halgren Jeanne Kilde, *Sacred Power, Sacred Space: An Introduction to Christian Architecture and Worship* (New York: Oxford University Press, 2008), 73.

7 Kilde, *Sacred Power, Sacred Space*, 82.

8 Edwin Heathcote and Laura Moffatt, *Contemporary Church Architecture* (England, West Sussex: Wiley-Academy, 2007), 15.

[그림 11] 콜롬비아 보고타의 Los Nogales School Chapel[10]

보닐라는 사각형의 단조로운 구조에 투사하는 빛으로 채광하는 인테리어를 설계한다. 놀라운 점은 북동쪽의 벽을 회전하는 두 개의 목재로 된 문으로 설계하여, 그 앞의 잔디밭 공간으로 회중을 위한 좌석으로 활용한다. 특히, 카라멜 색상의 회전문인 북동쪽의 벽면을 반대편의 크림-회색 콘크리트와 대비하여 배치함으로 채플의 외부와 내부의 역동적인 복합성을 표현한다. 또한 사각형의 구조적 단조로움을 극복하고 채플의 초월적 의미를 부여하기 위해서 높은 골조 종탑 설치하여 주변의 학교 건물에 비하여 상대적으로 낮은 외부 윤곽을 극복하며 예배당으로서의 구조적 특수성을 드러낸다. 그리고 자연채광을 위해 두 개의 채광용 굴뚝을 설치하고, 지붕에 비스듬한 경사를 허용해서 자연스러운 배수를 유도한다.[9]

9 Heathcote and Moffatt, *Contemporary Church Architecture*, 90.

10 Heathcote and Moffatt, *Contemporary Church Architecture*, 94.

V. 나오는 말

전통적으로 교회 건축의 교육적 공공성은 사회 구조의 완성과 개인의 완성이 두 가지 가치를 함께 추구한다.[11] 그러나 이러한 교회 건축의 공공성은 거룩한 공간에 대한 자신의 비전과 서로 배치되고 갈등으로 표현되기도 한다. 교회 건축의 공공성에 대한 지나친 집착이 초월성에 대한 훼손으로 나타나기도 하고, 교회 건축의 초월성에 대한 우월한 입장이 매우 이질적인 구조로 표현되기도 한다. 아마도 산초-마드리데조(Sancho-Madridejos)의 Private Chapel만큼 초월성의 극치로 표현된 교회 건축은 매우 드물다. 그래서 이 채플은 "예전적 기능에 예속되지 않고 예배자의 거룩함을 자연스럽게 발생"시킬 수 있는 구조적 특성을 지닌다.[12] 다시 말해서, 초월적인 종교적 경험이 예배공동체의 표준으로 자연스럽게 환기되는 것이다. 그것은 마치 슈바르츠의 거룩한 공간처럼 빛으로 표현되는 교회의 공간성이 그 안에서 예배드리는 회중을 거룩한 공간을 정의하고 창조하는 주체로 인식하게 만드는 신비의 구조인 것이다.[13]

결국, 교회 건축의 교육적 공공성은 얼마나 많은 대중이 이질감 없이 교회의 교육적 공간에 접근할 수 있는 구조인가를 적극적으로 고려하고, 이와 동시에 그러한 대중이 교회 내부의 교육적 공간에서 초월적인

---

11 Moneo, "Architecture as a Vehicle for Religious Experience," 159.

12 Heathcote and Moffatt, *Contemporary Church Architecture*, 114.

13 Richard Kieckhefer, *Theology in Stone: Church Architecture from Byzantium to Berkeley* (New York: Oxford University Press, 2004), 236.

14 Heathcote and Moffatt, *Contemporary Church Architecture*, 111.

[그림 12] Private Chapel[14]

회중으로 변화될 수 있는가에 그 핵심이 있다. 대중이 찾는 공간이 되기 위해서 교회 건축의 교육적 공공성은 확보되어야 한다. 또한 그 공간에서 회중으로서의 주체성을 확보하기 위해, 교육적 공공성은 반드시 초월성을 담보해야 한다. 이 점에서 교회 건축의 교육적 공공성은 일반 교육의 공공성과 분명한 차별성을 확보하게 되는 것이다.

참고문헌

손호현, 정혜진, 곽호철, 김수연, 김정두, 박종현, 소요한, 손 문, 송용섭, 오화철, 전현식, 정시춘, 정용한. "교회 건축의 공공성에 영향을 미치는 지표들의 가중치 도출," 한국 교회 건축 연구와 공공성 지표개발. 연세대학교 기독교문화연구소, 2016.

Heathcote, Edwin, and Laura Moffatt. *Contemporary Church Architecture*. England, West Sussex: Wiley-Academy, 2007.

Kieckhefer, Richard. *Theology in Stone: Church Architecture from Byzantine to Berkeley*. New York: Oxford University Press, 2004.

Kilde, Jeanne Halgren. *Sacred Power, Sacred Space: An Introduction to Christian Architecture and Worship*. New York: Oxford University Press, 2008.

Moneo, Rafael. "Architecture as a Vehicle for Religious Education: The Los Angeles Cathedral." In *Constructing the Ineffable: Contemporary Sacred Architecture*, edited by Karla Cavarra Britton, 158-169. New Haven, Connecticut: Yale School of Architectures, 2010.

거 룩 성

신앙과 마음을 돌보는 교회 건축의 공공성

오 화 철*

I. 들어가며

본 글은 신앙과 정신건강을 위해서 이 시대에 가장 필요한 교회 건축이 무엇인지를 논의하고자 한다. 신앙과 마음건강을 잘 돌보는 교회 건축이 가장 공공성이 좋은 교회라고 할 수 있을 것이다. 그동안 동학들과 함께 다양한 교회를 탐방했고 교회 건축이 현대인들의 신앙과 정신건강에 큰 영향을 끼친다는 사실을 절감할 수 있었다. 분명히 교회 건축은 인간의 신앙과 마음의 건강에 중요한 대상이다. 사실 이 공동 연구 과제인 '한국 교회 건축과 공공성'은 건축학적 공공성으로 개방성, 접근성, 쾌적성, 관계성, 장소성을, 신학적 공공성으로는 포용성, 환대성, 규모적합성, 평등성, 교육성, 거룩성을 중요한 요소로 이해하고 있다.[1] 무척

* 강남대학교 교수 / 상담학

어려운 작업이지만 본 글에서는 심리상담적인 입장과 신앙적인 접근이라는 두 축을 중심으로 교회 건축의 공공성에 접근하고자 한다. 필자는 이 글을 시작하면서 다시 한 번 중요한 질문들을 가지고 시작하려 한다. 과연 교회 건축은 신앙인에게 어떤 의미를 지니고 있는가? 교회 건축이 신앙인의 믿음과 정신건강을 돕기 위해서 무엇을 할 수 있는가 등의 화두를 가지고 본 글을 시작하려고 한다.

II. 교회 건축은 신앙인에게 어떤 의미를 가지는가?

교회 건축은 신앙인에게 있어서 예수를 기억하게 하는 장소이다. 예수 그리스도가 이 땅에 오신 의미를 되새기고, 그의 사역과 죽음 그리고 부활을 기억하는 장소가 바로 교회일 것이다. 그런 점에서 기본적으로 교회의 속성은 기억하는 곳이다. 다시 말하면, 떠나간 대상을 애도하며 다시 새롭게 신앙적 · 정신적 결단을 갖는 공간과 시간이 교회가 될 것이다.

그럼 점에서 교회 건축은 신학적인 작업이다. 건축물이지만, 그 건축물에 인간의 신앙과 마음을 담는 것이 가장 중요하다. 동시에 인간의 신앙과 마음의 상호작용 가운데서 교회 건축이란 주제는 신앙과 정신의 중요한 논점임을 확인할 수 있다.

교회 건축은 진리를 기억하고 떠나간 대상을 애도하는 회복의 공간이다. 그 진리를 기억할 때 현실을 직면할 수 있고 과거의 고통을 애도할 수 있으며 창조적인 미래를 준비할 수 있다. 그러나 진리를 망각할 때

1 손호현, "교회 건축의 십계명: 신학이 있는 교회 건축과 인생 건축", 『한국 교회 건축과 공공성』 (서울: 동연, 2015), 11-41.

현실은 고통의 연속이 되고 건강한 애도가 어려워지며 미래를 기약하기 어렵다. 그런 점에서 교회 건축은 기억과 애도를 위한 회복의 공간으로 정의될 수 있다. 그런 면에서 교회 건축의 가장 중요한 것은 예수 그리스도의 사랑과 희생을 기억하는 것이다. 하나님의 임재를 소망하며 반복적으로 예배를 드리고, 죽은 자들의 천국입성을 확신하면서 살아있는 자들은 죽은 자들을 추억하고 애도하며, 예배드리는 자들은 세상에서 살아갈 믿음과 용기를 얻는다. 이것이 교회 건축이 신앙인에게 허락하는 회복과 치유의 출발이 된다. 결국 인간은 기억을 통해서 진리를 추구한다. 의미 있는 사실을 기억하기 위해서 인간은 시간과 공간에서 노력한다. 교회 건축이라는 단어는 그러한 진리를 향한 열정을 위해 존재하는 시간과 공간이다. 무엇보다 교회 건축이라는 시간과 공간은 예배를 통해서 초월성을 추구하는 장소이다. 그 초월성을 통해서 회복과 치유가 가능하다.

III. 상관성: 교회 건축과 신앙·마음건강의 관계

최근에 필자는 상담의 한 분야로 문학치료라는 새로운 분야를 연구하고 있다. 문학치료에서는 서사가 기본적으로 작품 서사와 자기 서사라는 두 축으로 출발한다. 일찍이 독일 철학자 폴 틸리히(Paul Tillich)는 상관관계 방법론(method of correlation)을 통해서 두 대상의 상호관계성을 묘사한 바 있다. 고전적인 방법론이지만, 두 대상은 철학/종교와 사회의 관계에서 발생한다는 전제를 갖고 있다. 철학은 사회에 영향을 주어야 하며, 사회 역시 철학에 영향을 주는 관계에 있다는 것이다.[2]

이 방법론은 후일 시카고대학의 데이빗 트레이시(David Tracy)에 의해서 좀 더 수정되고 발전되었지만, 기본적인 골자는 여전히 양방향적인 영향과 역동이 존재할 때 각자의 역할이 더욱 발전하고 분명해진다는 점이다. 지금은 고전이 된 방법론이지만, 20세기 중반에 이 방법론이 소개되면서 일으켰던 반향은 철학과 종교가 사회에 대한 책임의식을 가질 필요가 있다는 고귀한 통찰이었다. 철학이 철학으로만, 문학이 문학으로만 존재하는 것이 아니라, 사회를 향한 끊임없는 애정과 관심을 통해서 사회를 변화시키고 회복시키는 실천적인 사명을 인문학이 갖고 있음을 각인시켜주는 중요한 방법론이다. 방법론이라는 것은 쉽게 말하면 화가가 그림을 그릴 때 붓을 잡는 자세와 태도라고 볼 수 있다. 화가의 태도와 자세에 따라서 같은 사물을 그려도 그림에서 풍겨 나오는 분위기와 느낌은 사뭇 다를 수 있다. 글에서의 방법론이라면 글 전체의 어조를 결정할 것이고, 음악이라면 음악 전체의 감성을 좌우하는 일이 바로 방법론에 해당할 것이다. 어찌 보면, 내가 지니고 있는 방법론은 바로 자기서사의 연장선에 있다고 볼 수 있다. 내가 지닌 서사가 사물에 투영되는 것이다. 잘 알려진 대로 정신분석에서 사용하는 투사(projection)라는 개념이 바로 자기서사의 출발에 해당된다. 나의 무의식에 있는 기억과 감각들이 사물에 저절로 여과 없이 투영되는 것이 바로 투사이고, 우리는 이 투사과정을 통해서 사물을 이해하고 학습할 수 있다. 상담자와 내담자 사이에서 오가는 역전이와 전이도 모두 투사라는 망(net) 위에서 일어나는 정신역동이다. 필자가 상담임상훈련을 할 때 많은 동료

---

2 John Powell Clayton, *The Concept of Correlation: Paul Tillich and the Possibility of a Mediating Theology* (New York : W. de Gruyter, 1980), 20-23.

정신분석가들은 이 투사를 생활방식(way of life)과 다름이 없다고까지 표현했다.

어떤 면에서 교회 건축과 개인의 신앙과 마음은 그런 긴밀한 상호관계가 있다. 심지어 교회건물은 한 인간의 심신에 상당한 영향을 주고 있는 책임을 가지고 있는지도 모른다. 동시에 한 개인의 마음과 신앙이 교회 건축에 투영되는 것도 당연한 일이다. 무의식적으로 의식적으로 자리 잡은 한 개인의 신앙과 마음의 생각은 투사를 통해서 교회 건물이라는 대상과 끊임없이 교류하게 되어있다.

교회 건축물은 한 개인과의 관계를 넘어서서 사회 전체와 세상을 향한 가치관과 통찰로도 연결될 것이다. 문학치료자 정운채는 초창기부터 문학치료학의 연구가 개인에 그치는 것이 아니라 사회 전체가 대상이 될 수 있음을 강조해왔다.[3] 개인과 집단의 자기 서사를 건강하게 치료하는 것이 문학치료학의 중요한 목표라고 한 점은 폴 틸리히가 철학이 사회에게 사회가 철학에게 서로 영향력을 주어야 한다는 전제와 유사한 것이다. 그런 점에서 폴 틸리히의 상관관계 방법론을 통해서 세상과 유리된 교회 건축은 존재할 수 없다는 사실을 생각해볼 수 있다. 아울러 교회 건축에 담긴 마음과 신학이 소주자의 독점적인 분야가 아니라, 대중에게 다가가고 그들에게 실질적인 효용을 제시하는데 관심을 가진다는 점에서 교회 건축의 일상성과 대중성을 견지하는 시도가 될 것이다.

폴 틸리히의 상관관계 방법론이 양방향성을 추구한다는 점에서 교회 건축과 사회는 끊임없는 대화와 변화를 추구하는 관계라고 이해할 수

3 정운채, 「문학치료학의 서사이론」, 문학치료연구 9, 한국문학치료학회, 2008, 293면

있다. 프로이트 이후에 자아심리학, 분석심리학, 대상관계 이론, 자기심리학, 상호주관성 이론 등의 변천사를 보면서 우리가 깨달을 수 있는 중요한 변화는 상담자와 내담자가 끊임없는 상호작용을 통해 점차적으로 대등해졌다는 사실이다. 초기 프로이트의 고전적인 정신분석에서 상담자는 정신의학 분야에 종사하는 권위 있는 의사이며 중립성을 견지하고 철저한 진단과 해석을 통해서 내담자를 규명하는 것이 가장 중요한 일이었다. 수평적인 관계보다는 수직적인 관계에 좀 더 가까웠다. 물론 프로이트가 정신분석의 가장 큰 목표를 '사람들이 사랑하고 일하도록 하기 위해서'(love and work)라고 밝힌 바 있지만, 여전히 정신의학 전문가로서의 권위와 진단을 통해서 정신분석을 시행했다고 볼 수 있다.

그러나 정신분석의 임상과 이론이 시간이 흐르면서 내담자의 역동이 상담자에게 많은 영향을 주었고 상담자의 역할도 역시 내담자의 다양한 사례를 보면서 새롭게 모델링 되어왔다. 앞에 적은 정신분석이론의 발달 후반부 단계에 등장하는 자기심리학은 상담가의 권위가 많이 내려가고 내담자와 대등한 입장에서 정신분석이 진행되는 이론으로 이해할 수 있다. 예를 들면, 프로이트의 정신분석에서는 가능하면 상담자가 내담자에게 실수를 했을 때 사과하거나 용서를 구하지 않고 대체로 묵인되거나 침묵으로 진행되지만, 자기심리학에서는 상담자도 내담자에게 충분히 사과할 수 있고, 상담자의 약점을 적절히 노출할 수 있다. 완벽하지 못한 상담자의 모습이 적절히 노출될 때 내담자의 자기 구조가 오히려 강화될 수 있는 가능성을 자기심리학은 주목한다. 또한 프로이트의 경우 상담자의 권한으로 내담자에게 과거의 고통스런 사건을 의도적으로 직면하도록 권할 수 있으나, 자기심리학의 경우는 직면을 유도하는 것은 자칫 상담자의 월권행위가 될 수 있다. 자기심리학은 오히려 내담자의 자기 구조가 단단해지고 준비될 때까지 직면을 유보하고 상담자가 기다려주는 것을 중요하게 여긴다.

어떤 면에서 교회 건축은 건축이라는 기술과 표현을 통해서 신학의 텍스트를 가동시키는 중요한 분야이다. 정신분석을 받는 내담자는 일종의 살아있는 문서로써 살아 움직이는 대상이다. 그 사람이 상담 현장에 와야지만 상담자는 그 내담자를 읽을 수 있다. 그러나 교회 건축은 일정한 장소에 늘 일관되게 찾아가면 만날 수 있는 대상이다. 그런 점에서 교회 건축은 정신분석보다 근접성이 뛰어나다. 사람이 찾아가서 늘 일관성 있게 만나볼 수 있는 자기대상으로서의 교회 건축물은 다채로운 연구가 가능한 분야라고 할 수 있다. 그러나 여전히 상담자가 내담자에게 영향을 주고 내담자 역시 상담자에게 무의식적인 영향을 받는 것처럼, 교회 건축과 사회·개인은 그런 상관성을 피할 수 없는 중요한 양방향적인 대상으로 각각 존재하고 있다는 점에서 교회 건축과 정신분석은 동일한 상황에 있다.

IV. 교회 안과 밖의 모습: 신학의 일치와 차이의 중요성

지오 폰티(Gio Ponti)라는 건축가는 "종교 건축은 건축의 문제가 아니라 신앙의 문제다"라고 말했다.[4] 바꿔 말하면 종교 건축의 외형적인 모습이 신앙적인 메시지를 전달하고 있다는 것이다. 교회 건축을 실천신학적인 입장으로 접근하고 있는 이 글에서는 '외형적 신학'을 '교회 건

4 이정구, 『교회 건축의 이해』 (파주: 한국학술정보, 2012), 3에 재인용.

축물이 세상에 주고 있는 외형적인 메시지'를 의미하는 것으로 정의하고자 한다.[5] 반면에, '외형적 신학'의 반대적 의미로 기독(목회)상담학에서는 '작용적 신학'[6] 으로 접근할 수 있는데, '작용적 신학'이란 본래 기독교 상담학자였던 머얼 조단(Merle R. Jordan)이 그의 저서 *Taking on the gods* (1986)에서 밝힌 개념으로써, 실제 신앙과 삶을 변화시키는 힘으로 작용하는 신학을 가리키는 표현이다.[7] 작용적 신학이란 개념이 목회상담학자가 사용하는 개념이라고 할지라도 그 의도가 신학의 실제적 내부 경험을 지칭한다는 점에서, 필자는 외형적 신학과 작용적 신학을 따로 분류하지 않고 함께 다루면서 적절한 비교를 통하여 교회 건축을 기독(목회)상담학적 입장에서 접근하고자 한다.

목회신학자 권수영이 번역해서 한국에 소개한 목회신학자 머얼 조단(Merle Jordan)의 책 *Taking on the gods*를 보면, 작용적 신학과 고백적 신학이 우리에게 주는 중요한 통찰로써, 내담자 본인이 내면에서 경험하고 있는 우상적 이미지와 감정을 직면하고 극복해서 건강한 신앙을 추구할 수 있는 가능성을 높이는 것이다. 어떤 점에서 대부분의 개인 혹은 공동체는 각자 나름대로 하나님에 대한 독특한 이미지와 경험들을 가지고 있을 것이다. 그런 내부적인 독특한 신앙과 신학은 자칫 세상이 바라보는 외면적인 모습과 큰 차이를 가져올 수 있다. 동시에 외면적으로 표현하는 신앙과 내면적으로 경험하는 신앙 사이에 불일치를 일으키

5 필자는 이 글에서 외형적 신학이라는 말을 제안하면서, 목회신학자 Jordan이 말하는 작용적 신학의 반대적인 의미로 사용하고자 한다.

6 권수영, 『기독[목회]상담, 어떻게 다른가요: 심리학과 신학의 만남』 (서울: 학지사, 2007), 26-31.

7 Merle R. Jordan, *Taking on the gods: The task of the pastoral counselor* (Nashville: Abingdon Press, 1986), 29.

는 중요한 원인이 될 수 있다. 여기서 우리는 불일치라는 결과를 문제로 보는 것보다, 불일치의 과정 속에서 왜 내면적 신앙과 외면적 신앙의 차이가 벌어졌는지에 대해서 관심을 가질 필요가 있다. 앞서 밝힌 것처럼, 내면적 신앙은 개인 혹은 공동체의 독특한 관심과 내부적 역동에 기인해서 발전한다고 본다면, 내면적 신앙은 개인이나 공동체가 실제로 경험하고 느끼는 현실적 역동인 셈이다. 여기서 중요한 것은, 외면적으로 갖고 있는 신앙적 모습이 실제 경험하는 내면적 역동과 만나야 할 필요가 있다는 것이다. 불일치와 위선의 신앙이 아니라, 고백하는 신앙과 가슴속에서 경험되는 신앙이 일치해 나갈 때, 교회는 더욱 역동적인 조화와 일치를 가지고 존재해 갈 수 있을 것이다. 교회 내부에 존재하는 내적인 경험들은 어떤 면에서 소중한 가치를 가지고 있다. 내적 경험들은 공동체와 개인이 실제 느끼고 경험한 역사를 보여주는 소중한 정신적 자료이기 때문이다. 그런 면에서 내적 경험들은 살아있는 고백이고, 실제 경험되고 있다는 면에서 현장성을 갖고 있는 내적 역동이라고 해석할 수 있다. 그러나 교회내부에서 경험하는 내적인 역동성 안에 우상적인 이미지나 이야기가 존재하고, 그것이 공동체의 건강한 성장을 방해하는 걸림돌이 된다면, 이제 그 내적 경험들을 직면하고 개선해서 새롭고 건강한 내용들로 바꿔 나갈 것이 요청된다.

교회 건축을 바라볼 때 작용적 신학과 고백적 신학을 통해서 얻을 수 있는 가장 중요한 통찰은 교회 건축이 지니고 있는 우상적인 내적 현실을 직시하고 변화시키는 것이다. 교회 건축 자체가 이미 어떤 신학적 입장과 방향을 제시하는 매개체라고 한다면, 교회내부에서 작동하는 실제적 내용과 교회 건축을 통해서 드러나는 외부적 표현은 일치하는 것이 바람직할 것이다. 교회의 내면에서 경험되는 신앙과 건축을 통해서 표현되는 외면적 신앙이 일치할 때 건강한 교회가 될 가능성이 높아지는 것이다. 만약, 교회 건축의 외현과 교회의 내적 현실이 일치하지 않는다면, 신학적 불일치와 불균형을 가져와서 미래 교회의 존립에 심각한 영향을 끼칠 수 있을 것이다.

오늘날 한국개신교 교회 건축의 '작용적 신학'이란, 보여지는 교회의 외면과 달리 세상에 대한 교회의 실제적 영향력을 지향하는 신학을 가리킨다. 예를 들어, 만약 교회 건축의 외형이 고딕양식을 추구하는 교회라 할지라도(외형적 신학), 교회 내의 위계적 질서 및 하나님을 향한 신앙적 표현과 집중보다는 이웃사랑과 사회정의 실현에 더 큰 신앙적 가치를 두는 교회라면, 사실상 그 교회의 작용적 신학은 사회구조 안에서 더 큰 영향력을 발생시키는 신학이라고 볼 수 있다. 또한, 교회 건축의 구조가 방주형의 형태로 되어 있어서, 교회구성원의 특별한 소속감과 세상과의 구별된 이미지를 주는 교회 건축 형태일지라도(외형적 신학), 그 교회의 신학이 사회의 소외계층과 다문화 사역에 집중되어 있는 경우라면, 실제 작용하고 있는 교회 신학은 구제와 봉사에 근접하는 신앙적 가치라고 볼 수 있다.

이런 관점에서, 기독(목회)상담학적 입장에서 교회 건축물이 보여주고 있는 외형적 신학과 실제 교회 내부에서 발생하고 있는 작용적 신학의 동일성과 차이점을 발견하는 일은 이 시대의 교회 건축을 재조명하는 데 가장 중요한 기준점이 된다. 작용적 신학은 교회 내부에서 실제로 그 교회를 이끌어가고 있는 실천적인 신학의 방향이며, 그것은 교회 건축물을 통해 드러난 외형적 신학과 동일할 수도 있고 다를 수도 있다.

천 년 전, 가톨릭교회의 고딕양식은 교황을 중심으로 한 위계적 조직을 가진 단 하나의 교회를 상징하면서, 동시에 가톨릭교회의 전례 공간이며 미사의식과 신앙적 태도 그리고 교회의 강력한 힘과 부를 드러내는 교회 건축양식이었다.[8] 돌을 깎아서 쌓아 올리는 조적식 구조와 막대한 노동력 및 경제력을 투입해서 100년 내외의 오랜 세월동안 공사를 했던 고딕양식의 가톨릭교회는 내적인 신학과 외형적 신학이 일정 부분 일치하는 교회 건축양식이었다고 할 수 있다. 반면, 종교개혁(1517)을 통해 가톨릭과 결별하면서 등장한 개신 교회의 건축은 전례나 신학의 흐름을 따르기 보다는 융통성과 실용성을 중심으로 전개된다. 그렇다면 과연 앞서 살펴 본 가톨릭교회와 같이 한국개신교 교회의 건축도 외형적 신학과 작용적 신학이 일치하고 있는가? 만약 그렇지 않고 이와 반대로 '차이가 발생하고 있다면 그 이유는 과연 무엇인가?' 서구 가톨릭교회는 전통적이고 상징적인 의미에서 스테인드글라스(색유리)와 첨탑 건축 양식을 특징으로 하는 고딕양식을 주된 건축양식으로 추구해 왔다. 그러나 한국개신교의 상당수 교회는 루터의 시편 51편 강해에서 드러난 것처럼, 십자가 중심의 고딕양식으로 교회 정체성을 강조해왔다.[9] 현재 대부분의 한국 교회들이 첨탑 위에 높이 세운 십자가는 분명히 십자가중심의 신앙을 강조하고 있다고 볼 수 있다. 그러나 개신교가 가톨릭으로부터 개혁을 시도하고 있는 종교라는 점에 비추어 볼 때, 한국의 많은 개신교회들이 가톨릭이 주로 사용하던 고딕건축양식을 대부분 수용하고 있다는 것은 이해하기 힘든 현상이다. 이 점에서 바로 한국 개신교 교회 건축양식의 외형적 신학과 작용적 신학 간의 불일치가 나타나게 된다.

---

8 정시춘, 『교회 건축의 이해』(서울; 발언, 2000), 270.

9 이정구, 『교회 건축의 이해』(파주: 한국학술정보, 2012), 6.

분명히 한국 개신교의 대부분이 여전히 가톨릭교회의 고딕건축양식을 답습하고 있는 현실은 우리에게 시사해주는 바가 크다. 종교개혁 이후에 대중과 더욱 친숙해진 개신교가 여전히 고딕양식을 고집한다면, 여전히 교회의 위용과 권세를 확인하기 위한 개신교의 노력이 존재한다고 볼 수 있는 것인가? 아니면, 나름대로 개신교 교회 건축의 새로운 모델을 발전시켜야 한다는 점에서 개신교 신학이 반영된 건축적 안목이 미흡하기 때문인가? 우리는 이 부분에 대해서 많은 질문을 해볼 수 있다. 중요한 것은, 개신교가 가톨릭과 달리 대중적이고 열려있는 개방성을 가졌다는 점에서, 그런 종교개혁의 뜻과 의미가 개신교 교회 건축에 반영되고 표현된다면, 한국 교회 건축의 신학적 일치를 추구할 수 있는 가능성이 높아질 것이다.

실천신학적인 입장에서 볼 때'외형적 신학'과 '작용적 신학의 목표는 똑같이 교회의 발전에 있다고 할 수 있다. 그러나 만약 한국 개신교의 교회 건축이 여전히 고딕양식을 추구한다면, 교회 건축을 통해 담지 되는 외형적 신학은 교회내의 강력한 질서, 교회의 힘과 권세, 신과의 합일을 염원하는 인간적 심성 등을 드러내고 있다고 볼 수 있다. 앞에서 밝힌 것처럼, 이러한 외형적 규정성과는 달리 교회내부에서 실제 발생하고 있는 작용적 신학이 이웃사랑과 소외계층을 구제하는 사회구원에 더 큰 신앙적 가치를 두고 있다면, 개신교 교회 건축양식을 통해 나타나는'외형적 신학'과 '작용적 신학' 사이에는 신학적 불일치가 발생한다고 볼 수 있다.

아울러, 여러 영상매체와 홍보를 통해서 문화선교를 주장하는 개신교회가 있다면, 교회 건축이 힘과 권세를 지향하는 고딕양식보다는 대중에게 좀 더 친숙하게 다가갈 수 있는 포용과 개방적인 이미지를 사용해서 교회 건축에 반영해야 할 필요가 있다.

많은 개신교회들이 초대교회로 돌아가자는 구호아래 소외계층을 구제하는 일에 집중하고 있는데서 보이는 실천적 동질성에도 불구하고, 초대교회 순교자들에 대한 의식과 기념에 대한 교회들 간의 신학적 입장의 차이가 존재하고 있는 것을 발견하게 된다. 대부분의 한국 개신교는 순교자 무덤 위에 제단을 세우고 교회를 축조하는 초대교회의 장소성에 신앙적으로, 정서적으로 동의하지 못한다고 본다면, 이런 현상도 신학적 불일치의 결과라고 볼 수 있을 것이다.

이와 같은 신학적 불일치의 문제는 교회 내의 불일치뿐만 아니라, 교회와 교회, 목회자와 목회자 사이에서도 나타난다고 볼 수 있다. 소위 대형 교회들이 수도권과 도심 한복판에 새롭게 짓는 교회 건축은 그 규모나 파급력 면에서 어마어마한 힘을 지역 사회에 행사하게 된다. 문제는 그러한 대규모 교회의 건축이 주위에 이미 존재하고 있는 군소 교회들에게 상당한 영향을 끼칠 수 있고, 교회 간, 목회자 간의 불신과 갈등의 원인이 될 수 있다는 것이다. 실제 대형 교회가 지어질 때마다 주변에 작은 군소 교회들이 상당수 사라지고 피해를 입는 경우가 비일비재하다고 한다. 또한 도심 한복판에 거대하게 지어지는 개신교회 건물이 주는 이미지는 자칫 권위적이고 상업적인 이미지가 될 수 있다. 만약 빛과 소금의 역할을 감당해야 하는 것이 교회내의 작용적 신학이라면, 이러한 대형 교회 건물은 외형적 신학과의 불일치를 불러일으킬 가능성을 더욱 높일 수 있다.

정주건축소의 정시춘은 교회 건축이 다른 어떤 종류의 건축물보다 복잡하고 어려우며, 각기의 공간들이 조화를 이루어 하나의 형태를 지향하면서 세상을 향해 하나님의 교회임을 상징적으로 표현하는데 있어서

고도의 시대적 전문성과 창조성을 필요로 한다고 밝히고 있다.[10] 이러한 강조는 하나님의 교회를 상징적으로 표현하기 위한 현대의 한국 개신교 교회 건축이, 이제는 보다 창조적인 접근을 통해 그 형식과 내용을 다시 발견해야 하는 시대적인 요청 앞에 서있다는 것을 말해주고 있다. 단순히 과거의 기독교 역사 속에 존재해왔던 기존의 건축 양식을 답습할 것이 아니라, 현대 건축의 특성과 시대가 요청하는 사명 가운데 하나님의 교회로서의 모습을 교회 건축을 통해서 보여줘야 할 것이다. 대부분의 현대 교회 건축은 철골구조 기술과 다양한 건설 장비를 통해서 단기간 내에 경제적 효율성을 가지고 건설된다는 점에서, 가톨릭교회가 추구했던 오랜 시간과 많은 재정이 투입되는 조적방식의 고딕양식과는 전혀 다르다고 볼 수 있다.

한국 개신교회는 그동안 정교한 예배 형식보다는 일종의 집회 형식과 성장 위주의 목회에 집중해 왔다고 볼 수 있다. 예를 들어 초창기 장로교의 한국 선교는 한국 현지 교회의 자급자족이라는 개념 아래 네비우스 정책을 따라서 이루어져왔고, 그 정책을 통해 발전·성장한 교회의 거대화로 이어지면서, 교회 내부는 전례와 예식이 약한 집회 위주의 예배와 강당으로 사용되어 온 것이 사실이다. 감리교의 경우는 가톨릭교회의 전통 건축 양식을 더 많이 수용했다는 점에서 한국 개신교회 건축의 고딕양식 전수에 중요한 영향을 끼쳤으며, 많은 대형 개신교 교회들 역시 이러한 고딕양식을 추구함으로써, 개신교 교회의 건축 양식은 신학적 불일치를 보여주게 되었다. 이러한 신학적 불일치는 한국 교회가 그동안 교회 건축을 신학적으로 충분히 성찰하고 돌아볼 여유가 없었음을

10 정시춘, 『교회 건축의 이해』 (서울; 발언, 2000), 283.

보여주는 하나의 근거가 될 수 있을 것이다.

이제 한국 교회는 양적인 성장과 현세의 욕망을 만족시켜주는 교회가 아니라, 질적, 인격적이면서 영적이고 내면적인 구원을 추구하는 교회로 다시 한 번 거듭나야 한다. 무엇보다 한국개신교의 교회 건축이 특정한 교회 건축 양식을 고집하지 않고, '공공성' 이라는 측면에서 지역 사회와 협력하고 조화를 이루는 것이야 말로, 앞으로 개신교의 발전에 중요한 관건이 될 전망이다.

V. 기억과 애도의 공간: 교회 건축

현재 개신교 교회 내에 얼마나 애도공간이 절실히 필요한지를 살펴볼 필요가 있다. 혹자는 예배 시간, 예배 공간 자체가 애도공간이 될 수 있다고 말할 수 있겠지만, 상실을 경험한 당사자들은 실제로 사람이 많고 예전이 계속 진행되는 상황에서 자신만의 애도공간을 갖기 어려운 것이 현실이다. 다행히, 한국 개신교로써는 경기도 용인에 위치한 기독교한국침례회 백향목교회가 교회 지하에 추모관을 설립해서 애도 공간을 제공하는 것으로 알려져 있어 다행스럽게 생각한다. 백향목교회의 사례를 보면, 출석하는 교인들에게 애도 공간을 제공할 뿐 아니라, 기독교신앙의 핵심인 부활 정신을 고취함으로써 천국에 대한 소망을 지향하는 신앙 훈련까지 포함하는 신앙교육의 사례라고 볼 수 있다. 나아가서 백향목교회는 용인시에 납골당 일부를 기증함으로써 무의탁노인이나 극빈층에게 무료로 납골당을 사용하게 함으로써 지역 사회의 필요성에 반응하는 공공성을 보여주고 있다. 교회는 결국 지역과 소통하고 지역 사회의 행복과 유익에 기여해야 존재할 수 있다는 점에서 백향목침례교회의 추모관은 신앙과 공공성을 함께 바라보는 유의미한 사역이라 할 수 있다.[11]

어떤 면에서 기억한다는 능력은 인간에게 내재화되어 있는 본능적인 능력이다. 극심한 사건을 경험하고 꿈에 그 일이 다시 나타나거나 다른 형태로 꿈에서 경험되는 것은 정신이 스스로 문제를 재경험해서 해결하려는 무의식적인 노력을 한다고 이해할 수 있다. 정신(psyche)은 스스로 태동하는 힘이 있다고 정신분석학자 융은 설파한다. 마치 몸이 스스로 건강을 지키기 위해서 자정 능력을 갖고 있는 것처럼, 정신도 유사한 기능을 갖고 있다고 볼 수 있다. 그런 점에서 공간과 시간에 관계없이 이미 인간은 그런 회복력(resilience)을 몸과 정신에 지니고 있다고 이해할 수 있다. 그래서 만약 기억하지 않고 애도하지 않으면 정신과 몸에 치명적인 결함이 발생하는 것이다. 더 이상 꿈을 통해서 지나간 사건을 재경험하지 않는다면, 미래에 대한 불안을 꿈을 통해서 해소하지 않는다면, 정신은 이미 건강한 상태와 거리가 멀어지는 것이다. 베트남전에 참전했던 미국의 참전용사들이 스포차카 혹은 오토바이를 몰고 고속으로 도로를 질주하는 일이 많았다고 한다. 그 이유는 위험한 상황을 재현함으로써 전장에서 쓰라린 고통을 재경험하고 해결하려는 무의식적 노력의 일환이라고 심리학자들은 평가하고 있다. 그런 점에서 그 사람이 하는 모든 행위와 일은 자가치유적인 선택이 들어있다고 볼 수 있다. 이상과 같이 필자가 정신의 복원력 혹은 회복력을 강조하는 이유는 교회

11 오화철, "교회 건축은 회복의 공간이다", 『한국 교회 건축과 공공성』 (서울: 동연, 2015), 357-368.

라는 공간과 시간을 찾는 사람들은 이미 그런 회복을 향해서 무의식적으로 발걸음을 옮기고 있는 존재라는 사실을 강조하고 싶기 때문이다. 안식일이 하나님을 위해서 있는 것이 아니라 사람을 위해서 존재한다는 예수님의 말씀처럼(막 2:27-28) 교회 건축이 표면적으로 하나님을 예배하고 하나님을 위해 존재하는 건축물이지만, 현실은 사람을 위해서 존재한다는 사실을 기억해야 한다. 그 교회 건축물 안에서 신앙인이 기억하고 애도할 수 있어야 교회 건축물은 그 역할을 다한다고 할 수 있다.

서론에서 제기한 것처럼 교회 건축에서 예수 그리스도라는 대상을 기억하는 것이 중요하다. 예수 그리스도를 통해서 나타나는 진리를 교회 건축물은 표현해야 한다. 기독교 안에 존재하는 고난절, 부활절 등의 대부분 절기들은 기억하는 것이다. 마치 이스라엘 사람들이 이집트 탈출 경험을 기억하는 것처럼 신앙인들은 교회라는 공간과 시간을 통해서 예수 그리스도를 기억할 수 있어야 한다. 만약 예수를 기억하지 못하고 건물 혹은 목회자 등 그 밖의 것들이 기억에 남는다면 교회 건축의 건강한 신학이 무엇인지 다시 돌아보아야 한다.

기억과 함께 중요한 것은 애도이다. 프로이트는 애도란 충분히 슬퍼하고 그 이후 대상을 떠나보내는 것이라고 정의한다. 만약 이러한 건강한 애도의 과정을 거치지 않을 경우 대부분의 사람들은 자책감과 죄책감을 통해서 자기비난을 하며 살아간다고 한다. 이러한 자기비난은 정신건강뿐만 아니라 육체적인 건강에도 치명적인 병을 유발할 수 있다고 정신의학자들은 주장한다.

VI. 산자와 죽은자의 교제가 일어나는 우주적인 장소

교회는 분명히 살아있는 사람들이 신앙생활을 하는 공간이다. 그런 점에서 교회는 산 자의 공간이다. 그러나 신학자 폴 틸리히(Paul Tillich)는 개신교회 안에서 보는 것과 듣는 것의 균형과 대화가 필요하다고 설명한다.[12] 틸리히의 지적은 단지 성찬과 설교의 균형에만 적용되는 것이 아니라, 교회의 다양한 구성원들에게 필요한 적절한 공간의 중요성을 암시하는 말이 될 수 있다. 교회는 분명히 산 자들이 찾아오는 영적 공간이지만, 틸리히가 제안한 것처럼 보는 것과 듣는 것의 영적 균형을 고려해 볼 때, 산 자들만을 위한 개신교회 건축에서 볼 수 없는 것과 들을 수 없는 것은 과연 무엇인지를 다시 생각해보게 된다.

알려진 것처럼, 개신교가 가톨릭 이후에 등장하면서, 종교개혁 이후에 교회 내에 존재했던 많은 예술적 요소들과 결별하게 되었다. 라틴어 성경을 읽을 수 없었던 대중들에게 쉽게 성경을 설명해주던 그림과 조각 등의 시각적인 미술의 세계가 점차 비중이 줄어들고, 점차 음악과 설교라는 귀로 듣는 영역에 개신교는 집중하게 된다. 많은 정신분석학자들은 성 에너지와 정신 에너지 등의 승화는 예술적인 영역에서 가능하다고 하는데, 특히 미술은 시각적인 면에서 많은 변형을 추구할 수 있는 가능성을 갖고 있는 분야임이 틀림없다.

신학적 견해 차이가 있긴 하지만, 최근 사회적으로 대두되고 있는 납골당 같은 죽은 자들의 공간이 우리 개신교회 건축 안에 필요한지 여부

---

12 Paul Tillich, *On Art and Architecture* (New York: The Crossroad Publishing Company, 1987), 196.

를 질문해보고 싶다. 대부분의 개신교회는 교회 건물 안에 죽은 자를 위한 공간을 갖고 있지 않다. 그 이유는 성인숭배와 연옥신앙에 대한 신학적인 이해에서 가톨릭과 다르기 때문이다. 알려진 대로 한국 개신교회들은 교회 안에 납골당이나 수목장을 마련하기보다는, 교회에서 떨어진 다른 지역에 교회 소유의 묘지를 구입해서 소속 교인들에게만 제한적으로 매장을 하도록 허락하고 있는 상황이다. 이런 한국 개신교의 매장 문화는 교회의 배타적인 이미지를 강화하고 사회 내에서 교회의 공공성과 어울리지 않는 모습이다. 결국 한국 개신교회의 내부공간은 산 자들만이 예배드리는 공간으로 제한된다고 할 수 있다. 신학적 이해의 차이도 있지만, 무엇보다 정서적으로 납골당 같은 죽은 자들의 공간이 혐오시설로 여겨지는 것이 개신교회 건축의 현실이다.[13] 그러나, 우리 선조들은 조상의 영혼을 사당에 두고 위패를 모시면서 죽은 조상들과 함께 지냈던 정서를 갖고 있었는데, 그런 전통적인 정서를 수용 가능한 신학적 범위 내에서 개신교회 건축에 한번쯤 적용해볼 수 있는 가능성은 있는지 생각해 필요가 있다. 미국과 유럽의 많은 개신교회들의 경우, 교회 바로 옆에 묘지가 함께 위치해 있는 것을 쉽게 볼 수 있다. 그 교회와 인연을 맺었던 사람들이 죽어서 교회 옆의 묘지에 묻혔을 때, 살아 있는 자들이 교회에 갈 때마다 그 죽은 자들의 자취를 마주하는 것이 신앙인들에게 어떤 성찰을 줄 수 있는지 생각해보아야 한다. 교회 내에 납골당을 설치하거나, 교회 경내에 묘지 혹은 수목장을 마련하는 것을 통해서 죽은 자를 기억하는 것은 정신적으로, 영적으로 어떤 의미가 있을 것으로 기대한다. 죽음 이후에 사람들이 어떻게 다른 사람들에게 기억되기

13 이정구, 『교회 건축의 이해』 (파주: 한국학술정보, 2012), 204.

를 바라는가 하는 점은 죽음에 관련된 중요한 신학적 주제가 될 것이다. 결국 종교와 철학의 가장 중요한 숙제가 죽음에 관한 것이라면, 개신교의 장례와 매장 문화는 다시 한 번 죽음에 대한 현실적인 대안을 교회 내에서 제시하고, 올바르고 건강한 매장 문화를 열어가야 할 것이다.

아울러, 개신교는 몸의 부활을 믿고 강조함으로써 시신을 화장하지 않기 때문에, 지금까지는 교회 건물 내에 납골당을 설치하지 않았다. 그러나 이제 교회의 공공성이라는 입장에서 살펴볼 때, 그 문제에 대해 개신교회가 신학적으로 숙고해야 할 시점이 다가오고 있다. 예를 들어 성공회는 교리적으로 연옥신앙을 배척하면서도 교회 안에 납골당을 설치하는 것에 큰 문제가 없는 것으로 알려져 있다.[14]

한국 개신교인들이 서양 개신교인들과 달리 부모의 시신을 화장하거나 교회 경내에 묘지를 마련하지 않는 이유가 과연 신앙적으로 불편해서인지, 아니면 신학적으로 맞지 않다고 생각하기 때문인지에 대해서는 좀 더 깊이 생각해 볼 필요가 있다. 이에 대해 성공회대학 이정구 교수는 『교회 건축의 이해』에서, 한국 개신교회의 오래된 유교적 관습과 과도기적 개신교 신앙 속에서의 정서적 불편이 가장 큰 원인이라고 분석하고 있다.[15] 한국 개신교인들이 사당과 위패를 통해서 조상을 모셨던 경험이 있다는 것을 감안하면 이것은 신학적인 문제이기 전에 정서적이고 심리적인 문제로 볼 수 있다. 앞서 밝혔던, 외면적 신학과 고백적 신학의 문제가 이 부분에서 다시 드러난다고 볼 수 있다. 왜냐하면, 우리 민족의 역사는 사당과 위패를 모셨던 다양한 종교적 체험을 가지고 있는데, 이

14 앞의 책, 204.

15 앞의 책, 205.

것은 실제로 우리가 내부에서 경험한 중요한 역사적인 정신적 유산이라고 할 수 있다. 그러나 외면적으로 개신교의 신앙을 지향하면서, 실제 내면에서 경험되고 있는 우리 고유의 전통을 외면하고 있는 것은 아닌가 생각해보게 된다. 물론 내적인 경험들안에 존재하는 우상적이고 비합리적인 면이 극복되어야 한다. 다만 합리적이고 역동적인 내면적 경험이, 외면적 신앙과의 대화를 통해서 합리적인 신앙으로 변화를 시도한다면 건강한 신앙의 성취가 가능해 질 것이다. 서구 개신교의 상당수 교회가 교회 경내에 묘지를 갖고 있거나, 죽은 자들의 사진을 교회 내에 전시함으로써, 망자에 대한 자취를 경험하게 하고, 죽은 이들에 대한 적절한 애도를 하게 함으로써, 건강한 신앙을 갖도록 노력하고 있다. 그렇다면, 한국 개신교도 한국 문화에 맞고, 개신교에서 수용할 수 있는 범위 내에서 망자를 애도할 수 있는 정신적인 공간을 마련하는 건축 문화가 절실히 요구된다.

VII. 사람을 위한 교회 건축

교회 건축은 사람을 위해서 존재한다. 교회란 곳이 사람이 하나님께 예배드리는 장소라는 점에서 하나님을 위한 건물이지만, 그 예배를 수행하는 존재가 사람이고 사람이 온전해야 온전한 예배가 가능하다는 점에서 교회 건축은 사람을 위해서 존재한다. 복음서에서 예수가 설파한 대로, 안식일의 주인이 하나님이고 예수 그리스도이지만, 최종적으로 안식일은 사람이 쉬기 위해서 존재하는 사실이라는 점과 그 맥락이 같다. 이런 맥락의 본질에는 사람을 향한 사랑이 존재한다. 교회 건축은 사람을 사랑해야 한다. 사람을 사랑하는 교회 건축이 지속적으로 존재 가능하고 그런 교회 건축이 공공성을 담지할 수 있다. 사람을 위하지 않는 교회 건축이 공공성과 양립할 수 없을 것이다. 구약에 존재하는 600개 이상의 계명을 모세를 통해서 10개의 계명으로 요약하고, 결국 예수 그리스도가 사랑이라는 계명으로 최종 요약한다는 점에서 성경에 관련된 교회 건축을 말해도 역시 사랑이 그 본질이 된다.

상담도 역시 사람을 사랑하는 일이다. 내담자의 깊은 내면의 문제를 듣고 동행하면서 문제를 해결해가는 과정이 바로 상담이다. 보스톤대학의 크리스 슐락(Chris R. Schlauch)이라는 기독상담학자는 상담을 충실한 동행(faithful companioning)이라고 부른다.[16] 그만큼 상담자는 내담자에 대한 깊은 사랑을 가지고 함께 하는 존재이다, 그 사랑을 상담에서는 동맹 혹은 연맹이라고 해서 상담자와 내담자 간의 깊은 신뢰와 약속을 의미한다.

일찍이 프로이트도 자신이 상담을 하는 이유를 사랑(love)과 일(work) 때문이라고 설명한다. 사람들로 하여금 사랑하게 하고, 일하게 할 수 있다면 그것이 상담이 지향하는 최고의 가치라는 것이다. 아무리 좋은 상담실을 가지고 있다하더라도, 상담실 내부의 디자인과 가구가 잘 준비되어 있더라도 가장 중요한 것은 상담자가 내담자를 어떻게 대하느냐가 관건이다. 상담 세팅 안에서 상담자와 내담자가 함께 공감하고 깊은 신뢰와 건강한 사랑이 존재한다면 상담실의 시설과 무관하게 그 상담은 건강한 상담이 될 것이다.

16 Chris R. Schlauch, *Faithful Companioning: How Pastoral Counseling Heals* (Minneapolis: Fortress Press, 1995), 20-25.

이렇게 교회 건축과 상담은 모두 사랑을 지향한다고 필자는 믿는다. 교회 건축도 신앙인들을 사랑하는 건축이 되고, 교회 주변의 사람들과 사회 구성원들을 배려하고 사랑하는 건축이 된다면 그 교회 건축은 이미 높은 수준의 공공성을 담지한 교회 건축이 될 것이다.[17] 적어도 주변 환경과 소통하며 교류하는 지역적인 필요를 반영하고 수용하는 사랑이 담긴 교회 건축이 될 것이다. 그런 면에서 교회 건축은 상담적이기도 하다. 이미 교회 건축이 주는 이미지와 모습은 사회에 상당한 영향을 주기 때문이다. 교회 건물 자체가 지역 사회에 주는 이미지와 상징성은 그 지역의 특성과 미래를 반영하는 아이콘 역할을 한다고 볼 수 있다. 교회 건물도 사람들에게 건강한 대상과 공간이 될 수 있기 때문이다. 심신이 지친 자들이 교회 건물에 들어와서 잠시 마음을 추스를 수 있다면 종교를 떠나서 이미 그런 공간으로써도 사람들에게 위로와 희망을 주는 공간이 될 수 있다.

사람만이 내담자에게 건강한 대상이 되는 것이 아니라, 무생물의 대상도 사람에게 좋은 대상이 될 수 있는 가능성을 시사한 상담가가 있다. 자기심리학을 창시한 하인즈 코헛(Heinz Kohut)이다. 하인즈 코헛(Heinz Kohut)은 자기애(narcissism)에 대한 획기적인 새로운 이해를 통해서 이전에 프로이트가 중단했던 자기애적인 내담자를 새로운 접근으로 치유를 시작한 상담가로 알려져 있다. 자기심리학의 핵심 내용은 건강한 자기 대상(selfobject)을 통해서 내담자가 자기의 구조를 단단하게 만들어갈 수 있다는 것이다. 단단한 자기 구조는 자신의 한계를 받아

17 손호현, 『인문학으로 읽는 기독교 이야기』 개정판(서울: 동연, 2015), 11장 "효율, 평등, 생명의 경제학" 참조.

들일 수 있고 삶의 지혜를 가지고 살아가는 건강한 정신의 소유자를 만들어 나간다고 코헛은 설명한다. 앞서 말한 것처럼, 사람뿐만 아니라 무생물의 대상도 사람에게 건강한 자기구조를 만들어 가는데 도움을 대상이 될 수 있다고 한다면, 교회 건물도 분명히 사람의 자기 구조를 단단하게 만들어주는 적절한 자기 대상이 될 수 있다.[18] 가톨릭의 고딕양식이 절대자를 향한 강한 열망을 표현하는 기도하는 손을 형상화한 것이라는 점에서도 이미 교회 첨탑과 십자가는 이미 많은 신앙인들에게 건강한 자기대상의 역할을 해왔다고 이해할 수 있다. 그런 점에서 교회 건축이 지나치게 위압적이거나 혹은 건강한 신학과 무관한 건축을 시도할 때 결과적으로 신앙적으로 정신적으로 사람에게 미치는 영향은 크다고 할 수 있다.

VIII. 공공성을 지향하는 교회 건축: 기독(목회)상담적 제언

이 시대의 한국 개신교회가 계속적으로 존재하고 부흥하기 위해서는 누구나 쉽게 다가갈 수 있는 교회가 되어야 한다. 이 시대의 교회 건축에서 필요한 것은 바쁜 시간을 살아가는 신앙인들에게 기억과 애도의 공간과 시간을 제공해주는 것이다. 교회의 위치와 시설 이전에 고려되어야 할 점은 신앙인들의 내면세계를 회복시키고 치유하는 것이다. 동시에 지역 사회에서도 교회 건축이 그러한 기억과 애도의 장소로 활용된

18 Heinz Kohut, *How Does Analysis Cure?* (Chicago and London: The University of Chicago Press, 1984), 160.

다면, 신앙과 종교를 뛰어넘어서 교회가 지역 사회의 공공성을 확보하고 건강한 신학을 담지하는 교회 건축을 정립할 수 있을 것이다. 신앙인이고 목회자인 필자 자신부터 건강한 신학이 있는 교회 건축을 통해서 다시 회복되고 싶다. 그 핵심에는 상실한 대상과 지나간 시간에 대한 애도의 문제가 있다. 건강한 애도의 공간과 시간이 교회 안에 있다면 신앙인들의 정신건강은 한결 나아질 것으로 전망한다.

종종 길거리를 지나다가 중세 유럽의 성처럼 당당하고 거대하게 지어진 교회 건물과 그 첨탑의 십자가를 보게 된다. 그때 저 교회는 어떤 사람들이 다닐까 하는 의문이 들기도 한다. 교회는 누구에게나 열려져 있는 공간이어야 한다. 아무리 초라하고 작더라도, 그 교회 건물은 누구에게나 열려져 있어야 한다. 우리는 교회의 머리가 예수 그리스도라고 신앙고백을 한다. 우리는 그 예수가 이 땅에 어떻게 왔는지 기억해야 한다. 예수는 누구나 와서 경배할 수 있는 마구간에서 탄생했다. 고귀한 신분의 왕자로 오신 것이 아니라, 가장 낮고 초라한 자리를 통해 오셨다. 그 예수를 교회의 머리라고 고백한다면, 한국 개신교회의 건축은 누구나 찾아와서 예배드릴 수 있는 장소여야 한다. 누구나 찾아올 수 없는 교회라면, 누구나 다가서기 어려운 성직자라면, 그것은 이미 소통과 변화를 향한 문을 닫은 것이나 다름없다. 꼭 화려하고 큰 건물이 아니더라도 마음이 기쁜 자든, 슬픈 자든, 어떤 마음을 가진 사람이라도 와서 위로와 격려를 받고 신앙생활을 할 수 있는 곳이 바로 교회여야 한다. 그런 점에서 볼 때 한국 개신교의 교회 건축은 다시 한 번 새로운 출발점에 놓여있다. 한국 개신교회는 이제 소속 교인들에게만 묘지를 허락해 줄 것이 아니라, 무연고자와 극빈자들을 위해서도 시신을 매장할 수 있는 묘지 터나 납골당을 구비할 수 있어야 한다.[19] 그것은 가난한 사람들을 돌보라고 강조하는 성서의 입장을 따르는 것이며, 공공성을 지향하는 교회로서 사회복지에 크게 이바지할 수 있는 방법이기도 하다. 동시에, 개인적인 슬픔이나 상처로 인해서 교회를 떠나고 신앙을 포기하는 사람들을 다시 부르기 위해서는, 교회 안에 애도의 공간을 만들어 교인들 스스로 마음을 회복할 수 있는 심리적인 공간을 제공해야 한다. 기독교는 죽음의 종교이다. 동시에 부활의 종교다. 예수가 죽었기 때문에 우리에게는 은혜와 구원이 있다. 그리고 그 죽음은 부활로 이어져 우리에게 소망과 구원으로 다가온다. 그런 점에서 한국개신교는 죽음을 직면해야 한다. 신학적 재조명을 통해, 죽음과 고통을 피하는 종교가 아니라 고통스러운 현실과 죽음을 직면하는 종교가 되어야 한다.

---

19 이정구, 『교회 건축의 이해』 (파주: 한국학술정보, 2012), 217.

참고문헌

권수영. 『기독[목회]상담, 어떻게 다른가요: 심리학과 신학의 만남』. 서울: 학지사, 2007.

손호현, "교회 건축의 십계명: 신학이 있는 교회 건축과 인생 건축." 손호현(편). 『한국 교회 건축과 공공성』. 서울: 동연, 2015, 11-41.

유영권. 『기독(목회)상담학 영역 및 증상별 접근』. 서울: 학지사, 2008.

은준관. 『신학적 교회론』. 서울: 한들출판사, 2006

오화철, "한국 교회 건축에 관한 목회신학적 접근", 「신학논단」 73집(2013)

_____. "교회 건축은 회복의 공간이다." 손호현(편). 『한국 교회 건축과 공공성: 신학이 있는 교회 건축』. 서울: 동연, 2015, 357-368.

에스더 M. 스턴버그 지음, 서영조 옮김, 『공간이 마음을 살린다: 행복한 공간을 위한 심리학』서울: 더퀘스트, 2013.

이정구. 『교회 건축의 이해』. 파주: 한국학술정보, 2012.

정시춘, 『교회 건축의 이해』 서울; 발언, 2000.

손호현, 『인문학으로 읽는 기독교 이야기』 개정판 서울: 동연, 2015.

Chris R. Schlauch, *Faithful Companioning: How Pastoral Counseling Heals*. Minneapolis, Fortress Press, 1995.

Kohut, Heinz. *The Analysis of the Self.* New York, International Universities Press, 1971.

Kohut, Heinz. *The Restoration of the Self.* New York: International Universities Press, 1977.

Kohut, Heinz. *How Does Analysis Cure?* Edited by Arnold Goldberg with the collaboration of Paul E. Stepansky. Chicago: The University of Chicago Press, 1984.

상 가 교 회

초대교회의 공공성이 상가 교회에 주는 함의

정 용 한*

I. 들어가며

한국 교회 건축의 대표적인 형태가 상가 교회임에도 그와 관련한 뚜렷한 연구가 없는 것은 얼마나 안타까운 일인지 모른다. 그 중요한 원인 중 하나는 상가 교회를 그 자체로 중요한 하나의 건축 형태로 숙고하지 않고 과도기적 형태로만 이해하는데 있지 않을까 짐작해 본다. 한국 교회의 성장이 둔화 내지는 감소하는 상황 속에서 많은 교회들이 사용하는 상가 예배당(교회)에 대한 보다 진지한 논의가 이루어져야 할 때이다.

본 연구는 지금까지 진행된 상가 교회에 대한 논의를 살피고 나아가 초대교회 건축의 발전과 그 공공성이 상가 교회에 주는 교훈과 함의를 논의하고자 한다. 본 공동 연구 과제인 '한국 교회 건축과 공공성'은 건축학적 공공성으로 개방성, 접근성, 쾌적성, 관계성, 장소성을, 신학적

* 연세대학교 연합신학대학원 교수 / 신약학

공공성으로는 포용성, 환대성, 규모 적합성, 평등성, 교육성, 거룩성을 고려의 대상으로 삼고 있다. 사실 이러한 공공성과 그 지표는 초대교회의 건축을 이해하고 적용하는데 많은 어려움을 갖는다. 예컨대 고대 사회와 현대 한국 사회에서 공공성이 갖는 의미가 다르기에 초대교회와 상가 교회의 건축을 비교하는 것은 제약이 따를 수밖에 없다. 그럼에도 초대교회의 공간과 그 발전을 통해 보인 특징들을 분석함으로 그것이 상가 교회에 던질 수 있는 함의를 밝히는 것은 여전히 의미 있는 과제라 할 것이다.

한국 교회 건축의 공공성 연구를 통해 교회 건축의 십계명이 제안된 바 있다.[1] 특히 2계명("교회 건물을 짓지 말고 빌려 쓰자")과 7계명("땅에 최대한 발자국을 적게 남기자")은 교회 건축의 공공성을 확보하기 위해 '임대 교회'에 대한 관심을 불러일으키고 있다. 물론 이미 주님의교회(박원호 목사),[2] 분당 우리교회(이찬수 목사), 나들목교회(김형국 목사)는 각각 정신여자고등학교, 송림고등학교, 대광고등학교의 강당을 포함한 건물들을 임대해 운영하고 있어 임대 교회의 가능성을 잘 보여 주고 있다. 위의 학교 임대 교회가 기간과 규모면에서 공간의 주체인 학교 측과 장기적인 안목과 계획으로 운영되는 반면 상가 임대 교회는 임대인과의 충분한 소통 부재와 짧은 임대 기간으로 인해 장기적인 계획과 체계적인 운영이 어려운 현실이 지속되고 있다. 하지만 여러 현실적 어려움에

---

1 손호현, "교회 건축의 십계명: 신학이 있는 교회 건축과 인생 건축", 『한국 교회 건축과 공공성』 (서울: 동연, 2015), 11-41.

2 다음의 사이트에서 주님의 교회 공간 평면도를 확인 할 수 있다. 학교 임대 교회들은 강당을 주일에는 예배당으로 주중에는 학생들을 위한 채플 공간으로 사용하고 있다. http://www.pcltv.org/newchurch/church10.asp.

도 본 연구가 상가 교회에 대한 심도 있는 건축학적, 신학적 관심을 불러 일으키는 계기가 되길 바란다.

II. 초대교회와 상가 교회에 관한 연구

한국의 상가 교회에 관한 실질적인 신학적 건축학적 논의는 2000년대에 들어와 시작되었다고 평가할 수 있다. 그 시도 중 2005년 4월 18일 진행된 '마중물교육센터'와 '교회건축문화연구회'의 '상가 교회 목회 환경을 위한 건축세미나'는 의미 있는 논제들을 한국 교회에 던져 주었다. 특히 정시춘은 상가 교회의 공간 부족 문제를 지목하며 장의자 대신 이동식 의자를 사용하고 예배실을 예배 이후 식당으로 사용할 수 있는 공간의 융통성을 제안하였으며, 상가 교회의 특수성을 고려해 넘치는 입주 업체들의 간판들과 경쟁하듯 서 있는 첨탑을 없애고, 대신 새로운 이미지와 홍보 방법을 주문하기도 했다.[3]

한국기독교총연합회 소속 교회정보기술대학은 2009년 7월 13일 중소형 교회와 상가 임대 교회의 예배 환경 개선을 위한 무료 컨퍼런스('교회 예배 환경 개선을 위한 컨퍼런스')를 개최한 바 있다. 이곳에서는 '예배 환경 개선을 위한 조명의 종류와 필요성', '예배 환경 개선을 위한 리모델링과 교회 건축', '예배에 있어서의 교회 자막 필요성과 활용 방안', '중소형 교회와 상가 교회를 위한 교회 인테리어' 등에 대한 관련 분야 전문가들의 주제 발표가 있었다.[4] 상가 교회 목회자들이 상가 내 교회

3 http://www.newsnjoy.or.kr/news/articleView.html?idxno=11732.

공간에서 경험하는 어려움에 대해 공감하고 실질적인 문제 해결 방안을 제시한 컨퍼런스였다고 평가된다. 다만 시급한 현실적 문제를 동감하면서도 상가 교회 공간이 갖는 신학적 의미와 방향성에 대한 진지한 논의가 없었던 것은 아쉬움으로 남는다. 이후 지협적으로나마 이루어진 상가 교회에 대한 논의들은 대부분 상가 교회가 직면한 현실 문제들과 상가 교회의 양적 부흥에 관한 방법론을 다루는 것이 주를 이루었다.

본인은 로마 가옥과 상가 교회가 갖는 유사성을 바탕으로 상가 교회가 고려해야할 건축적 관심으로 관계적 다양성, 공간적 개방성, 자연친화적 요소를 제안한 바 있다.[5] 1세기 초대교회의 공간적 배경이 된 도무스(Domus)와 인슐라(Insula)는 다양한 사회적 구성원들과의 자연스런 교류를 가능하게 해 주었고, 지금과는 다른 사적, 공적 공간에 대한 이해가 이웃들에게 보다 개방적일 수 있었으며, 마지막으로 빛과 조경을 고려한 자연 친화적 요소가 돋보이는 구조를 지니고 있었음을 밝혔다. 초대교회의 출현과 성장의 모태가 되어준 로마 가옥이 갖는 공간적 특징이 현대 한국 사회에서 인슐라와 유사한 형태를 띠는 상가에서 어떻게 드러날 수 있는지 논의하였다. 로마 가옥의 공간적 요소가 상가 교회의 본당(예배당), 로비와 계단, 옥상을 중심으로 접목되어야 함을 주장하였다.

물론 교회 건축과 관련된 연구 중 상가 교회의 문제를 짧게라도 다룬 연구들은 다수 있었다.[6] 상가 교회가 한국 사회 속에서 중요한 교회 공

---

4 http://www.christiantoday.co.kr/news/203072.

5 정용한, "교회 건축을 위한 로마 가옥 연구: 상가 교회를 중심으로", 「신학논단」 74(2013), 243-271.

6 최영현, "소규모 개신교회를 위한 공간과 예배의 탐구: 초기교회 유형으로서의 Dura- Europos와 이머징 예배를 중심으로", 「종교와 문화」 28(2015), 79-107.

간으로 자리매김한 지금 이에 대한 심도 있는 연구가 지속되어 건강한 상가 교회 건축을 향한 고민이 이어져야 하겠다.

III. 초대교회의 발전과 공공성

종교 개혁 500주년을 즈음하여 "초대교회로 돌아가자"(*Ad fontes*)는 구호를 자주 듣게 된다. 필자는 본 연구를 통해 과도기적 교회 공간으로 이해되는 상가 교회 성도들이 더 큰 교회 공간을 꿈꾸는 것과 동시에 초대교회가 가졌던 공간적 고민들을 공유하며, 공간적 이해의 깊이를 더해 갈 수 있기를 소망한다. 초대교회가 처한 현실과 그 현실을 반영하고 타계하는 과정으로서의 공간적 선택과 발전이 상가 교회의 공공성 확보를 위한 연구에 도움이 될 것이다.

1. 초대교회가 처한 현실

바울의 왕성한 선교 활동과 함께 동시 다발적으로 이루어진 초대교회의 발전은 지중해 연안을 중심으로 진행되었다. 그 모임들이 성도들의 주거 공간인 로마의 도무스와 인슐라에서 이루어진 것은 자연스런 현상이었다. 초기 그리스도인들은 자신들의 도시에 이미 존재하던 다양한 신들을 위한 성전(신전)들을 경험했고, 동시에 하나님만을 예배하는 공간에 대한 관심을 갖기 시작했다. 물론 이러한 관심은 두 가지 문제로 인해 쉽게 현실화되지는 않았다. 먼저, 임박한 종말에 대한 기대감은 성도들로 하여금 이 땅에서의 새로운 공간적 관심을 건축으로 실현해야겠다는 의식을 반감시켰다. 우주적 종말과 하나님의 완전한 심판과 통치를 고대하는 성도들에게 새로운 이 땅의 성전은 필요하지 않았다. 둘째, 유대적 전통 위에 있던 대부분의 초기 성도들에게 새로운 건축은 어떤 식으로든 예루살렘 성전과 긴장 관계에 있게 될 것이 자명했기에 많은 부담감을 갖고 있었다. 하지만 가옥들을 중심으로 진행되던 신앙 운동은 새로운 전기를 맞이하였는데, 예루살렘 성전이 베스파시안과 디도가 이끄는 로마군에 의해 파괴된 것이다(서기 70년). 유대교인뿐 아니라 초대교회 성도들은 '하나님의 집'인 성전에 대한 새로운 이해를 가져야만 하는 현실에 놓이게 되었다.

유대교를 구성하고 유지하는 기둥 중 하나인 성전의 파괴는 유대 사회에 큰 반향을 일으켰다. 성전 파괴와 함께 다양한 유대교 분파주의 운동이 시들고 바리새파의 후계자임을 자처하는 랍비들을 중심으로 한 랍비 유대교가 유대 사회를 재편하기 시작했다. 그들의 신학적 관심은 더 이상 파괴된 성전에 머물지 않고 토라 연구와 자선 행위, 기도로 옮겨갔으며, 회당이 새로운 구심점이 되었다. 성전의 부재 상황은 그리스도인들에게도 새로운 거룩한 공간에 대한 이해를 자극했다. 예루살렘 성전의 절대성을 부정할 수 있게 된 상황은 초대교회 성도들로 하여금 자유로운 공간 이해를 갖도록 도왔던 것이다.

70년 이후 초대교회 성도들이 보인 공간적 관심은 다양하게 표출되었다. 예컨대 자신들에게 익숙한 이방 신전(성전)의 형태를 새롭게 고민해 볼 수 있었고, 유대인 디아스포라들의 회당처럼 자신들만의 기도처를 특별히 고안해 낼 수도 있었다. 하지만 초대교회 성도들은 기존의 일상의 공간들을 자신들의 모임을 위해 사용하기 시작하였다.[7] 에드워드 아담스는 지금까지의 고정관념과 달리 1세기의 다양한 건축물들이 초대교회의 공간으로 사용되었음을 잘 보여 주었다. 그는 초기 가옥 교회와 3세기 바실리카 교회 사이에 어떤 공간적, 건축학적 발전이 있었는지에 대한 구체적인 실례를 제공해 주었다. 초대교회 성도들은 예배와 세례, 교육과 교제를 위한 다목적 공간으로서의 교회 건물을 갖기 전, 다양한 공간들을 사용한 전통을 가지고 있다. 그리고 그들이 자신들만의 예배 공간으로 특정 공간을 마련한 뚜렷한 증거는 2세기 이후에야 나타난다.[8] 물론 국지적이며 간헐적이라 해도 기독교인들에 대한 로마 제국의 박해가 초대교회의 공간적 관심을 현실화하는 또 다른 제약이 되었던 것도 사실이다.

교회만을 위한 자체 공간을 마련하기 전 초대교회는 치열한 신앙적 고민과 사회적 갈등 속에서 공간에 대한 이해를 발전시켰다. 재림의 기대 속에 이 땅의 건물과 공간에 대한 회의(懷疑)와 함께 로마 제국 안에서 공동체의 안전을 확보하기 위한 필요가 공간을 마련하는 과정 속에 동시에 반영되어야만 했다. 이러한 신학적 경향과 공동체적 필요는 기존의 가옥을 사용하는 상황에서 더 많은 구성원들이 모일 수 있는 공간으로의 이동을 야기했다. 이후 재림의 지연은 공동체의 연속성을 담보하기 위한 제도적 장치와 예전의 발전으로 이어졌다. 제도적 장치로는 공동체 내 직분을 세분화하고 그 역할을 규정함으로 구성원들 간의 책임과 의무, 권리와 권위를 결정하였다. 감독과 장로, 집사의 등장과 함께 이들의 역할과 공간이 함께 고려되기 시작했다. 또한 이들이 감당하게 된 세례와 성찬이 공간을 마련하고 발전시키는데 중요한 고려 대상

7 Edward Adams, *The Earliest Christian Meeting Places: Almost Exclusively Houses?* (London: Bloomsbuy T.&T. Clark,2013), 198-202.

8 가장 대표적 예가 시리아의 두라-유라포스 교회이다.

이 되었다. 성도들은 다양한 공간을 공동체의 모임을 위해 사용하면서, 자신들의 필요를 반영할 수 있는지를 실험한 것이다.

초대교회 건축은 크게 네 단계의 발전 과정을 겪은 것으로 이해할 수 있다: 가옥교회(Oikos Ecclesiae, 서기 50-150), 도무스교회(Domus Ecclesiae, 서기 150-250), 홀형교회(Aula Ecclesiae, 서기 250-313), 바실리카교회(Basilica Ecclesiae, 서기 313년 이후).[9] 오랜 시간 다양한 공간을 경험한 초대교회가 최종적으로 선택한 공간은 흥미롭게도 바실리카였다. 초대교회는 자신들의 신앙과 정체성을 유지 및 발전시키기 위해 특정 공간에 얽매이지 않고 새로운 공간에 의미를 부여하며 자발적이고 주체적으로 공간을 사용해 온 경험이 있다. 초대교회는 그간의 경험을 통해 세속적 공간인 바실리카마저 교회를 위한 공간으로 변화시켜 사용할 수 있는 능력을 갖춰 온 것이다.

'홀형교회'에서 '바실리카교회'로의 변화에는 기독교가 로마 제국으로부터 인정을 받게 된 중요한 상황 변화가 있었다. 이제 교회는 제국의 종교로 발돋움하며 공간에 대한 전혀 다른 관심을 반영해야만 했다. 교회는 직제와 예전의 발전이 가속화되는 상황과 부자들을 포함한 영향력 있는 인사들이 교회로 유입되는 상황을 경험하게 되었다. 교회는 교회의 직제화와 다양한 구성원들의 유입을 통해 제국의 세속적 가치를 반영하는 방향으로 질서를 재편해 갔다. 가장 두드러진 변화로 사제의 권위 확대와 여성의 역할 축소라는 현상들이 감지되기 시작했다.[10]

---

9 정용한, "초대교회 건축의 발전과 공공성에 관한 제언,"『한국 교회 건축과 공공성』(서울: 동연, 2015), 67.

10 초대교회의 공간 변화에 있어 교회의 제도화(위계 질서 확립), 여성의 역할 축소와 부자들의 영입이 주요한 고려 대상이 되고 있다. Jeanne Halgren Kilde, *Sacred Power,*

초대교회가 교회의 양적 성장으로 인해 대두된 건축적 필요성을 세속적 공간인 바실리카를 통해 현실화해낸 신학적 융통성과 실천성의 의의는 아무리 강조해도 지나치지 않다. 하지만 시간이 지나며 바실리카교회 공간이 갖는 건축적, 신학적 공공성이 퇴색된 것은 큰 아쉬움으로 남는다. 다양성과 실용성을 중심으로 발전하던 교회 건축은 바실리카교회의 등장 이후 차츰 종교적 경직성을 보여주는 공간으로 퇴색되는 경향을 보여주었다. 바실리카교회로 정형화된 교회는 중세를 거치며 로마네스크양식과 고딕양식의 건축으로 이어졌다.

2. 초대교회가 반영한 공공성

에드워드 아담스는 교회가 가옥 외에 가게, 작업장, 헛간, 창고, 숙박업소, 식당, 공중 목욕탕, 정원, 자연 지형(강, 호수, 바닷가), 다양한 공공장소와 무덤까지 모임 공간으로 사용했다고 주장하였다. 그런 의미에서 필자도 가옥 교회와 함께 바울의 두란노 서원과 같은 '스콜레교회'의 가능성을 제안한 바 있다.[11] 개괄적인 차원에서 로마의 가옥들과 바실리카는 개방성, 접근성, 쾌적성, 관계성과 장소성의 건축학적 장점을 보인다고 평가할 수 있다. 다만 초대교회가 현대적 의미의 건축학적, 신학적 공공성을 반영한 건축물을 고민하고 건축했다고 볼 증거는 없다. 하지만 여전히 초대교회가 양적 성장과 함께 기존의 건축 구조물 중 다양한 공간들을 필요에 따라 선택한 것은 시사하는 바가 크다. 본 단락에서는

Sacred Space: An Introduction to Christian Architecture and Worship (New York: Oxford University Press, 2008), 29-31.

11 위의 책, 66-67.

초대교회 공간들이 보인 신학적 공공성(포용성, 환대성, 규모 적합성, 평등성, 교육성, 거룩성)을 중심으로 논의하고자 한다.

먼저 '포용성'의 문제에 있어 초대교회의 로마 가옥이 현대적 의미에서 포용적이었다고 보긴 어렵다. 엄연히 남성과 여성, 주인과 노예의 공간을 구분 짓는 차별성이 로마 가옥에 강하게 남아 있었기 때문이다. 같은 맥락에서 로마 가옥과 로마 제국의 다양한 공간들이 사회적 약자인 여성과 노예들을 위한 '환대성', '평등성'과 '교육성'을 담보하고 있었다고 판단할 근거는 더더욱 희박하다. 그럼에도 양적 성장과 맞물려 초대교회가 지속적으로 고민해야 했던 공공적 요소는 '규모 적합성'이라고 판단할 수 있다. 전술한 바와 같이 초대교회는 당면한 제국의 위협 앞에서 공동체를 안전하게 유지시키려한 현실적 필요와 공동체의 결속뿐 아니라 직제와 예전을 발전시키기에 적합한 공간의 규모를 지속적으로 고민하며 발전해 왔다.

이러한 상황과 필요가 가옥을 중심으로 유지되어온 '가옥교회'가 '도무스교회'의 단계를 넘어 '홀형교회'로 나아가는 결정적 계기를 제공하였다. 그 과도기적 상황을 반영하는 교회가 바로 두라-유로포스교회이다. 시리아 지역에서 3세기 중반에 사용된 것으로 보이는 이 교회는 이미 예배당과 부속 공간들을 구분하였고, 세례와 교육을 위한 공간을 따로 가지고 있었다. 두라-유로포스교회의 유적지를 통해 교회가 당시 마을 내에 위치한 도무스를 개조해 사용했다는 것을 알 수 있다. 같은 지역에서 도무스를 개조해 사용한 회당터도 발견되었다. 이미 '도무스교회'에서부터 공간의 용도를 구분 짓고, 성도들의 관계와 교육에 대한 고민을 건축에 반영하기 시작했던 것이다.

초대교회가 자신들의 신앙적 가치로 환대성, 포용성과 평등성을 주장했다는 것은 바울 서신들을 통해 확인된다. 그리스도 안에서 남자와 여자, 주인과 노예, 유대인과 이방인이 하나라는 가르침(갈 3:28, 롬 10:12, 고전 12:13, 골 3:11)은 여러 곳에서 반복적으로 강조되고 있다. 물론 이러한 가르침과 가치가 대단히 가부장적인 로마 가옥과 남성 중심적인 공간들 속에서 어떻게 반영되었는지를 특정하기는 어렵다. 그럼에도 그 파편적 정황을 통해 유추할 수 있는 내용들이 감지된다.

예컨대 고린도 교회의 만찬이 진행된 곳에서는 다양한 부류의 사람들이 시차를 두고 모임에 참석했다(고전 11:20-22). 경제적 여유가 있는 성도들은 먼저 모임 장소에 왔고, 그곳이 도무스였다면 만찬은 트리클리니움(Triclinium)에서 진행되었을 것이다. 이곳은 대부분 9명 내외를 수용할 수 있는 공간이었기에 일을 마치고 늦게 도착한 성도들은 그곳에 들어갈 수도, 넉넉한 먹거리를 준비할 수도 없는 형편이었다. 이런 상황은 고린도교회 내에 성도 간의 환대와 평등의 가치에 문제가 있었다는 것을 암시한다. 그럼에도 본문은 교회 공간에 다양한 부류의 사람들이 동시에 모여 성찬을 준비했다는 직접 증거이기도 하다.

초대교회는 로마 가옥이 갖는 특징으로 야기된 세속적 공간의 한계를 뛰어 넘는 면모를 보이면서도 세속적 가치와 공간의 한계로 갈등을 겪었던 것이다. 당시의 그리스-로마 사회의 가치를 거스르면서도 여전히 공간이 갖는 한계를 고민했던 초대교회가 예전에 대한 관심과 함께 식탁 교제를 가졌던 경험은 포용성과 환대성의 가치를 고민하게 하는 좋은 자양분이 되었을 것이다.[12]

12 필자는 고린도전서 14장 23절("온 교회가 한 자리에 모여서 모두가 방언으로 말하고 있으면, 갓 믿기 시작한 사람이나 믿지 않는 사람이 들어와서 듣고, 여러분을 미쳤다고 하지 않겠습니까?")이 로마 가옥의 특징을 반영한 대표적 증거 본문으로 논의한 바 있다.

마지막으로 공간이 갖는 '거룩성'의 문제는 성전이 파괴된 이후 더욱 중요하게 대두되었다. 성도들은 더 이상 예루살렘 성전을 통해 거룩성을 확인할 수도, 확인할 필요도 없는 상황에 놓였다. 하지만 유대교 전통으로부터 영향 받은 유대 기독교인들(Jewish Christians)과 이방 신전에 대한 경험이 있는 이방인 기독교인들(Non-Jewish Christians)로서 하나님의 임재를 확인하고 예배하는 공간의 필요성 자체를 부정할 수는 없었다. 유대인들은 기도처였던 회당(Synagogue)에 새로운 의미를 부여하거나, 3차 성전 건축에 관심을 기울이는 등 여러 방법으로 성전 부재의 문제를 해결하려 애썼다. 반면 초기 성도들은 성전 파괴 이전부터 주체적인 성전 이해를 가지고 있었고, 이러한 전통은 성전 파괴 이후 더 적극적으로 퍼져 나갔다. 그 대표적 이해가 성도의 모임인 교회 자체를 성전으로 해석하는 가르침이었다(고전 3:16, 6:19, 고후 6:16). 바울과 그의 교회들은 하나님의 임재와 거룩성을 성전과 같은 특정 공간에 결부시켜 이해하려는 이전의 시도를 극복해 나갔다. 다양한 공간을 거룩한 공간으로 변화시켜 사용할 수 있는 신학적 바탕을 일찍부터 마련한 것이다.

하지만 초기 교회가 실용적 이유에서 '홀형교회'와 '바실리카교회'로

로마 가옥이 갖는 특징으로서 관계적 다양성과 구조적 개방성이 이러한 상황을 야기한 것이다. 정용한, "교회 건축을 위한 로마 가옥 연구: 상가 교회를 중심으로", 256-258. 발취 또한 통념과 달리 초대교회가 40명 이상이 모이는 큰 공간에서도 모였다는 사실, 도무스와 인슐라 내에서 부자들과 가난한 자들이 함께 생활하고 있었다는 사실 외에도 공적 공간과 사적 공간에 대한 이해가 지금과는 전혀 달랐다는 이해는 여전히 중요하다고 강조한 바 있다. David L. Balch, "Rich Pompeiian Houses, Shops for Rent, and the Huge Apartment Building in Herculaneum as Typical Spaces for Pauline House Churches", *Journal for the Study of the New Testament* 27, no.1 (2004), 28-29.

변모한 이후에는 다시금 하나님의 임재와 거룩성을 확인해 주는 성전으로서의 기능에 관심을 갖게 되었다. 장방형의 구조를 갖기 시작한 교회 건축은 제단과 청중석을 구분하였고, 제단은 신성한 곳으로 성직자들만을 위한 공간으로 분류하였다. 초대교회 건축의 발전은 바실리카를 포함해 다양한 세속적 일상의 공간을 교회 공간으로 사용했다는 건축적, 신학적 공공성을 발휘했음에도, 시간이 지나며 성전 전통이 가진 거룩성을 지나치게 강조한 나머지 다른 공공적 가치들을 소홀히 여기게 된 안타까운 역사를 공유하고 있다. '바실리카교회'까지의 발전 과정에서 경험한 교회 건축의 여러 공공성들은 중세와 종교 개혁기를 거치며 지금까지 여러 형태로 교회 건축에 반영되고 있다. 이제 이러한 공공성들이 비교적 제한된 공간을 집약적으로 사용해야 하는 상가 교회에서 어떻게 이해되어야 할지 고민해 보도록 하자.

IV. 상가 교회에 필요한 공공성

로마의 가옥 중 인슐라와 한국 사회에 소개된 상가는 다방면에서 유사점을 지닌다. 인슐라에서와 같이 상가에서도 교회가 시작되었고, 다양한 일상적, 세속적 공간들을 교회 공간으로 사용한 초대교회의 전통에서 상가 교회가 갖는 의의는 작지 않다. 먼저 상가 교회가 처한 현실이 어떤 점에서 초대교회가 처한 현실과 유사한지를 살피고, 초대교회가 발휘한 건축의 공공성이 어떻게 상가 교회에 접목 가능한지 제안할 것이다.

1. 상가 교회가 처한 현실

초대교회와 함께 상가 교회가 처한 가장 유사한 현실은 외부로부터의 도전과 위협이다. 로마 제국의 탄압과 박해가 외부적이며, 물리적이었다면, 신자유주의 경제체제 하에 교회들이 경험하는 탄압과 박해는 내부적이며, 정신적이다. 로마 제국의 위협이 지협적이고, 간헐적이였다면, 작금의 위협은 광범위하며, 지속적이다. 상가 교회에 닥친 위협의 무게가 초대교회가 경험한 위협에 비해 가볍다고 말할 수 없는 이유가 바로 이 때문이다. 한국 교회가 경험하는 자본주의는 로마의 제국주의보다 더 집요하게 한국 교회가 놓인 사회 전체뿐 아니라 교회들을 옥죄고 있다. 다양한 경제적 위기가 성도들 대부분의 삶을 버겁게 만들고 있고, 그러한 경제적 어려움은 고스란히 교회 공동체의 어려움으로 이어지고 있다.

한국 교회가 당면한 재정적 문제와 감소하는 인적 자원의 문제 속에서 한국 교회를 유지 발전시켜야 할 책임이 이 시대에 주어져 있다. 이런 환경 속에서 새로운 교회 운동을 위해 상가는 여전히 매력적인 공간이다. 소규모 교회들이 재정적인 어려움을 최소화할 수 있는 방안으로 상가 내에 있는 공간을 현실적인 모임 장소로 선택한다. 자금 마련의 부담을 덜 수 있는 가장 좋은 대안이 되기 때문이다. 급격한 산업화와 도시화를 통해 한국 교회는 이미 1980년대부터 상가를 중심으로 교회 부흥을 이루어 온 경험이 있다. 하지만 21세기 들어와 한층 더 강화된 경제 위기와 세속화의 물결 속에서 한국 교회의 성장은 둔화되고 있으며, 상가 교회가 자체 건물을 건축해 독립하는 경우는 점점 희박해 지고 있다. 이러한 현실 속에서 이미 다양한 공공성을 내포한 상가 내 교회가 지속적인 신앙 운동을 펼치기 위해 감당해야 할 역할은 무엇인지 고민할 필요가 있다.

하지만 여전히 대부분의 상가 교회들은 자신들의 공간을 과도기적으로 이해하며 최대한의 재정적 여력을 마련해 자체 건물을 마련하는데 온 힘을 기울이고 있다. 이러한 자기 이해에서는 깊이 있는 건축학적 신학적 공공성을 반영한 상가 교회 건축을 준비하거나 실행하는 것이 불가능하다.

국내 상가 교회는 다음과 같은 전형적인 구조를 가지고 있다(그림 1).[13] 상가 교회 대부분이 단층임에도 불구하고 한국의 장방형 교회 형태를 좁은 면적에 축소해 놓은 듯한 구조를 띈다. 강단을 중심으로 뒤쪽 정중앙에는 십자가를, 양쪽에는 스크린과 악기 혹은 성가대석이 위치한다. 본당의 뒤편 한쪽 구석에는 방송 시절 혹은 유아실이 있고, 공동체 식사를 위한 식당과 주방이 붙어 있으며, 또 다른 한편에는 목회자실(당회장실)과 사무실을 병행하는 공간이 자리 잡고 있다. 건물에 따라서는 화장실을 자체적으로 가지고 있는 교회도 있지만 대부분 상가 내 화장실을 함께 사용한다.[14] 교회 형편

[그림 1] 전형적 상가 교회(대전 열방 교회)

13 사진은 https://www.youtube.com/watch?v=w4QpHqC7jfY에서 발췌하였다.

에 따라 추가 공간을 더 확보해 교육실로 사용하거나, 복도를 로비로 사용하는 교회들도 있다.

이상과 같이 상가 교회의 구조는 이미 교단과 목회자, 성도들의 정체성과 상관없이 이미 설계와 시공을 맡는 전문가들에 의해 최소한의 경비로 건축할 수 있는 원형(proto-type)이 고안되었다.[15] 그리고 경제적 논리가 교회 건축에 있어 가장 큰 힘으로 작용하고 있다. 교회 개척이 비용과 결부된 문제인 만큼 이미 검증되었다고 여겨지는 상가 교회의 건축 형태를 문제시할 교회는 많지 않다. 하지만 상가 교회가 갖는 공간들이 어떤 상황과 필요에 의해 구성되어야 하는지에 대한 깊은 성찰 없이 천편일률적으로 유사한 형태를 따르는 것은 안타까운 일이 아닐 수 없다.

상가 교회는 지역에 따라 큰 차이를 보이지만 수백만 원에서 수천만 원에 이르는 보증금과 적지 않은 월세를 부담하고 있다. 그럼에도 상가 교회의 용도는 공예배(주일 낮 예배, 주일 오후 예배, 수요 예배, 금요 예배, 새벽 예배)를 기준으로 일주일에 10시간 내외만을 사용하는 경우가 대부분이다. 자체 건물을 가진 교회에서와 마찬가지로 본당의 용도만 놓고 보면 경제적인 차원에서 얼마나 비효율적인지를 쉽게 가늠할 수 있다. 상가 교회는 이러한 비효율성을 인식하고 상가와 지역 사회 속에서

---

14 정혜진은 교회 건축물의 공공성 평가를 위한 지표 구성을 위해 "예배당, 친교실, 교육실, 소채플, 교역자실, 도서관 카페, 체육활동 공간, 식당, 부대시설, 공공시설"을 교회의 내부 공간에 포함시키고 있다. 정혜진, "도시 건축의 공공성에 관한 논의,"『한국 교회 건축과 공공성』(서울: 동연, 2015), 395.

15 최근 목회자와의 갈등을 이유로 교회를 개척한 평신도들이 새로운 교회를 위해 상가에 공간을 마련하고 건축업자와 설계 시공한 후 목회자를 청빙한 경우를 알게 되었다. 목회자 없이 평신도들과 건축업자들이 건축한 상가 교회 또한 위의 상가 교회 구조(그림 1)를 따르고 있다.

교회 내 다양한 공간들이 어떻게 좀 더 공공성을 가질지 고민해야 한다.

경제적 논리로 공간을 구성할 때 갖는 맹점은 상가 교회 스스로가 지역 주민들과의 소통을 차단한다는 것이다. 상가 교회가 상주할 수 있는 인원이 없다거나 비용이 발생한다는 이유로 공간을 개방할 엄두를 내지 못하고 있다. 간판과 첨탑을 통해 교회의 존재를 인식한 상가 내 구성원들과 지역 주민이 있다 해도 교회를 경험할 공간적, 시간적 배려는 존재하지 않는 것이 일반적인 상황이 되어 버렸다. 경제적 논리가 지배한 교회 건축은 유지하는 데서도 같은 논리가 가장 큰 힘으로 작용하고 있다.

초대교회가 로마 제국의 통치 속에서 자신들의 신앙을 지키기 위해 선택한 공간적 대안은 일상의 공간이었다. 마찬가지로 한국 교회는 자본주의의 위협 속에서 상가라는 일상의 공간을 교회 공간으로 사용하며 한국 교회의 성장을 견인해 온 전통을 가지고 있다. 초대교회가 도무스와 인슐라 등의 일상의 공간을 통해 로마 제국 하에서 신앙의 유산을 물려준 것처럼, 상가 교회는 한국 사회를 위협하는 자본의 위협 속에서 좋은 대안이 되어 주었다. 하지만 자본의 위협에 대한 한국적 대안으로 등장한 상가 교회가 여전히 자본의 논리에 따라 공간을 준비하고 유지하려는 것은 역설적이지 할 수 있다. 상가 교회는 과도기적 공간이든, 그 자체로서 의미를 부여한 공간이든 상가 교회로서 가져야하는 통찰이 있다. 그것은 상가 교회야말로 초대교회가 가졌던 경험들을 한국 사회 속에서 효과적으로 재현해 낼 수 있는 최적화된 공간이라는 것이다.

나아가 상가 교회는 초대교회와 같이 재림 신앙을 견지하며 이 땅 가운데 하나님의 나라를 일구며 살아가야 하는 과도기적 공동체라는 사실을 건축적으로도 표현해 낼 수 있는 장점을 지니고 있다. 그 장점은 교회 건물 자체를 이 땅에서 영속시키고자 하는 열정과 열심을 의도적으로 포기하는 데서부터 시작된다. 어떤 건축적 관심도 그리스도의 재림을 통해 상대화 될 수밖에 없다는 것을 인정하고 종말론적 신앙고백을 상가 교회가 지속해 나갈 필요가 있다.

그런 면에서 건물로서의 교회는 본질적으로 그리스도의 재림까지만 필요한 과도기적 존재이다. 지상의 교회 공간이 재림 시까지만 한시적으로 필요한 곳이라 고백해야 하는 신앙인들에게 언제든 다른 공간으로의 변화가 용이한 상가는 종말론적 신앙을 담아내기에 가장 적합한 공간이다. 예수가 심판주로 재림할 것이라는 믿음은 지금까지의 연기(延期) 속에서도 희석되거나 잊혀서는 안 되는 신앙의 본질이다. 이러한 고백이 상가 교회에서 건축적으로도 형상화될 때 상가 교회는 한국 교회의 새로운 모델과 대안으로 거듭날 것이다. 더 나은 상가 교회 건축을 위해 초대교회의 경험을 이 시대 가운데 풀어내기 위한 더 많은 관심이 필요하다.

2. 상가 교회가 고민해야 할 공공성

초대교회의 공공성은 새로운 공간을 시도하며 시대적 요구에 부합해 발전한 특징을 갖고 있다. 한국 사회 속에 자리매김한 상가 교회 또한 상가라는 공간을 통해 시대적 요구에 반응해 왔다. 하지만 이번 단락에서는 상가 교회가 여전히 고민해야할 건축학적 신학적 공공성에는 어떤 것들이 있는지 구체적 예를 통해 논의하고자 한다.

상가 교회는 다른 교회들에 비해 상가라는 건물이 가진 건축학적 공공성을 태생적으로 갖는 장점이 있다. 교회는 상가가 업주들의 상업적 목적을 위해 조성한 개방성, 접근성, 쾌적성, 장소성의 장점을 보다 적극적으로 사용해야 한다. 물론 이것이 신도시에 입주한 높은 임대료를 부담할 수 있는 상가 교회에 국한된 이야기일 수 있다. 그러나 오래된 지역의 상가라 할지라도 지금까지 유지해온 장점들을 살려 불신자들이 접근 가능하도록 만드는 데 최선을 다해야 한다. 상가가 갖는 건축학적 공공성을 살리면서 다양한 이웃들과 교회 내 구성원들의 필요를 담아내는 방법에는 어떤 것들이 있을까?

이미 초대교회를 통해 확인했듯이 기독교는 지역 사회 속에서 교회가 갖는 장점을 시대를 달리하며 발전시켜 왔다. 상가 교회가 불신자들과 함께하는 지역 공동체 속에서 그들과 함께하는 공동체성을 지향해야 한다는 데는 이견이 없을 것이다. 목회자와 기존 성도들의 본질적인 관심은 활발한 전도 활동을 통해 교회를 찾은 불신자들이 상가 교회를 어떻게 느끼게 할 것이고 또 어떻게 그들이 교회에서 올바른 신앙생활을 영위할 수 있도록 도울 것인지가 될 것이다. 이를 위해 상가 교회는 공간을 통해 불신자들이 이질감을 느끼지 않으면서도 자신들이 환영받는다는 느낌을 주어야 한다. 이와 같은 포용성과 환대성이 다양한 이웃을 위한 열린 공간으로서 상가 교회를 구성하는 요소가 되어야 한다.[16]

포용성과 환대성을 담보하며 이웃들과 함께하기 위해 상가 교회의 공간을 변화시킨 교회들이 있다. 미아 뉴타운 아파트 숲에 위치한 돌산교회는 교회의 예배당(본당)을 주중에 지역 주민들이 다양하게 활용할 수 있도록 과감하게 개방하였다. 주민들은 교육 및 소통의 공간으로 상

16 소요한은 한국 교회 공간의 공공성으로 모든 이들에게 안식, 계몽, 치유, 교육, 공감을 주었던 공간으로서의 특징을 강조한다. 소요한, "역사적인 관점으로 살펴보는 교회 공간의 공공성과 그 의미," 『한국 교회 건축과 공공성』 (서울: 동연, 2015), 173-187.

[그림 2] 돌산교회 본당

[그림 3] 수원 열린교회 본당

가 교회의 예배당을 사용하고 있다(그림 2).[17]

또한 수원시 장안로의 열린교회는 낙후된 지역 사회의 여건을 고려해 교회를 도서관으로 사용하도록 배려하였다. 상가 교회의 좁은 공간이 갖는 제약을 극복하기 위해 예배당을 도서관으로 꾸미고 주중에 지역 주민들이 이용할 수 있도록 개방한 것이다(그림 3). 상가 교회의 특정 공간을 특정 목적으로만 국한시키지 않고 시간을 구별해 그 목적을 다양화시켜 공공성을 확보한 예들이다.

[그림 4] 하늘씨앗교회 옥상

상가 교회뿐 아니라 자체 건물이 있는 교회들도 함께 생각해 볼 예가 있다. 한국기독교장로회가 벌이는 '텃밭 운동'의 일환으로 건물의 옥상을 활용해 텃밭을 가꾼 하늘씨앗교회가 좋은 사례이다. 서울 미아동의 하늘씨앗교회는 옥상의 텃밭을 가꾸며

17 사진은 http://www.newsnjoy.or.kr/news/articleView.html?idxno=193736에서 발췌하였다.

성도들 간의 친교와 생명 영성을 진작시킬 뿐 아니라, 텃밭에서 재배한 배추를 김장을 통해 불우 이웃들과 나누고 있다(그림 4). 교회가 상가의 공간 중 방치된 공간인 옥상을 지역 사회를 위해 적극적으로 활용한 예이다.[18]

지역 사회를 향한 공공성 외에 상가 교회가 교인들을 위해 고민해야 할 공공성도 있다. 제한된 공간임에도 유아에서부터 노년까지 다양한 세대의 성도들이 교육받을 수 있는 공간을 확보해야 하는 고민이 바로 그것이다. 유아들뿐만 아니라 작은 숫자이지만 청소년들과 청년들 그리고 장년 성도들이 주일뿐 아니라 주중에도 활동할 수 있는 공간으로서의 기능을 포함할 필요가 있는 것이다. 바로 여기에 다양한 공간의 유동적, 가변적 사용 가능성을 상가 교회가 확보해야 하는 또 다른 이유가 있다. 작은 공간을 임대해 사용하는 상가 교회가 공간을 너무나 고정적으로 사용한다면 건축학적, 신학적 공공성을 다채롭게 그 공간에서 반영하기는 사실상 어렵다.[19]

이러한 변화를 위해 상가 교회가 기억해야 하는 초대교회 공간의 교훈이 바로 '주체적 거룩성'이다. '거룩성'이 특정 공간을 통해 고정되고 유지된다는 이해에서 벗어나 교회가 그 거룩성을 주체적으로 담아 낼 수 있다는 적극적 이해가 상기되어야 하는 것이다. 세상과 교회, 속(俗)과 성(聖), 상업 시설과 종교 시설, 식당과 본당, 설교단과 청중석을 이

---

18 사진은 http://christian.nocutnews.co.kr/show.asp?idx=3266035에서 발췌하였다.

19 이춘오 목사는 자신의 경험 중 상가 교회를 찾은 어느 젊은 어머니가 어린 아이와 함께 예배드릴 수 있는 유아실이 없어 교회를 떠났다는 이야기를 소개하고, 4년에 걸쳐 교육관과 유아실 공간을 마련하기 위해 애썼다고 한다. 그는 상가 교회라 할지라도 다양한 성도들의 필요를 반영한 공간을 설계해야 한다는 절박감을 토로하고 있다. 염성철, 『상가 교회에 희망을 주는 비전교회 이야기』(고양: 해븐, 2010), 55-66.

분법적으로만 이해하며 거룩성을 확보하려 한다면 상가 교회는 끝까지 미니어쳐(miniature) 교회로서의 한계를 극복하지 못하고 과도기적 공간으로만 남아 있다 고사하게 될 것이다.

아울러 상가 교회는 공간을 통해 세대 간, 성별 간 평등성에 반하는 공간 배치와 사용이 있지는 않은지 반성해야 한다. 그리스도 안에서 우리 모두가 하나라는 평등성(갈 3:28, 롬 10:12, 고전 12:13, 골 3:11)을 상가 교회의 공간들이 잘 반영하고 있는지 숙고해야 하는 것이다. 인습과 사회적 규범에 의해 강요된 역할이 교회의 공간을 통해서도 은연중 배어있지는 않은지 살펴야 한다. 예컨대 여성의 공간으로만 여겨지는 상가 교회의 부엌이 남성들과 함께 일할 수 있는 공간으로 여겨지는지, 장년뿐 아니라 유아와 청소년을 위한 공간적 배려는 이루어지고 있는지 물어야 한다.

인천 동구 화평동에 위치한 상가 교회인 한천교회는 재정적 여건이 나아졌을 때 건축을 위해 기금을 조성한 것이 아니라 상가 내 다른 층을 구입해 교육관을 마련하는 선택을 하였다. 교육을 위한 공간을 마련하는 것이 교회의 가장 시급한 사안이라고 판단한 것이다. 교육관의 한편을 탁구장으로 꾸며 아이들이 뛰어 놀 수 있을 뿐만 아니라 주중에는 지역 주민들이 사용할 수 있도록 개방하였다(그림 5).[20]

초대교회는 양적 성장과 함께 예전과 공동체의 중요성을 함께 확보하기 위한 고민을 건축에 반영하였다. 제단의 위치와 방향, 높이까지 예전의 발전과 함께 성직자와 평신도 간의 관계 설정을 고심하였다. 상가 교회 또한 본당의 구성과 사용을 시공 이후에라도 목회자와 성도들이

---

20 사진은 http://www.nocutnews.co.kr/news/4599468에서 발췌하였다.

함께 논의할 필요가 있다. 초대교회의 전통에 따라 상가 교회는 예배당의 모든 공간을 고정된 역할로 특정하기보다 새로운 활용을 통해 공동체의 의미와 역할, 특히 목회자와 평신도의 관계를 심도 있게 고민하는 계기를 마련해야 한다. 그 과정을 통해 공동체의 정체성과 예배의 형식 나아가 보다 나은 교회 건축을 준비하는 숙고의 시간을 가질 수 있다.

[그림 5] 한천교회 중고등부실

지금까지의 다양한 문제의식을 반영한 상가 건축의 예가 경기도 봉담에 위치한 더불어숲동산교회이다. 더불어숲동산교회는 층고가 높은 상가 꼭대기 층을 임대해 예배 공간과 다목적 공간을 따로 나누어 건축했다. 상가 교회임에도 높은 천장을 가진 예전을 위한 공간을 확보하고 그곳에서 다양한 예배와 교육을 진행하고 있다(그림 6). 또한 다목적 공간은 주로 카페와 도서관으로 사용하면서도 필요에 따라 교인과 지역 주민을 위한 다양한 프로그램을 진행할 수 있도록 설계했다. 주일 식사는 물론 음악 콘서트와 김장도 가능한 다목적 공간을 준비한 것이다(그림 7).[21]

비좁은 공간을 효과적으로 사용해야 하는 상가 교회에서 예배당 외에 가장 큰 비중을 차지하는 공간이 식당이다. 상가 교회가 굳이 식당과 같은 특정 공간을 마련하는 데에는 그만한 이유와 목적이 있어야 한다.

21 사진은 http://blog.daum.net/charm0629/29에서 발췌하였다.

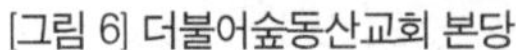

[그림 6] 더불어숲동산교회 본당

[그림 7] 더불어숲동산교회 다목적 홀

단순히 자체 건물이 있는 교회들이 성도의 식탁 교제를 위해 식당을 갖고 있기에 상가 교회가 그것을 모방한 것이라면 식당에 대한 새로운 이해와 활용이 필요하다. 일주일에 한 번 점심 식사를 위한 공간이 아니라 다양한 교인들과 지역 주민들을 위해 변화를 줄 수 있는 공간으로 바꾸어야 한다.

반면 최근 교회들이 자체 건물에 카페를 만드는 방식으로 지역 주민들과 소통하려는 시도는 재고될 필요가 있다. 상가 교회가 카페를 통해 공공성을 확보하려 한다면 동시에 같은 상권을 공유하는 다른 카페들에게는 어떤 영향을 미치게 될지 고려해야 한다. 다른 주민들과의 이권이 충돌하는 방식이 아닌 새로운 방식으로 소통하려는 시도가 지속적으로 이루어져야 할 것이다.

V. 나가며

초대교회 성도들은 자신들에게 닥친 여러 가지 문제들을 해결하기 위해 다양한 공간을 사용하였다. 그들은 공간을 통해 새로운 관계와 교육 그리고 예전이 더 잘 이루어 질 수 있는 방안을 고민해 나갔다. 초대교회는 성전 중심의 공간 이해를 탈피하고 교회 자체가 성전이라는 믿음 위에서 여러 세속적 공간을 거룩한 공간으로 변화시킨 신앙적 유산을 남겨 주었다. 초대교회는 공간의 거룩성이 특정 건물에 국한된 것이 아니라 자신들이 어떻게 사용하느냐에 따라 결정 될 수 있다는 이해를 갖고 있었다. 동일한 공간이 일상의 공간에서 거룩한 공간으로 분리, 변화될 수 있다는 신앙적 유산을 남겨 주었다. 결과적으로 초대교회는 다양한 공간들을 사용한 경험을 살려 건축학적, 신학적 공공성을 담은 바실리카 교회를 마련할 수 있었다.

상가는 건축이 수세기에 걸쳐 마련한 공공성을 집약적으로 보여주는 한국 사회의 특징적인 건축 양식이다. 그럼에도 상가에 위치한 교회들은 대부분 자신들의 공간을 과도기적 공간으로만 치부하고 있는 실정이다. 상가 교회가 초대교회와 같은 공간으로 간주되고 다양한 시도들이 이 시기에 이루어 질 수 있다면, 교인들은 상가 교회가 그 자체로 좋은 교회 공간이라는 사실을 깨닫게 될 것이다.

상가에 있는 교회들은 이 기간을 그저 빨리 지나가야 하는 과도기로 여길 것이 아니라 교회의 공공성을 고민하고 실천해 보는 귀중한 기회로 여길 필요가 있다. 이를 위해 무엇보다 상가 교회 목회자들이 교회의 건축을 준비하는 과정에서부터 교인들과 함께 상가 교회가 지녀야 할 공공성에 대한 문제의식을 공유하고 발전시켜야 한다. 이렇게 시도된 상가 교회의 공간들은 교회의 정체성과 여러 관계를 새롭게 설정하도록 자극할 것이고, 공동체 자체의 공공성을 증진시킬 것이다.

작은교회운동이 대형 교회들을 대체하고 해체하자는 차원으로 진행되어서는 안 되는 것과 같이 상가 교회의 공공성에 대한 관심이 자체 건물을 가진 교회들의 공공성을 대체할 수 있는 대안인 것처럼 논의되어서는 안 된다. 상가 교회는 그 자체로 초대교회의 삶의 자리를 재현해 낼 수 있는 의미 있는 공간인 것이 분명하다. 초대교회가 다양한 건축물과 공간을 사용하며 공공성을 확보해 나갔던 것처럼, 상가 교회는 상가로서의 특징을 살려 교회의 공공성을 확보해 나가도록 애써야 할 것이다.

참고문헌

소요한. "역사적인 관점으로 살펴보는 교회 공간의 공공성과 그 의미." 손호현(편). 『한국 교회 건축과 공공성』. 서울: 동연, 2015, 171-190.

손호현. "교회 건축의 십계명: 신학이 있는 교회 건축과 인생 건축." 손호현(편). 『한국 교회 건축과 공공성』. 서울: 동연, 2015, 11-41.

염성철. 『상가 교회에 희망을 주는 비전교회 이야기』. 고양: 해븐, 2010.

정시춘. "기독교 교회건축의 역사와 그 의미." 손호현(편). 『한국 교회 건축과 공공성: 신학이 있는 교회 건축』. 서울: 동연, 2015, 73-114.

정용한. "교회 건축을 위한 로마 가옥 연구: 상가 교회를 중심으로." 「신학 논단」 74(2013): 243-269.

______. "초대교회 건축의 발전과 공공성에 관한 제언." 손호현(편). 『한국 교회 건축과 공공성: 신학이 있는 교회 건축』. 서울: 동연, 2015, 43-72.

정혜진. "도시 건축의 공공성에 관한 논의." 손호현(편). 『한국 교회 건축과 공공성』. 서울: 동연, 2015, 379-398.

최영현. "소규모 개신교회를 위한 공간과 예배의 탐구: 초기교회 유형으로서의 Dura-Europos와 이머징 예배를 중심으로." 「종교와 문화」 28(2015): 79-107.

Adams, Edward. *The Earliest Christian Meeting Places: Almost Exclusively Houses?* New York: T & T Clark, 2013.

Balch, David L. "Rich Pompeiian Houses, Shops for Rent, and the Huge Apartment Building in Herculaneum as Typical Spaces for Pauline House Churches." *Journal for the Study of the New Testament* 27, no.1 (2004): 27-46.

Kilde, Jeanne Halgren. *Sacred Power, Sacred Space: An Introduction to Christian Architecture and Worship*. New York: Oxford University Press, 2008.

생 태 정 의

교회 건축의 신학적 공공성과 해석학적 사건의 우회로

전 현 식*

I. 들어가는 말

교회 건축의 공공성이란 해석학적 사건이다. 교회 건축의 공공성을 말한다는 것 자체가 객관적 인식의 차원을 넘어 해석학적 우회로의 과정을 필요로 하는 복잡한 이해의 차원을 포함하는 것이다. 이 말은 교회 건축의 공공성을 단순한 인식의 대상이 아니라, 대상과 주체 사이의 간주관적 대화 및 변화가 발생하는 해석학적 텍스트로 삼는다는 의미이다. 본문을 이해한다는 것은 본문의 의미와 저자의 의도를 넘어, 독자의 자기이해와 세계이해의 새로운 지평이 열리는 해석학적 사건을 포함한다. 교회 건축의 공공성을 이해한다는 것도 마찬가지이다. "교회 건축"

* 연세대학교 교수 / 조직신학

에 관한 연구 과제를 수행하면서 필자는 이미 두 편의 글에서 교회 건축의 공공성에 대한 생태신학적 접근을 시도해 보았다. 우선 두 편의 글의 핵심을 다시 짚어보면서, 교회 건축의 신학적 공공성의 핵심을 생태정의의 드러남(계시)과 개인적, 사회적, 정치적 변형(구원)으로 재확인한다. 그리고 성례(sacrament)로서의 교회 건축의 공공성을 해석학적 사건으로 보면서, 근대적 현존의 형이상학을 넘어, 하이데거의 해석학적 현상학적 관점과 데리다의 디페랑스(*differance*)의 차이와 지연의 동시적 논리에 근거해 해석학적 사건으로서 교회 건축의 신학적 공공성의 의미와 진리가 드러나는 우회로의 과정을 살펴보고자 한다.

II. 생태교회 건축의 해석학적 모델 및 실천적 적용[1]

필자는 "교회건축의 생태신학적 이해"라는 글에서, 생태위기를 극복하기 위한 한 대안으로 생태 교회 건축의 구성 및 이해를 위한 해석학적 모델 및 실천적 적용의 가능성과 필요성을 제시했다. 이 글은 생태위기의 핵심을 생태정의(eco-justice), 즉 생태(자연의 지속가능성)와 정의(분배정의)의 복합적 위기로 보고, 그 해결책을 과학기술과 환경정책의 객관적 차원을 넘어 인간, 자연 및 사회의 상호관계를 결정짓는 새로운 문명적 패러다임에서 찾으며, 최근 교계 안팎에서 문제시되는 교회 건축의 생태적 모델을 제시한다. 생태 교회 건축이란 생태 교회의 영성과 윤리를 형상화하는 구체적인 실천적 공간이다. 이를 위해 교회, 건축,

1 전현식,「교회건축의 생태신학적 이해」, 신학논단 71(3), 331-364 에서 발췌 수정하였음.

생태의 해석학적 대화의 필요성 및 과정을 살펴보았다. 우선 동의의 해석학의 관점에서 교회의 전통적 세 가지 모델을 "하나님의 백성", "그리스도의 몸", "성령의 공동체"[2]로 확인하고, 건축의 상징적[3], 생태적[4], 해석학적 차원[5]에 대해 알아보았다. 즉, 현재 생태위기를 극복하기 위한 교회 건축의 해석학적 틀은 개인적, 사회적 차원을 넘어 생태적 차원으로 확장되어야 한다는 사실을 의미한다. 그리고 생태 교회 건축의 해석학적 모델을 이끌어내기 위해, 세 가지 주요 생태담론, 즉 심층생태학, 사회생태학 그리고 에코페미니즘[6]을 살펴보았다.

동의의 해석학의 관점에서, 교회의 전통적 세 가지 모델인 "하나님의 백성"을 "구원공동체"로, "그리스도의 몸"을 유기적 몸으로, "성령의 공동체"를 사랑의 공동체("하나님의 백성"인 "구원공동체"와 "그리스도의 몸"인 "유기적 몸"이 하나로 일치되는 거룩한 교회공동체)로 확인한다. 동시에 의심의 해석학의 관점에서, 교회의 전통적 모델을 비판적으로 독해한 후, 전통적 세 모델(하나님의 백성, 그리스도의 몸과 성령의 공동체)과 세 가지 생태담론(심층생태학, 사회생태학과 에코페미니즘)의 해석학적 대화의 결과인 생태 교회 건축의 모델을 "다원적 해방공동체", "그리스도의 성육신적 몸", "생명의 영"으로 재해석한다. 필자는 교회, 생태 및 생태교회의 해석학적 구조 및 과정을 유사하게 이해한다. 다시 말해, "성

2 전현식, "생태신학과 교회론" 한국조직신학회 엮음,『교회론』(서울: 대한기독교서회, 2009), 464-465.

3 정시춘,『교회건축의 이해』(서울: 발언, 2004), 27-50.

4 임석재,『임석재의 생태건축』(서울: 인물과 사상사, 2011), 5-23;

5 Hans Küng and David Tracy, ed. *Paradigm Change in Theology: A Symposium for the Future* (New York: Crossroad, 1989), 7-8.

6 전현식, "기후변화와 현대생태담론," 기독교사상 (2010년 4월호), 243-251.

령의 공동체"가 "하나님의 백성"과 "그리스도의 몸"의 상호일치의 장이라면, 에코페미니즘은 심층생태학과 사회생태학의 상호대화의 해석학적 영역이다. 또한 생태 교회 건축의 모델 안에서 "생명의 영"은 "다원적 해방공동체"와 그리스도의 성육신적 몸의 상호 대화 및 변혁의 해석학적 영역이다. 여기서, "다원적 해방공동체"의 모델이 해방, 초월 및 정의를, "그리스도의 성육신적 몸"의 모델이 성육신, 내재 및 생태를 가리킨다면, 이 두 모델의 해석학 대화의 영역인 "생명의 영"의 모델은 초월적 내재의 영성 및 생태정의의 윤리를 가리킨다. 교회 건축이 생태교회의 초월적 내재의 영성 및 생태정의의 윤리를 구체적으로 형상화할 때, 훌륭한 생태 교회 건축으로 평가될 것이다. 다음에서 교회 건축의 공공성에 대한 생태신학적 근거를 확인해본다.

III. 교회 건축의 공공성에 대한 생태신학적 토대[7]

앞에서, 생태위기의 핵심을 생태정의의 결핍으로 보았다면, 이 글은 신자유주의 글로벌 경제지배체제의 핵심을 공공성(公共性)의 상실로 보고 있다. 사실상, 생태정의의 결핍과 공공성의 상실은 긴밀하게 연결되어 있다. 왜냐하면, 생태정의의 위기가 바로 공공성의 상실이기 때문이다. 하지만, 공공성 자체가 생태적이거나 신학적인 것은 아니기 때문에, 공공성의 구체적 내용에 대한 논의가 더욱 필요하다. 필자는 "교회

7 전현식, "교회건축의 공공성에 대한 생태(공적)신학적 근거," 『한국 교회건축과 공공성』 (서울: 동연, 2015), 228-256 에서 발췌 수정함.

건축의 공공성에 대한 생태(공적)신학적 근거"라는 글에서, 한국 개신교의 급격한 쇠퇴 및 초대형 교회 건축의 문제점의 근원을 교회의 공적본성 및 사명을 상실한데 있다고 보면서, 공적신학의 관점에서 교회 건축의 공공성에 대한 생태신학적 근거를 세우고자 했다. 교회, 대학, 기업 및 국가라는 공공적 공간 안에서 공공성의 상실의 핵심은 공적영역의 사유화에 있다. 모든 공적영역 중에서 교회의 사유화는 사회적 악인 동시에 종교적인 죄이다. 교회건축의 공공성 회복에 대한 신학적 담론은 대학, 기업 및 국가의 공공성 회복에 대한 사회 정치적 담론의 모델이 될 수 있다. 왜냐하면, 신학적 담론은 사회적 정치적 담론이라는 좀 더 보편적 담론에 근거가 되는 신앙과 믿음의 고백적 단독적 차원을 가지고 있기 때문이다. 교회 건축의 공공성은 신학적 공공성에 근거해야 한다. 왜냐하면 교회라는 공적 영역은 다른 공적 영역들과 공통성이 있지만, 신앙공동체라는 고백적 성격이 있기 때문이다. 따라서 신학적 공공성은 사회-정치적 공공성과 공통성과 동시에 차별성을 지닌다. 이것이 바로 교회건축의 공공성이 다른 건축의 공공성과 구별되는 이유이다.

우선 공공성의 일반적 의미에 대해 알아본다. 사이토 준이치는『민주적 공공성』이라는 자신의 저서에서 공공성(公共性)의 의미를 세 가지(official, common, open)[8]로 들고 있다. 그가 말하는 公共性의 세 의미는 공권력에서 잘 드러나는 私에 대립되는 비인격적인 公의 영역, 공동선이 대표하는 個에 대립되는 인격적인 共의 공간, 그리고 공간 및 정보의 개방성을 특징으로 한다. 이와 같은 공공성의 일반적 이해는 국가 활

8 사이토 준이치/윤대석, 류수연, 윤미란,『민주적 공공성: 하버마스와 아렌트를 넘어서』(도서출판이름, 2014), 18-19.

동의 公의 공공성 및 시민적 주체들의 共의 공공성이 상호 교차하는 公共의 공간(영역)이며, 이런 공공의 영역을 관통하는 공공성의 특징이 개방성(openness)이다. 여기서 公共의 공간이란 무엇을 의미하는가? 필자는 公共의 공간을 "공공권(公共巻, publics)"과 "공론장(公論場, public sphere)"으로 구별한다. 찰스 테일러의 말을 빌리면, 공공권은 '특정한 사람들 사이의 담론공간'인 '특정한 장소를 가진 공간(topical)'을 말하며, 공론장은 '불특정 다수 사이의 담론공간'인 '특정한 장소를 넘어선 공간(metatopical)'[9] 의미한다. 그렇다면, 신학의 公共의 영역은 전자인가 후자인가? '특정한 장소를 가진 공간'인가 '특정한 장소를 넘어선 공간'인가? "공공권"과 "공론장"의 구별은 사회-정치적 공공성과 신학적 공공성을 구분하는데 도움을 준다.

필자는 데이비드 트레이시(David Tracy)가 주장한 신학의 공적 성격, 신학의 세 공공권(publics), 신학의 공공성에 관심한다. 트레이시는 신학의 공적 성격 및 역할을 다음과 같이 강조한다. "기독교 신학 담론은 기독교적 본문, 사건, 상징들안에 체현된 의미와 진리의 공적 성격을 명백히 함으로써 공적 기능을 수행한다."[10] 그리고 그는 신학의 공적 지위를 보여 주기위해, 신학자의 준거집단들(the reference groups), 즉 공공권(the publics)을 언급할 필요성을 강조한다. 그가 언급하는 신학의 공공권, 즉 신학적 담론공간은 특정한 장소를 가진 공간(topical)인가 아니면 특정한 장소를 넘어선 공간(metatopical)인가? 신학의 공공

---

9 Charles Taylor, "Liberal Politics and the Public Sphere" in *Philosophical Arguments* (Harvard University Press, 1995), 263, 앞의 책, 『민주적 공공성』에서 재인용, 20.

10 David Tracy, *The Analogical Imagination: Christian Theology and the Culture of Pluralism* (London: SCM Press, 1981), 55.

권은 일반적인 공론장(사회-정치적 공공성)과 구별되는 신학적 공공성의 특정한 영역이다.

그렇다면 교회건축의 공공성을 논하기 위한 신학적 근거로서 신학적 공공성이란 무엇인가? 트레이시는 모든 신학의 공적 성격을 강조하면서, 공적 담론으로서 신학은 "모든 인간을 개인적, 사회적, 정치적, 윤리적, 문화적 혹은 종교적 방식으로 변형시킬 수 있는 의미와 진리를 드러낸다"고 주장한다. 그리고 그는 신학적 공공성(publicness)의 핵심적 특징으로 '인식적 드러남, cognitive disclosure(계시)'과 '개인적, 공동체적, 역사적 변형'을 든다.[11] 그가 말하는 '인식적 드러남'과 '변형'은 기독교적인 전통적 용어로 신앙의 대상이 인간실존에 드러나는 '계시'의 차원을 말하며, '개인적, 공동체적, 역사적 변형'이란 기독교적 진리가 그것을 추구하는 신앙인의 실존에 드러남으로서 인간실존이 온전하게 변화되는 '구원'의 차원을 의미한다.

신학적 공공성(인식적 드러남과 변형, 계시와 구원)은 사회적 공공성과 어떻게 구분되는가? 준이치는 자신의 책, 『민주적 공공성』에서 사회-정치적 공공성을 '시민적 공공성,' '합의형성의 공간으로서 공공성,' '현상의 공간으로서 공공성', '욕구해석의 정치로서 공공성', '친밀권으로서 공공성'으로 세분화하여 잘 설명하고 있다. 트레이시의 드러남(계시)와 변형(구원)으로서 신학적 공공성은 준이치가 말하는 사회-정치적 공공성을 포함하며 초월한다. 트레이시는 신학을 세 분야들, 근본신학(fundamental theology), 조직신학(systematic theology) 및 실천신학(practical theology)으로 구분하고, 다섯 가지 요소들(일차적 준거집단,

11 앞의 책, 55.

논의의 양식, 윤리적 입장, 신학자의 신앙적 헌신, 신학의 의미와 진리주장)과 연관시켜 논의하고 있다.[12]

신학의 세 분야들 및 그것이 일차적으로 수행되는 각 공적영역이 서로 연결되어 있고, 각각의 요소들이 공통성과 개방성이라는 사회-정치적 공공성의 의미를 내포하고 있다. 신학적 공공성과 사회적 공공성은 연결되지만 구분되어있다. 트레이시의 신학적 공공성의 논의 안에서, 세 신학분야(근본신학, 조직신학 및 실천신학)와 일차적 준거집단(공공권)(대학, 교회 및 사회)에 주목하여 설명해보면, 각 신학분야는 자신의 일차적 준거집단 안에서 긴밀히 작용하며 서로 구분되지만, 느슨하게 상호 연결되어 있다. 다시 말해, 근본신학의 일차적 공공권(담론공간)은 대학이며, 조직신학의 일차적 담론공간은 교회이며, 실천신학의 일차적 공공권은 사회로서, 이들은 각자의 논의의 양식, 윤리적 입장, 신학자의 신앙적 헌신 및 신학의 의미와 진리주장에 있어 서로 구별되지만, 상호 연결되어 영향을 주고받는다. 신학적 공공성과 사회적 공공성도 비슷한 구조와 작용을 지닌다. 예를 들어, 드러남(계시)으로서 신학적 공공성이 명확히 드러나는 공적영역은 조직신학이 일차적으로 수행되는 교회의 공공권이며, 변혁(구원)으로서 신학적 공공성이 분명히 드러나는 공적영역은 실천신학이 일차적으로 수행되는 사회라고 볼 수 있다. 트레이시의 신학적 공공성을 사회-정치적 공공성과의 관계 안에서 이해하면서, 대학의 공적영역에서 수행되는 근본신학은 "시민적 공공성", "합의 형성의 공간"과, 교회의 공공권 안에서 수행되는 조직신학은 "현상의 공간" 및 "친밀권"과, 그리고 사회의 공적영역에서 수행되는 실천신학은

---

12 앞의 책, 55-58.

"욕구해석의 정치"와 더욱 긴밀히 연결되어 있다.

여기서 필자는 조직신학이 일차적으로 수행되는 교회의 담론공간 안에서 발생하는 신학적 공공성의 핵심(계시와 구원)을 강조하며, 동시에 사회적 공공성과 연계된 "현상의 공간"과 "친밀권"에 대해 좀더 주목한다. 한나 아렌트는 그녀의 저서, 『인간의 조건』에서 타자와 대체가능한 "무엇(what)으로서 정체성"(즉, 어떤 사람의 속성이나 사회적 지위)이 묘사되는 "표상의 공간(the space of representation)"과 대비하여, 타자와 교환 불가능한 "누구(who)로서 정체성"(즉, 자신의 말과 행위를 통해 드러나는 고유한 인격)이 드러나는 "현상의 공간(the space of appearance)"을 공공적 공간이라고 불렀다.[13] 인간의 말과 행위를 통해 드러나는 자신의 인격적 정체성, 즉 누구로서의 정체성은 타자와 함께하는 사이의 공공적 공간 안에서 현상한다. 다시 말해 말과 행위를 통해 드러나는 누구로서의 정체성은 타자와 함께함, 즉 타자의 응답 안에서 나타난다. 누구의 "말과 행위의 계시적 성질"과 이에 대한 타자의 응답은 트레이시가 말한 인식적 드러남, 즉 계시의 차원과 공명한다. 신학적으로 계시란 하나님의 자시계시와 인간의 신앙적 응답의 두 차원(객관적, 주관적), 즉 하나님과 인간의 두 인격의 만남으로 이루어진다.[14] 한 마디로, 교회의 공공권은 하나님이 자신의 인격을 드러내는 계시적 공간이다.

동시에 친밀권으로서 공공성은 교회의 공공권의 특성을 잘 드러내 준다. 공공적 공간이 "사람들 사이에 존재하는 공통의 문제에 대한 관심"에 의해 형성된다면, 친밀권(intimate sphere)은 "구체적 타자의 삶

13 한나 아렌트/이진우, 태정호, 『인간의 조건』 (파주: 한길사, 2015), 5장(행위), 특히 24절(말과 행위 속에서 드러나는 인격) 참조.

14 Roger Haight, *Dynamics of Theology* (New York: Orbis, 2001), 3장 참조.

과 생명에 대한에 배려와 관심"에 의해 이루어진다.[15] 공공적 공간(특히 시민적 공공성및 합의형성의 공간)의 타자가 '추상적 타자', 즉 비인격적(impersoanl)이라면, 친밀권의 타자는 '구체적 타자', 즉 간인격적(inter-persoanal)이다. 공공적 공간이 사람들 사이의 일과 사건을 통해, 공동체가 구성원들 사이의 본질적 가치와 정념을 통해 성립된다면, 친밀권은 몸을 가진 구체적 타자의 삶과 생명에 대한 배려와 관심에 의해 형성된다. 교회의 공공권안에서 분명히 드러나는 신학적 공공성은 계시(인식적 드러남)와 구원(개인적, 사회적, 정치적 변형)의 차원을 결정적으로 지니며, 사회적 공공성의 차원인 "현상의 공간"과 "친밀권"은 밀접히 연결된다.

교회의 공공권 안에서 분명히 드러나는 신학적 공공성, 즉 계시와 구원의 결정적 차원과 "현상의 공간"및 "친밀권"의 예시적 차원은 교회건축의 공공성의 신학적 근거로 작용한다. 필자는 교회건축의 공공성의 평가를 위해 키엑헤퍼(Kieckhefer)가 소개하는 예배공간의 네 가지 기본요소들과 교회건축의 세 가지 양식들에 대해 알아보았다.[16] 우선 그는 교회건축을 바라보는 네 가지 방식들, 즉 예배공간 안에서 작용하는 공간적 역동성, 중심적 초점, 심미적 영향, 상징적 반향을 설명한다. 전자의 두 요소들(공간적 역동성과 중심적 초점)은 교회건축의 '예전적 사용(liturgical use)'과 관련되고, 후자의 두 요소들(심미적 영향과 상징적 반향)은 '유도적 반응(response elicited)'과 관련된다. '공간적 역동성'은 교회공간의 전체적 배치를 의미하는 것으로, 교회건축의 형태 그리고

15 사이토 준이치, 『민주적 공공성』, 106.

16 Richard Kieckhefer, *Theology in Stone: Church Architecture From Byzantium To Berkeley* (Oxford: Oxford University Press, 2004)

그 형태와 예배의 흐름과의 관계성을 포함한다. '중심적 초점'은 교회건축의 시각적 초점, 그리고 그 초점과 예배의 핵심과 관련된다. '심미적 영향'은 거룩(the holy)의 현존의 경험을 결정하는 미학적 특질로서 즉각적, 직관적으로 파악된다. '상징적 반향'은 예배의 경험 안에서 얻는 인상들의 축적으로서 신성함(the sacred)의 의미를 자아내며, 상징적 연상들의 풍부함 안에서 점진적으로 인식된다.[17] 그리고 그는 교회건축의 세 가지 전통적 양식들을 '고전적인 성례전적 교회(classical sacramental)', '고전적인 복음적 교회(classical evangelical)', '현대적인 공동체적 교회(modern communal)'로 구분하고, 각 양식들 안에서 예배공간의 네 요소들이 어떻게 구체적으로 작용하는지를 잘 설명하고 있다.

IV. 생태교회건축의 신학적 공공성과 생명(Zoe-Life)의 영의 횡단성(transversality)

앞에서 보았듯이, 생태교회건축이란 생태교회의 초월적 내재의 영성과 생태정의의 윤리를 구체적으로 형상화하는 것을 의미한다. 또한 신학적 공공성은 계시(기독교적 의미와 진리의 드러남)와 구원(개인적, 사회적, 정치적 변형)을 의미한다. 그렇다면, 생태교회건축의 신학적 공공성이란 초월적 내재의 영성을 드러내고, 생태정의의 윤리를 실천하여, 개인, 교회 그리고 사회의 변형을 이루어내는 것을 말한다. 여기서 초월적 내재의 영성이란 예수 그리스도 안에 성육(내재)하신 하나님(초월)

17 앞의 책, 10-15.

을 체험하는 것을 의미하며, 생태정의의 윤리란 하나님의 체험(계시)에 근거하여 자연의 지속가능성과 분배정의를 실천하고 개인적, 사회적, 정치적 변형을 이루어내는 것을 뜻한다. 한 마디로, 생태교회건축의 신학적 공공성이란 하나님을 체험(계시)하고 하나님이 원하시는 생태정의(구원)를 실현하는 것이다.

교회건축의 공공성의 이해는 해석학적 사건이다. 이 말의 의미는 생태교회건축을 텍스트로 삼아, 우리가 살아가는 현재의 컨텍스트 안에서 그 신학적 공공성의 의미를 드러내고 그 진리를 체현하는데 있다는 것이다. 다시 말해, 교회 건축의 공공성을 논한다는 것은 공공성의 원리나 기준을 인식론적 차원에서 객관적으로 입증하거나, 주관적으로 투사하는 것이 아니라, 존재론적 차원에서 그 공공성의 의미와 진리를 드러내고 구현한다는 것이다. 예술작품으로서, 건축물은 인식의 대상이 아니라, 해석의 대상이다. 특히 교회 건축은 객관적 인식이나 주관적 내관(introspection)의 대상이 아니라 건축과 해석자 사이의 간주관적인 대화 및 변형의 해석학적 영역이다. 생태 교회 건축의 신학적 공공성의 의미와 진리를 이해한다는 것은 우회로의 해석학적 과정을 필요로 하는 신학적 언어사건이다. 필자는 신학적 해석학적 언어사건으로서 생태교회건축의 공공성의 의미와 진리의 계시와 구원의 차원에 대해 좀 더 구체적으로 논의를 진행해 보고자 한다.

필자는 생태교회의 모델을 "다원적 생명공동체", "그리스도의 성육신적 몸" 그리고 "생명의 영"으로 재해석하고, "생명의 영"을 앞의 두 모델의 변증법적 역설로 보았다. "다원적 생명공동체"의 성격 및 의미를 "해방, 초월 및 정의"로, 그 대립적 모델인 "그리스도의 성육신적 몸"을 "성육신, 내재 및 생태"로, 그리고 두 대립적 모델의 상호대화 및 변혁인

"생명의 영"을 "초월적 내재의 영성" 및 "생태정의의 윤리"로 규정했다. "생명의 영"을 구현하는 생태 교회 건축은 생태정의의 영성과 윤리가 드러나는 신학적 해석학적 사건의 공간이다. 여기서 생명을 인간의 법적 정치적 차원에 제한시키는 bios의 개념을 넘어, 그 자연적 포괄적 차원을 드러내는 zoe의 개념으로 확장하면서, "생명의 영"의 횡단성(transversality)에 주목하고자 한다.

로지 브라이도티는 자신의 저서 The Posthuman[18] 에서 탈인간중심주의(post-anthropocentrism)의 핵심을 조에 평등주의(zoe-centered egalitarianism)로 보면서, 생명자체의 정치학을 강조한다. 그리고 생명(Life)의 탈인간중심적 생기적 힘(the vital force)을 조에(zoe)로 다음과 같이 코드화 한다.

> 생명물질에 대한 생기론적 접근은 전통적으로 안트로포스(anthropos)에게 유기적, 담론적으로 할당된 생명부분인 비오스(bios)와 조에(zoe)라고 알려진 더 넓은 범위의 동물과 인간이외(non-human)의 생명 사이의 경계를 흔든다. 생명자체의 역동적이고 자기조직적 구조인 조에는 생성적 힘을 나타낸다. 그것은 이전에는 분리되어 있던 종과 범주와 영역을 가로질러 재연결하는 횡단적 힘(the transversal force)이다.[19]

필자는 조에(생명자체, Life-zoe)의 횡단성을 해석학적 순환및 상호

18 Rosi Braidotti, ***The Posthuman*** (Cambridge, UK: Polity Press, 2013)

19 로지 브라이도티/이경란, 『포스트휴먼』 (파주: 아카넷, 2016), 82.

대화와 변혁을 가능케 하는 초월적 내재의 자기생성적 힘으로 재해석한다. 초월적 내재의 자기조직적 힘이 바로 하나님의 생명(Life-zoe)의 영이다. 생태교회건축을 해석학적 사건으로 이해한다는 것은 생태교회건축을 겉으로 보이는 현상학적 대상을 넘어 그 역사와 생명을 가진 해석학적 주제(the subject matter)로 보는 것이다. 교회 건축은 우리에게 온전히 현존하는 단순한 물건이나 사물이 아니라, 어떤 맥락 속에서 발생한 역사와 생명을 지닌 살아있는 예술작품이다. 따라서 예술작품으로서 교회 건축은 해석학적 과정을 통해 그 의미가 드러나고 진리를 경험하게 된다. 이런 해석학적 과정은 신학적 공공성의 핵심, 즉 의미와 진리의 드러남(계시)및 개인적, 사회적, 정치적 변형(구원)을 잘 보여준다.

그러나 근대적 과학적 인식체계는 사물을 현존하는 것으로 매개를 거치지 않고 감각적으로 직접 지각할 수 있다고 주장한다. 우리가 인식하고자 하는 대상에 직접 현존할 수 있다는 주장은 우리가 경험하는 현실이 아니라 하나의 추상적 사고이다. 하이데거는 진술이나 주장(assertions)의 파생적 성격을 강조하면서, 서구의 현존적 사유(presentational thinking)를 비판한다. 진술은 선이해 안에서 잘 드러나는 이해(사물의 존재방식, 즉 시간성 및 역사성)의 근원적 차원으로부터 파생된 것이다. 즉 진술은 존재, 사물, 삶의 시간적, 역사적, 맥락적 현실의 이해(체험)에 대한 이차적 주장이다. 진술(주장)은 사물을 단순히 보여지는 대로 현존하게(present)하는 경향이 있다. 다시 말해, 우리가 진술의 파생적 성격을 깨닫지 못한다면, 진술(과학적 이건 신학적이건)은 우리가 사물에 온전히 현존하는 것으로, 그래서 그것을 정확하게 직접 지각하는 것으로 착각하게 만든다. 이런 현존적 사유는 진리를 정확하게 보는(지각하는) 것(진리대응설, 지각과 진술의 일치)으로, 사유를 개념들의 조작(결합및 분리)의 차원으로 만들어버린다.[20] 하이데거는 개념의 본질을 다음과 같이 설명한다. "개념의 본질은 외관(appearance)과 가시성(visibility)에 있다. 개념은 각 존재자를 온전히 현존시킨다...존재의 현존이 존재의 본성으로 보인다... 따라서 개념은 사물의 드러남(탈은폐 disclosure)을 의미한다."[21] 그러나 실질적으로, 개념이나 진술은 사물의 현존이나 드러남이 아니라, 그것을 가리켜서 사물의 부재나 은폐가 드러나게 하는 매개이다. 그러므로 우리는 언어적 매개 없이 사물에 직접 현존하거나 지각할 수 없다.

하이데거는 서구의 현존적 사유방식인 "현존의 형이상학"(the metaphysics of presence)을 해석학적 현상학으로 대체하면서, 전자의 정적인 진리대응설을 "드러남(탈은폐)의 동적 진리관으로, 사유를 개념들의 조작이 아니라, 존재의 부름에의 응답으로, 그리하여 존재와 사물을 정태적 개념적 파악에서 동적인 체험적 파악으로 되돌려놓았다. 자크 데리다는 하이데거가 비판한 근대의 "현존의 형이상학"을 더욱 해체하여 변형시킨다. 데리다는 부재보다 현존에 가치를 부여하는 서구의 형이상학의 근원을 글(writing)보다 말(speech)에 특권을 부여했던 플라톤으로 거슬러 올라간다. 즉 말은 청자에게 화자의 현존을 포함하지만, 글은 독자에게 저자의 부재를 나타낸다. 따라서 플라톤은 "음성중심적(phonocnetric)(목소리에 특권을 부여하는)"이고, "로고스중심적(logocentric)(형이상적 토대에 특권을 부여하는)"이다.[22] 말을 할 때, 말하는 자

---

20 리처드 팔머/이한우, 『해석학이란 무엇인가』 (서울: 문예출판사, 2001), 209-210.

21 Richard Palmer, Hermeneutics: *Interpretation Theory in Schleiermacher, Dilthey, Heidegger and Gadamer* (Evanston: Northwestern University Press, 1969). 143.

22 John Milbank and Simon Oliver, eds., *The Radical Orthodoxy Reader* (London:

가 듣는 자에게 현존하듯이, 인식주체는 인식대상에 현존한다. 데리다는 인식의 토대를 인식주체의 인식대상에의 현존에 두는 서구적 "현존의 형이상학"을 해체하여 변형시키는 포스트형이상학(post-meta-physics)으로 나아간다.

그는 디페랑스라는 유령적 논리를 통해 의미작용(signification)을 가능케하는 언어와 의미의 조건을 잘 보여준다.

> 디페랑스(differance)는 지연을 뜻하는 연기하기(deferring)와 차이의 적극적 활동을 뜻하는 차이내기(differing)가 분리되기 이전 그 사이에 존재하는 어떤 것이다. 물론 이것은 의식(consciousness), 즉 현존(presence)이나 혹은 무의식(non- consciousness), 즉 부재(absence)에 기초해서 생각될 수 없다.[23]

차이(difference)와 지연(defferance)의 합성어인 differance(차연)는 차이와 지연 사이에 존재하는 디페랑스의 위상학적 관계를 잘 드러내준다. 디페랑스는 "현전에 균열을 내어 현전을 지연시키는 차이의 작동"[24]으로 현전을 가능케 하는 동시에 현전을 그 자체와 구별시킴으로써 현전을 지연시켜 불가능하게 만든다. 디페랑스는 의미작용 안에서 작동되는 현재와 과거와 미래 사이의 위상학적 관계를 잘 조명해준다.

Routledge, 2009), 152.

23 Jacques Derrida, *Speech and Phenomena and Other Essays on Husserl's Theory of Signs*, trans. David Allison (Evanstron, Illinois: Northwestern University Press, 1973), 88; Nicholas Royle, *Jacques Derrida* (London: Routledge, 2003), 74에서 재인용.

24 Nicholas Royle, *Jacques Derrida*, 75.

하이데거가 유의미성(meaningfulness)라고 불렀던 "존재의 의미 있는 관계망." 즉 기표의 네크워크 안에서 기의는 언제나 지연된다. 다시 말해, 의미의 현재적 요소는 과거의 요소를 품고 있으며 동시에 미래의 요소에 의해 오염된다. 따라서 디페랑스란 현전과 의식과 동일성 을 균열시켜, 차이를 내서 지연시킴으로서 의미작용을 가능케 하는 언어와 의미의 조건이다. 우리의 의미작용을 가능케 하는 것은 동일성과 타자성, 현존과 부재, 차이와 연기, 내재와 초월, 구체성과 보편성을 동시에 작동시키는 이상한 유령적 논리의 덕분이다.[25] 필자는 디페랑스의 유령적 논리를 헤겔의 변증법적 역설의 논리로 이해한다. 차이가 있다면, 헤겔의 변증법적 역설이 인간의식의 차원에서 전개된다면, 데리다의 디페랑스의 동시적 유령적 논리는 언어와 의미, 시간과 공간의 영역 안에서 더 폭넓게 전개된다. 두 대립적 범주나 실재들의 유령적 변증법적 역설의 논리는 존재, 사물 및 삶의 영역 전반에 스며들어있다. 이것은 우리의 사고와 행위와 삶을 더욱 풍성하게 해주는 삶의 보이지 않는 유령성이다. 풍성한 삶의 조건으로 작동하는 디페랑스의 유령성이 하나님의 생명(Zoe-Life)의 영의 거룩한 횡단적 힘이다.

하나님은 자연과 문화, 인간과 자연, 시간과 공간, 내재와 초월을 횡단하며 고정된 폐쇄된 관계성을 해체하고 변형시키는 생명(Zoe-Life)의 거룩한 영이다. 따라서 기독교는 개념의 종교가 아니라 체험의 종교이다. 하나님을 영원한 존재로 개념으로 파악하기보다 역사 안에서 살아 움직이시는 하나님으로 체험한다. 교회공동체는 하나님의 체험을 다음과 같이 진술한다. '하나님은 예수 그리스도 안에 성육하신 존재이다.'

25 니콜라스 로일/오문석, 『자크 데리다의 유령들』 (서울: 앨피, 2013), 7장 참조.

'예수 그리스도는 교회의 몸이다.' '교회는 성령의 교제의 공동체이다.' 앞에서 필자는 생태교회의 모델을 "다원적 해방공동체", "그리스도의 성육하신 몸" 그리고 "생명의 영"으로 재해석하고, 생명의 영을 앞의 두 대립적 모델의 상호대화및 변혁의 해석학적 공간으로 보았다. 생명(Zoe-Life)의 영은 두 대립적 범주인 초월과 내재, 생태와 정의를 동시에 가능케 하는 횡단적 힘이다.

이런 신학적 진술들은 물론 파생적이므로, 하나님의 본성 및 사역을 온전히 현존시키지 못한다. 교회건축도 신학적 진술과 유사한다. 생태교회 건축을 통해 하나님의 본성(초월적 내재의 영성)및 사역(생태정의 윤리)이 온전히 드러나야 한다. 이것이 바로 생태교회건축의 신학적 공공성(계시와 구원)을 실현하는 것이다. 필자는 하이데거가 제시하는 사유와 존재와 진리의 해석학적 현상학적 접근이 교회건축의 신학적 공공성을 논의하는데 매우 적절하다고 본다. 동시에 데리다의 디페랑스의 유령적 논리가 교회건축의 공공성을 해체하며 변혁시키는 생명(Zoe-Life)의 횡단적 힘이라고 본다. 이것은 교회건축의 개념적인 현존적, 직접적 지각을 넘어서, 교회건축이 그것이 가리키는 교회의 본질과 사명을 얼마나 잘 드러내느냐에 초점을 맞추는 것이다. 교회건축 안에 교회의 본질과 사명의 드러남이란 교회건축의 겉모습에 대한 개념적 직접적 지각이 아니라, 교회건축의 역사성 및 맥락성안에서, 그 주제 및 실재인 생태정의의 영성이 드러나고 생태정의의 윤리가 체현되어, 이 세상을 하나님 나라로 변화시키는 것이다.

끝으로, 교회건축의 신학적 공공성이 가장 잘 체현되는 한 본보기(패러다임)를 기독교적 성례전적 의례 안에서 제시해본다. 최후의 만찬에서 예수께서 다음과 같이 말씀하셨다. "그들이 음식을 먹고 있을 때에 예수께서 빵을 들어 축복하시고 제자들에게 떼어 나눠 주시며 '받아 먹어라. 이것은 내 몸이다'"(막14:22). 우리는 예수의 말씀을 어떻게 이해해야하는가? 교회가 "그리스도의 성육하신 몸"이며, 성만찬 의례가 교회예배의 핵심으로서, 교회의 본질과 사명을 가장 분명히 드러내주고 있다면, "이 빵은 나의 몸이다"라는 성례전적 언어는 교회 건축의 신학적 공공성의 한 대표적 패러다임으로 작용한다. 다시 말해, 교회 건축의 신학적 공공성은 "이 빵은 나의 몸이다"라는 성례전적 선포의 의미와 진리를 드러내고 세계를 하나님의 나라로 변혁시키는데 달려있다. 이 신학적 진술은 근대의 현존적 접근, 즉 직접적, 문자적, 감각적 지각으로는 그 의미나 진리에 결코 접근하지 못한다. 하이데거의 해석학적 현상학, 데리다의 디페랑스의 해체적 접근이 도움을 줄 수 있다. 왜냐하면 "이 빵은 나의 몸이다"라는 진술의 적절한 의미와 진리는 이 문장의 현재적 의미에 차이를 만들어 지연시키는 디페랑스의 해석학적 현상학적 영역이기 때문이다.

그래함 워드는 이 말씀("Take, this is my body")의 "'is'의 존재론적 스캔들의 해석학적 깊이"를 잘 추적하고 있다. 논리실증주의자들에게 빵과 몸의 "예증적 동일시(the demonstrative identification)"는 넌센스에 불과하다. 예증적 동일시는 예증을 지각과 연결시켜, 우리가 대상을 예증(설명)하면, 그 대상을 지각하는 것으로 간주한다. 예증적 동일시는 근대의 현존의 형이상학과 공명한다. 이런 경험주의적 인식론은 감각자료에 기초한 직접적 현존적 지각에 특권을 부여한다. 인식주체는 인식대상에 온전히 현존하여 그것을 직접 지각한다. 그러나 사실상, 예증적 동일시는 객관적인 서술(description)의 형태가 아니라 "정보에 기초한 사고"이다. 왜냐하면 지각은 지각주체의 위치에 따라 상대적이고 매개적이며, 또한 우리가 배우는 명명행위와 관련되기 때문이다.[26] 우리는 어떤 사물이나 대상에 온전히 현존하지 못한다.

그렇다면, "이것은 나의 몸이다"라는 성례전적 선언을 어떻게 이해해야하는가? 워드는 니사의 그레고리의 해석을 참조하여, 그 강조점을 대상자체가 아니라, "대상의 실패"와 "명명행위"에 둔다. 여기서 "대상의 실패"와 "명명행위"란 주체의 감각적 지각에 기초한 대상(빵과 몸)의 객관적 속성들이 아니라 예수의 "말씀의 작용(the operation of the Word)"과 관련된다. 물질성과 육체성, 즉 빵과 몸은 "신적 에너지의 현현"이다. 따라서 물질은 감각적 지각이 아니라, 영적 이해의 주제(the subject matter)가 된다. 물질은 영원하지 않고 변화한다. 이런 "물질의 시간성과 변화가능성이 기적을 가능하게 한다."[27] 필자는 "이것은 나의 몸이다"라는 예수의 말씀을 빵과 몸의 변화의 가능성을 일으키는 언어사건(language event)으로 이해한다. 예수가 선포하는 변혁적 말씀에 우리가 신앙으로 참여할 때, 서로를 먹이는 성만찬의 기적이 발생한다. 세계자체는 성만찬의 식탁이다. 이것은 이 세상을 창조하고 유지하고 변혁시키는 하나님의 본성과 사역에 참여함을 의미한다. 모든 몸적 존재들은 하나님의 영적 에너지에 참여함으로써 유의미한 진리의 삶을 살아간다. 몸은 상호관계적이며 취약하고 유한하다. "몸은 의사소통 행위의 기반"이다[28]. 몸은 결코 독립적, 자율적, 안정적이지 않다. 몸은 내가 소유할 수 있는 어떤 상품이 아니다. 몸에 대한 전자의 이해가 추상적

26 Graham Ward, "Transcorporality: the ontological scanddl," John Milbank and Simon Oliver, eds., *The Radical Orthodoxy Reader,* 291.

27 앞의 책, 294-296.

28 앞의 책, 298.

개념적 사고라면, 우리가 생활세계 안에서 실제적으로 경험하는 몸은 유목적이며 호혜적이다. 언제나 움직이고, 서로 나누며, 변한다. 몸의 유목성과 호혜성과 변화의 가능성을 허용하는 것은 하나님의 영, 즉 Zoe-Life의 자기생성적 횡단적 힘이다. 하나님의 거룩한 횡단적 에너지가 서로 움직이며, 상호작용하고, 변하는 구체적인 단독적인 몸(singular bodies)들을 하나의 생명의 망으로 묶는다.

그리스도의 몸은 모든 몸들의 패러다임이다. 워드의 말을 빌리면, "그리스도의 몸"은 "원형적인 성육신적 존재이다."[29] 그리스도의 몸은 하나님의 본성과 사역을 드러내며 증언한다. 동시에 교회는 그리스도의 몸이다. 교회란 하나님을 증언하는 모든 몸들의 공동체이다. 그리스도의 몸은 동시에 부활한 몸이다. 워드는 부활한 그리스도의 몸을 "신비한 몸(corpus mysticum)"으로 연약한 부서지는 몸과 구별한다.[30] 십자가에 달린 예수의 몸은 부서진 연약한 몸이다. 동시에 부활하신 그리스도의 몸은 세상의 악에 의해 부서진 몸을 넘어 악에 저항하며 하나님 나라를 앞당기는 신비한 몸이다. 예수의 원형적인 몸과 같이, 우리의 몸, 교회의 몸도 함께 나누는 연약한 몸인 동시에 자신들의 이익을 위해 타자들의 부서진 몸을 착취하는 모든 악에 저항하며 개인적, 사회적, 정치적 변혁을 이루어내는 신비한 몸이다.

29 앞의 책, 298.

30 앞의 책, 299-302.

V. 나가는 말

“교회건축의 신학적 공공성과 해석학적 사건의 우회로”라는 제목의 이글은 교회건축의 공공성에 대한 논의를 해석학적 대화의 사건으로 이해한다. “해석학적 사건의 우회로”란 말은 이런 논의가 교회건축의 공공성에 대한 객관적 인식이나 주관적 투사가 아니라, 교회건축의 신학적 공공성의 의미와 진리가 교회의 공공권(publics)안에서 드러나는 대화와 변혁의 해석학적 순환의 긴 과정임을 의미한다. 필자는 하이데거의 해석학적 현상학과 데리다의 디페랑스의 변증법적 유령적 논리에 근거해, 교회의 신학적 공공성의 해석학적 과정및 의미와 진리를 드러내고자 했다. 하지만, 이런 해석학적 현상학적 신학적 접근은 우리에게 여전히 낯설지도 모른다. 왜냐하면, 우리는 근대적 현존의 형이상학에 여전히 익숙해있기 때문이다. 이글은 교회건축을 해석학적 본문으로 이해한다. 그러나 현존의 형이상학, 예증적 동일시의 감각적 경험적 인식체계로는 기독교적 본문 및 의미와 진리를 결코 드러낼 수 없다. 교회건축의 신학적 공공성도 마찬가지다. 여기서 필자는 건축의 외형적 모습(구조적, 기능적, 미학적 차원등)에 대한 객관적 평가를 부인하는 것은 결코 아니다. 하지만, 교회 건축은 일반 건축과 구별된다. 이것이 바로 필자가 생태교회건축의 신학적 공공성에 주목하는 이유이다. 신학적 공공성의 핵심은 인식적 드러남(계시)와 개인적, 사회적, 정치적 변형(구원)이다. 이 세계가 하나님의 현현인 성례전(sacrament)이라면, 교회 건축도 마찬가지로 성례전이다. 예수 그리스도의 몸은 “원형적인 성육신적 존재”이다. 교회는 “그리스도의 성육하신 몸”이다. 성만찬은 교회예배의 핵심으로 교회의 본질과 사명을 가장 잘 드러내준다. “받아 먹어라 이 빵은 나의 몸이다"라는 예수의 말씀은 교회건축의 신학적 공공성의 한 대표적 패러다임으로 작용한다. "예증적 동일시"의 존재론적 스캔들이 언어사건과 성만찬의 사건의 기적으로 변화된다. 이것은 예수의 성례전적 언어의 선포와 체현된 영적 몸의 신앙적 응답 안에서 발생한다. 교회건축의 신학적 공공성은 "이 빵은 나의 몸이다"라는 성례전적 선포의 의미와 진리를 드러내고(계시) 세계를 하나님의 나라로 변혁(구원)시키는데 달려있다.

부 록

부록 1_ 공동연구자료 협조 요청 공문

부록 2_ 온라인 설문 조사지

부록 3_ 교회 건축의 공공성에 영향을 미치는 지표들의 가중치 도출

부록 4_ 층위 분석표

부록 1

공동연구자료 협조 요청 공문

연 세 대 학 교

연합신학대학원

수신자 *** 사무소

제 목 공동연구자료 협조 요청

하나님의 은총 중에 평안하시기를 기원합니다. 저희들은 연세대학교 신과대학 · 연합신학대학원 부설 「한국기독교문화연구소」와 타 기관 소속 교수들로서, 교육부의 재원으로 한국연구재단의 지원을 받아 공동연구과제 "한국교회 건축과 공공성"을 수행하고 있습니다. 본 공동연구는 한국 교회의 대표적 건축물들을 분석하여 물리적, 건축적, 신학적 가치와 공공성을 성찰하고 21세기를 위한 미래 교회 건축의 방향을 제시하고자 목적합니다.

귀 건축사무소에서 설계한 <*** 교회>는 한국교회건축을 선도한 중요한 사례이자 분석대상이 되기에 연구를 위한 자료를 협조해 주실 것을 부탁드립니다. 보내주시는 소중한 자료는 학술적 목적으로만 사용되고 다른 상업적 혹은 기타 용도로 사용되지 않을 것을 약속드립니다. 또한 저희가 발행하게 될 연구서에 협조를 해주신 내용을 구체적으로 적시하도록 하겠습니다. 감사합니다.

협조 요청 자료:

1. 건축물의 개요서: 대지면적, 연면적, 각층면적, 건축면적, 건폐율, 용적율, 층수, 높이, 공개공지면적, 조경면적, 주차대수 등이 표기된 개요서
2. 기본계획도면: 배치도, 각층면면도(전층), 4면 입면도, 종, 횡단면도
3. 설계설명서

(개요서와 설명서는 임의형식)

협조 자료 형태: 기본계획도면은 가급적 캐드도면 파일(캐드도면이 없을 경우에는 도면 사본).

* 캐드도면을 요청하는 것은 오직
첫째, 분석대상 건축물들간의 표기방식의 통일성을 기하기 위함이며
둘째, 각실별 면적 산출을 하기 위한 것임을 이해하여주시기 바랍니다.

이메일주소: hsohn@yonsei.ac.kr, 혹은 hohyunsohn@gmail.com
우편주소: (03722) 서울특별시 서대문구 연세로 50 연합신학대학원 손호현 교수

연구책임자 손호현(연세대학교 연합신학대학원 부교수) 드림

2016년 8월 1일

공동 연구원: 곽호철(계명대학교), 김수연(이화여자대학교), 김정두(감리교신학대학교), 박종현(명지대학교), 소요한(명지대학교), 손문(연세대학교), 송용섭(영남신학대학교), 오화철(강남대학교), 천현식(연세대학교), 정시춘(정주건축연구소), 정용한(한남대학교), 정혜진(서울대학교)

관계자 연락처: 공동연구 책임자 손호현(02-2123-5918)
연구 보조원 김인경(010-9934-1760)

추신: 협조 가능 여부를 이메일로 알려주실 것을 정중히 부탁드립니다.

부 록 2

온라인 설문 조사지

온라인 설문 조사지

교회 건축의 공공성에 영향을 미치는 지표들의 가중치 도출을 위한 전문가 설문

연세대학교 기독교문화연구소에서는 한국연구재단의 지원을 받아 한국교회 건축의 공공성에 관한 연구를 진행 중입니다. 이 과정 중 **교회건축의 공공성**을 평가할 수 있는 지표를 작성하고, 이에 대한 상대적 중요성을 평가하여 가중치를 도출하기 위한 전문가 설문을 진행하게 되었습니다. 첨부되어 있는 공공성 평가 지표 안과 공공성에 영향을 미치는 인자들의 예시를 참고하시어 본 설문에서 제시된 단계별 지표들의 상대적 중요성을 체크해주시기 바랍니다.

귀하가 응답하신 내용은 비밀이 보장되며, 연구 이외의 용도로는 사용하지 않겠습니다.
성실한 답변 부탁드립니다. 감사합니다.

2016.09.

연세대학교
손 호 현 교수 올림

PART I. 물리적 환경 부문의 공공성에 대한 전문가 설문

아래 건축물의 물리적 환경에 대한 공공성 평가 지표안을 참고하시어 답변해주십시오.

건축물의 물리적 환경에 대한 공공성 평가 지표(안)

대분류	중분류 (중위1)	소분류	세부지표명 (중위2)
옥외 공간	개방성	대지내공지, 소공원, 휴게시설 등	조성면적(비율)
			건축선후퇴
		대지내공지, 소공원, 휴게시설 등	개방시간
		조경녹지	조성면적(비율)
		건축물형태	탑상형(입면차폐도)
		건축물밀도	용적률/건폐율
	접근성	대지내공지, 소공원, 휴게시설 등	이용자제한(접근성)
		대지내공지, 소공원, 휴게시설 등	위치(인지성)
		주차장	보차분리
	쾌적성	대지내공지, 소공원, 휴게시설 등	조성형태
		대지내공지, 소공원, 휴게시설 등	관리상태
		보행(통)로	포장재
	관계성	보행(통)로	연계성
		주차장	공동주차
건축		용도	권장용도
		높이	스카이라인
	장소성	재료	외벽면 처리
		역사성	역사적 환경 보호
		친환경성	보호동식물보존
		친환경성	에너지효율화등급

문 1. 귀하는 교회 건축의 공공성에 영향을 주는 다음의 지표들 중에서 중요성이 큰 지표는 무엇이라고 생각하십니까? 중요성이 크다고 생각하시는 지표를 순서대로 클릭하여 주십시오. (☐ ☐ ☐ ☐ ☐)

5개 문항 모두 순위 기입 요망
*표시된 문항은 아래 정의와 사진자료를 참고하시어 설문에 응해주세요.

(1) ☐ 개방성
(2) ☐ 접근성
(3) ☐ 쾌적성
(4) ☐ 관계성
(5) ☐ 장소성

(용어 정의)

1) 개방성 (Open views): 개방성은 시각적 다양함에 대한 욕구 및 경험, 폐쇄공간에 대한 탈출과 관계한 공간지각요소로 정의되며, 주요한 평가항목은 자연물, 인공구조물, 활동 등에 의한 개방 장애, 인동간격 등에 의한 앙각에 의한 시각적 위압감 등을 주요한 평가항목으로 가진다. 따라서 일반적으로는 건물 혹은 담장의 전면후퇴 정도(전면공지의 추가확보)에 따른 시각적 부담감 완화, 그리고 입면차폐도 등이 주요한 평가 대상이 된다. 또한, 특정 공간에 대한 개방여부가 추가적인 평가 지표가 된다.

2) 접근성 (Accessibility): 대상지로의 통행을 위한 동선체계 상의 장애물과 연계성 등에 의해 발생하는 성격으로 보행, 대중교통 등을 포함한 순환체계와 옥외 공간 등의 인지성과 접근 제한 요소(공개공지와 보도의 높이차 등), 그리고 공개공지의 위치 등이 평가요소가 된다.

3) 쾌적성 (Amenity) : 인간의 정신적, 감각적 욕구에 대한 만족스러운 충족으로서 주관적인 속성을 지니고 있기는 하지만 일반적으로 심미성, 편의성 등을 통해 평가되어지고 있으며 근래에는 공간에 대한 관리 수준을 하나의 평가요소로 활용하기도 한다. 공공시설에 대한 청결도, 파괴정도, 주기적인 관리 시기 등의 존재 여부 등이 관리 수준의 평가 대상이 된다.

4) 관계성 (Relationship): 대상지역이 가지는 역할과 다른 지역과의 상호 영향관계에서 발생하는 성격으로 대상 부지의 역할 관계에 의한 지역 차원의 기여를 평가한다. 주요한 평가항목으로는 공공보행통로 등의 연계성, 공동주차, 스카이라인의 조성(층수), 지역사회와 공유되는 용도 구성(저층부 용도 포함) 등이 해당하며 공동체 회복에의 기여 등이 정성적인 평가요소로 활용될 수 있다.

5) 장소성 (Sense of Place): 그 지역의 물리적 특성 및 성격에서 느껴지는 느낌 또는 분위기로서 지역적인 맥락과 역사성 등을 충분히 고려하고 있는지가 평가 대상이 된다. 주요한 평가항목으로는 건물의 유형과 형태(외벽면 처리 등의 입면처리, 도시조직과의 조화), 역사적인 장소와 환경자원의 보존 여부 등이 주요한 평가 대상이 된다.

문 2. 두 지표를 1:1로 비교할 때, 귀하는 (교회) 건축물의 공공성에 있어서 어떠한 지표가 상대적으로 더 중요하다고 생각하십니까? 두 지표의 중요성이 동일할 경우에는 '같다'로 응답해주십시오.

응답하신 내용의 일관성 유지를 위해서 다음과 같은 사항을 반드시 지켜주시기 바랍니다.
1번 문항에서 응답하신 내용에서,
4순위 이상 차이가 나는 항목에 대해서는 **'(맨 좌측 혹은 맨 우측) 상당히 더 중요'에 체크**해주셔야 합니다.
2~3순위 차이가 나는 항목에 대해서는 **'(좌측 혹은 우측) 약간 더 중요'에 체크**해주셔야 합니다.
1순위 이내 차이가 나는 항목에 대해서는 **'같다' 혹은 경우에 따라서는 '약간 더 중요'에 체크**해주셔야 합니다.

***** 오른편에 뜬 팝업창이 1번 문항에서 응답하신 순위입니다. 팝업창이 뒤따라오는 속도가 다소 느리니, 천천히 내리시거나 기다려주세요.**

항목	좌측 요인이 상당히 더 중요	좌측 요인이 약간 더 중요	같다	우측 요인이 약간 더 중요	우측 요인이 상당히 더 중요	항목
개방성	○	○	○	○	○	접근성
개방성	○	○	○	○	○	쾌적성
개방성	○	○	○	○	○	관계성
개방성	○	○	○	○	○	장소성
접근성	○	○	○	○	○	쾌적성

접근성	○	○	○	○	○	관계성
접근성	○	○	○	○	○	장소성
쾌적성	○	○	○	○	○	관계성
쾌적성	○	○	○	○	○	장소성
관계성	○	○	○	○	○	장소성

문 3. 귀하는 교회 건축의 개방성에 영향을 주는 다음의 지표들 중에서 중요성이 큰 지표는 무엇이라고 생각하십니까? 중요성이 크다고 생각하시는 지표를 순서대로 클릭하여 주십시오. (□ □ □ □ □ □)

6개 문항 모두 순위 기입 요망
* 표시된 문항은 아래 정의와 사진자료를 참고하시어 설문에 응해주세요.

(1) □ 대지내공지등의 조성면적(비율)
(2) □ 시각적 폐쇄감을 완화하는 건축선 후퇴 여부
(3) □ 공개공지등의 24시간개방여부
(4) □ 녹지공간의 조성면적(비율)
(5) □ 개방형(또는타워형)건축형태
(6) □ 건축물의밀도(용적률/건폐율을 등)

개방성 (Open views)이란?

개방성은 시각적 다양함에 대한 욕구 및 경험, 폐쇄공간에 대한 탈출과 관계한 공간지각요소로 정의되며, 주요한 평가항목은 자연물, 인공구조물, 활동 등에 의한 개발 장애, 인동간격 등에 의한 안각에 의한 시각적 위압감 등을 주요한 평가항목으로 가진다. 따라서 일반적으로는 건물 혹은 담장의 전면후퇴 정도(전면공지의 추가확보)에 따른 시각적 부담감 완화, 그리고 입면차폐도 등이 주요한 평가 대상이 된다. 또한, 특정 공간에 대한 개방여부가 추가적인 평가 지표가 된다.

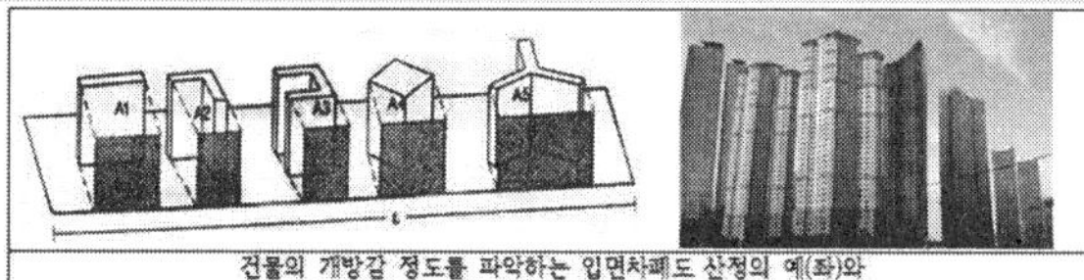

건물의 개방감 정도를 파악하는 입면차폐도 산정의 예(좌)와
지나친 시각적 차단을 하고 있는 건물의 예(우)

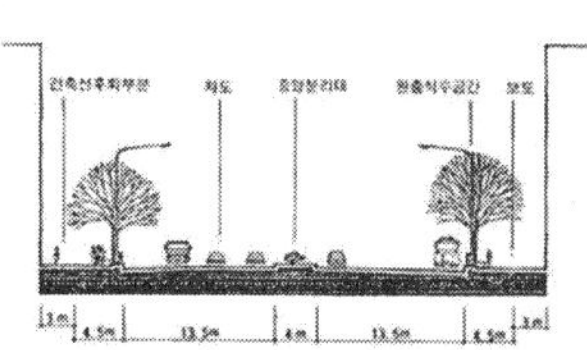

법적으로 정한 건축선 이외에 추가적인 전면부 후퇴를 통해 보행공간의 확보 및 시각적인 위압감을 완화함

문 4. 두 지표를 1:1로 비교할 때, 귀하는 (교회) 건축물의 개방성에 있어서 어떠한 지표가 상대적으로 더 중요하다고 생각하십니까? 두 지표의 중요성이 동일할 경우에는 '같다'로 응답해주십시오.

응답하신 내용의 일관성 유지를 위해서 다음과 같은 사항을 반드시 지켜주시기 바랍니다.
3번 문항에서 응답하신 내용에서,
4~5순위 이상 차이가 나는 항목에 대해서는 **'(맨 좌측 혹은 맨 우측) 상당히 더 중요'에 체크**해주셔야 합니다.

2~3순위 차이가 나는 항목에 대해서는 **'(좌측 혹은 우측) 약간 더 중요'에 체크**해주셔야 합니다.
1순위 이내 차이가 나는 항목에 대해서는 **'같다' 혹은 경우에 따라서는 '약간 더 중요'에 체크**해주셔야 합니다.

***** 오른편에 뜬 팝업창이 3번 문항에서 응답하신 순위입니다. 팝업창이 뒤따라오는 속도가 다소 느리니, 천천히 내리시거나 기다려주세요.**

항목	좌측 요인이 상당히 더 중요	좌측 요인이 약간 더 중요	같다	우측 요인이 약간 더 중요	우측 요인이 상당히 더 중요	항목
대지내공지등의 조성면적(비율)	○	○	○	○	○	시각적 폐쇄감을 완화하는 건축선 후퇴 여부
대지내공지등의 조성면적(비율)	○	○	○	○	○	공개공지등의 24시간개방여부
대지내공지등의 조성면적(비율)	○	○	○	○	○	녹지공간의 조성면적(비율)
대지내공지등의 조성면적(비율)	○	○	○	○	○	개방형(또는타워형)건축형태
대지내공지등의 조성면적(비율)	○	○	○	○	○	건축물의밀도(용적률/건폐율등)
시각적 폐쇄감을 완화하는 건축선 후퇴 여부	○	○	○	○	○	공개공지등의 24시간개방여부
시각적 폐쇄감을 완화하는 건축선 후퇴 여부	○	○	○	○	○	녹지공간의 조성면적(비율)
시각적 폐쇄감을 완화하는 건축선 후퇴 여부	○	○	○	○	○	개방형(또는타워형)건축형태
시각적 폐쇄감을 완화하는 건축선 후퇴 여부	○	○	○	○	○	건축물의밀도(용적률/건폐율등)
공개공지등의 24시간개방여부	○	○	○	○	○	녹지공간의 조성면적(비율)
공개공지등의 24시간개방여부	○	○	○	○	○	개방형(또는타워형)건축형태
공개공지등의 24시간개방여부	○	○	○	○	○	건축물의밀도(용적률/건폐율등)
녹지공간의 조성면적(비율)	○	○	○	○	○	개방형(또는타워형)건축형태
녹지공간의 조성면적(비율)	○	○	○	○	○	건축물의밀도(용적률/건폐율등)
개방형(또는타워형)건축형태	○	○	○	○	○	건축물의밀도(용적률/건폐율등)

문5. 귀하는 교회 건축의 접근성에 영향을 주는 다음의 지표들 중에서 중요성이 큰 지표는 무엇이라고 생각하십니까? 중요성이 크다고 생각하시는 지표를 순서대로 클릭하여 주십시오. (☐ ☐ ☐)

3개 문항 모두 순위 기입 요망
*표시된 문항은 아래 정의와 사진자료를 참고하시어 설문에 응해주세요.

(1) ☐ 대지내공지등의 접근장애요인
(2) ☐ 대지내공지등의 인지성(위치)
(3) ☐ 대지내 보행로의 안전성(보차분리 등)

접근성 (Accessibility)이란?
대상지로의 통행을 위한 동선체계 상의 장애물과 연계성 등에 의해 발생하는 성격으로 보행, 대중 교통 등을 포함한 순환체계와 옥외 공간 등의 인지성과 접근 제한 요소(공개공지와 보도의 높이차 등), 그리고 공개공지의 위치 등이 평가요소가 된다.

의도적인 공개공지 출입 제한(좌)와 공개공지의 점유에 의한 이용 제한(우)

중앙에 수경시설을 설치하여 접근에 제한을 두는 사례(좌)와 단차 조성을 통해 이용률을 떨어뜨리는 사례(우)

공개공지의 위치를 후면에 위치시켜 인지성을 낮추는 사례(좌)와 공개공지의 위치를 적극적으로 알리면서 이용에 대한 정서적 부담을 완화시키는 사례(우)

문6. 두 지표를 1:1로 비교할 때, 귀하는 (교회) 건축물의 접근성에 있어서 어떠한 지표가 상대적으로 더 중요하다고 생각하십니까? 두 지표의 중요성이 동일할 경우에는 '같다'로 응답해주십시오.

응답하신 내용의 일관성 유지를 위해서 다음과 같은 사항을 반드시 지켜주시기 바랍니다.
귀하께서 응답하신 중요도의 순위를 고려하시어 두 지표를 1:1로 비교하시어 상당히 더 중요, 약간 더 중요, 같다 에 체크해주셔야 합니다.

***** 오른편에 뜬 팝업창이 5번 문항에서 응답하신 순위입니다. 팝업창이 뒤따라 오는 속도가 다소 느리니, 천천히 내리시거나 기다려주세요.**

항목	좌측 요인이 상당히 더 중요	좌측 요인이 약간 더 중요	같다	우측 요인이 약간 더 중요	우측 요인이 상당히 더 중요	항목
대지내공지등의 접근장애요인	○	○	○	○	○	대지내공지등의 인지성(위치)
대지내공지등의 접근장애요인	○	○	○	○	○	대지내 보행로의 안전성(보차분리 등)

대지내공지등의 인지성(위치)	○	○	○	○	○	대지내 보행로의 안전성(보차분리 등)

문 7. 귀하는 교회 건축의 쾌적성에 영향을 주는 다음의 지표들 중에서 중요성이 큰 지표는 무엇이라고 생각하십니까? 중요성이 크다고 생각하시는 지표를 순서대로 클릭하여 주십시오. (□ □ □)

3개 문항 모두 순위 기입 요망
* 표시된 문항은 아래 정의와 사진자료를 참고하시어 설문에 응해주세요.

(1) □ 대지내공지 등의 조성형태
(2) □ 보행공간등의 친환경성
(3) □ 대지내 보행로의 안전성(보차분리 등)

쾌적성 (Amenity)에 관?
인간의 정신적, 감각적 욕구에 대한 만족스러운 충족으로서 주관적인 속성을 지니고 있기는 하지만 일반적으로 심미성, 편의성 등을 통해 평가되어지고 있으며 근래에는 공간에 대한 관리 수준을 하나의 평가요소로 활용하기도 한다. 공공시설에 대한 청결도, 파괴정도, 주기적인 관리 시기 등의 존재 여부 등이 관리 수준의 평가 대상이 된다.

지나치게 세장하거나 작은 크기의 공원과 공공시설 등은 공간이 가진 기능과 이용률을 현저하게 떨어뜨림

문 8. 두 지표를 1:1로 비교할 때, 귀하는 (교회) 건축물의 쾌적성에 있어서 어떠한 지표가 상대적으로 더 중요하다고 생각하십니까? 두 지표의 중요성이 동일할 경우에는 '같다'로 응답해주십시오.

응답하신 내용의 일관성 유지를 위해서 다음과 같은 사항을 반드시 지켜주시기 바랍니다.
귀하께서 응답하신 중요도의 순위를 고려하시어 두 지표를 1:1로 비교하시어 상당히 더 중요, 약간 더 중요, 같다 에 체크해주셔야 합니다.

***** 오른편에 뜬 팝업창이 7번 문항에서 응답하신 순위입니다. 팝업창이 뒤따라오는 속도가 다소 느리니, 천천히 내리시거나 기다려주세요.**

항목	좌측 요인이 상당히 더 중요	좌측 요인이 약간 더 중요	같다	우측 요인이 약간 더 중요	우측 요인이 상당히 더 중요	항목
대지내공지등의 조성형태	○	○	○	○	○	보행공간등의 친환경성
대지내공지등의 조성형태	○	○	○	○	○	대지내 보행로의 안전성(보차분리 등)
보행공간등의 친환경성	○	○	○	○	○	대지내 보행로의 안전성(보차분리 등)

문 9. 귀하는 교회 건축의 관계성에 영향을 주는 다음의 지표들 중에서 중요성이 큰 지표는 무엇이라고 생각하십니까? 중요성이 크다고 생각하시는 지표를 순서대로 클릭하여 주십시오. (□ □ □ □)

4개 문항 모두 순위 기입 요망
* 표시된 문항은 아래 정의와 사진자료를 참고하시어 설문에 응해주세요.

(1) □ 외부와 보행로의 연계성
(2) □ 공동주차장의 조성여부
(3) □ 지역에 필요한 권장용도 등 조성
(4) □ 스카이라인의 조성여부

관계성 (Relationship)이란?
대상지역에 가지는 역할과 다른 지역과의 상호 영향관계에서 발생하는 성격으로 대상 부지의 역할 관계에 의한 지역 차원의 기여를 평가한다. 주요한 평가항목으로는 공공보행통로 등의 연계성, 공동주차, 스카이라인의 조성(층수), 지역사회와 공유되는 용도 구성(저층부 용도 포함) 등이 해당하며 공동체 회복에의 기여 등에 정성적인 평가요소로 활용될 수 있다.

대지가 가진 잠재력을 충분히 활용하여 전후면을 연결하는 공공보행통로를 조성하여 시민들이 이용할 수 있도록 개방함(좌), 인근대지와의 통합적인 개발을 통해 대지내의 공공공간을 만드는 기법(우).

문 10. 두 지표를 1:1로 비교할 때, 귀하는 (교회) 건축물의 관계성에 있어서 어떠한 지표가 상대적으로 더 큰 영향을 준다고 생각하십니까? 두 지표 간 영향력이 동일할 경우에는 '같다'로 응답해주십시오.

응답하신 내용의 일관성 유지를 위해서 다음과 같은 사항을 반드시 지켜주시기 바랍니다.
귀하께서 응답하신 중요도의 순위를 고려하시어 두 지표를 1:1로 비교하시어 상당히 더 중요, 약간 더 중요, 같다 에 체크해주셔야 합니다.

***** 오른편에 뜬 팝업창이 9번 문항에서 응답하신 순위입니다. 팝업창이 뒤따라오는 속도가 다소 느리니, 천천히 내리시거나 기다려주세요.**

항목	좌측 요인이 상당히 더 중요	좌측 요인이 약간 더 중요	같다	우측 요인이 약간 더 중요	우측 요인이 상당히 더 중요	항목
외부와 보행로의 연계성	○	○	○	○	○	공동주차장의 조성여부
외부와 보행로의 연계성	○	○	○	○	○	지역에 필요한 권장용도 등 조성
외부와 보행로의 연계성	○	○	○	○	○	스카이라인의 조성여부
공동주차장의 조성여부	○	○	○	○	○	지역에 필요한 권장용도 등 조성
공동주차장의 조성여부	○	○	○	○	○	스카이라인의 조성여부
지역에 필요한 권장용도 등 조성	○	○	○	○	○	스카이라인의 조성여부

문 11. 귀하는 교회 건축의 장소성에 영향을 주는 다음의 지표들 중에서 중요성이 큰 지표는 무엇이라고 생각하십니까? 중요성이 크다고 생각하시는 지표를 순서대로 클릭하여 주십시오. (□ □ □ □)

4개 문항 모두 순위 기입 요망
* 표시된 문항은 아래 정의와 사진자료를 참고하시어 설문에 응해주세요.

(1) ☐ 지역적 맥락에 어울리는 건축재료
(2) ☐ 역사적 유산에 대한 존중
(3) ☐ 에너지 효율성 고려
(4) ☐ 보호 동식물 보존

장소성 (Sense of Place)에 관한?
그 지역의 물리적 특성 및 성격에서 느껴지는 느낌 또는 분위기로서 지역적인 맥락과 역사성 등을 충분히 고려하고 있는지가 평가 대상이 된다. 주요한 평가항목으로는 건물의 유형과 형태(외벽면 처리 등의 입면처리, 도시조직과의 조화), 역사적인 장소와 환경자원의 보존 여부 등이 주요한 평가 대상이 된다.

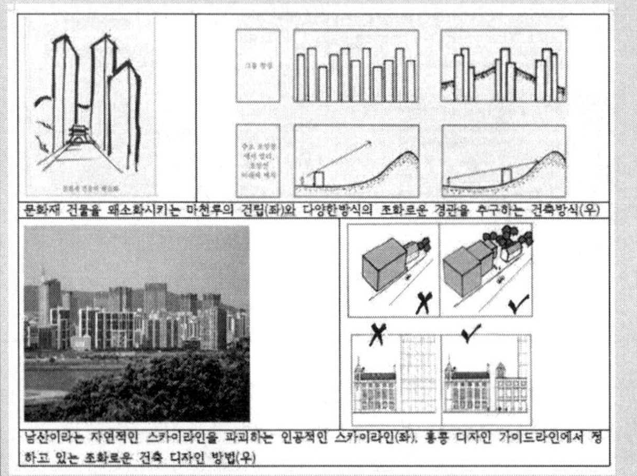

문화재 건물을 왜소화시키는 마천루의 건립(좌)와 다양한방식의 조화로운 경관을 추구하는 건축방식(우)

남산이라는 자연적인 스카이라인을 파괴하는 인공적인 스카이라인(좌), 홍콩 디자인 가이드라인에서 정하고 있는 조화로운 건축 디자인 방법(우)

문 12. 두 지표를 1:1로 비교할 때, 귀하는 (교회) 건축물의 장소성에 있어서 어떠한 지표가 상대적으로 더 큰 영향을 준다고 생각하십니까? 두 지표 간 영향력이 동일할 경우에는 '같다'로 응답해주십시오.

응답하신 내용의 일관성 유지를 위해서 다음과 같은 사항을 반드시 지켜주시기 바랍니다.
귀하께서 응답하신 중요도의 순위를 고려하시어 두 지표를 1:1로 비교하시어 상당히 더 중요, 약간 더 중요, 같다 에 체크해주셔야 합니다.

***** 오른편에 뜬 팝업창이 11번 문항에서 응답하신 순위입니다. 팝업창에 뒤따라오는 속도가 다소 느리니, 천천히 내리시거나 기다려주세요.**

항목	좌측 요인이 상당히 더 중요	좌측 요인이 약간 더 중요	같다	우측 요인이 약간 더 중요	우측 요인이 상당히 더 중요	항목
지역적 맥락에 어울리는 건축재료	○	○	○	○	○	역사적 유산에 대한 존중
지역적 맥락에 어울리는 건축재료	○	○	○	○	○	에너지 효율성 고려
지역적 맥락에 어울리는 건축재료	○	○	○	○	○	보호 동식물 보존
역사적 유산에 대한 존중	○	○	○	○	○	에너지 효율성 고려

역사적 유산에 대한 존중	◯	◯	◯	◯	◯	보호 동식물 보존
에너지 효율성 고려	◯	◯	◯	◯	◯	보호 동식물 보존

Part 2. 신학적 공공성에 대한 전문가 설문

아래의 건축물의 신학적 공공성 평가 지표(안)을 참고하셔서 응답해주십시오.

건축물의 신학적 공공성 평가 지표(안)

대분류	중분류	소분류	세부지표명 (층위2)
실내 공간	포용성 (inclusiveness)	본당, 교육관, 로비, 친교실 등	장애인 램프 엘리베이터 장애인 예배석
	환대성(hospitality)	본당, 교육관, 로비, 친교실 등	취사공간 친교공간 취침공간 화장실 및 샤워실
	규모 적합성 (size appropriateness)	건축물 규모	지역종교인 인구와 교회 수 주차장 규모 대중교통 접근성 협동 교육자의 수
	평등성(gender equality)	본당, 교육관, 로비, 친교실 등	건축물의 형태 주방공간 수유공간 여성화장실 규모
	교육성(education)	교육관, 도서관, 친교실 등	교육관 도서관, 독서실 방과후 학교
	거룩성 (holiness)	본당, 납골당 등	납골당 추모예배 채플

문 13. 귀하는 교회 건축의 공공성에 영향을 주는 다음의 지표들 중에서 중요성이 큰 지표는 무엇이라고 생각하십니까? 중요성이 크다고 생각하시는 지표를 순서대로 클릭하여 주십시오. (☐☐☐☐☐☐)

5개 문항 모두 순위 기입 요망
*표시된 문항은 아래 정의를 참고하시어 설문에 응해주세요.

(1) ☐ 포용성(inclusiveness)
(2) ☐ 환대성(hospitality)
(3) ☐ 규모 적합성(size appropriateness)
(4) ☐ 평등성(gender equality)
(5) ☐ 교육성(education)
(6) ☐ 거룩성 (holiness)

[용어 정의]

(1) 포용성(inclusiveness): 종교 공동체의 신자가 건축물을 접근하고 사용함에 있어서 신체적 장애나 사회적 편견 등에 의한 어려움을 최소한으로 경험하는 것이 주요한 평가 대상이 된다.

(2) 환대성(hospitality): 종교 공동체 바깥의 지역사회 취약계층 시민(노숙자, 노인, 다문화가정, 가출청소년 등)이 건축물을 주기적으로 안정되게 사용할 수 있도록 물리적이고 심리적인 환대를 제공하는 것이 평가 대상이 된다.

(3) 규모 적합성(size appropriateness): 건축물의 규모가 대중교통과 주차장 상황 그리고 지역사회의 종교인 인구 등의 요소들을 고려할 때 적합한가를 평가 대상으로 한다.

(4) 평등성(gender equality): 남녀의 성별 차이가 건축물의 평등한 접근과 이용에 있어서 장애요소로 작용하지 않는 것을 평가한다.

(5) 교육성(education): 종교 공동체 신자와 지역사회의 시민 모두를 위한 교육 공간과 교육 기회를 안정적으로 제공하고 있는지를 평가한다.

(6) 거룩성(holiness): 종교 건축물로서 장례예식과 납골당과 같은 거룩성의 공간을 장기적으로 안정되게 제공하는가를 평가한다.

문 14. 두 지표를 1:1로 비교할 때, 귀하는 (교회) 건축물의 공공성에 있어서 어떠한 지표가 상대적으로 더 중요하다고 생각하십니까? 두 지표의 중요성이 동일할 경우에는 '같다'로 응답해주십시오.

응답하신 내용의 일관성 유지를 위해서 다음과 같은 사항을 반드시 지켜주시기 바랍니다.
1번 문항에서 응답하신 내용에서,
4순위 이상 차이가 나는 항목에 대해서는 **'(변 좌측 혹은 변 우측) 상당히 더 중요'에 체크**해주셔야 합니다.
2~3순위 차이가 나는 항목에 대해서는 **'(좌측 혹은 우측) 약간 더 중요'에 체크**해주셔야 합니다.
1순위 이내 차이가 나는 항목에 대해서는 **'같다' 혹은 경우에 따라서는 '약간 더 중요'에 체크**해주셔야 합니다.

***** 오른편에 뜬 팝업창이 1번 문항에서 응답하신 순위입니다. 팝업창이 뒤따라오는 속도가 다소 느리니, 천천히 내리시거나 기다려주세요.**

항목	좌측 요인이 상당히 더 중요	좌측 요인이 약간 더 중요	같다	우측 요인이 약간 더 중요	우측 요인이 상당히 더 중요	항목
포용성	○	○	○	○	○	현대성
포용성	○	○	○	○	○	규모 적합성
포용성	○	○	○	○	○	평등성
포용성	○	○	○	○	○	교육성
포용성	○	○	○	○	○	거룩성
현대성	○	○	○	○	○	규모 적합성
현대성	○	○	○	○	○	평등성
현대성	○	○	○	○	○	교육성
현대성	○	○	○	○	○	거룩성
규모 적합성	○	○	○	○	○	평등성
규모 적합성	○	○	○	○	○	교육성
규모 적합성	○	○	○	○	○	거룩성
평등성	○	○	○	○	○	교육성
평등성	○	○	○	○	○	거룩성
교육성	○	○	○	○	○	거룩성

문 15. 귀하는 교회 건축의 포용성에 영향을 주는 다음의 지표들 중에서 중요성이 큰 지표는 무엇이라고 생각하십니까? 중요성이 크다고 생각하시는 지표를 순서대로 클릭하여 주십시오. (☐☐☐)

3개 문항 모두 순위 기입 요망
*표시된 문항은 아래 정의와 사진자료를 참고하시어 설문에 응해주세요.

(1) ☐ 장애인 램프
(2) ☐ 엘리베이터
(3) ☐ 장애인 예배석

문 16. 두 지표를 1:1로 비교할 때, 귀하는 (교회) 건축물의 '포용성'에 있어서 어떠한 지표가 상대적으로 더 중요하다고 생각하십니까? 두 지표의 중요성이 동일할 경우에는 '같다'로 응답해주십시오.

응답하신 내용의 일관성 유지를 위해서 다음과 같은 사항을 반드시 지켜주시기 바랍니다.
귀하께서 응답하신 중요도의 순위를 고려하시어 두 지표를 1:1로 비교하시어 상당히 더 중요, 약간 더 중요, 같다 에 체크해주셔야 합니다.

항목	좌측 요인이 상당히 더 중요	좌측 요인이 약간 더 중요	같다	우측 요인이 약간 더 중요	우측 요인이 상당히 더 중요	항목
장애인 램프	○	○	○	○	○	엘리베이터
장애인 램프	○	○	○	○	○	장애인 예배석
엘리베이터	○	○	○	○	○	장애인 예배석

문 17. 귀하는 교회 건축의 '환대성'에 영향을 주는 다음의 지표들 중에서 중요성이 큰 지표는 무엇이라고 생각하십니까? 중요성이 크다고 생각하시는 지표를 순서대로 클릭하여 주십시오. (   )

4개 문항 모두 순위 기입 요망
* 표시된 문항은 아래 정의와 사진자료를 참고하시어 설문에 응해주세요.

(1) ☐ 취사공간
(2) ☐ 친교공간
(3) ☐ 취침공간
(4) ☐ 화장실 및 샤워실

문 18. 두 지표를 1:1로 비교할 때, 귀하는 (교회) 건축물의 '환대성'에 있어서 어떠한 지표가 상대적으로 더 중요하다고 생각하십니까? 두 지표의 중요성이 동일할 경우에는 '같다'로 응답해주십시오.

응답하신 내용의 일관성 유지를 위해서 다음과 같은 사항을 반드시 지켜주시기 바랍니다.
귀하께서 응답하신 중요도의 순위를 고려하시어 두 지표를 1:1로 비교하시어 상당히 더 중요, 약간 더 중요, 같다 에 체크해주셔야 합니다.

항목	좌측 요인이 상당히 더 중요	좌측 요인이 약간 더 중요	같다	우측 요인이 약간 더 중요	우측 요인이 상당히 더 중요	항목
취사공간	○	○	○	○	○	친교공간
취사공간	○	○	○	○	○	취침공간
취사공간	○	○	○	○	○	화장실 및 샤워실
친교공간	○	○	○	○	○	취침공간
친교공간	○	○	○	○	○	화장실 및 샤워실
취침공간	○	○	○	○	○	화장실 및 샤워실

문 19. 귀하는 교회 건축의 '규모 적합성'에 영향을 주는 다음의 지표들 중에서 중요성이 큰 지표는 무엇이라고 생각하십니까? 중요성이 크다고 생각하시는 지표를 순서대로 클릭하여 주십시오. (   )

4개 문항 모두 순위 기입 요망
* 표시된 문항은 아래 정의와 사진자료를 참고하시어 설문에 응해주세요.

(1) ☐ 지역종교인 인구와 교회 수
(2) ☐ 주차장 규모
(3) ☐ 대중교통 접근성
(4) ☐ 협동 교육자의 수

문20. 두 지표를 1:1로 비교할 때, 귀하는 (교회) 건축물의 '규모 적합성'에 있어서 어떠한 지표가 상대적으로 더 중요하다고 생각하십니까? 두 지표의 중요성이 동일할 경우에는 '같다'로 응답해주십시오.

응답하신 내용의 일관성 유지를 위해서 다음과 같은 사항을 반드시 지켜주시기 바랍니다.
귀하께서 응답하신 중요도의 순위를 고려하시어 두 지표를 1:1로 비교하시어 상당히 더 중요, 약간 더 중요, 같다 에 체크해주셔야 합니다.

항목	좌측 요인이 상당히 더 중요	좌측 요인이 약간 더 중요	같다	우측 요인이 약간 더 중요	우측 요인이 더 중요	항목
지역종교인 인구와 교회 수	○	○	○	○	○	주차장 규모
지역종교인 인구와 교회 수	○	○	○	○	○	대중교통 접근성
지역종교인 인구와 교회 수	○	○	○	○	○	협동 교육자의 수
주차장 규모	○	○	○	○	○	대중교통 접근성
주차장 규모	○	○	○	○	○	협동 교육자의 수
대중교통 접근성	○	○	○	○	○	협동 교육자의 수

문21. 귀하는 교회 건축의 '평등성'에 영향을 주는 다음의 지표들 중에서 중요성이 큰 지표는 무엇이라고 생각하십니까? 중요성이 크다고 생각하시는 지표를 순서대로 클릭하여 주십시오. (☐ ☐ ☐ ☐)

4개 문항 모두 순위 기입 요망
*표시된 문항은 아래 정의와 사진자료를 참고하시어 설문에 응해주세요.

(1) ☐ 공간의 분위기
(2) ☐ 주방공간
(3) ☐ 수유공간
(4) ☐ 여성화장실 규모

문22. 두 지표를 1:1로 비교할 때, 귀하는 (교회) 건축물의 '평등성'에 있어서 어떠한 지표가 상대적으로 더 중요하다고 생각하십니까? 두 지표의 중요성이 동일할 경우에는 '같다'로 응답해주십시오.

응답하신 내용의 일관성 유지를 위해서 다음과 같은 사항을 반드시 지켜주시기 바랍니다.
귀하께서 응답하신 중요도의 순위를 고려하시어 두 지표를 1:1로 비교하시어 상당히 더 중요, 약간 더 중요, 같다 에 체크해주셔야 합니다.

항목	좌측 요인이 상당히 더 중요	좌측 요인이 약간 더 중요	같다	우측 요인이 약간 더 중요	우측 요인이 상당히 더 중요	항목
공간의 분위기	○	○	○	○	○	주방공간
공간의 분위기	○	○	○	○	○	수유공간
공간의 분위기	○	○	○	○	○	여성화장실 규모
주방공간	○	○	○	○	○	수유공간
주방공간	○	○	○	○	○	여성화장실 규모
수유공간	○	○	○	○	○	여성화장실 규모

문23. 귀하는 교회 건축의 '교육성'에 영향을 주는 다음의 지표들 중에서 중요성이 큰 지표는 무엇이라고 생각하십니까? 중요성이 크다고 생각하시는 지표를 순서대로 클릭하여 주십시오. (☐ ☐ ☐)

3개 문항 모두 순위 기입 요망
*표시된 문항은 아래 정의와 사진자료를 참고하시어 설문에 응해주세요.

(1) ☐ 교육관
(2) ☐ 도서관, 독서실
(3) ☐ 방과 후 학교

문 24. 두 지표를 1:1로 비교할 때, 귀하는 (교회) 건축물의 '교육성'에 있어서 어떠한 지표가 상대적으로 더 중요하다고 생각하십니까? 두 지표의 중요성이 동일할 경우에는 '같다'로 응답해주십시오.

응답하신 내용의 일관성 유지를 위해서 다음과 같은 사항을 반드시 지켜주시기 바랍니다.
귀하께서 응답하신 중요도의 순위를 고려하시어 두 지표를 1:1로 비교하시어 상당히 더 중요, 약간 더 중요, 같다 에 체크해주셔야 합니다.

항목	좌측 요인이 상당히 더 중요	좌측 요인이 약간 더 중요	같다	우측 요인이 약간 더 중요	우측 요인이 상당히 더 중요	항목
교육관	○	○	○	○	○	도서관, 독서실
교육관	○	○	○	○	○	방과 후 학교
도서관, 독서실	○	○	○	○	○	방과 후 학교

문 25. 두 지표를 1:1로 비교할 때, 귀하는 (교회) 건축물의 '거룩성'에 있어서 어떠한 지표가 상대적으로 더 중요하다고 생각하십니까? 두 지표의 중요성이 동일할 경우에는 '같다'로 응답해주십시오.

항목	좌측 요인이 상당히 더 중요	좌측 요인이 약간 더 중요	같다	우측 요인이 약간 더 중요	우측 요인이 상당히 더 중요	항목
납골당	○	○	○	○	○	추모예배 채플

문 26. 귀하의 성함을 기입하여 주십시오.

문 27. 귀하의 활동분야를 입력해주십시오.

(1) ○ 기독 분야
(2) ○ 건축 또는 도시분야

문 28. 귀하의 핸드폰 번호를 기입해주세요. 설문사례품 지급에 사용 후 폐기하겠습니다.

설문 제출

부 록 3

교회 건축의 공공성에 영향을 미치는 지표들의 가중치 도출

I. 전문가 설문을 통한 가중치 도출

1. AHP 분석이란?

◇ AHP(Analytic Hierarchy Process, 분석적 계층화 과정 또는 계층적 분석) 방법은 1980년 토머스 사티(Thomas Saaty)가 개발한 것으로, 다수 대안에 대해서 다면적으로 평가하여 의사결정을 하는 방법 중 하나임. AHP는 다음과 같은 5가지 단계로 요약될 수 있음.

〈표 1〉 AHP 분석(출처: 김병욱, 2014)

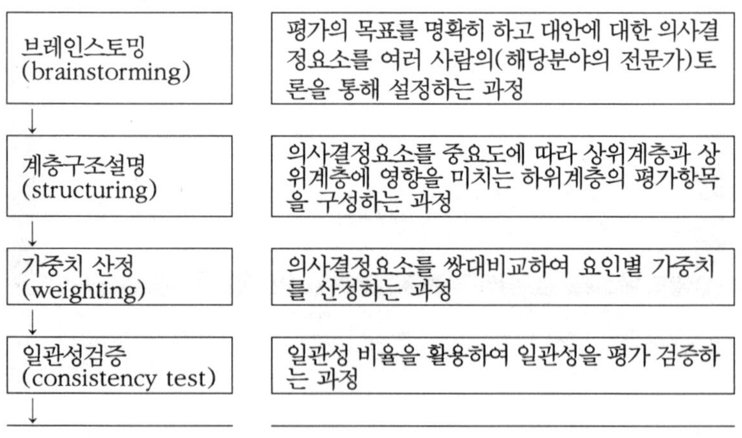

단계	내용
브레인스토밍 (brainstorming) ↓	평가의 목표를 명확히 하고 대안에 대한 의사결정요소를 여러 사람의(해당분야의 전문가)토론을 통해 설정하는 과정
계층구조설명 (structuring) ↓	의사결정요소를 중요도에 따라 상위계층과 상위계층에 영향을 미치는 하위계층의 평가항목을 구성하는 과정
가중치 산정 (weighting) ↓	의사결정요소를 쌍대비교하여 요인별 가중치를 산정하는 과정
일관성검증 (consistency test) ↓	일관성 비율을 활용하여 일관성을 평가 검증하는 과정

평점측정 (measurement)	각 의사결정요소를 기준으로 대안에 대한 상대적 적절성을 측정하는 과정

◇ AHP (분석적 계층화 과정)의 장점은 다음과 같음[1].

— 첫째, 의사결정참여자의 판단의 '논리적 일관성을 검증'해줌. AHP는 의사결정참여자의 판단을 바탕으로 논리적 '비일관성비율(Inconsistency Ratio)'를 계산하여 제시함. 그 값이 0.1보다 크면 재검토하는 기준으로 함. 일부에서는 AHP의 쌍대비교의 수가 많아 의사결정참여자나 설문응답자의 부담이 클 수 있음을 지적하고 있으나, 그 부담이 델파이 등 다른 방법들에 비해 결코 높지 않을 뿐만 아니라 논리적 타당성을 검증해주는 중요한 역할을 한다는 장점이 있음.

— 둘째, '합리적 그룹의사결정'을 도출할 수 있도록 지원함. AHP를 활용함으로써 얻는 가장 큰 효과는 여러 이해관계자의 지식, 경험, 의견 등을 합리적으로 도출할 수 있다는 점임. 여러 이해관계자의 지식과 경험, 그리고 의견 등을 합리적으로 통합하는 것은 실질적인 win-win을 달성하는 방법임.

— 셋째, 정량적으로 측정이 어려운 요소를 결정에 반영할 수 있음. 설문을 통해서 그것을 정량화하고, 그것에 계량적 방법론을 적용하여 결과를 도출할 수 있다는 점에서 객관성을 확보할 수 있음.

1 본 연구진이 참여한 연구인 '한국사회 에너지 갈등 영향연구 및 시나리오 플래닝(서울대 사회발전연구소, 2016)'의 본문에서 발췌함

2. 공공성에 영향을 미치는 영향 요인 도출

◇ 본 연구에서는 브레인 스토밍을 통해 '물리적 환경 부문의 공공성'과 '신학적 공공성' 2가지 부문을 평가할 지표들을 선정하였다. 먼저 물리적 환경 부문의 경우, 추상적인 거시지표로서 개방성, 접근성, 쾌적성, 관계성, 장소성 등 5가지를 선정하였다. 하위 지표로는 개방성은 대지 내 공지 등의 조성 면적, 시각적 폐쇄감을 완화하는 건축선 후퇴 여부, 공개공지 등의 24시간 개방 여부, 녹지공간의 조성 면적(비율), 건축물의 밀도(용적률/건폐율 등) 등 6개가 선정되었다. 접근성 하위지표는 대지 내 공지 등의 접근 장애 요인, 보행 공간 등의 친환경성, 대지 내 보행로의 안전성(보차분리 등) 등 3개가 선정되었다. 쾌적성 하위 지표는 대지 내 공지 등의 조성형태, 보행 공간 등의 친환경성, 대지 내 보행로의 관리상태 등 3개가 선정되었다. 관계성 하위 지표는 외부와 보행로의 연계성, 공동주차장의 조성 여부, 지역에 필요한 권장용도 등 조성, 스카이라인의 조성여부 등 4개가 선정되었다. 장소성 하위 지표는 지역적 맥락에 어울리는 건축재료, 역사적 유산에 대한 존중, 에너지 효율성 고려, 보호동식물 보존 등 4개가 선정되었다(표 2 참조).

〈표 2〉 물리적 환경 부문의 공공성 평가 지표

대분류 (층위1)	세부 지표명 (층위2)
개방성	대지내공지등의 조성면적(비율)
	시각적 폐쇄감을 완화하는 건축선 후퇴 여부

	공개공지등의 24시간개방여부
	녹지공간의 조성면적(비율)
	개방형(또는타워형)건축형태
	건축물의밀도(용적률/건폐율 등)
접근성	대지내공지등의 접근장애요인
	대지 내 공지 등의 인지성(위치)
	대지내 보행로의 안전성(보차분리 등)
쾌적성	대지내공지등의 조성형태
	보행공간등의 친환경성
	대지내 보행로의 관리상태
관계성	외부와 보행로의 연계성
	공동주차장의 조성여부
	지역에 필요한 권장용도 등 조성
	스카이라인의 조성여부
장소성	지역적 맥락에 어울리는 건축재료
	역사적 유산에 대한 존중
	에너지 효율성 고려
	보호 동식물 보존

◇ 다음으로 '신학적 공공성' 부문 평가 지표는 포용성, 환대성, 규모 적합성, 평등성, 교육성, 거룩성 등 6개 지표가 선정되었다. 포용성 하위지표는 장애인 램프, 엘리베이터, 장애인 예배석 등 3개가 선정되었다. 환대성 하위 지표는 취사공간, 친교공간, 취침공간, 화장실 및 샤워실 등 3개가 선정되었다. 규모 적합성 하위 지표는 지역종교인인구와 교회 수, 주차장 규모, 대중교통 접근성, 협동 교육자의 수 등 4개가 선정되었다. 평등성 하위 지표는 건축물의 형태, 주방공간, 수유공간, 여성화장실 규모 등 4개가 선정되었다. 교육성 하위 지표는 교육관, 도서관/독서실, 방과 후 학교 등 3개 지표가 선정되었다. 거룩성 하위 지표는 납골당, 추모예배 채플 등 2개 지표가 선정되었다(표 3 참조).

〈표 3〉 신학 부문의 공공성 평가 지표

대분류(층위1)	세부 지표명(층위2)
포용성	장애인 램프
	엘리베이터
	장애인 예배석
환대성	취사공간
	친교공간
	취침공간
	화장실 및 샤워실
규모 적합성	지역종교인 인구와 교회 수
	주차장 규모
	대중교통 접근성
	협동 교육자의 수
평등성	건축물의 형태
	주방공간
	수유공간
	여성화장실 규모
교육성	교육관
	도서관/독서실
	방과 후 학교
거룩성	납골당
	추모예배 채플

3. 설문 응답자

◇ 설문 응답자는 기독 전문가 15명, 건축/도시 분야 전문가 17명으로 총 32명임.

4. 가중치 계산

◇ 가중치를 계산하기 위해서 먼저 영향 요인 간에 쌍대비교를 실시해야

함. 예를 들어, 물리적 환경 부문의 지표의 경우 상위 지표가 개방성, 접근성, 쾌적성, 관계성, 장소성 5가지인데 서로 쌍을 이뤄서 모든 변수가 상호 간에 상대적으로 어떤 중요성을 갖는지 설문응답자에게 응답하도록 함(그림 1 참조). 가중치 계산 시에 영향 요인이 5개라면, 총 10개(5C2)의 쌍대비교를 실시하게 됨.

[그림 1] 쌍대비교 설문 예시

항목	좌측 요인이 상당히 더 중요	좌측 요인이 약간 더 중요	같다	우측 요인이 약간 더 중요	우측 요인이 상당히 더 중요	항목
개방성	◎	◎	◎	◎	◎	접근성
개방성	◎	◎	◎	◎	◎	쾌적성
개방성	◎	◎	◎	◎	◎	관계성
개방성	◎	◎	◎	◎	◎	장소성
접근성	◎	◎	◎	◎	◎	쾌적성
접근성	◎	◎	◎	◎	◎	관계성
접근성	◎	◎	◎	◎	◎	장소성
쾌적성	◎	◎	◎	◎	◎	관계성
쾌적성	◎	◎	◎	◎	◎	장소성
관계성	◎	◎	◎	◎	◎	장소성

◇ 쌍대비교를 실시할 때, '좌측 교인이 상당히 더 중요', '좌측 요인이 약간 더 중요', '같다', '우측 요인이 약간 더 중요', '우측 요인이 상당히 더 중요' 등 5점 척도로 질문함. 응답한 값은 각각 '좌측 교인이 상당히 더 중요'은 3, '좌측 요인이 약간 더 중요'은 2, '같다'는 1, '우측 요인이 약간 더 중요'는 1/2, '우측 요인이 상당히 더 중요'는 1/3로 점수화하여 분석함(표 4 참조).

〈표 4〉 요인 간 쌍대비교를 위한 응답지 예시

요인 1 – 요인 2	$3 - 2 - 1 - \frac{1}{2} - \frac{1}{3}$
요인 1 – 요인 3	$3 - 2 - 1 - \frac{1}{2} - \frac{1}{3}$
요인 1 – 요인 4	$3 - 2 - 1 - \frac{1}{2} - \frac{1}{3}$
요인 1 – 요인 5	$3 - 2 - 1 - \frac{1}{2} - \frac{1}{3}$
요인 2 – 요인 3	$3 - 2 - 1 - \frac{1}{2} - \frac{1}{3}$
요인 2 – 요인 4	$3 - 2 - 1 - \frac{1}{2} - \frac{1}{3}$
요인 2 – 요인 5	$3 - 2 - 1 - \frac{1}{2} - \frac{1}{3}$
요인 3 – 요인 4	$3 - 2 - 1 - \frac{1}{2} - \frac{1}{3}$
요인 3 – 요인 5	$3 - 2 - 1 - \frac{1}{2} - \frac{1}{3}$
요인 4 – 요인 5	$3 - 2 - 1 - \frac{1}{2} - \frac{1}{3}$

◇ 이와 같은 과정의 전문가 설문을 통해 각 요인의 비교 정도를 계량화하고 다음과 같은 AHP 분석의 틀을 마련함. 본 행렬의 행 값을 합산한 값이 각 지표에 관한 전문가의 평가값이 됨(표 5 참조).

〈표 5〉 AHP 분석을 통한 가중치 도출의 틀 예시

구분	1	2	3	4	5	합계
1	1	1/3	2	3	3	8.33
2	3	1				
3	1/2		1			
4	1/3			1		
5	1/3				1	

◇ 실제 엑셀파일을 근거로 방법을 설명하면 다음과 같음(그림 2 참조). 먼저 아래 그림처럼 쌍대비교 행렬을 작성하였음. 각 쌍대비교 문항은 5개의 선택지를 가지고 있음. 어떤 요인이 더 중요하다고 기입했는지에 따라서 1번 변인이 2번 변인에 비해 '상당히 더 영향력이 높다'고 기입했다면 3의 값을 기입하고, '약간 더 영향력이 높다'고 기입했다면 2, '같다'는 1, 2번 요인이 '약간 더 영향력이 높다'고 기입했다면 0.5, 2번 요인이 '상당히 더 영향력이 높다'고 기입했다면 0.33을 입력하였음.

[그림 2]. 쌍대비교 행렬 작성 예시

		이것들에 비해					
		1	2	3	4	5	합계
이	1	1.00	0.33	2.00	0.50	2.00	5.83
것	2	3.03	1.00	3.00	2.00	3.00	12.03
들	3	0.50	0.33	1.00	0.50	1.00	3.33
이	4	2.00	0.50	2.00	1.00	2.00	7.50
	5	0.50	0.33	1.00	0.50	1.00	3.33
		7.03	2.50	9.00	4.50	9.00	32.03

◇ 다음 단계로, 작성한 5x5 행렬을 곱하여 쌍대비교 행렬의 곱을 계산함. 정규화된 요인별 가중치(Eigen Vector) 값을 구하기 위해서 쌍대비교 행렬을 곱한 행렬의 10개 행의 합을 각각 구하고, 행렬의 모든 값의 합계도 구하였음. 정규화된 요인별 가중치(Eigen Vector) 값은 실제 응답자의 요인별 가중치값을 의미함(그림 3 참조). 정규화된 요인별 가중치의 합계는 1임.

[그림 3] 쌍대비교 행렬의 곱 & 정규화된 요인별 가중치(Eigen Vector) 계산 예시

	1	2	3	4	5
1	5.00	2.24	7.99	3.66	7.99
2	13.06	5.00	19.06	8.52	19.06
3	3.51	1.42	5.00	2.42	5.00
4	7.52	2.99	11.50	5.00	11.50
5	3.51	1.42	5.00	2.42	5.00

	행합계	항목별가중치: 정규화 (Eigen
Factor1	26.88	0.16
Factor2	64.70	0.39
Factor3	17.34	0.11
Factor4	38.51	0.23
Factor5	17.34	0.11
계	164.77	1.00

◇ 마지막으로 해당 응답자가 일관성있는 응답을 했는지를 검토하기 위해 '일관성 검토'를 실시하였음. '일관성 검토'에서 Yes라고 나오면 응답자의 응답이 일관성이 있다는 것을 의미함. '일관성 검토'는 처음 작성한 쌍대비교 행렬의 모든 값을 해당 값의 열로 나누어준 값으로 하는 새로운 행렬을 작성한 후에, 해당 행렬의 행값의 합계와 그 값들의 평균을 구함. 그리고 나서 처음 작성했던 쌍대비교 행렬의 각 행과 새로 만든 행렬에서 계산한 각 행의 평균값 행렬을 곱한 후에, 새로 구한 행렬에서 계산한 각 행의 평균 값으로 나눈 값이 CM임. 마지막으로 계산한 평균값에서 요인의 숫자(예, 5)를 뺀 후에 요인의 숫자에서 1을 빼준 값(예, 4)로 나누면 CI값이 나옴. C Ratio는 계산된 CI 값에서 RI(예, 1.49)값을 나누어준 값임. 결과적으로 CI값이 0.1보다 작으면 일관성 검증을 완전하게 통과하는 것임(그림 4 참조).

[그림 4] 일관성 검토 예시

◇ RI 값은 요인의 숫자에 따라서 다르게 적용해야 하는 값임.

	쌍대비교 행렬 *EV(①)	①/Eigen Vector
Factor1	0.83058	5.09
Factor2	1.98595	5.06
Factor3	0.53981	5.13
Factor4	1.17733	5.04
Factor5	0.53981	5.13
	$\lambda_{max} - n$	0.09
	CI	0.0222
	RI	1.110
	CR	0.02
	일관성	YES

〈표 6〉 Random Index

Random Index										
Order	1	2	3	4	5	6	7	8	9	10
RI	0	0	0.52	0.89	1.11	1.25	1.35	1.4	1.45	1.49

◇ 선행연구에서도 살펴볼 수 있듯이 요인 수가 많아지면 일관성 검증을 엄격하게 적용하기 어려워지기 때문에, 느슨한 일관성 검증 기준치를 적용하여 0.2 이하의 값이 나오면 결과에 사용할 수 있는 수준의 자료로 인정함. 본 연구에서는 이 기준을 따르기로 함. 일관성 검증에서 0.2가 넘는 값이 나오는 결과는 제외하고 분석함[2].

2 설문응답자가 제외된 경우가 있는 요인은 물리적 환경 부문에서 관계성, 장소성 2개 부문임. 관계성 요인은 기독 분야 응답자 1명이 제외되었으며, 장소성 부문은 기독 분야 응답자 1명이 제외됨. 신학 부문에서는 포용성, 환대성, 규모 적합성, 평등성, 교육성 부문에서 일

II. AHP 분석 결과

1. 물리적 환경 부문 가중치

1) 상위 지표

◇ 물리적 환경 부문의 상위 지표는 앞서 언급하였듯이 개방성, 접근성, 쾌적성, 관계성, 장소성 등 5가지임.

◇ 전체 응답자의 결과를 종합해보면, 개방성, 관계성, 접근성, 장소성, 쾌적성 순서로 중요도가 결정됨. 기독 전문가와 건축/도시 전문가의 응답에서, 개방성을 가장 중요하게 생각한다는 점이 공통점임.

〈표 7〉 물리적 환경 부문 상위 지표(개방성, 접근성, 쾌적성, 관계성, 장소성)

	전체	기독 전문가	건축/도시 전문가
개방성	0.245	0.247	0.243
접근성	0.211	0.210	0.211
쾌적성	0.141	0.143	0.139
관계성	0.233	0.246	0.222
장소성	0.170	0.154	0.185
합계	1.000	1.000	1.000

부 응답자가 제외됨. 포용성 요인에서 기독 분야 응답자 1명, 환대성 요인에서 기독 분야 응답자 3명과 건축/도시 부문 응답자 2명, 규모 적합성 요인에서 기독 분야 응답자 2명과 건축/도시 부문 응답자 3명, 평등성 요인에서 기독분야 응답자 4명과 건축/도시 분야 응답자 3명, 교육성 요인에서 기독 분야 응답자 1명이 제외됨.

2) 하위 지표

(1)개방성

◇ 개방성 하위 지표 5개 중에서 가장 중요성이 높다고 측정된 지표는 '대지 내 공지 등의 조성면적(비율)'과 '개방형(또는 타워형) 건축형태'임. 기독 전문가의 경우 가장 중요도가 응답한 지표는 '개방형(또는 타워형) 건축형태'이며, 건축/도시 전문에서는 '대지 내 공지 등의 조성면적(비율)'이 가장 중요도가 높게 나타났음.

〈표 8〉 개방성 하위 지표

	전체	기독 전문가	건축/도시 전문가
대지내공지등의 조성면적(비율)	0.187	0.170	0.202
시각적 폐쇄감을 완화하는 건축선 후퇴 여부	0.164	0.162	0.166
공개공지등의 24시간개방여부	0.153	0.151	0.154
녹지공간의 조성면적(비율)	0.167	0.162	0.171
개방형(또는타워형)건축형태	0.187	0.199	0.177
건축물의밀도(용적률/건폐율율 등)	0.142	0.157	0.129
합계	1.000	1.000	1.000

(2) 접근성

◇ 접근성 3개 지표 중에서 가장 높은 순위를 차지한 지표는 '대지 내 공지 등의 인지성(위치)'임. 기독 전문가는 '대지 내 공지 등의 접근장애요인'의 중요도가 가장 높은 반면에, 건축/도시 전문가의 응답에서

는 '대지 내 공지 등의 인지성(위치)'가 가장 중요한 지표로 나왔음.

〈표 9〉 접근성 하위 지표

	전체	기독 전문가	건축/도시 전문가
대지내공지등의 접근장애요인	0.354	0.374	0.337
대지내공지등의 인지성(위치)	0.360	0.323	0.393
대지내 보행로의 안전성(보차분리 등)	0.285	0.302	0.270
합계	1.000	1.000	1.000

(3) 쾌적성

◇ 쾌적성 3개 지표 중에서 응답자 전체의 결과를 근거로 도출한 지표 중 가장 높은 중요도를 가진 지표는 '대지 내 공지 등의 조성형태'임. 기독 전문가에서 '대지 내 공지 등의 조성형태'가 가장 중요한 지표로 선정되었으며, 건축/도시 전문가에서는 '대지 내 보행로의 관리상태'임.

〈표 10〉 쾌적성 하위 지표

	전체	기독 전문가	건축/도시 전문가
대지내공지 등의 조성형태	0.360	0.403	0.322
보행공간등의 친환경성	0.297	0.256	0.334
대지내 보행로의 관리상태	0.343	0.341	0.344
합계	1.000	1.000	1.000

(4) 관계성

◇ 관계성 하위 4개 지표 중에 전체 전문가들의 응답을 근거로 도출한 가장 중요한 지표는 '외부와 보행로의 연계성'이며 2위는 '공동주차장의 조성 여부'임. 기독 전문가와 건축/도시 전문가의 응답 결과에도 '외부와 보행로의 연계성'이 가장 중요한 지표로 도출되었음.

〈표 11〉 관계성 하위 지표

	전체	기독 전문가	건축/도시 전문가
외부와 보행로의 연계성	0.445	0.425	0.462
공동주차장의 조성여부	0.206	0.239	0.178
지역에 필요한 권장용도 등 조성	0.217	0.212	0.221
스카이라인의 조성여부	0.132	0.124	0.139
합계	1.000	1.000	1.000

(5) 장소성

◇장소성 하위 지표 4개 중에서 전체 전문가들의 응답을 근거로 도출한 가장 중요한 지표는 '지역적 맥락에 어울리는 건축 재료'와 '역사적 유산에 대한 존중' 순서임. 기독 전문가와 건축/도시 전문가의 경우에도 1, 2순위가 모두 동일함.

〈표 12〉 장소성 하위 지표

	전체	기독 전문가	건축/도시 전문가
지역적 맥락에 어울리는 건축재료	0.378	0.383	0.373
역사적 유산에 대한 존중	0.325	0.304	0.343
에너지 효율성 고려	0.145	0.155	0.136
보호 동식물 보존	0.153	0.158	0.148
합계	1.000	1.000	1.000

2. 신학 부문 가중치

1) 상위 지표

◇ 신학 부문의 상위 지표는 앞서 언급하였듯이 포용성, 환대성, 규모적합성, 평등성, 교육성, 거룩성 등 6가지임.

◇ 전체 응답자의 결과를 종합해보면, 포용성, 환대성, 규모적합성, 평등성, 교육성, 거룩성 순서로 중요도가 결정됨. 기독 전문가와 건축/도시 전문가의 응답에서, 포용성을 가장 중요하게 생각한다는 점이 공통점임.

〈표 13〉 신학 부문 지표(포용성, 환대성, 규모 적합성, 평등성, 교육성, 거룩성)

	전체	기독 전문가	건축/도시 전문가
포용성	0.225	0.215	0.235
환대성	0.199	0.206	0.193
규모 적합성	0.199	0.200	0.199
평등성	0.141	0.141	0.141
교육성	0.130	0.146	0.116
거룩성	0.105	0.092	0.117
합계	1.000	1.000	1.000

2) 하위 지표

(1) 포용성

◇ 포용성 하위 지표 3개 중에서 전체 응답자들이 가장 중요하다고 응답한 지표는 '장애인 램프'임. 기독 전문가 응답에서 '엘리베이터'가 가장 중요한 지표이며, 건축/도시 전문가 응답 결과로 봤을 때는 '장애인 램프'가 가장 중요한 지표임.

〈표 14〉 포용성 하위 지표

	전체	기독 전문가	건축/도시 전문가
장애인 램프	0.348	0.312	0.378
엘리베이터	0.383	0.417	0.355
장애인 예배석	0.268	0.271	0.267
합계	1.000	1.000	1.000

(2) 환대성

◇ 환대성 하위 지표 4개 중 전체 응답자들이 가장 중요하다고 응답한 지표는 '친교공간'임. 이는 기독 전문가와 건축/도시 전문가에서 모두 동일한 결과임. 두 전문가 집단 모두 '취사공간'이 두 번째로 중요하다는 결과가 나왔음.

〈표 15〉 환대성 하위 지표

	전체	기독 전문가	건축/도시 전문가
취사공간	0.325	0.337	0.315
친교공간	0.406	0.382	0.425
취침공간	0.123	0.126	0.121
화장실 및 샤워실	0.146	0.155	0.139
합계	1.000	1.000	1.000

(3) 규모 적합성

◇ 규모 적합성 하위 지표 4개 중에서 전체 응답자들의 응답결과로 볼 때, '지역종교인 인구와 교회 수'가 가장 중요한 지표임. 기독 전문가와 건축/도시 전문가의 결과에서도 1순위 지표는 동일함. 기독 전문가의 경우 '주차장 규모'가 2순위 지표이지만, 건축/도시 전문가의 경우 '대중교통 접근성'이 두 번째로 중요한 지표임.

〈표 16〉 규모 적합성 하위 지표

	전체	기독 전문가	건축/도시 전문가
지역종교인 인구와 교회 수	0.462	0.439	0.483
주차장 규모	0.204	0.241	0.170
대중교통 접근성	0.190	0.184	0.196
협동 교육자의 수	0.144	0.136	0.151
합계	1.000	1.000	1.000

(4) 평등성

평등성 하위 지표 4개 중에서 가장 중요한 지표는 '공간의 분위기'이며 다른 3개의 지표와 가중치값이 크게 차이남. 기독 전문가와 건축/도시 전문가의 경우에도 동일한 결과가 나타남.

〈표 17〉 평등성 하위 지표

	전체	기독 전문가	건축/도시 전문가
공간의 분위기	0.469	0.474	0.466
주방공간	0.167	0.166	0.168
수유공간	0.181	0.162	0.196
여성화장실 규모	0.183	0.199	0.170
합계	1.000	1.000	1.000

(5) 교육성

◇ 교육성 3개 하위 지표 중에서 가장 중요한 지표는 '교육관'임. 기독 전문가의 경우에는 '교육관'이 가장 중요한 지표로 선정되었으나, 건축/도시 전문가의 경우 '도서관/독서실'이 가장 중요한 지표로 선정됨.

〈표 18〉 교육성 하위 지표

	전체	기독 전문가	건축/도시 전문가
교육관	0.387	0.452	0.326
도서관/독서실	0.321	0.286	0.354
방과 후 학교	0.292	0.262	0.320
합계	1.000	1.000	1.000

(6) 거룩성

◇ 거룩성 하위 2개 지표 중에서 전체적으로 '추모예배 채플'이 '납골당' 보다 더 중요한 지표로 나타남. 기독 전문가와 건축/도시 전문가의 응답결과에서도 동일한 결과가 나타남.

〈표 19〉 거룩성 하위 지표

	전체	기독 전문가	건축/도시 전문가
납골당	0.479	0.511	0.450
추모예배 채플	0.521	0.489	0.550
합계	1.000	1.000	1.000

3. 종합

1) 물리적 환경 부문

◇ 물리적 환경 부문의 하위 지표는 총 20개인데 각 변수들에 상위 가중치 값을 곱하여 최종 가중치를 산출한 값은 다음과 같음. 물리적 환경 부문에서 가장 높은 가중치 값을 가진 변수는 '외부와 보행로의 연계성', '대지 내 공지 등의 인지성(위치)', '대지 내 공지 등의 접근장애요인' 순임.

가중치 순위: 전체	변수	가중치 값
1	**외부와 보행로의 연계성**	0.104
2	**대지내공지등의 인지성(위치)**	0.076
3	**대지내공지등의 접근장애요인**	0.075
4	지역적 맥락에 어울리는 건축재료	0.064
5	대지내 보행로의 안전성(보차분리 등)	0.060
6	역사적 유산에 대한 존중	0.055
7	대지내공지 등의 조성형태	0.051
8	지역에 필요한 권장용도 등 조성	0.051
9	대지내 보행로의 관리상태	0.048
10	공동주차장의 조성여부	0.048
11	개방형(또는 타워형)건축형태	0.046
12	대지내공지등의 조성면적(비율)	0.046
13	보행공간등의 친환경성	0.042
14	녹지공간의 조성면적(비율)	0.041
15	시각적 폐쇄감을 완화하는 건축선 후퇴 여부	0.040
16	공개공지등의 24시간개방여부	0.037
17	건축물의밀도(용적률/건폐율 등)	0.035
18	스카이라인의 조성여부	0.031
19	보호 동식물 보존	0.026
20	에너지 효율성 고려	0.025

◇ 기독 전문가들의 응답 결과를 토대로 산출한 가중치값 순위는 '외부와 보행로의 연계성', '대지 내 공지 등의 접근장애요인', '대지 내 공지 등의 인지성(위치)' 순서임. 응답자 전체의 응답결과와 2순위 3순위가 서로 바뀌었음.

가중치 순위: 기독	변수	가중치 값
1	**외부와 보행로의 연계성**	0.105
2	**대지내공지등의 접근장애요인**	0.079
3	**대지내공지등의 인지성(위치)**	0.068
4	대지내 보행로의 안전성(보차분리 등)	0.063
5	지역적 맥락에 어울리는 건축재료	0.059
6	공동주차장의 조성여부	0.059
7	대지내공지 등의 조성형태	0.058
8	지역에 필요한 권장용도 등 조성	0.052
9	개방형(또는타워형)건축형태	0.049
10	대지내 보행로의 관리상태	0.049
11	역사적 유산에 대한 존중	0.047
12	대지내공지등의 조성면적(비율)	0.042
13	녹지공간의 조성면적(비율)	0.040
14	시각적 폐쇄감을 완화하는 건축선 후퇴 여부	0.040
15	건축물의밀도(용적률/건폐율율 등)	0.039
16	공개공지등의 24시간개방여부	0.037
17	보행공간등의 친환경성	0.037
18	스카이라인의 조성여부	0.030
19	보호 동식물 보존	0.024
20	에너지 효율성 고려	0.024

◇ 건축/도시 전문가들의 응답 결과를 토대로 산출한 가중치값 순위는 '외부와 보행로의 연계성', '대지 내 공지 등의 인지성(위치)', '대지 내 공지 등의 접근장애요인' 순서임. 응답자 전체의 응답결과와 1, 2, 3 순위가 모두 동일함.

가중치 순위 : 건축/도시	변수	가중치 값
1	**외부와 보행로의 연계성**	0.102
2	**대지내공지등의 인지성(위치)**	0.083
3	**대지내공지등의 접근장애요인**	0.071
4	지역적 맥락에 어울리는 건축재료	0.069
5	역사적 유산에 대한 존중	0.063
6	대지내 보행로의 안전성(보차분리 등)	0.057
7	대지내공지등의 조성면적(비율)	0.049
8	지역에 필요한 권장용도 등 조성	0.049
9	대지내 보행로의 관리상태	0.048
10	보행공간등의 친환경성	0.046
11	대지내공지 등의 조성형태	0.045
12	개방형(또는타워형)건축형태	0.043
13	녹지공간의 조성면적(비율)	0.042
14	시각적 폐쇄감을 완화하는 건축선 후퇴 여부	0.041
15	공동주차장의 조성여부	0.040
16	공개공지등의 24시간개방여부	0.038
17	건축물의밀도(용적률/건폐율율 등)	0.031
18	스카이라인의 조성여부	0.031
19	보호 동식물 보존	0.027
20	에너지 효율성 고려	0.025

2) 신학 부문

◇ 신학 부문 하위 변수는 총 20개임. 각 하위 변수들의 가중치값에 상위 변수의 가중치값을 곱하여 최종 가중치값을 산출한 결과는 아래와 같음.

◇ 전체 응답자들의 응답 결과를 바탕으로 도출한 순위는 '지역종교인 인구와 교회 수', '엘리베이터', '친교공간' 순서임.

가중치 순위: 전체	변수	가중치 값
1	**지역종교인 인구와 교회 수**	0.092
2	**엘리베이터**	0.086
3	친교공간	0.081
4	장애인 램프	0.078
5	공간의 분위기	0.066
6	취사공간	0.065
7	장애인 예배석	0.061
8	추모예배 채플	0.055
9	교육관	0.050
10	납골당	0.050
11	도서관, 독서실	0.042
12	주차장 규모	0.041
13	방과 후 학교	0.038
14	대중교통 접근성	0.038
15	화장실 및 샤워실	0.029
16	협동 교육자의 수	0.029
17	여성화장실 규모	0.026
18	수유공간	0.025
19	취침공간	0.024
20	주방공간	0.024

◇ 기독 전문가들의 응답결과를 토대로 나온 가중치값 순위는 '엘리베이터', '지역종교인 인구와 교회 수', '친교공간' 순서임. 전체 응답자의 결과와 비교했을 때 1, 2 순위가 서로 바뀌었지만 가장 중요한 3개 변수는 동일함.

가중치 순위 : 기독	변수	가중치 값
1	**엘리베이터**	0.090
2	**지역종교인 인구와 교회 수**	0.088
3	**친교공간**	0.079
4	취사공간	0.070
5	공간의 분위기	0.067
6	장애인 램프	0.067
7	교육관	0.066
8	장애인 예배석	0.058
9	주차장 규모	0.048
10	납골당	0.047
11	추모예배 채플	0.045
12	도서관, 독서실	0.042
13	방과 후 학교	0.038
14	대중교통 접근성	0.037
15	화장실 및 샤워실	0.032
16	여성화장실 규모	0.028
17	협동 교육자의 수	0.027
18	취침공간	0.026
19	주방공간	0.023
20	수유공간	0.023

◇ 기독 전문가들의 응답결과를 토대로 나온 가중치값 순위는 '지역종교인 인구와 교회 수', '장애인 램프', '엘리베이터' 순서임. 전체 응답자 결과와 기독 전문가의 결과와 다르게 '장애인 램프'가 2순위를 차지했다는 점이 특징임.

가중치 순위 : 건축/도시	변수	가중치 값
1	**지역종교인 인구와 교회 수**	0.096
2	**장애인 램프**	0.089
3	**엘리베이터**	0.083
4	친교공간	0.082
5	공간의 분위기	0.066
6	추모예배 채플	0.064
7	장애인 예배석	0.063
8	취사공간	0.061
9	납골당	0.052
10	도서관, 독서실	0.041
11	대중교통 접근성	0.039
12	교육관	0.038
13	방과 후 학교	0.037
14	주차장 규모	0.034
15	협동 교육자의 수	0.030
16	수유공간	0.028
17	화장실 및 샤워실	0.027
18	여성화장실 규모	0.024
19	주방공간	0.024
20	취침공간	0.023

부 록 4

공공성 지표 가중치 결과 요약

(A) 물리적 환경

	1층위		2층위	
1	개방성	0.245	대지내공지등의 조성면적(비율)	0.187
			시각적 폐쇄감을 완화하는 건축선 후퇴 여부	0.164
			공개공지등의 24시간개방여부	0.153
			녹지공간의 조성면적(비율)	0.167
			개방형(또는타워형)건축형태	0.187
			건축물의밀도(용적률/건폐율을 등)	0.142
2	접근성	0.211	대지내공지등의 접근장애요인	0.354
			대지내공지등의 인지성(위치)	0.360
			대지내 보행로의 안전성(보차분리 등)	0.285
3	쾌적성	0.141	대지내공지 등의 조성형태	0.360
			보행공간등의 친환경성	0.297
			대지내 보행로의 관리상태	0.343
4	관계성	0.233	외부와 보행로의 연계성	0.445
			공동주차장의 조성여부	0.206
			지역에 필요한 권장용도 등 조성	0.217
			스카이라인의 조성여부	0.132
5	장소성	0.170	지역적 맥락에 어울리는 건축재료	0.378
			역사적 유산에 대한 존중	0.325
			에너지 효율성 고려	0.145
			보호 동식물 보존	0.153

최종 가중치 순위	변수	가중치
1	외부와 보행로의 연계성	0.104
2	대지내공지등의 인지성(위치)	0.076
3	대지내공지등의 접근장애요인	0.075
4	지역적 맥락에 어울리는 건축재료	0.064
5	대지내 보행로의 안전성(보차분리 등)	0.060
6	역사적 유산에 대한 존중	0.055
7	대지내공지 등의 조성형태	0.051
8	지역에 필요한 권장용도 등 조성	0.051
9	대지내 보행로의 관리상태	0.048
10	공동주차장의 조성여부	0.048
11	개방형(또는타워형)건축형태	0.046
12	대지내공지등의 조성면적(비율)	0.046
13	보행공간등의 친환경성	0.042
14	녹지공간의 조성면적(비율)	0.041
15	시각적 폐쇄감을 완화하는 건축선 후퇴 여부	0.040
16	공개공지등의 24시간개방여부	0.037
17	건축물의밀도(용적률/건폐율을 등)	0.035
18	스카이라인의 조성여부	0.031
19	보호 동식물 보존	0.026
20	에너지 효율성 고려	0.025

(B) 신학적 가치

	1층위		2층위	
1	포용성	0.225	장애인 램프	0.348
			엘리베이터	0.383
			장애인 예배석	0.268
2	환대성	10.199	취사공간	0.325
			친교공간	0.406
			취침공간	0.123
			화장실 및 샤워실	0.146
3	규모 적합성	0.199	지역종교인 인구와 교회 수	0.462
			주차장 규모	0.204
			대중교통 접근성	0.19
			협동 교육자의 수	0.144
4	평등성	0.141	공간의 분위기	0.469
			주방공간	0.167
			수유공간	0.181
			여성화장실 규모	0.183
5	교육성	0.13	교육관	0.387
			도서관/독서실	0.321
			방과 후 학교	0.292
6	거룩성	0.105	납골당	0.479
			추모예배 채플	0.521

최종 가중치 순위	변수	가중치
1	지역종교인 인구와 교회 수	0.092
2	엘리베이터	0.086
3	친교공간	0.081
4	장애인 램프	0.078
5	공간의 분위기	0.066
6	취사공간	0.065
7	장애인 예배석	0.061
8	추모예배 채플	0.055
9	교육관	0.050
10	납골당	0.050
11	도서관, 독서실	0.042
12	주차장 규모	0.041
13	방과 후 학교	0.038
14	대중교통 접근성	0.038
15	화장실 및 샤워실	0.029
16	협동 교육자의 수	0.029
17	여성화장실 규모	0.026
18	수유공간	0.025
19	취침공간	0.024
20	주방공간	0.024

저 자 소 개

곽호철

연세대학교(신학사), 연세대학교 대학원(신학석사), Saint Paul School of Theology(M.Div.), Claremont Graduate University(Ph.D.). 현재 명지대학교 방목기초대학 객원조교수 겸 교목, 연세대학교 기독교문화연구소 연구원 역임, 현재 계명대학교 Tabula Rasa College 조교수로 있다.

『세월호 이후의 신학』(2015, 공저), 『신앙과 인권』(2014, 역서)가 있고, "리바이어던의 목에 방울 달기: 한국 교회와 인권", "Making John Rawls' Political Liberalism Political and Its Implications for Religion", "An Ethics of Concrete Others: An Ethics for the Vulnerable in a Globalizing World" 등의 논문이 있다.

김수연

이화여대 철학과, 연세대 신학과 그리고 이화여대 대학원에서 신학을 공부한 후, 미국 드류 대학에서 조직신학, 여성신학으로 박사 학위를 받았다. 현재 이화여자대학교 여성신학연구소 연구교수로 재직하고 있다.

대표적인 글로는『포스트휴먼시대, 생명·신학·교회를 돌아보다』(공저, 2017),『한류로 신학하기: 한류와 K-Christianity』(공저, 2013),『미디어와 여성신학』(공저, 2012), "A Rereading of the Dis-carnate Incarnational Christology"(2016), "Reactivating Theology in the 'In-between' Spaces: Toward a Korean Women's Postcolonial Theology," Trans-Humanities, Vol.7(2014), "세월호 참사와 고난-받는 하나님: 하나님의 약함에 대한 여성신학적 고찰"(2015), "교회 건축에 대한 여성신학적 읽기"(2015), "성령 하나님의 정의를 향한 율동: 여성신학의 관점에서 본 성령론 이해"(2014), "경계, 그 창조적 공간에 대한 여성신학적 고찰"(2013) 등이 있다.

김정두

감리교신학대학교 신학과(신학사), 감리교신학대학교 대학원(신학석사), 연세대학교 대학원 철학과(문학석사) 그리고 미국 드류대학교(Ph.D.)를 졸업하였다. 조직신학 전공. 육군 군목을 역임하였고 뉴욕소명교회 담임목사로 시무하였다. 현재 연세대학교 연합신학대학원 겸임교수와 감리교신학대학교 외래교수이며, 연세대학교 한국기독교

문화연구소와 미래융합연구원 생태문화융복합연구센터에서 연구원으로 활동하고 있다. 꽃재교회 부담임목사로 시무하고 있고, (사)한국 교회환경연구소 연구위원이기도 하다.
『세계교회협의회(WCC) 제10차 총회 백서』 공동 집필진으로 참여하였으며, 주요 저서 및 논문으로는 『포스트휴먼 시대, 생명·신학교회를 돌아보다』(공저), 『해천 윤성범의 토착화 신학 그 기억과 꿈』(공저), 『한국 교회 건축과 공공성』(공저), "몰트만의 삼위일체적-메시아적 교회론과 선교론"(논문), "폴 틸리히에게 있어서 인간, 신 그리고 자기 초월의 영성"(논문), "다석 유영모의 신, 무 그리고 구원 이해"(논문), "사랑, 사랑의 신학 그리고 한국인의 정"(논문) 등이 있다.

박종현
연세대학교 신학과 신학사, 서울신학대학교(M. Div.), 연세대학교연합신학대학원(Th. M.), 연세대학교 대학원(Ph. D.) 학위 과정을 마쳤다. 명지대학교 교목과 가톨릭관동대학교 조교수를 역임했으며 현재 한국교회사학연구원 상임연구원으로 있다.
저서로는 『일제하 한국 교회 신앙구조 연구』, 『기독교와 문화』, 『한국 여선교사 기도회』, 『변화하는 한국 교회와 복음주의 운동』 (편저), 『문화적 시대의 창의적 그리스도인』 (공저), 『세월호 이후의 신학』 (공저), 『한류와 K-Christianity』 (공저) 등이 있다.

소요한
감리교신학대학교 신학사, 연세대학교 연합신학대학원(신학석사), 연세대학교 대학원(Ph.D.)을 마쳤으며 한국 교회사를 전공했다. 연세대학교 학부대학 강사를 역임하였고 현재 명지대학교 교양학부 교수 및 교목으로 기독교 과목을 가르치고 있고, 한국대학선교학회 학술부장으로 등재지 「대학과 선교」의 책임을 맡고 있다.
주요 저서 및 논문으로 『초기 그리스도교 사상가들』 (2013, 공역), 『은자의 나라 한국-한국 선교보고서』 (2013, 역서)의 책과 "조선후기 청(淸) 관계와 개신교 전래 — 묄렌도르프(P. G. von Moellendorff)의 내한 활동을 중심으로"(2014), "백낙준의 선교사(宣教史) 형성과 기원문제"(2014), "초기 동북아시아 선교에서 나타나는 디아코니아적 특징과 기원연구-한(韓) · 중(中) · 일(日) 선교에 나타나는 기독교 사회주의(Social Gospel)를 중심으로"(2015) 그리고 "The Limitations of Western Concepts in Korean Church Architecture: Arrangement, Space, and Daylight of the Hanok"(2015) 등의 논문이 있고, 국민일보에 "한국 근대교육 선구자, 아펜젤러" (2014-2015)를 20회 연재하였다.

손문

연세대학교 신학사(B.A.), 연세대학교 대학원 신학석사(Th.M.), 연세대학교 대학원 신학박사(Ph. D. in Theology). 현재 신과대학 부설 한국기독교문화연구소 전문연구원 재직 중. 기독교대한감리회 소속 목사, 미국 Religious Education Association 정회원. 저서 및 논문으로 『미래시대 · 미래세대 · 미래교육』 (공저)과 "The Transformative Perspective of Christian Education for Unmaking of Violence in the Experiences of Modern Korea" 등 다수의 논문이 있다.

손호현

연세대학교 신학과(신학사)와 하버드 대학교 신학대학원(M.T.S.), 밴더빌트 대학교 대학원(Ph.D.)을 마쳤다. 연세대학교 학부대학 기독교의 이해 교수, 미국 일리노이 주 Waterman UMC 담임목사를 역임하였으며, 현재 연세대학교 연합신학대학원 교수로 조직신학과 문화신학을 가르치고 있다.

저서로는『인문학으로 읽는 기독교 이야기』,『사도신경: 믿음의 알짬』,『아름다움과 악』(전 4권),『하나님, 왜 세상에 악이 존재합니까?: 화이트헤드의 신정론』,『한류로 신학하기』 등이 있으며, 역서로는 빌라데서의『신학적 미학』, 하지슨의『기독교 구성신학』 등이 있다.

송용섭

연세대학교(학사), 연세대학교 연합신학대학원(신학석사), 에모리대학교(M. Div.), 드류대학교(Ph.D.) 졸업. 현재 영남신학대학교 신학일반 조교수 및 연세대학교 연합신학대학원 겸임교수로 재직 중이며, 조지아 신학교 뉴욕 분원 강사, 연세대학교, 명지대학교, 이화여자대학교 강사 등을 역임하였다.

저서로는『세월호 이후의 신학: 우는 자들과 함께 울라』(공저, 2015),『길들여진 냉소주의자의 노트』(역서, 2013)가 있고 "생명윤리와 개신교의 종교교육—개신교 생명 윤리학의 관점을 중심으로"(2014), "라인홀드 니버의 죄 개념에 대한 미국윤리학계의 수직적, 수평적 논쟁과 이의 비판적 분석: 한인 이민자 여성들의 경험을 중심으로"(2014), "1992년 LA 폭동속의 제도적 인종차별과 다인종 갈등 예방을 위한 교회의 역할"(2013) 등의 논문이 있다.

오화철

연세대(B.A.), 연세대 대학원(Th.M.), 미국 밴더빌트 신학대학원(M.Div.), 미국 뉴욕

유니온신학대학원(Ph.D.) 졸업. 연세대, 이화여대, 명지대, 장신대 강사, 연세상담코칭지원센타 상담사, 미국 뉴저지장로교회 부목사, 미국 뉴저지반석교회 교육목사 목회상담협회 운영위원, 한국기독교상담심리치료학회 수련감독, 한국가족문화상담협회 전문감독 및 영남신학대학교 상담심리과 조교수 역임하였고, 현재 강남대학교 기독교학과 교수로 있다.
주요 연구실적 『한류로 신학하기』(2013, 공저), 『세월호 이후 신학: 우는 자들과 함께 울라』(2015, 공저), 『쉽게 읽는 칼빈이야기』(2014, 역서), 『고난을 이겨낸 비전의 나라 한국』(2013, 역서)의 책과 "한부모가정 자녀를 위한 기독목회상담적 접근: 감정억압으로 인한 무력감을 중심으로"(2013), "Faith of a Little Heart: Hope and Despair in a Korean Woman's Journey through Depression"(2013), "한국 교회 건축에 관한 목회신학적 접근"(2013), "Transforming Han: A Correlational Method for Psychology and Religion, Journal of Religion and Health"(2014), "임상목회교육 이야기 - 환자L을 중심으로"(2015), "청소년의 영적 안녕감에 대한 목회상담적 접근"(2015) 등의 논문이 있다.

전현식

현재 연세대학교 신과대학 조직신학 교수로, 신학방법론, 해석학 및 포스트담론을 토대로 조직신학 및 생태신학을 가르치고 있다. 연세대학교 생태문화 융복합 연구센터 센터장 및 신과대학 신학논단 편집위원장으로 일하며, 신학의 정체성 및 프락시스 그리고 학제간 대화에 관심을 쏟고 있으며, 또한 한국 교회환경연구소 소장 등으로 재임하면서 생태정의의 세상을 위한 포스트 신학담론을 구성, 실천하는 데 애쓰고 있다. 그는 현재 미연합감리교회 위스컨신 연회 정회원 목사이다.
저서로는 『신론』, 『교회론』, 『세월호 이후 신학』 (공저), 『에코페미니즘과 신학』 등이 있으며, 역서로는 『가이아와 하느님』과 『지구와 말씀』(공역)이 있다. "Tonghak Ecofeminist Epistemology"(Theology Today)등 여러 논문을 썼다.

정시춘

서울대학교와 동 대학원(석사), 서울시립대학교 대학원(박사)에서 건축학을 공부하고, 햇불트리니티 신학대학원에서 신학(M.T.S)을 공부했다. 경희대학교 건축과 교수, 대한민국 건축대전 초대작가, 심사위원을 역임하고, 현재 정주건축연구소 대표 건축가로 활동하고 있다.
저서로는 『교회 건축의 이해』(발언, 2000), 『세계 교회 건축 순례』(발언, 2010), 『정주건축연구소 작품집』(PA 시리즈46권, 건축세계, 2008), 『거룩한 상징, 예전가구의 신학적 이해』(대한기독교서회, 2009, 공저), 『왜 눈떠야 할까』(신앙과 지성사, 2015, 공저) 등이 있고, 역서는 『건축학 개론』(기문당, 1983, 공역), 『교회 건축과 예배공간』(새물결플러스, 2015, 공역)이 있다. 작품으로는 영락교회 50주년기념관, 총신대학교 100주년 기념교회, 강릉중앙교회, 한남대학교 선교회관, 상도중앙교회 등 다수의 교회 건축과 계명대학교 중앙도서관, 한일고등학교, 안산대학교, 건양대학교 본관 및 도서관, 강의동 등이 있다.

정용한

연세대학교 신학과(신학사)와 예일 대학교 신학대학원(M.Div., S.T.M.), Graduate Theological Union at Berkeley (Ph.D). 명지대학교 사회교육원 원목, 한남대학교 전임 교목 및 조교수 역임, 현재 연세대학교 교목 및 연합신학대학원 조교수(신약학)로 있다.

최근 주요 저서 및 논문으로, 『골로새서』(2015), "A Postcolonial Reading of the Great Commission(Matt 28:16-20) with a Korean Myth,"(2015), "2 Baruch's Consolation for the Destruction of the Temple,"(2015), "Jesus' Identity and the Conflict with the Opponents in the Lukan Narrative(Luke 19:11-21:38)," (2015), "Paul as a Role Model in the Third Conversion Story,"(2014), "교회 건축을 위한 로마가옥 연구: 상가 교회를 중심으로,"(2013) 등이 있다.

정혜진

서울대학교에서 건축 및 도시설계를 전공하고 도시계획 분야의 실무 및 환경계획연구소의 연구원을 거쳐 현재는 서울대학교 AIEES의 연구교수로 재직 중이다. 실무적인 계획 및 설계 작업을 통해서 특히, 도시디자인 분야의 공공성에 대해 관심을 가지고 지구 단위 계획 제도의 인센티브 운영 효과, 민간과 공공 관점에서 바라본 비용과 편익의 균형에 대한 연구를 진행하였다.

현재는 서울대학교 온실가스 에너지 종합관리센터를 운영하며, 기후변화 대응 및 온실가스 감축에 관한 다양한 연구 및 실천 활동을 진행하고 있으며 본 과정 중 『세계의 도시디자인』(공저), 『저탄소 녹색도시 조성기법과 사례』, *Adaptation to Climate Change in Asia*(공저) 등의 저술 활동에 참여하였다.

한국 교회 건축에는 공공성이 있는가

2017년 5월 29일 인쇄
2017년 5월 31일 발행

지은이 | 곽호철 김수연 김정두 박종현 소요한 손 문
손호현 송용섭 오화철 전현식 정시춘 정용한 정혜진
펴낸이 | 김영호
펴낸곳 | 도서출판 동연
등 록 | 제1-1383호(1992년 6월 12일)
주 소 | 서울시 마포구 월드컵로 163-3
전 화 | (02) 335-2630
팩 스 | (02) 335-2640
이메일 | yh4321@gmail.com

ISBN 978-89-6447-366-5 93200

이 도서의 국립중앙도서관 출판예정도서목록(CIP)은 서지정보유통지원시스템 홈페이지(http://seoji.nl.go.kr)와 국가자료공동목록시스템(http://www.nl.go.kr/kolisnet)에서 이용하실 수 있습니다.(CIP제어번호: CIP2017012973)